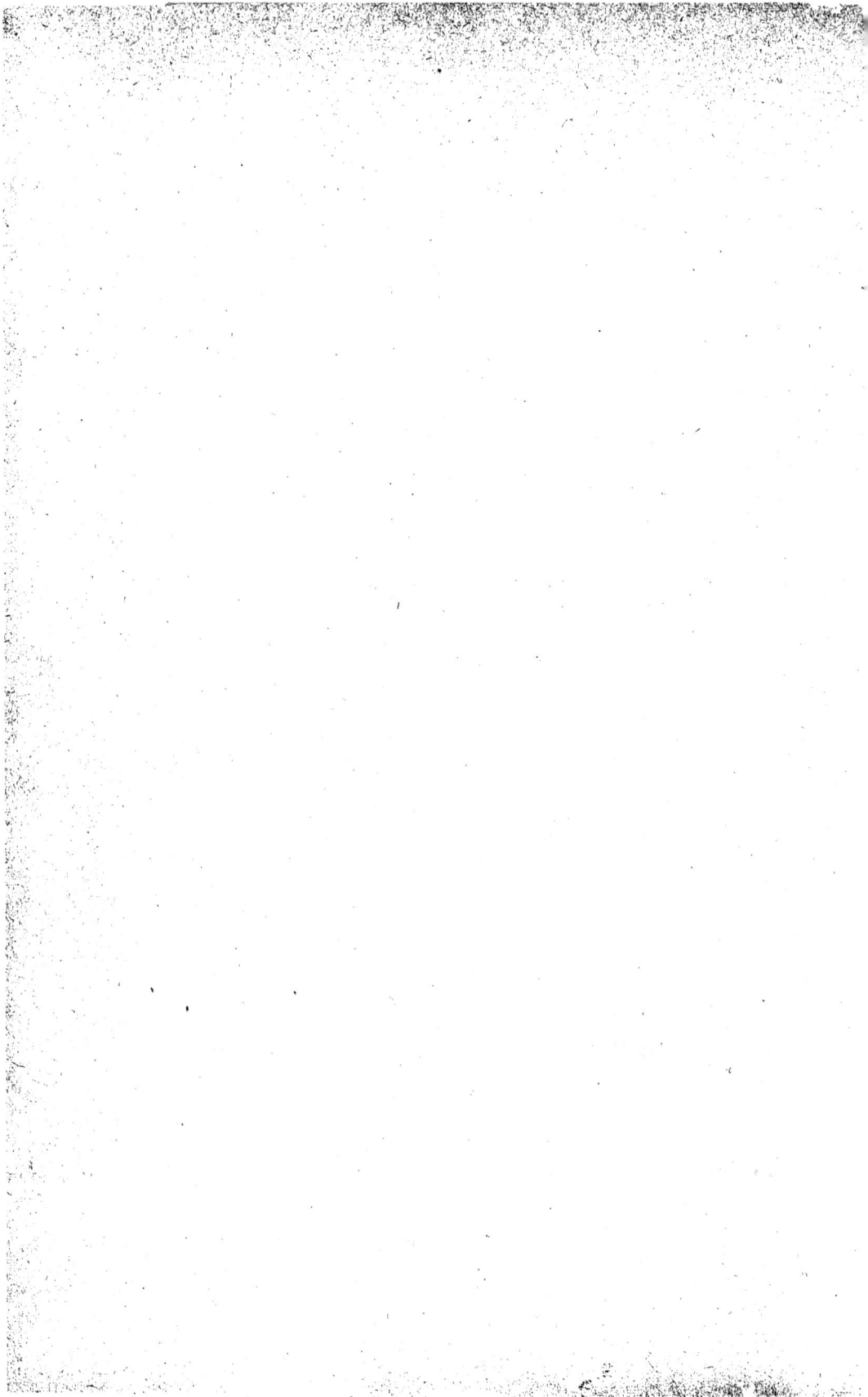

GEORGE SAND ILLUSTRÉ PAR TONY JOHANNOT
ET MAURICE SAND

LÉLIA

PRÉFACE ET NOTICE NOUVELLE

Prix : 1 franc 95 centimes

MICHEL LÉVY FRÈRES, ÉDITEURS
2 BIS, RUE VIVIENNE

NOUVELLE ÉDITION

LIBRAIRIE NOUVELLE
15, BOULEVARD DES ITALIENS

LÉLIA

NOTICE

Après *Indiana* et *Valentine*, j'écrivis *Lélia*, sans suite, sans plan, à bâtons rompus, et avec l'intention, dans le principe, de l'écrire pour moi seule. Je n'avais aucun système, je n'appartenais à aucune école, je ne songeais presque pas au public; je ne me faisais pas encore une idée nette de ce qu'est la publicité. Je ne croyais nullement qu'il pût m'appartenir d'impressionner ou d'influencer l'esprit des autres.

Était-ce modestie? Je puis affirmer que oui, bien qu'il ne paraisse guère modeste de s'attribuer une vertu si rare. Mais comme, chez moi, ce n'était pas vertu, je dis la chose comme elle est. Ce n'était pas un effort de ma raison, un triomphe remporté sur la vanité naturelle à notre espèce, mais bien une insouciance du fait, une imprévoyance innée, une tendance à m'absorber dans une occupation de l'esprit, sans me souvenir qu'au delà du monde de mes rêves, il existait un monde de réalités sur lequel ma pensée, sereine ou sombre, pouvait avoir une action quelconque.

Je fus donc très-étonnée du retentissement de ce livre, des partisans et des antagonistes qu'il me créa. Je n'ai point à dire ce que je pense moi-même du fonds de l'ouvrage : je l'ai dit dans la préface de la deuxième édition, et je n'ai pas varié d'opinion depuis cette époque.

Le livre a été écrit de bonne foi, sous le poids d'une souffrance intérieure quasi mortelle, souffrance toute morale, toute philosophique et religieuse, et qui me créait des angoisses inexplicables pour les gens qui vivent sans chercher la cause et le but de la vie. D'excellents amis qui m'entouraient, avec lesquels j'étais gaie à l'habitude (car de telles préoccupations ne se révèlent pas sans ennuyer beaucoup ceux qui ne les ont point), furent frappés de stupeur en lisant des pages si amères et si noires. Ils n'y comprirent goutte, et me demandèrent où j'avais pris ce cauchemar. Ceux qui liront plus tard l'histoire de ma vie intellectuelle ne s'étonneront plus que le doute ait été pour moi une chose si sérieuse et une crise si terrible.

Pourtant je n'ai pas été une exception aux yeux de tous. Beaucoup ont souffert devant le problème de la vie, mille fois plus que devant les faits et les maux réels dont elle nous accable. De faux dévots ont dit que c'était un crime d'exhaler ainsi une plainte contre le mystère dont il plaît à Dieu d'envelopper sa volonté sur nos destinées. Je ne pense pas comme eux; je persiste à croire que le doute est un droit sans lequel la foi ne serait pas une victoire ou un mérite.

GEORGE SAND.

Nohant, 15 janvier 1854.

PRÉFACE.

Il est rare qu'une œuvre d'art soulève quelque animosité sans exciter d'autre part quelque sympathie ; et si, longtemps après ces manifestations diverses du blâme et de la bienveillance, l'auteur, mûri par la réflexion et par les années, veut retoucher son œuvre, il court risque de déplaire également à ceux qui l'ont condamnée et à ceux qui l'ont défendue : à ceux-ci, parce qu'il ne va pas aussi loin dans ses corrections que leur système le comporterait ; à ceux-là, parce qu'il retranche parfois ce qu'ils avaient préféré. Entre ces deux écueils, l'auteur doit agir d'après sa propre conscience, sans chercher à adoucir ses adversaires ni à conserver ses défenseurs.

Quoique certaines critiques de *Lélia* aient revêtu un ton de déclamation et d'amertume singulières, je les ai toutes acceptées comme sincères et partant des cœurs les plus vertueux. A ce point de vue, j'ai eu lieu de me réjouir, et de penser que j'avais mal jugé les hommes de mon temps en les contemplant à travers un douloureux scepticisme. Tant d'indignation attestait sans doute de la part des journalistes la plus haute moralité jointe à la plus religieuse philanthropie. J'avoue cependant, à ma honte, que si j'ai guéri de la maladie du doute, ce n'est pas absolument à cette considération que je le dois.

On ne m'attribuera pas, je l'espère, la pensée de vouloir désarmer l'austérité d'une critique aussi farouche ; on ne m'attribuera pas non plus celle de vouloir entrer en discussion avec les derniers champions de la foi catholique ; de telles entreprises sont au-dessus de mes forces. *Lélia* a été et reste dans ma pensée un essai poétique, un roman fantasque où les personnages ne sont ni complètement réels, comme l'ont voulu les amateurs exclusifs d'analyse de mœurs, ni complètement allégoriques, comme l'ont jugé quelques esprits synthétiques, mais où ils représentent chacun une fraction de l'intelligence philosophique du XIXᵉ siècle : Pulchérie, l'épicuréisme héritier des sophismes du siècle dernier ; Sténio, l'enthousiasme et la faiblesse d'un temps où l'intelligence monte très-haut entraînée par l'imagination, et tombe très-bas, écrasée par une réalité sans poésie et sans grandeur ; Magnus, le débris d'un clergé corrompu ou abruti ; et ainsi des autres. Quant à Lélia, je dois avouer que cette figure m'est apparue au travers d'une fiction plus saisissante que celles qui l'entourent. Je me souviens de m'être complu à en faire la personnification encore plus que l'avocat du spiritualisme de ces temps-ci ; spiritualisme qui n'est plus chez l'homme à l'état de vertu, puisqu'il a cessé de croire au dogme qui le lui prescrivait, mais qui reste et restera à jamais, chez les nations éclairées, à l'état de besoin et d'aspiration sublime, puisqu'il est l'essence même des intelligences élevées.

Cette prédiction pour le personnage fier et souffrant de Lélia m'a conduit à une erreur grave au point de vue de l'art : c'est de lui donner une existence tout à fait impossible, et qui, à cause de la demi-réalité des autres personnages, semble choquante de réalité, à force de vouloir être abstraite et symbolique. Ce défaut n'est pas le seul de l'ouvrage qui m'ait frappé, lorsqu'après l'avoir oublié durant des années, je l'ai relu froidement. Trenmor m'a paru conçu vaguement, et, en conséquence, manqué dans son exécution. Le dénoûment, ainsi que de nombreux détails de style, beaucoup de longueurs et de déclamations, m'ont choqué comme péchant contre le goût. J'ai senti le besoin de corriger, d'après mes idées artistiques, ces parties essentiellement défectueuses. C'est un droit que mes lecteurs bienveillants ou hostiles ne pouvaient me contester.

Mais si, comme artiste, j'ai usé de mon droit sur la forme de mon œuvre, ce n'est pas à dire que comme homme j'aie pu m'arroger celui d'altérer le fond des idées émises dans ce livre, bien que mes idées aient subi de

grandes révolutions depuis le temps où je l'ai écrit. Ceci soulève une question plus grave, et sans laquelle je n'aurais pas pris le soin puéril d'écrire une préface en tête de cette seconde édition. Après avoir examiné cette question, les esprits sérieux me pardonneront de les avoir entretenus de moi un instant.

Dans le temps où nous vivons, les éléments d'une nouvelle unité sociale et religieuse flottent épars dans un grand conflit d'efforts et de vœux dont le but commence à être compris et le lien à être forgé par quelques esprits supérieurs seulement ; et encore ceux-là ne sont pas arrivés d'emblée à l'espérance qui les soutient maintenant. Leur foi a passé par mille épreuves ; elle a échappé à mille dangers ; elle a surmonté mille souffrances ; elle a été aux prises avec toutes les éléments de dissolution au milieu desquels elle a pris naissance ; et encore aujourd'hui, combattue et refoulée par l'égoïsme, la corruption et la cupidité des temps, elle subit une sorte de martyre, et sort lentement du sein des ruines, qui s'efforcent de l'ensevelir. Si les grandes intelligences et les grandes âmes de ce siècle ont eu à lutter contre de telles épreuves, combien les êtres d'une condition plus humble et d'une trempe plus commune n'ont-ils pas dû douter et trembler en traversant cette ère d'athéisme et de désespoir !

Lorsque nous avons entendu s'élever au-dessus de cet enfer de plaintes et de malédictions les grandes voix de nos poëtes sceptiquement religieux, ou religieusement sceptiques, Goethe, Chateaubriand, Byron, Mickiewicz ; expressions puissantes et sublimes de l'effroi, de l'ennui et de la douleur dont cette génération est frappée, ne nous sommes-nous pas attribué avec raison le droit d'exhaler aussi notre plainte, et de crier comme les disciples de Jésus : « Seigneur, Seigneur, nous périssons ! Combien sommes-nous qui avons pris la plume pour dire les profondes blessures dont nos âmes sont atteintes et pour reprocher à l'humanité contemporaine de ne nous avoir pas bâti une arche où nous puissions nous réfugier dans la tempête ? Au-dessus de nous, n'avions-nous pas encore des exemples parmi les poëtes qui semblaient plus liés au mouvement hardi ou à la couleur énergique de leur génie ? Hugo n'écrivait-il pas au frontispice de son plus beau roman ἀνάγχη ? Dumas ne traçait-il pas dans Antony une belle et grande figure au désespoir ? Joseph Delorme n'exhalait-il pas un chant de désolation ? Barbier ne jetait-il pas un regard sombre sur ce monde, qui ne lui apparaissait qu'à travers les terreurs de l'enfer dantesque ? Et nous autres artistes inexpérimentés, qui venions sur leurs traces, n'étions-nous pas nourris de cette manne amère répandue par eux sur le *désert des hommes* ? Nos premiers essais ne furent-ils pas des chants plaintifs ? N'avons-nous pas tenté d'accorder notre lyre timide au ton de leur lyre éclatante ? Combien sommes-nous, je le répète, qui leur avons répondu de loin par un chœur de gémissements ? Nous étions tant qu'on ne pourrait pas nous compter. Et beaucoup d'entre nous, qui se sont rattachés à la vie du siècle, beaucoup d'autres qui ont trouvé dans des convictions feintes ou sincères une contenance ou une consolation, regardent aujourd'hui en arrière, et s'effraient de voir que si peu d'années, si peu de mois peut-être les séparent de leur âge de doute, de leur temps d'affliction ! Suivant l'expression poétique de l'un d'entre nous, qui est resté, lui du moins, fidèle à sa religieuse douleur, nous avons tous doublé le cap des Tempêtes autour duquel l'orage nous a tenus si longtemps errants et demi-brisés ; nous sommes tous entrés dans l'océan Pacifique, dans la résignation de l'âge mûr, quelques-uns voguant à pleines voiles, remplis d'espérance et de force, la plupart haletants et délabrés pour avoir trop souffert. Eh bien ! quel que soit le phare qui nous ait éclairés, quel que soit le port qui nous ait donné asile, aurons-nous l'orgueil ou la lâcheté, aurons-nous la mauvaise foi de nier nos fatigues, nos revers et l'imminence de nos naufrages ? Un puéril amour-propre, rêve d'une fausse grandeur, nous fera-t-il désirer d'effacer le souvenir des frayeurs ressenties et des cris poussés dans la tourmente ? Pouvons-nous, devons-nous le tenter? Quant à moi, je pense que non. Plus nous avons la prétention d'être sincèrement et loyalement convertis à de nouvelles doctrines, plus nous devons confesser la vérité et laisser exercer aux autres hommes le droit de juger nos doutes et nos erreurs passées. C'est à cette condition seulement qu'ils pourront connaître et apprécier nos croyances actuelles; car, quelque peu qu'il soit, chacun de nous tient une place dans l'histoire du siècle. La postérité n'enregistrera que les grands noms, mais la clameur que nous avons élevée né retombera pas dans le silence de l'éternelle nuit; elle aura éveillé des échos; elle aura soulevé des controverses; elle aura suscité des esprits intolérants pour en étouffer l'essor, et des intelligences généreuses pour en adoucir l'amertume; elle aura, en un mot, produit tout le mal et tout le bien qu'il était dans sa mission providentielle de produire; car le doute et le désespoir sont de grandes maladies que la race humaine doit subir pour accomplir son progrès religieux. Le doute est un droit sacré, imprescriptible de la conscience humaine qui examine pour rejeter ou adopter sa croyance. Le désespoir en est la crise fatale, le paroxysme redoutable. Mais, mon Dieu! ce désespoir est une grande chose! Il est le plus ardent appel de l'âme vers vous, il est le plus irrécusable témoignage de votre existence en nous et de votre amour pour nous, puisque nous ne pouvons perdre la certitude de cette existence et le sentiment de cet amour sans tomber aussitôt dans une nuit affreuse, pleine de terreurs et d'angoisses mortelles. Je n'hésite pas à le croire, la Divinité a de paternelles sollicitudes pour ceux qui, loin de la nier dans l'enivrement du vice, la pleurent dans l'horreur de la solitude; et si elle se voile à jamais aux yeux de ceux qui la discutent avec une froide impudence, elle est bien près de se révéler à ceux qui la cherchent dans les larmes. Dans le bizarre et magnifique poëme des *Dziady*, le Konrad de Mickiewicz est soutenu par les anges au moment où il se roule dans la poussière en maudissant le Dieu qui l'abandonne, et le Manfred de Byron refuse à l'esprit du mal cette âme que le démon a si longtemps torturée, mais qui lui échappe à l'heure de la mort.

Reconnaissons donc que nous n'avons pas le droit de reprendre et de transformer, par un lâche replâtrage, les hérésies sociales ou religieuses que nous avons émises. Si reconnaître une erreur passée et confesser une foi nouvelle est un devoir, nier cette erreur ou la dissimuler pour rattacher gauchement les parties disloquées de l'édifice de sa vie, est une sorte d'apostasie non moins coupable, et plus digne de mépris que les autres. La vérité ne peut pas changer de temple et d'autel suivant le caprice ou l'intérêt des hommes; si les hommes se trompent, qu'ils avouent leur égarement; mais qu'ils ne fassent point, à la déesse une l'outrage de la revêtir du manteau rapiécé qu'ils ont traîné par le chemin.

Pénétré de l'inviolabilité du passé, je n'ai donc usé du droit de corriger mon œuvre que quant à la forme. J'ai usé de celui-là très-largement, et *Lélia* n'en reste pas moins l'œuvre du doute, la plainte du scepticisme. Quelques personnes m'ont dit que ce livre leur avait fait du mal; je crois qu'il en est un plus grand nombre à qui ce livre a pu faire quelque bien; car, après l'avoir lu, tout esprit sympathique aux douleurs qu'il exprime a dû sentir le besoin de chercher sa voie vers la vérité avec plus d'ardeur et de courage; et quant aux esprits qui, soit par puissance de conviction, soit par mépris de toute conviction, n'ont jamais souffert rien de semblable, cette lecture n'a pu leur faire ni bien ni mal. Il est possible que quelques personnes, plongées dans l'indifférence de toute idée sérieuse, aient senti à la lecture d'ouvrages de ce genre s'éveiller en elles une tristesse et un effroi jusqu'alors inconnus. Après tant d'œuvres du génie sceptique que j'ai mentionnés plus haut, *Lélia* ne peut avoir eu une bien faible part dans l'effet de ces manifestations du doute. D'ailleurs l'effet est salutaire, et, pourvu qu'une âme sorte de l'inertie, qui équivaut au néant, peu importe qu'elle tende à s'élever par la tristesse ou par la joie. La question pour nous en cette vie,

et en ce siècle particulièrement, n'est pas de nous endormir dans de vains amusements et de fermer notre cœur à la grande infortune du doute; nous avons quelque chose de mieux à faire : c'est de combattre cette infortune et d'en sortir, non-seulement pour relever en nous la dignité humaine, mais encore pour ouvrir le chemin à la génération qui nous suit. Acceptons donc comme une grande leçon ces pages sublimes où René, Werther, Oberman, Konrad, Manfred exhalent leur profonde amertume; elles ont été écrites avec le sang de leurs cœurs; elles ont été trempées de leurs larmes brûlantes; elles appartiennent plus encore à l'histoire philosophique du genre humain qu'à ses annales poétiques. Ne rougissons pas d'avoir pleuré avec ces grands hommes. La postérité, riche d'une foi nouvelle, les comptera parmi ses premiers martyrs.

Et nous, qui avons osé invoquer leurs noms et marcher dans la poussière de leurs pas, respectons dans nos œuvres le pâle reflet que leur ombre y avait jeté. Essayons de progresser comme artistes, et, en ce sens, corrigeons nos fautes humblement; essayons surtout de progresser comme membres de la famille humaine, mais sans folle vanité et sans hypocrite sagesse : souvenons-nous bien que nous avons erré dans les ténèbres, et que nous y avons reçu plus d'une blessure dont la cicatrice est ineffaçable.

PREMIÈRE PARTIE.

Quand la crédule espérance hasarde un regard confiant parmi les doutes d'une âme déserte et désolée pour les sonder et les guérir, son pied chancelle sur le bord de l'abîme, son œil se trouble, elle est frappée de vertige et de mort.
PENSÉES INÉDITES D'UN SOLITAIRE.

I.

Qui es-tu? et pourquoi ton amour fait-il tant de mal? Il doit y avoir en toi quelque affreux mystère inconnu aux hommes. A coup sûr, tu n'es pas un être pétri du même limon et animé de la même vie que nous! Tu es un ange ou un démon, mais tu n'es pas une créature humaine. Pourquoi nous cacher ta nature et ton origine? Pourquoi habiter parmi nous qui ne pouvons te suffire ni te comprendre? Si tu viens de Dieu, parle, et nous t'adorerons. Si tu viens de l'enfer... Toi venir de l'enfer! toi si belle et si pure! Les esprits du mal ont-ils ce regard divin, ces paroles douces et ces paroles qui élèvent l'âme et la transportent jusqu'au trône de Dieu!

Et cependant, Lélia, il y a en toi quelque chose d'infernal. Ton sourire amer dément les célestes promesses de ton regard. Quelques-unes de tes paroles sont désolantes comme l'athéisme : il y a des moments où tu ferais douter de Dieu et de toi-même. Pourquoi, pourquoi, Lélia, êtes-vous ainsi? Que faites-vous de votre foi, que faites-vous de votre âme, quand vous niez l'amour? Ô ciel! vous, proférer ce blasphème! Mais qui êtes-vous donc si vous pensez ce que vous dites parfois?

II.

Lélia, j'ai peur de vous. Plus je vous vois, et moins je vous devine. Vous me ballottez sur une mer d'inquiétudes et de doutes. Vous m'élevez au ciel, et vous me foulez aux pieds. Vous m'emportez avec vous dans les nuées radieuses, et puis vous me précipitez dans le noir chaos! Ma faible raison succombe à de telles épreuves. Épargnez-moi, Lélia!

Hier, quand nous nous promenions sur la montagne, vous étiez si grande, si sublime, que j'aurais voulu m'agenouiller devant vous et baiser la trace embaumée de vos pas. Quand le Christ fut transfiguré dans une nuée d'or et sembla nager aux yeux de ses apôtres dans un fluide embrasé, ils se prosternèrent et dirent : « Seigneur, vous êtes bien le fils de Dieu ! Et puis, quand la nuée se fut évanouie et que le prophète descendit la montagne avec ses compagnons, ils se demandèrent sans doute avec inquiétude : « Cet homme qui marche avec nous, qui parle comme nous, qui va souper avec nous, est-il donc le même que nous venons de voir enveloppé de voiles de feu et tout rayonnant de l'esprit du Seigneur ? Ainsi fais-je avec vous, Lélia ! A chaque instant vous vous transfigurez devant moi, et puis vous vous dépouillez la divinité pour redevenir mon égale, et alors je me demande avec effroi si vous n'êtes point quelque puissance céleste, quelque prophète nouveau, le Verbe incarné encore une fois sous une forme humaine, et si vous agissez ainsi pour éprouver notre foi et connaître parmi nous les vrais fidèles !

Mais le Christ ! cette grande pensée personnifiée, ce type sublime de l'âme immatérielle, il était toujours au-dessus de la nature humaine qu'il avait revêtue. Il avait beau redevenir homme, il ne pouvait se cacher si bien qu'il ne fût toujours le premier entre les hommes. Vous, Lélia, ce qui m'effraie, c'est que, quand vous descendez de vos gloires, vous n'êtes plus même à notre niveau, vous tombez au-dessous de nous-mêmes, et vous semblez ne plus chercher à nous dominer que par la perversité de votre cœur. Par exemple, qu'est-ce donc que cette haine profonde, cuisante, inextinguible, que vous avez pour notre race ? Peut-on aimer Dieu comme vous faites, et détester si cruellement ses œuvres ? Comment accorder ce mélange de foi sublime et d'impiété endurcie, ces élans vers le ciel, et ce pacte avec l'enfer ? Encore une fois, d'où venez-vous, Lélia ? Quelle mission de salut ou de vengeance accomplissez-vous sur la terre ?

Hier, à l'heure où le soleil descendait derrière le glacier, noyé dans des vapeurs d'un rose bleuâtre, alors que l'air tiède d'un beau soir d'hiver glissait dans vos cheveux, et que la cloche de l'église jetait ses notes mélancoliques aux échos de la vallée ; alors, Lélia, je vous le dis, vous étiez vraiment la fille du ciel. Les molles clartés du couchant venaient mourir sur vous et vous entouraient d'un reflet magique. Vos yeux, levés vers la voûte bleue, où se montraient à peine quelques étoiles timides, brillaient d'un feu sacré. Moi, poète des bois et des vallées, j'écoutais le murmure mystérieux des eaux, je regardais les molles ondulations des pins faiblement agités, je respirais le suave parfum des violettes sauvages qui, au premier jour tiède qui se présente, au premier rayon de soleil pâle qui les convie, ouvrent leurs calices d'azur sous la mousse desséchée. Mais vous, vous ne songiez point à tout cela ; ni les fleurs, ni les forêts, ni le torrent, n'appelaient vos regards. Nul objet sur la terre n'éveillait vos sensations, vous étiez toute au ciel. Et quand je vous montrai le spectacle enchanté qui s'étendait sous nos pieds, mon âme, en élevant la main vers la voûte éthérée : « Regardez cela ! » O Lélia ! vous soupiriez après votre patrie, n'est-ce pas ? vous demandiez à Dieu pourquoi il vous oubliait si longtemps parmi nous, pourquoi il ne vous rendait pas vos ailes blanches pour monter à lui ?

Mais, hélas ! quand le froid qui commençait à souffler sur la bruyère nous eut forcés de chercher un abri dans la ville ; quand, attiré par les vibrations de cette cloche, je vous priai d'entrer dans l'église avec moi et d'assister à la prière du soir, pourquoi, Lélia, ne m'avez-vous pas quitté ? Pourquoi, vous qui pouvez certainement des choses plus difficiles, n'avez-vous pas fait descendre d'en haut un nuage pour me voiler votre face ? Hélas ! pourquoi n'ai-je vue ainsi, debout, le sourcil froncé, l'air hautain, le cœur sec ? Pourquoi ne vous êtes-vous pas agenouillée sur les dalles moins froides que vous ? Pourquoi n'avez-vous pas mis vos mains sur ce sein de femme que la présence de Dieu aurait dû remplir d'attendrissement ou de terreur ? Pourquoi ce calme superbe et ce mépris apparent pour les rites de notre culte ? N'ado-

rez-vous pas le vrai Dieu, Lélia ? Venez-vous des contrées brûlantes où l'on sacrifie à Brama, ou des bords de ces grands fleuves sans nom où l'homme implore, dit-on, l'esprit du mal ? car nous ne savons ni votre famille, ni les climats qui vous ont vue naître. Nul ne le sait, et le mystère qui vous environne nous rend superstitieux malgré nous !

Vous insensible ! vous impie ! oh ! cela ne se peut pas ! Mais dites-moi, au nom du ciel, que devient donc, à ces heures terribles, cette âme, cette grande âme, où la poésie ruisselle, où l'enthousiasme déborde, et dont le feu nous gagne et nous entraîne au delà de tout ce que nous avions senti ? A quoi songiez-vous hier, qu'aviez-vous fait de vous-même, quand vous étiez là, muette et glacée dans le temple, debout comme le pharisien, mesurant Dieu sans trembler, sourde aux saints cantiques, insensible à l'encens, aux fleurs effeuillées, aux soupirs de l'orgue, à toute la poésie du saint lieu ? Et comme elle était belle, pourtant, cette église imprégnée d'humides parfums, palpitante d'harmonies sacrées ! Comme la flamme des lampes d'argent s'exhalait blanche et mate dans les nuages d'opale du benjoin embrasé, tandis que les cassolettes de vermeil envoyaient à la voûte les gracieuses spirales d'une fumée odorante ! Comme les lames d'or du tabernacle s'enlevaient légères et rayonnantes sous le reflet des cierges ! Et quand le prêtre, ce grand et beau prêtre irlandais, dont les cheveux sont si noirs, dont la taille est si majestueuse, le regard si austère et la parole si sonore, descendit lentement les degrés de l'autel, traînant sur le tapis son long manteau de velours ; quand il éleva sa grande voix, triste et pénétrante comme les vents qui soufflent dans sa patrie ; quand il nous dit, en nous présentant l'ostensoir étincelant, ce mot si puissant dans sa bouche : Adoremus ! alors, Lélia, je me sentis pénétré d'une sainte frayeur, et, me jetant à genoux sur le marbre, je frappai ma poitrine et je baissai les yeux.

Mais votre pensée est si intimement liée dans mon âme à toutes les grandes pensées, que je me retournai presque aussitôt vers vous pour partager avec vous cette émotion délicieuse, ou peut-être, que Dieu maintenant me le pardonne, pour vous adresser la moitié de ces humbles adorations.

Mais vous, vous étiez debout ! vous n'avez pas plié le genou ; vous n'avez pas baissé les yeux ! Votre regard superbe s'est promené froid et scrutateur sur le prêtre, sur l'hostie, sur la foule prosternée : rien de tout cela ne vous a parlé. Seule, toute seule parmi nous tous, vous avez résisté votre prière au Seigneur. Seriez-vous donc une puissance au-dessus de lui ?

Eh bien, Lélia, que Dieu me le pardonne encore ! pendant un moment je l'ai cru et j'ai failli lui retirer mon hommage pour vous l'offrir. Je me suis laissé éblouir et subjuguer par la puissance qui était en vous. Hélas ! il faut l'avouer, je ne vous ai jamais si belle. Pâle comme une des statues de marbre blanc qui veillent auprès des tombeaux, vous n'aviez plus rien de terrestre. Vos yeux brillaient d'un feu sombre ; et votre vaste front, dont vous aviez écarté vos cheveux noirs, s'élevait, sublime d'orgueil et de génie, au-dessus de la foule, au-dessus du prêtre, au-dessus de Dieu même. Cette profondeur d'impiété était effrayante, et, à vous voir ainsi toiser du regard l'espace qui est entre nous et le ciel, tout ce qui était là se sentait petit. Milton vous avait-il vue quand il fit si noble et si beau le front foudroyé de son ange rebelle ?

Faut-il vous dire toutes mes terreurs ? Il m'a semblé qu'à l'instant où le prêtre debout, élevant le symbole de la foi sur nos têtes inclinées, vous vit devant lui, debout comme lui, seule avec lui au-dessus de tous ; oui, il m'a semblé qu'alors son regard profond et sévère, rencontrant votre impassible regard, s'est baissé malgré lui. Il m'a semblé que ce prêtre pâlissait, que sa main tremblante ne pouvait plus soutenir le calice, et que sa voix s'éteignait dans sa poitrine. Est-ce là un rêve de mon imagination troublée, ou bien en effet l'indignation a-t-elle suffoqué le ministre du Très-Haut lorsqu'il vous a vue ainsi résister à l'ordre émané de sa bouche? Ou bien, tourmenté comme moi par une étrange hallucination, a-t-il cru voir en vous quelque chose de surnaturel, une puissance évoquée du sein de l'abîme, ou une révélation envoyée du ciel?

III.

Que t'importe cela, jeune poëte? Pourquoi veux-tu savoir qui je suis et d'où je viens?... Je suis née comme toi dans la vallée des larmes, et tous les malheureux qui rampent sur la terre sont mes frères. Est-elle donc si grande, cette terre qu'une pensée embrasse, et dont une hirondelle fait le tour dans l'espace de quelques journées? Que peut-il y avoir d'étrange et de mystérieux dans une existence humaine? Quelle si grande influence supposez-vous à un rayon de soleil plus ou moins vertical sur nos têtes? Allez! ce monde tout entier est bien loin de lui; il est bien froid, bien pâle, et bien étroit. Demandez au vent combien il lui faut d'heures pour le bouleverser d'un pôle à l'autre.

Fussé-je née à l'autre extrémité, il y aurait encore peu de différence entre toi et moi. Tous deux condamnés à souffrir, tous deux faibles, incomplets, blessés par toutes nos jouissances, toujours inquiets, avides d'un bonheur sans nom, toujours hors de nous, voilà notre destinée commune, voilà ce qui fait que nous sommes frères et compagnons sur la terre d'exil et de servitude.

Vous demandez si je suis un être d'une autre nature que vous! Croyez-vous que je ne souffre pas? J'ai vu des hommes plus malheureux que moi par leur condition, qui l'étaient beaucoup moins par leur caractère. Tous les hommes n'ont pas la faculté de souffrir au même degré. Aux yeux du grand artisan de nos misères, ces variétés d'organisation sont bien peu de chose sans doute. Pour nous dont la vue est si bornée, nous passons la moitié de notre vie à nous examiner les uns les autres, et à tenir note des nuances que subit l'infortune en se révélant à nous. Tout cela qu'est-ce devant Dieu? Ce qu'est devant nous la différence entre les brins d'herbe de la prairie.

C'est pourquoi je ne prie pas Dieu. Que lui demanderais-je? Qu'il change ma destinée? Il se rirait de moi. Qu'il me donne la force de lutter contre mes douleurs? Il l'a mise en moi, c'est à moi de m'en servir.

Vous demandez si j'adore l'esprit du mal! L'esprit du mal et l'esprit du bien, c'est un seul esprit, c'est Dieu; c'est la volonté inconnue et mystérieuse qui est au-dessus de nos volontés. Le bien et le mal, ce sont des distinctions que nous avons créées. Dieu ne les connaît pas plus que le bonheur et l'infortune. Ne demandez donc ni au ciel ni à l'enfer le secret de ma destinée. C'est à vous que je pourrais reprocher de me jeter sans cesse au-dessus et au-dessous de moi-même. Poëte, ne cherchez pas en moi ces profonds mystères; mon âme est sœur de la vôtre, vous la contrisez, vous l'effrayez en la sondant ainsi. Prenez-la pour ce qu'elle est, pour une âme qui souffre et qui attend. Si vous l'interrogez si sévèrement, elle se repliera sur elle-même, et n'osera plus s'ouvrir à vous.

IV.

L'âpreté de mes sollicitudes pour vous, je l'ai trop franchement exprimée; Lélia; j'ai blessé la sublime pudeur de votre âme. C'est qu'aussi, Lélia, je suis bien malheureux! Vous croyez que je porte sur vous l'œil curieux d'un philosophe, et vous vous trompez. Si je ne sentais pas que je vous appartiens, que désormais mon existence est invinciblement liée à la vôtre, si en un mot je ne vous aimais pas avec passion, je n'aurais pas l'audace de vous interroger.

Ainsi ces doutes, ces inquiétudes que j'ai osé vous dire, tous ceux qui vous ont vue les partagent. Ils se demandent avec étonnement si vous êtes une existence maudite ou privilégiée, s'il faut vous aimer ou vous craindre, vous accueillir ou vous repousser; le grossier vulgaire même perd son insouciance pour s'occuper de vous. Il ne comprend pas l'expression de vos traits ni le son de votre voix, et, à entendre les contes absurdes dont vous êtes l'objet, on voit que ce peuple est également prêt à se mettre à deux genoux sur votre passage, ou à vous conjurer comme un fléau. Les intelligences plus élevées vous observent attentivement, les unes par curiosité, les autres par sympathie; mais aucune ne se fait comme moi une question de vie et de mort de la solution du problème; moi seul j'ai le droit d'être audacieux et de vous demander qui vous êtes; car, je le sens intimement, et cette sensation est liée à celle de mon existence: je fais désormais partie de vous, vous vous êtes emparée de moi, à votre insu peut-être, mais enfin me voilà asservi, je ne m'appartiens plus, mon âme ne peut plus vivre en elle-même. Dieu et la poésie ne lui suffisent plus; Dieu et la poésie, c'est vous désormais, et sans vous il n'y a plus de poésie, il n'y a plus de Dieu, il n'y a plus rien.

Dis-moi donc, Lélia, puisque tu veux que je te prenne pour une femme et que je te parle comme à mon égale, dis-moi si tu as la puissance d'aimer, si ton âme est de feu ou de glace, si en me donnant à toi, comme j'ai fait, j'ai traité de ma perte ou de mon salut; car je ne le sais pas, et je ne regarde pas sans effroi la carrière inconnue où je vais te suivre. Cet avenir est enveloppé de nuages, quelquefois brillants comme ceux qui montent à l'horizon au lever du soleil, quelquefois sombres comme ceux qui précèdent l'orage et recèlent la foudre.

Ai-je commencé la vie avec toi, ou l'ai-je quittée pour te suivre dans la mort? Ces années de calme et d'innocence qui sont derrière moi, vas-tu les faner ou les rajeunir? Ai-je connu le bonheur et vais-je le perdre, ou, ne sachant ce que c'est, vais-je le goûter? Ces années furent bien belles, bien fraîches, bien suaves! mais aussi elles furent bien calmes, bien obscures, bien stériles! Qu'ai-je fait, que rêver et attendre, et espérer, depuis que je suis au monde? Vais-je produire enfin? Feras-tu de moi quelque chose de grand ou d'abject? Sortirai-je de cette nullité, et de ce repos qui commence à me peser? En sortirai-je pour monter, ou pour descendre?

Voilà ce que je me demande chaque jour avec anxiété, et tu ne me réponds rien, Lélia, et tu sembles ne pas te douter qu'il y a une existence en question devant toi, une destinée, inhérente à la tienne, et dont tu dois désormais rendre compte à Dieu! Insoucieuse et distraite, tu as saisi le bout de ma chaîne, et à chaque instant tu l'oublies, tu la laisses tomber!

Il faut qu'à chaque instant, effrayé de me voir seul et abandonné, je t'appelle et te force à descendre de ces régions inconnues où tu t'élances sans moi. Cruelle Lélia! que vous êtes heureuse d'avoir ainsi l'âme libre et de pouvoir rêver seule, aimer seule, vivre seule! Moi je ne le peux plus, je vous aime. Je n'aime que vous. Tous ces gracieux types de la beauté, tous ces anges vêtus en femmes qui passaient dans mes rêves, me jetant des baisers et des fleurs, ils sont partis. Ils ne viennent plus ni dans la veille ni dans le sommeil. C'est vous désormais, toujours vous, que je vois pâle, calme et silencieuse, à mes côtés ou dans mon ciel.

Je suis misérable! ma situation n'est pas ordinaire; il ne s'agit pas seulement pour moi de savoir si je suis digne d'être aimé de vous. J'en suis à ne pas savoir si vous êtes capable d'aimer un homme, et je ne trace ce mot qu'avec effort tant il est horrible — je crois que *non!*

O Lélia! cette fois répondrez-vous? A présent je frémis de vous avoir interrogée. Demain j'aurais pu vivre encore de doutes et de chimères. Demain peut-être il ne me restera rien à craindre ni à espérer.

V.

Enfant que vous êtes! A peine vous êtes né, et déjà vous êtes pressé de vivre! car il faut vous le dire. vous n'avez pas encore vécu, Sténio.

Pourquoi donc tant vous hâter? Craignez-vous de ne pas arriver à ce but maudit où nous échouons tous? Vous viendrez vous y briser comme les autres. Prenez donc votre temps, faites l'école buissonnière, et franchissez le plus tard que vous pourrez le seuil de l'école où l'on apprend la vie.

Heureux enfant, qui demande où est le bonheur, comment il est fait, s'il l'a goûté déjà, s'il est appelé à le goûter un jour! O profonde et précieuse ignorance! Je ne te répondrai pas, Sténio.

Ne crains rien, je ne te flétrirai pas au point de te dire une seule des choses que tu veux savoir. Si j'aime, si je puis aimer, si je te donnerai du bonheur, si je suis bonne ou perverse, si tu seras fait grand par mon amour, ou anéanti par mon indifférence : tout cela, vois-tu, c'est une science téméraire que Dieu refuse à ton âge et qu'il me défend de te donner. Attends!

Je te bénis, jeune poëte, dors en paix. Demain viendra beau comme les autres jours de ta jeunesse, paré du plus grand bienfait de la Providence, le voile qui cache l'avenir.

VI.

Voilà comme vous répondez toujours! Eh bien! votre silence me fait pressentir de telles douleurs, que je suis réduit à vous remercier de votre silence. Pourtant cet état d'ignorance que vous croyez si doux, il est affreux, Lélia ; vous le traitez avec une dédaigneuse légèreté, c'est que vous ne le connaissez pas. Votre enfance a pu s'écouler comme la mienne ; mais la première passion qui s'alluma dans votre sein n'y fut pas en lutte, j'imagine, avec les angoisses qui sont en moi. Sans doute, vous fûtes aimée avant d'aimer vous-même. Votre cœur, ce trésor que j'implorerais encore à genoux si j'étais roi de la terre, votre cœur fut ardemment appelé par un autre cœur ; vous ne connûtes pas les tourments de la jalousie et de la crainte ; l'amour vous attendait, le bonheur s'élançait vers vous, et il vous a suffi de consentir à être heureuse, à être aimée. Non, vous ne savez pas ce que je souffre, sans cela vous en auriez pitié, car enfin vous êtes bonne, vos actions le prouvent, en dépit de vos paroles qui le nient. Je vous ai vue adoucir de vulgaires souffrances, je vous ai vue pratiquer la charité de l'Évangile avec votre méchant sourire sur les lèvres; nourrir et vêtir celui qui était nu et affamé, tout en affichant un odieux scepticisme: Vous êtes bonne, d'une bonté native, involontaire, et que la froide réflexion ne peut pas vous ôter.

Si vous saviez comme vous me rendez malheureux, vous auriez compassion de moi; vous me diriez s'il faut vivre ou mourir; vous me donneriez tout de suite le bonheur qui enivre ou la raison qui console.

VII.

Quel est donc cet homme pâle que je vois maintenant apparaître comme une vision sinistre dans tous les lieux où vous êtes? Que vous veut-il? d'où vous connaît-il? où vous a-t-il vue? D'où vient que, le premier jour qu'il parut ici, il traversa la foule pour vous regarder, et qu'aussitôt vous échangeâtes avec lui un triste sourire?

Cet homme m'inquiète et m'effraie. Quand il m'approche, j'ai froid ; si son vêtement effleure le mien, j'éprouve comme une commotion électrique. C'est, dites-vous, un grand poëte qui ne se livre point au monde. Son vaste front révèle en effet le génie ; mais je n'y trouve pas cette pureté céleste, ce rayon d'enthousiasme qui caractérise le poëte. Cet homme est morne et désolant comme Hamlet, comme Lara, comme vous, Lélia, quand vous souffrez. Je n'aime point à le voir sans cesse à vos côtés, absorbant votre attention, accaparant, pour ainsi dire, tout ce que vous réserviez de bienveillance pour la société et d'intérêt pour les choses humaines.

Je sais que je n'ai pas le droit d'être jaloux. Aussi, ce que je souffre parfois, je ne vous le dirai pas. Mais je m'afflige (cela m'est permis) de vous voir entourée de

cette lugubre influence. Vous, déjà si triste, si découragée, vous qu'il ne faudrait entretenir que d'espoir et de douces promesses, vous voilà sous le contact d'une existence flétrie et désolée. Car cet homme est desséché par le souffle des passions ; aucune fraîcheur de jeunesse ne colore plus ses traits pétrifiés, sa bouche ne sait plus sourire, son teint ne s'anime jamais ; il parle, il marche, il agit par habitude, par souvenir. Mais le principe de la vie est depuis longtemps éteint dans sa poitrine. Je suis sûr de cela, madame ; j'ai beaucoup observé cet homme, j'ai percé le mystère dont il s'enveloppe. S'il vous dit qu'il vous aime, il ment! Il ne peut plus aimer.

Mais celui qui ne sent rien ne peut-il rien inspirer? C'est une terrible question que je débats depuis longtemps, depuis que je vis, depuis que je vous aime. Je ne puis me décider à croire que tant d'amour et de poésie émane de vous sans que votre âme en recèle le foyer. Cet homme jette tant de froid par tous les pores, il imprime à tout ce qui l'approche une telle répulsion, que son exemple me console et m'encourage. Si vous aviez le cœur mort comme lui, je ne vous aimerais pas, j'aurais horreur de vous, comme j'ai horreur de lui.

Et cependant, oh! dans quel inextricable dédale ma raison se débat! vous ne partagez pas l'horreur qu'il m'inspire. Vous semblez, au contraire, attirée vers lui par une invincible sympathie. Il y a des instants où, le voyant passer avec vous au milieu de nos fêtes, vous deux si pâles, si graves, si distraits au milieu de la danse qui tournoie, des femmes qui rient, et des fleurs qui volent, il me semble que, seuls parmi nous tous, vous pouvez vous comprendre. Il me semble qu'une douloureuse ressemblance s'établit entre vos sensations et même entre les traits de votre visage. Est-ce le sceau du malheur qui imprime à vos sombres fronts cet air de famille; ou cet étranger, Lélia, serait-il vraiment votre frère? Tout, dans votre existence, est si mystérieux que je suis prêt à toutes les suppositions.

Oui, il y a des jours où je me persuade que vous êtes sa sœur. Eh bien! je veux le dire, pour que vous compreniez que ma jalousie n'est ni étroite ni puérile, je ne souffre pas moins avec cette idée. Je ne suis pas moins blessé de la confiance que vous lui montrez et de l'intimité qui règne entre lui et vous, vous si froide, si réservée, si méfiante parfois, et qui ne l'êtes jamais pour lui. S'il est votre frère, Lélia, quel droit a-t-il de plus que moi sur vous? Croyez-vous que je vous aime moins purement que lui? Croyez-vous que je pourrais vous aimer avec plus de tendresse, de sollicitude et de respect, si vous étiez ma sœur? Oh! que ne l'êtes-vous! vous n'auriez de moi nulle défiance, vous ne méconnaîtriez pas à chaque instant le sentiment chaste et profond que vous m'inspirez! N'aime-t-on pas sa sœur avec passion, quand on a l'âme passionnée et une sœur comme vous, Lélia! Les liens du sang, qui ont tant de poids sur les natures vulgaires, que sont-ils au prix de ceux que nous forge le ciel dans le trésor de ses mystérieuses sympathies?

Non, s'il est votre frère, il ne vous aime pas mieux que moi, et vous ne lui devez pas plus de confiance qu'à moi. Qu'il est heureux, le maudit, si vous vous plaisez à lui dire vos souffrances, et s'il a le pouvoir de les adoucir! Hélas! vous ne m'accordez pas seulement le droit de les partager! Je suis donc bien peu de chose! Mon amour a donc bien peu de prix! Je suis donc un enfant bien faible et bien inutile encore, puisque vous avez peur de me confier un peu de votre fardeau! Oh! je suis malheureux, Lélia! car vous l'êtes, vous, et vous n'avez jamais versé une larme dans mon sein. Il y a des jours où vous vous efforcez d'être gaie avec moi, comme si vous aviez peur de m'être à charge ou de vous livrant à votre humeur. Ah! c'est une délicatesse bien insultante, Lélia, et qui m'a fait souvent bien du mal! Avec *lui* vous n'êtes jamais gaie. Voyez si j'ai sujet d'être jaloux!

VIII.

J'ai montré votre lettre à l'homme qu'on nomme ici Trenmor, et dont moi seule connais le vrai nom. Il a pris tant d'intérêt à votre souffrance, et c'est un homme dont le cœur est si compatissant (ce cœur que vous croyez mort!) qu'il m'a autorisée à vous confier son secret. Vous allez voir que l'on ne vous traite pas comme un enfant, car ce secret est le plus grand qu'un homme puisse confier à un autre homme.

Et d'abord sachez la cause de l'intérêt que j'éprouve pour Trenmor. C'est que cet homme est le plus malheureux que j'aie encore rencontré; c'est que, pour lui, il n'est point resté au fond du calice une goutte de lie qu'il n'ait fallu épuiser; c'est qu'il a sur vous une immense, une incontestable supériorité, celle du malheur.

Savez-vous ce que c'est que le malheur, jeune enfant? Vous entrez à peine dans la vie, vous en supportez les premières agitations, vos passions se soulèvent, accélèrent les mouvements de votre sang, troublent la paix de votre sommeil, éveillent en vous des sensations nouvelles, des inquiétudes, des tourments, et vous appelez cela souffrir! Vous croyez avoir reçu le grand, le terrible, le solennel baptême du malheur! Vous souffrez, il est vrai, mais quelle noble et précieuse souffrance que celle d'aimer! De combien de poésie n'est-elle pas la source! Qu'elle est chaleureuse, qu'elle est productive, la souffrance qu'on peut dire et dont on peut être plaint!

Mais celle qu'il faut renfermer sous peine de malédiction; celle qu'il faut cacher au fond de ses entrailles comme un amer trésor, celle qui ne vous brûle pas; mais qui vous glace; qui n'a pas de larmes, pas de prières, pas de rêveries; celle qui toujours veille froide et paralytique au fond du cœur! celle que Trenmor a épuisée, c'est celle-là dont il pourra se vanter devant Dieu au jour de la justice! car devant les hommes il faut s'en cacher. Écoutez l'histoire de Trenmor.

Il entra dans la vie sous de funestes auspices, quoique aux yeux des hommes son destin fût digne d'envie. Il naquit riche, mais riche comme un prince, comme un favori, comme un juif. Ses parents s'étaient enrichis par l'abjection du vice; son père avait été l'amant d'une reine galante; sa mère avait été la servante de sa rivale; et comme ces turpitudes étaient habillées de pompeuses livrées, comme elles étaient revêtues de titres pompeux, ces courtisans abjects avaient causé beaucoup plus d'envie que de mépris.

Trenmor aborda donc le monde de bonne heure et sans obstacle : mais, à l'âge où une sorte de honte naïve et de crainte modeste fait hésiter au seuil, son âme sans jeunesse s'approchait du banquet sans trouble et sans curiosité; c'était une âme inculte, ignorante, et déjà pleine d'insolents paradoxes et d'aveuglements superbes. On ne lui avait pas donné la connaissance du bien et du mal : sa famille s'en fût bien gardée, dans la crainte d'être par lui méprisée et reniée. On lui avait appris comment on dépense l'or en plaisirs frivoles, en ostentation stupide. On lui avait créé tous les faux besoins, enseigné tous les faux devoirs qui causent et alimentent la misère des riches. Mais si on put le tromper sur les vertus nécessaires à l'homme, on ne put du moins changer la nature de ses instincts. Là le travail démoralisateur fut forcé de s'arrêter; là le souffle humain de la corruption vint échouer contre la divine immortalité de la création intellectuelle. Le sentiment de la fierté, qui n'est autre que le sentiment de la force, se révolta contre les faits extérieurs. Trenmor vit le spectacle de la servitude, et il ne put le souffrir, parce que tout ce qui était faible lui faisait horreur. Forcé d'accepter l'ignorance de toute vertu, il trouva en lui-même de quoi repousser tout ce qui sentait le mensonge et la peur. Nourri dans les faux biens, il n'apprit qua la débauche et la vanité qui servent à les perdre; il ne comprit ni ne toléra l'infâme qui les amasse et les renouvelle.

La nature a ses mystérieuses ressources, ses trésors inépuisables. De la combinaison des plus vils éléments elle fait sortir souvent ses plus riches productions. Malgré l'avilissement de sa famille, Trenmor était né grand, mais âpre, rude et terrible comme une force destinée à la lutte, comme un de ces arbres du désert qui se défendent des orages et des tourbillons, grâce à leur écorce rugueuse, à leurs racines obstinées. Le ciel lui donna l'intelligence; l'instinct divin était en lui. Les influences domestiques s'efforcèrent d'anéantir cet instinct de spiritualité, et, chassant par la raillerie les fantômes célestes errant autour de son berceau, lui enseignèrent à chercher le sentiment de l'existence dans les satisfactions matérielles. On développa en lui l'animal dans toute sa fougue sauvage, on ne put pas faire autre chose. L'animal même était noble dans cette puissante créature : Trenmor était tel, que les amusements désordonnés produisaient plutôt chez lui l'exaltation que l'énervement. L'ivresse brutale lui causait une souffrance furieuse, un besoin inextinguible des joies de l'âme : joies inconnues et dont il ne savait même pas le nom! C'est pourquoi tous ses plaisirs tournaient aisément à la colère, et sa colère à la douleur. Mais quelle douleur était-ce? Trenmor cherchait vainement la cause des larmes qui tombaient au fond de sa coupe dans le festin, comme une pluie d'orage dans un jour brûlant. Il se demandait pourquoi, malgré l'audace et l'énergie d'une large organisation, malgré une santé inaltérable, malgré l'âpreté de ses caprices et la fermeté de son despotisme, aucun de ses désirs n'était apaisé, aucun de ses triomphes ne comblait le vide de ses journées.

Il était si éloigné de deviner les vrais besoins et les vraies facultés de son être, qu'il avait dès son enfance une étrange folie. Il s'imaginait qu'une fatalité haineuse pesait sur lui, que le moteur inconnu des événements l'avait pris en aversion dans le sein de sa mère, et qu'il était destiné à expier les fautes dont il n'était pas coupable. Il rougissait de devoir la naissance à des courtisans, et il disait quelquefois que la seule vertu qu'il eût, la fierté, était une malédiction, parce que cette fierté serait fatalement brisée un jour par la haine du destin. Ainsi l'effroi et le blasphème étaient les seuls reflets qu'il eût gardés des lueurs célestes : reflets affreux, ouvrage des hommes, maladie d'un cerveau vaste et noble qu'on avait comprimé sous le diadème étroit et lourd de la mollesse. Les esprits vulgaires qui ont assisté à la catastrophe de Trenmor ont été frappés de l'espèce de prophétie qu'il avait eue sur ses lèvres et qui s'est réalisée. Ils n'ont pu accepter comme un ordre naturel des choses, comme un pressentiment et une fin inévitables, cette histoire tragique et douloureuse dont ils n'ont vu que les faces externes, le palais et le cachot; l'un qui n'avait montré que la prospérité bruyante, l'autre qui ne révéla pas l'angoisse cachée.

Dompter des chevaux, dresser des piqueurs, s'entourer sans discernement et sans appréciation des œuvres d'art les plus hétérogènes, nourrir avec luxe une livrée vicieuse et fainéante, avec moins de soin et d'amour pourtant qu'une meute féroce; vivre dans le bruit et dans la violence, dans les hurlements des limiers à la gueule sanglante, dans les chants de l'orgie et dans l'affreuse gaieté des femmes esclaves de son or; parier sa fortune et sa vie pour faire parler de soi : tels furent d'abord les amusements de ce riche infortuné. Sa barbe n'était pas encore poussée que ces amusements l'avaient lassé déjà. Le bruit ne chatouillait plus son oreille, le vin n'échauffait plus son palais, le cerf aux abois n'était plus un spectacle assez émouvant pour ses instincts de cruauté, instincts qui sont chez tous les hommes, et qui se développent et grandissent avec les satisfactions qu'une certaine position indépendante et forte semble placer à l'abri des lois et de la honte. Il aimait à battre ses chiens, bientôt il battit ses prostituées. Leurs chansons et leurs rires ne l'animaient plus, leurs injures et leurs cris le réveillèrent un peu. A mesure que l'animal se développait dans son cerveau appesanti, le dieu s'éteignait dans tout son être. L'intelligence inactive sentait des forces sans but, le cœur se rongeait dans un ennui sans terme, dans une souffrance sans nom. Trenmor n'avait rien à aimer. Autour de lui tout était vil et corrompu : il ne savait pas où il eût pu trouver des cœurs nobles, il n'y croyait pas. Il méprisait ce qui était pauvre, on lui avait dit que la pauvreté engendre l'envie; et il méprisait l'envie, parce qu'il ne comprenait pas qu'elle supportât la pauvreté sans se révolter. Il méprisait la

M. SAND

Sourd aux cris de ses compagnons... (Page 11.)

science, parce qu'il était trop tard pour qu'il en comprît les bienfaits ; il n'en voyait que les résultats applicables à l'industrie, et il lui paraissait plus noble de les payer que de les vendre. Les savants lui faisaient pitié, et il eût voulu les enrichir pour leur donner les jouissances de la vie. Il méprisait la sagesse, parce qu'il avait des forces pour le désordre et qu'il prenait l'austérité pour l'impuissance ; et, au milieu de toute cette vénération pour la richesse, de tout cet amour du scandale, il y avait une inconséquence inexplicable ; car le dégoût était venu le chercher au sein de ses fêtes. Tous les éléments de son être étaient en guerre les uns contre les autres. Il détestait les hommes et les choses qui lui étaient devenus nécessaires ; mais il repoussait tout ce qui eût pu le détourner de ses voies maudites et calmer ses angoisses secrètes. Bientôt il fut pris d'une sorte de rage, et il sembla que son temple d'or, que son atmosphère de voluptés lui fussent devenus odieux. On le vit briser ses meubles, ses glaces et ses statues au milieu de ses orgies et les jeter par les fenêtres au peuple ameuté. On le vit souiller ses lambris superbes et semer son or en pluie sans autre but que de s'en débarrasser, couvrir sa table et ses mets de

fiel et de fange et jeter loin de lui dans la boue des chemins ses femmes couronnées de fleurs. Leurs larmes lui plaisaient un instant, et quand il les maltraitait il croyait trouver l'expression de l'amour dans celle d'une douleur cupide et d'une crainte abjecte ; mais, bientôt revenu à l'horreur de la réalité, il fuyait épouvanté de tant de solitude et de silence au milieu de tant d'agitation et de rumeur. Il s'enfuyait dans ses jardins déserts, dévoré du besoin de pleurer ; mais il n'avait plus de larmes, parce qu'il n'avait plus de cœur ; de même qu'il n'avait pas d'amour parce qu'il n'avait pas de Dieu ; et ces crises affreuses se terminaient, après des convulsions frénétiques, par un sommeil pire que la mort.

Je m'arrête ici pour aujourd'hui. Votre âge est celui de l'intolérance, et vous seriez trop violemment étourdi si je vous disais en un seul jour tout le secret de Trenmor. Je veux laisser cette partie de mon récit faire son impression : demain je vous dirai le reste.

IX.

Vous avez raison de me ménager : ce que j'apprends

Il vit une femme qui ne recula pas... (Page 13.)

m'étonne et me bouleverse. Mais vous me supposez bien de l'intérêt de reste si vous croyez que je suis ainsi ému des secrets de Trenmor. C'est votre jugement sur tout ceci qui me trouble. Vous êtes donc bien au-dessus des hommes pour traiter si légèrement les crimes que l'on commet envers eux? Cette question est peut-être injurieuse, peut-être l'humanité est-elle si méprisable que moi-même je vaux mieux qu'elle; mais pardonnez aux perplexités d'un enfant qui ne sait rien encore de la vie réelle.

Tout ce que vous dites produit sur moi l'effet d'un soleil trop ardent sur des yeux accoutumés à l'obscurité. Et pourtant je sens que vous me ménagez beaucoup la lumière, par amitié ou par compassion... O Dieu! que me reste-t-il donc à apprendre? Quelles illusions ont donc bercé ma jeunesse? Trenmor n'est pas méprisable, dites-vous; ou, s'il l'est aux yeux des êtres supérieurs, il ne peut l'être aux miens. Je n'ai pas le droit de le juger et de dire : « Je suis plus grand que cet homme qui se nuit à lui-même et ne profite à personne. » Eh bien! soit; je suis jeune, je ne sais ce que je deviendrai, je n'ai point traversé les épreuves de la vie; mais vous, Lélia, vous

plus grande par votre âme et votre génie que tout ce qui existe sur la terre, vous pouvez condamner Trenmor et le haïr, et vous ne voulez pas le faire! Votre indulgente compassion ou votre admiration imprudente (je ne sais comment dire) le suit au milieu de ses coupables triomphes, applaudit à ses succès, et respecte ses revers...

Mais si cet homme est grand, s'il a en lui un tel luxe d'énergie, que ne s'en sert-il pour réprimer de si funestes penchants? pourquoi fait-il un mauvais usage de sa force? Les pirates et les bandits sont donc grands aussi? Celui qui se distingue par des crimes audacieux ou des vices d'exception est donc un homme devant qui la foule émue doit s'ouvrir avec respect? Il faut donc être un héros ou un monstre pour vous plaire?... Peut-être. Quand je songe à la vie pleine et agitée que vous devez avoir eue, quand je vois combien d'illusions sont mortes pour vous, combien de lassitude et d'épuisement il y a dans vos idées, je me dis qu'une destinée obscure et terne comme la mienne ne peut être pour vous qu'un fardeau inutile et qu'il faut des impressions insolites et violentes pour réveiller les sympathies de votre âme blasée.

Eh bien! dites-moi un mot qui m'encourage, Lélia!

dites-moi ce que vous voulez que je sois, et je le serai.
Vous croyez peut-être que l'amour d'une femme ne peut
donner la même énergie que l'amour de l'or...

Continuez, continuez cette histoire ; elle m'intéresse
horriblement, car c'est une révélation de votre âme, après
tout ; de cette âme profonde, mobile, insaisissable, que
je cherche toujours et que je ne pénètre jamais.

X.

Sans doute vous valez beaucoup mieux que nous, jeune
homme ; que votre orgueil se rassure. Mais dans dix ans,
dans cinq ans même, vaudrez-vous Trenmor, vaudrez-
vous Lélia? Cela est une question.

Tel que vous voilà, je vous aime, ô jeune poète ! Que
ce mot ne vous effraie, ni ne vous enivre. Je ne prétends
pas vous donner ici la solution du problème que vous
attendez. Je vous aime pour votre candeur, pour votre
ignorance de toutes les choses que je sais, pour cette
grande jeunesse morale dont vous êtes si impatient de
vous dépouiller, imprudent que vous êtes ! Je vous aime
d'une autre affection que Trenmor ; malgré ses malheurs,
je trouve moins de charme dans l'entretien de cet homme
que dans le vôtre, et je vous expliquerai tout à l'heure
pourquoi je me sacrifie au point de vous quitter quelquefois pour être avec lui.

Avant de continuer mon récit pourtant, je répondrai à
une de vos questions.

Pourquoi, dites-vous, cet homme si puissant de volonté n'a-t-il pas employé sa force à se réprimer? Pourquoi!... heureux Sténio! — Mais comment donc concevez-vous la nature de l'homme? Qu'augurez-vous de sa
puissance? — Qu'attendez-vous donc de vous-même,
hélas !

Sténio, tu es bien imprudent de venir te jeter dans
notre tourbillon ! Vois ce que tu me forces à te dire!...
Les hommes qui répriment leurs passions dans l'intérêt de leurs semblables, ceux-là, vois-tu, sont si rares
que je n'en ai pas encore rencontré un seul. — J'ai vu
des héros d'ambition, d'amour, d'égoïsme, de vanité surtout ! — De philanthropie?... Beaucoup s'en vantèrent à
moi, mais ils mentaient par la gorge, les hypocrites !
Mon triste regard plongeait au fond de leur âme et n'y
trouvait que vanité. La vanité est, après l'amour, la plus
belle passion de l'homme, et sache, pauvre enfant, qu'elle
est encore bien naïve. La cupidité, le grossier orgueil des
distinctions sociales, la débauche, tous les vils penchants,
la paresse même, qui est pour quelques-uns une passion
stérile, mais opiniâtre, voilà les ambitions qui meuvent
la plupart des hommes. La vanité, au moins, c'est quelque chose de grand dans ses effets. Elle nous force à
être bons, par l'envie que nous avons de le paraître ; elle
nous pousse jusqu'à l'héroïsme, tant il est doux de se
voir porté en triomphe, tant la popularité a de puissantes
et adroites séductions ! Et la vanité est quelque chose
qui ne s'avoue jamais. Les autres passions ne peuvent
se donner le change : la vanité peut se cacher derrière
un autre mot, que les dupes acceptent. — La philanthropie ! — O mon Dieu ! quelle puérile fausseté ! Où
est-il l'homme qui préfère le bonheur des autres hommes
à sa propre gloire?

Le christianisme lui-même, qui a produit ce qu'il y a
eu de plus héroïque sur la terre, le christianisme, qu'a-
t-il pour base? L'espoir des récompenses, un trône élevé
dans le ciel. Et ceux qui ont fait ce grand code, le plus
beau, le plus vaste, le plus poétique monument de l'esprit humain, savaient si bien le cœur de l'homme, et ses
vanités, et ses petitesses, qu'ils ont arrangé en conséquence leur système de promesses divines. Lisez les écrits
des apôtres, vous y verrez qu'il y aura des distinctions
dans le ciel, différentes hiérarchies de bienheureux, des
places choisies, une milice organisée régulièrement avec
ses chefs et ses degrés. Adroit commentaire de ces paroles du Christ : — Les premiers seront les derniers, et
les derniers seront les premiers !

Mais pour ceux qui rentrent en eux-mêmes, et qui
s'interrogent sérieusement, pour ceux qui se dépouil-
lent de ces chimères dorées de la jeunesse et qui entrent
dans l'austère désenchantement de l'âge mûr, pour les
humbles, pour les tristes, pour les expérimentés, la
parole du Christ semble se réaliser dès cette vie. Après
s'être cru fort, l'homme tombé s'avoue à lui-même son
néant. Il se réfugie dans la vie de la pensée ; il acquiert,
par la patience et le travail, ce qu'il a cru posséder dans
l'ignorance et la vanité des jeunes années.

Si vous vous enfoncez dans les campagnes désertes
au lever du soleil, les premiers objets de votre admiration sont les plantes qui s'entr'ouvrent au rayon matinal. Vous choisissez parmi les plus belles fleurs celles
que le vent d'orage n'a pas flétries, celles que l'insecte
n'a pas rongées, et vous jetez loin de vous la rose que
la cantharide a infectée la veille, pour respirer celle
qui s'est épanouie dans sa virginité au vent parfumé de
la nuit. Mais vous ne pouvez vivre de parfums et de
contemplation. Le soleil monte dans le ciel. La journée
s'avance ; vos pas vous ont égaré loin des villes. La soif
et la faim se font sentir. Alors vous cherchez les plus
beaux fruits, et oubliant les fleurs déjà flétries et désormais inutiles sur le premier gazon venu, vous choisissez sur les arbres la pêche que le soleil a rougie, la
grenade dont la gelée d'hiver a fendu l'âpre écorce, la
figue dont une pluie bienfaisante a déchiré la robe satinée. Et souvent le fruit que l'insecte a piqué, ou que
le bec de l'oiseau a entamé, est le plus vermeil et le plus
savoureux. L'amande encore laiteuse, l'olive encore amère,
la fraise encore verte, ne vous attirent pas.

Au matin de ma vie, je vous eusse préféré à tout. Alors
tout était rêverie, symbole, espoir, aspiration poétique.
Les années de soleil et de fièvre ont passé sur ma tête,
et il me faut des aliments robustes ; il faut à ma douleur,
à ma fatigue, à mon découragement, non le spectacle de
la beauté, mais le secours de la force ; non le charme de
la grâce, mais le bienfait de la sagesse. L'amour eût pu
remplir autrefois mon âme tout entière : aujourd'hui, il
me faut surtout l'amitié, une amitié chaste et sainte, une
amitié solide, inébranlable.

Les premiers seront les derniers ! Un jour vint dans
la vie de Trenmor, où, précipité du faîte des prospérités
mondaines dans un abîme de douleur et d'ignominie, il
travailla à devenir ce qu'il avait cruètre, ce qu'il n'avait
jamais été. Depuis quelques années, lancé sur une pente
fatale, ne pouvant se rattacher à aucune croyance, à
aucune poésie, il sentait s'éteindre en lui le flambeau de
la raison. Une femme lui inspira un instant le désir vague
de quitter la débauche et de chercher ailleurs le mot de
sa destinée ; mais cette femme, tout en devinant l'intelligence et la grandeur sauvage enfouies dans le bourbier
du vice, détourna son regard avec effroi, avec dégoût.
Elle lui garda un sentiment de compassion et d'intérêt
qu'elle lui a manifesté plus tard, et dont il s'est montré
digne ; car à quelles amitiés humaines n'a pas droit la
créature affligée qui s'est réconciliée avec Dieu !

Trenmor avait une maîtresse belle et impudente
comme l'antique ménade. On l'appelait la *Mantovana*.
Il la préférait aux autres, et il s'imaginait parfois découvrir
en elle une étincelle de ce feu sacré qu'il ne savait pas définir, mais qu'il appelait *sincérité*, et qu'il cherchait partout avec l'angoisse et la détresse du mauvais riche. Dans
une nuit de fête et de vin, il la frappa, et elle tira de
son sein un poignard pour le tuer. Cette velléité de vengeance plut à Trenmor. Il crut voir de la force et de la
passion dans un mouvement de colère. Il l'aima un instant. Il se passa alors en lui quelque chose d'inconnu
jusqu'alors. Un instant, il eut, au milieu des fumées de
l'ivresse, la révélation des sympathies auxquelles toute
âme saine aspire. Un monde nouveau passa comme une
vision entre deux flacons de vin ; mais un mot obscène
de la bacchante fit crouler cet édifice enchanté, et la
amère reparut au fond de la coupe. Trenmor arracha le
collier de perles de la courtisane, et le broya sous ses
pieds ; elle fondit en larmes. L'amer délire du maître
s'empara de cette frivole circonstance : elle avait eu la
force de la vengeance pour une injure, et elle versait des

pleurs pour un joyau. Il eut une crispation de nerfs; il prit un flacon de cristal lourd et tranchant comme une hache, et frappa au hasard. Elle fit un cri et tomba aux pieds de Trenmor. Il ne s'en aperçut pas. Il mit ses coudes sur la table, fixa ses yeux hagards sur les flambeaux expirants, et, secouant la tête avec un dédaigneux sourire, resta sourd aux cris de ses compagnons, insensible à l'agitation et à la terreur de ses valets. Au bout d'une heure il revint à lui-même, regarda autour de la salle et se trouva seul : une mare de sang baignait ses pieds. Il se leva et tomba dans le sang. On avait emporté la Mantovana. Trenmor évanoui quitta son palais pour une prison. On lui apprit l'affreux résultat de sa fureur, il parut écouter, sourit, et retomba dans une profonde indifférence. Ce calme stupide excita un sentiment d'horreur. On l'interrogea. Il répondit la vérité. « Vouliez-vous tuer cette femme? lui dit le juge. — J'ai voulu la tuer, répondit-il. — Où est votre défenseur? — Je n'en ai pas, et je n'en veux pas. » On lui lut son arrêt, il resta impassible. On riva sur son cou le fer de l'ignominie; il s'en aperçut à peine. Puis, tout d'un coup, relevant la tête et faisant quelques pas, attaché à ses hideux compagnons, il promena un regard curieux sur les spectateurs de sa misère. Il vit une femme qui ne recula pas lorsque son vêtement d'opprobre l'effleura. «Vous êtes ici, Lélia, s'écria-t-il, et la Mantovana n'y est point? Cet animal immonde, que j'ai nourri et caressé si longtemps, m'a condamné à l'infamie pour un instant de colère; et à cette heure, où je dis adieu pour jamais à la vie de l'homme, elle n'a pas même un regard de regret ou de pitié pour moi! Elle cache ses remords sans doute...—La Mantovana vient d'expirer, lui répondis-je, vous êtes son meurtrier. Repentez-vous et subissez le châtiment. — Ah! c'est donc son sang qui m'a fait tomber! s'écria-t-il. » Et, regardant à ses pieds avec égarement, il y vit ses fers, et sourit. «Je comprends, dit-il, voilà encore le sang de la Montavana! » Il tomba comme foudroyé. Jeté dans une charrette, il disparut à mes yeux.

Cinq ans après, le hasard me fit rencontrer, dans un sentier des montagnes, au bord de la mer, un homme pâle et grave qui marchait lentement, la tête nue, le regard levé vers le ciel. Je ne le reconnus pas, tant l'expression de sa figure avait changé. Il vint à moi et me parla. Sa voix était changée aussi. Il se nomma, je lui tendis la main, et nous nous assîmes sur un des rochers du rivage. Il me parla longtemps, et, en le quittant, j'avais juré une éternelle pitié, comme j'ai juré depuis un éternel respect à l'infortuné qu'on appelle aujourd'hui Trenmor, et qui, durant cinq années...

XI.

En effet, c'est un secret terrible, et je dois sentir en mon cœur une grande reconnaissance pour l'homme qui n'a pas craint de me le confier! Vous m'estimez donc bien, Lélia, et il vous estime donc bien aussi, pour que ce secret soit venu de moi à vous si peu de temps? Eh bien! voilà qu'un lien sacré est établi entre nous trois, un lien dont j'ai frayeur pourtant, je ne vous le dissimule pas, mais que je n'ai plus le droit de dénouer.

Malgré toutes vos précautions oratoires, Lélia, je n'ai pu m'empêcher d'être écrasé. Quand je me suis souvenu qu'une heure avant le moment où je lisais cela, j'avais vu cet homme presser votre main, votre main que je n'ai jamais osé toucher et que je ne vous ai encore vue offrir à nul autre que lui, j'ai senti comme un froid de glace qui me tombait sur le cœur. Vous, faire alliance avec cet homme flétri! Vous angélique, vous adorée à genoux, vous la sœur des blanches étoiles, je vous ai supposée un instant la sœur d'un...! Je n'écrirai pas ce mot. — Et voilà que maintenant je vous plus que sa sœur! Une sœur n'eût fait que son devoir en lui pardonnant. Vous vous êtes faite volontairement son amie, sa consolation, son ange; vous avez été vers lui, vous avez dit : « Viens à moi, toi qui es maudit, je te rendrai le

ciel que tu as perdu! Viens à moi qui suis sans tache, et qui cacherai tes souillures, avec ma main que voici! » Eh bien! vous êtes grande, Lélia, plus grande encore que je ne pensais. Votre bonté me fait mal, je ne sais pourquoi; mais je l'admire, mais je vous adore. — Ce que je ne puis supporter, c'est que cet homme, que je hais et que je plains, ait osé toucher la main que vous lui avez offerte; c'est qu'il ait eu l'orgueil d'accepter votre amitié, votre amitié sainte que les plus grands hommes de la terre imploreraient humblement s'ils connaissaient ce qu'elle vaut. Trenmor l'a reçue, Trenmor la possède, et Trenmor ne vous parle pas le front dans la poussière; Trenmor se tient debout à vos côtés, et traverse avec vous la foule étonnée, lui qui cinq ans a traîné le boulet côte à côte avec un voleur ou un parricide!... Ah! je le hais! mais je ne le méprise plus, ne me grondez pas!

Quant à vous! Lélia, je vous plains, et je me plains aussi d'être votre disciple et votre esclave. Vous connaissez beaucoup trop la vie pour être heureuse; j'espère encore que le malheur vous a aigrie, que vous exagérez le mal; je repousse encore cette accablante insinuation de votre lettre : — que les meilleurs parmi les hommes sont les plus vains, et que l'héroïsme est une chimère!

Tu le crois, pauvre Lélia! pauvre femme! tu es malheureuse, je t'aime!

XII.

Trenmor n'avait qu'un moyen de mériter mon amitié : c'était de l'accepter, et il l'a fait. Il n'a pas craint de se fier à mes promesses, il n'a pas cru que cette générosité serait au-dessus de mes forces. Au lieu d'être humble et craintif devant moi, il est calme, il se repose sur ma délicatesse, il n'est pas sur la défensive, et ne suppose pas que je puisse l'humilier et lui faire sentir le poids de ma protection. Vraiment, cet homme a l'âme noble et grande, et nulle amitié ne m'a plus flattée que la sienne.

Jeune orgueilleux, car c'est vous qui l'êtes! osez-vous bien vous élever au-dessus de cet homme que la foudre a renversé? Parce qu'il a été entraîné par la fatalité, parce que, né sous une étoile funeste, il s'est égaré à travers les écueils, vous lui reprochez sa chute, vous vous détournez de lui alors que, sanglant et brisé, vous le voyez sortir de l'abîme! Ah! vous êtes du monde, vous! Vous partagez bien ses inexorables préjugés, ses égoïstes vengeances! Quand on le laisse encore debout, vous le tolérez encore; mais sitôt qu'il est à terre, vous le foulez aux pieds, vous ramassez les pierres et la boue du chemin pour faire comme fait la foule, pour qu'en voyant votre cruauté les autres bourreaux croient à votre justice. Vous auriez peur de lui montrer un peu de pitié, car on pourrait l'interpréter mal, et croire que vous êtes le frère ou l'ami de la victime. Et si l'on supposait que vous êtes capable des mêmes forfaits, si l'on disait de vous : «Voyez cet homme qui tend la main au proscrit; n'est-il point son compagnon de misère et d'infamie? » Oh! plutôt que de faire dire cela, lapidons le proscrit; mettons-lui notre talon sur la figure, achevons-le! Apportons notre part d'insulte parmi la foule qui le maudit. Quand la charrette hideuse emporte le condamné à l'échafaud, le peuple se rue à l'entour pour accabler d'outrages ce reste d'homme qui va mourir. Faites comme le peuple, Sténio! Que dirait-on de vous dans cette ville où vous êtes étranger comme nous, si l'on vous voyait toucher sa main? On penserait peut-être que nous avons été au bagne avec lui! Plutôt que de vous exposer à cela, jeune homme, fuyez le maudit! L'amitié du maudit est dangereuse. L'ineffable plaisir de faire du bien à un malheureux est trop chèrement acheté par les malédictions de la foule. Est-ce votre calcul? est-ce votre sentiment, Sténio?

N'avez-vous pas pleuré chaque fois que vous avez lu l'histoire de cette jeune fille qui, voyant marcher à la mort un illustre infortuné, fendit la presse des curieux indifférents, et ne sachant quel témoignage d'intérêt lui donner, pauvre et simple enfant qu'elle était, lui offrit une rose qu'elle avait à la main, une rose pure et suave comme elle, une rose que son amant peut-être lui avait donnée, et qui fut le seul, le dernier témoignage d'affection et de pitié que reçut un prince marchant au supplice? N'êtes-vous pas touché aussi, dans la sublime histoire du lépreux d'Aoste, de l'action naturelle et simple du narrateur qui lui tend la main? Pauvre lépreux, qui n'avait pas touché la main de son semblable depuis tant d'années, qui eut tant de peine à refuser cette main amie, et qui pourtant la refusa dans la crainte de l'infecter de son mal!...

Pourquoi donc Trenmor aurait-il repoussé la mienne? Le malheur est-il donc contagieux comme la lèpre? Eh bien, soit! que la réprobation du vulgaire nous enveloppe tous deux, et que Trenmor lui-même soit ingrat! j'aurai pour moi Dieu et mon cœur, n'est-ce pas bien plus que l'estime du vulgaire et la reconnaissance d'un homme? Oh! donner un verre d'eau à celui qui a soif, porter un peu de la croix du Christ, cacher la rougeur d'un front couvert de honte, jeter un brin d'herbe à une pauvre fourmi que le torrent ne dédaigne pas d'engloutir, ce sont là de minces bienfaits! Et pourtant l'opinion nous les interdit ou nous les conteste! Honte à nous! nous n'avons pas un bon mouvement qu'il ne faille comprimer ou cacher. On apprend aux enfants des hommes à être vains et impitoyables, et cela s'appelle l'*honneur!* Malédiction sur nous tous!

Eh bien! si je vous disais que, loin de considérer ma conduite comme un acte de miséricorde, j'éprouve pour cet homme une sorte de respect enthousiaste! Si je vous disais que tel que le voilà, brisé, flétri, perdu, je le trouve plus haut placé dans la vie morale qu'aucun de nous! Savez-vous comment il a supporté son malheur? Vous vous seriez tué, certes, avec votre fierté, vous n'eussiez pas accepté le châtiment de l'infamie. Eh bien! il s'est soumis, il a trouvé que le châtiment était juste, qu'il l'avait mérité, non pas tant pour son crime que pour le mal qu'il avait fait à son âme durant le cours de plusieurs années. Et puisqu'il avait mérité ce châtiment, il a voulu le subir. Il l'a subi. Il a vécu cinq ans, fort et patient, parmi ses abjects compagnons. Il a dormi sur la pierre à côté du parricide, il a supporté le regard des curieux; il a vécu cinq ans dans cette fange parmi ces bêtes féroces et venimeuses; il a subi le mépris des derniers scélérats et la domination des plus lâches espions. Il a été forçat, cet homme qui avait été si riche et si voluptueux, cet homme d'habitudes raffinées et de caprices despotiques! Celui qui volait sur les flots entouré de femmes, de parfums et de chants, dans sa gondole rapide; celui qui fatiguait de ses courses folles et aventureuses les plus beaux chevaux de l'Arabie, celui qui avait dormi sous le ciel de la Grèce comme Byron, cet homme qui avait épuisé la vie de luxe et d'excitation sous toutes ses faces, il a été se retremper, se rajeunir et se régénérer au bagne! Et cet égout infect, où trouvent encore moyen de se pervertir le père qui a vendu ses filles et le fils qui a empoisonné sa mère, le bagne, d'où l'on sort défiguré et rampant comme les bêtes, Trenmor en est sorti debout, calme, pâle comme vous le voyez, mais beau encore comme la créature de Dieu, comme le reflet que la Divinité projette sur le front de l'homme purifié.

XIII.

Le lac était calme ce soir-là, calme comme les derniers jours de l'automne, alors que le vent d'hiver n'ose pas encore troubler les flots muets, et que les glaïeuls roses de la rive dorment, bercés par de molles ondulations. De pâles vapeurs mangèrent insensiblement les contours anguleux de la montagne, et se laissant tomber sur les eaux, semblèrent reculer l'horizon, qu'elles finirent par effacer. Alors la surface du lac sembla devenir aussi vaste que celle de la mer. Nul objet riant ou bizarre ne se dessina plus dans la vallée : il n'y eut plus de distraction pos-

sible, plus de sensation imposée par les images extérieures. La rêverie devint solennelle et profonde, vague comme le lac brumeux, immense comme le ciel sans bornes. Il n'y avait plus dans la nature que les cieux et l'homme, que l'âme et le doute.

Trenmor, debout au gouvernail de la barque, dessinait dans l'air bleu de la nuit sa grande taille enveloppée d'un sombre manteau. Il élevait son large front et sa vaste pensée vers ce ciel si longtemps irrité contre lui.

« Sténio, dit-il au jeune poëte, ne saurais-tu ramer moins vite et nous laisser écouter plus à loisir le bruit harmonieux et frais de l'eau soulevée par les avirons? En mesure, poëte, en mesure! Cela est aussi beau, aussi important que la cadence des plus beaux vers. Bien, maintenant! Entendez-vous le son plaintif de l'eau qui se brise et s'écarte? Entendez-vous ces frêles gouttes qui tombent une à une en mourant derrière nous, comme les petites notes grêles d'un refrain qui s'éloigne?

« J'ai passé bien des heures ainsi, ajouta Trenmor, assis au rivage des mers paisibles sous le beau ciel de la Méditerranée. C'est ainsi que j'écoutais avec délices le remous des canots au bas de nos remparts. La nuit, dans cet affreux silence de l'insomnie qui succède au bruit du travail et aux malédictions infernales de la douleur, le bruit faible et mystérieux des vagues qui battaient le pied de ma prison, réussissaient toujours à me calmer. Et plus tard, quand je me suis senti aussi fort que ma destinée, quand mon âme affermie n'a plus été forcée de demander secours aux influences extérieures, ce doux bruit de l'eau venait bercer mes rêveries, et me plongeait dans une délicieuse extase. »

En ce moment un goëland cendré traversa le lac, et, perdu dans la vapeur, effleura les cheveux humides de Trenmor.

« Encore un ami, dit le pénitent, encore un doux souvenir! Quand je me reposais sur la grève, immobile comme les dalles du port, parfois ces oiseaux voyageurs, me prenant pour une froide statue, s'approchaient de moi et me contemplaient sans effroi : c'étaient les seuls êtres qui n'eussent ni aversion ni mépris à me témoigner. Ceux-là ne comprenaient pas ma misère; ils ne me la reprochaient pas; et, quand je faisais un mouvement, ils prenaient leur volée. Ils ne voyaient pas que j'avais une chaîne au pied, que je ne pouvais les poursuivre; ils ne savaient pas que j'étais un galérien; ils s'enfuyaient comme ils eussent fait devant un homme!

— Homme! dit le jeune poëte au forçat, dis-moi où ton âme d'airain a pris la force de supporter les premiers jours d'une semblable existence?

— Je ne te le dirai pas, Sténio, car je ne le sais plus : dans ces jours-là je ne me sentais pas, je ne vivais pas, je ne comprenais rien. — Mais, quand j'eus compris combien cela était horrible, je me sentis la force de le supporter. Ce que j'avais confusément redouté étant une vie de repos et de monotonie. Quand je vis qu'il y avait là du travail, d'âpres fatigues, des jours de feu et des nuits de glace, des coups, des injures, des rugissements, la mer immense devant les yeux, la pierre immobile du cercueil sous les pieds, des récits effroyables à entendre et des souffrances hideuses à voir, je compris que je pouvais vivre parce que je pouvais lutter et souffrir.

— Parce qu'il faut à la grande âme, dit Lélia, des sensations violentes et des toniques brûlants. Mais, dis-nous, Trenmor, comment tu t'es fait au calme; car enfin, tu l'as dit tout à l'heure, le calme s'est venu te trouver même au sein de ce repaire; et d'ailleurs toutes les sensations s'émoussent à force de se reproduire.

— Le calme, dit Trenmor en levant vers le ciel un regard sublime; le calme, c'est le plus grand bienfait de la Divinité, c'est l'avenir où tend sans cesse l'âme immortelle, c'est la béatitude! le calme, c'est Dieu! Eh bien! c'est dans un enfer que je l'ai trouvé. Le secret de la destinée humaine, sans cet enfer je ne l'aurais jamais compris, je ne l'aurais jamais goûté, moi pauvre homme sans croyance et sans but, fatigué d'une vie dont je cherchais en vain l'issue, tourmenté d'une liberté dont je ne savais que faire, ne prenant pas le temps d'y rêver, tant j'étais

pressé de pousser le temps et d'abréger l'ennui d'exister !
J'avais besoin d'être débarrassé pour quelque temps de
ma volonté, et de tomber sous l'empire de quelque
volonté haineuse et brutale qui m'enseignât le prix de la
mienne. Cette surabondance d'énergie, qui s'allait cram-
ponner aux dangers et aux fatigues vulgaires de la vie
sociale, s'assouvit enfin quand elle fut aux prises avec
les angoisses de la vie expiatoire. J'ose dire qu'elle
en sortit victorieuse : mais la victoire amena sa lassitude et son contentement salutaire. Pour la première
fois, je connus les douceurs du sommeil, aussi pleines,
aussi bienfaisantes qu'elles avaient été rares et incomplètes pour moi au sein du luxe. Au bagne j'appris ce
que vaut l'estime de soi-même, car, loin d'être humilié
du contact de toutes ces existences maudites, en comparant leur lâche effronterie et leur morne fureur à la
calme résignation qui était en moi, je me relevai à mes
propres yeux, et j'osai croire qu'il pouvait exister quelque faible et lointaine communication entre le ciel et
l'homme courageux. Dans mes jours de fièvre et d'audace, je n'avais jamais pu réussir à espérer cela. Le
calme enfanta cette pensée régénératrice, et peu à peu
elle prit racine en moi. Je vins à bout d'élever tout à fait
mon âme vers Dieu et de l'implorer avec confiance. Oh!
alors, que de torrents de joie coulèrent dans cette pauvre
âme dévastée! Comme les promesses de la Divinité se
firent humbles et miséricordieuses pour descendre jusqu'à moi et se révéler à mes faibles yeux! C'est alors que
je compris le mystérieux symbole du Verbe divin fait
homme pour exhorter et consoler les hommes, et toute
cette mythologie chrétienne si poétique et si tendre, ces
rapports de la terre avec le ciel, ces magnifiques effets
du spiritualisme qui ouvre enfin à l'homme infortuné
une carrière d'espoir et de consolation! O Lélia! ô
Sténio! vous croyez en Dieu aussi, n'est-ce pas? »

Tous deux gardèrent le silence. Lélia était apparemment dans une disposition plus sceptique qu'à l'ordinaire. Sténio ne pouvait vaincre le dégoût que lui inspirait Trenmor, son âme se refusait à s'épancher dans
la sienne. Cependant il fit un effort sur lui-même, non
pour répondre mais pour interroger encore.

« Trenmor, dit-il, tu ne m'apprends pas de toi ce
qu'il m'importe de savoir. Ce que tu me dis me semble
plus poétique que vrai. Avant de goûter le calme et de
concevoir l'idée de la foi, sans doute tu as dû, par un
grand repentir, purifier ton esprit et racheter ton âme!

— Oui, par un grand repentir! répondit Trenmor.
Mais ce fut un repentir profond et sincère, où la crainte
des hommes n'entra pour rien. Dans cet abîme d'abjection, je n'eus pas la faiblesse de me sentir humilié par
eux, et je n'acceptai pas mon châtiment comme venant
d'eux, mais de Dieu seul. Aux premiers jours, je me
bornai à accuser le destin, le seul dieu auquel j'eusse foi.
Puis, je me plus à lutter contre cette puissance farouche,
à laquelle je ne pouvais refuser cependant une haute
justice et des desseins providentiels, car je voyais le
vrai Dieu derrière ce grossier symbole; je le voyais à
mon insu, et comme malgré moi, ainsi que je l'avais vu
toujours. Ce qui m'avait le plus frappé dans l'histoire,
c'étaient les grandes fortunes et les grands revers des
Crésus et des Sardanapale. J'aimais la sombre sagesse de
ces hommes qui acceptaient stoïquement d'être brisés
par les autres hommes, et qui adressaient aux dieux
ingrats de véhéments reproches. Mais dans cette impiété
même n'y avait-il pas beaucoup de foi? Peu à peu cette
foi s'épura devant mes yeux ; mais je dois avouer que,
malgré mon mépris pour la part de l'action humaine
dans ma destinée, je fus forcé de partir d'en bas pour
remonter jusqu'à l'idée de la justice céleste. Ce fut donc
en examinant l'importance de mes fautes et le châtiment
que mes semblables s'étaient arrogé le droit de m'infliger, que, frappé de leur barbarie et de leur injustice,
je me réfugiai dans le sein de la miséricorde divine.

— Osez-vous dire, reprit le jeune Sténio avec une
indignation mal comprimée, que vous n'ayez pas mérité
un châtiment?

— Oui sans doute, répondit Trenmor avec calme,

j'avais mérité un châtiment, puisque l'expérience a prouvé
que j'avais besoin d'une leçon terrible. Mais quel châtiment insigne et atroce était donc celui-là? Le but de la
société est-il la vengeance? J'aurais pensé qu'il devait
être l'expiation du crime et la conversion du coupable.

— Il est certain, dit Sténio ému, que votre faute ne
méritait pas tant de rigueur. Vous aviez commis un meurtre involontaire, et vous fûtes confondu avec les voleurs
et les assassins.

— Ma faute ne méritait pas cette sorte de rigueur, dit
Trenmor, mais elle en méritait cependant une bien grande.
Le meurtre n'était pas ce qui constituait mon crime. C'était
l'ivresse qui m'avait porté à le commettre. Et ce n'était
pas seulement l'ivresse de cette nuit fatale, c'était l'habitude de l'ivresse, le goût des orgies, la vie de débauche
et d'excès. Ce n'était donc pas mon égarement d'un jour
qu'il fallait punir, c'était celui de toute ma vie qu'il fallait réprimer. Voilà ce que je compris en comparant ma
condition avec celle des malfaiteurs au milieu desquels
j'étais jeté comme un gladiateur antique livré aux bêtes
féroces. Je me demandai si l'on m'associait à tant d'infamie pour me corriger par ce spectacle repoussant, ou si
l'on me livrait à cette infamie afin de me punir de mes
erreurs par la contagion mortelle, par la perte irrévocable
de toute notion divine et de tout sentiment humain.
Avouez que c'est là un étrange moyen de répression
qu'a inventé la société humaine! Mon indignation fut si
profonde que, pendant quelque temps, je délibérai, dans
l'horreur de mes pensées, si je n'accepterais pas le sort
qu'on me faisait, si je ne me déclarerais pas l'ennemi du
genre humain, si je ne ferais pas le serment de tourner
ma fureur contre lui et de lui déclarer la guerre aussitôt
que je serais libre ; l'eussé-je été à cette heure de désespoir farouche, aucun bandit n'eût été plus redoutable
que moi, aucun meurtrier ne se fût baigné dans le sang
avec plus de rage!

« Mais la nécessité rendit ma haine plus patiente, et je
couvai longtemps des projets de vengeance que le sentiment religieux fit évanouir par la suite. N'avais-je pas
sujet de haïr cette société qui m'avait pris au berceau,
et qui dès lors me comblant de faveurs aveugles, avait en
quelque sorte travaillé à me créer des passions et des
besoins extinguibles qu'elle s'était tue ensuite à satisfaire et à exciter sans cesse? Pourquoi fait-elle des riches
et des pauvres, des voluptueux insolents et des nécessi-
teux stupides? et si elle permet à quelques-uns d'hériter
des richesses, pourquoi ne leur en prescrit-elle pas le
noble usage? Mais où est la direction qu'elle nous donne
dans nos jeunes années? Où sont les devoirs qu'elle nous
enseigne dans l'âge viril? Où sont les bornes qu'elle
pose devant nos débordements? Quelle protection accorde
t-elle aux hommes que nous avilissons par nos dons et
aux femmes que nous perdons par nos vices? Pourquoi
nous fournit-elle avec profusion des valets et des prostituées? Pourquoi souffre-t-elle nos orgies, et pourquoi
nous ouvre-t-elle elle-même les portes de la débauche?

« Et pourquoi m'arriva-t-il de subir la rigueur d'une
loi qu'on applique si rarement aux riches? C'est parce
que je n'avais pas songé à acheter d'avance mon absolution. Si j'avais placé mon or, ma réputation et ma vie
sous la sauvegarde de quelque prince débauché comme
moi, si j'avais su, par quelque métier politique infâme,
me rendre utile aux perfides desseins d'un gouvernement quelconque, j'aurais eu des amis tout-puissants,
dont l'impudente protection m'eût soustrait comme tant
d'autres à la publicité d'une sentence infamante et à
l'horreur d'une punition implacable. Mais moi, qui avais
imaginé tant de moyens de me ruiner, je n'avais pas
voulu me ruiner en compagnie des puissants du siècle.
Je les méprisais encore plus que je ne me méprisais moi-
même, je ne les imploirai pas dans mes revers. Ils se ven-
gèrent en m'abandonnant à mon sort. Cette pensée fut
la première qui me ranima; elle me relevait jusqu'à un
certain point à mes propres yeux.

« Puis, abaissant mes regards sur les misérables dont
j'étais entouré, je sentis pour eux encore plus de pitié que
d'horreur; car si un abîme séparait leur iniquité de la

mienne, il n'en est pas moins vrai qu'eux aussi subissaient un châtiment injuste et disproportionné. Eux aussi étaient condamnés à s'avilir de plus en plus et à perdre tout désir comme tout espoir de réhabilitation. Eux aussi avaient droit à une correction salutaire, qui, loin de briser leur âme, la retrempât par de sages leçons, de nobles exemples et des promesses de miséricorde. Ce n'étaient pas des scènes de violence et un joug plus féroce encore que leurs crimes qui pouvaient les faire fléchir au baptême de la pénitence. Plus ils étaient dégradés, plus il eût fallu essayer de les relever. Plus la nature les avait créés insensibles et farouches, plus la société avait reçu de Dieu mission de les convertir et de les civiliser. Oui, il la leur fallait ainsi qu'à moi une pénitence. Il la leur fallait plus ou moins longue, plus ou moins sévère, mais telle qu'un père l'inflige à un enfant coupable, et non telle qu'un bourreau se réjouit de l'imprimer dans les entrailles d'une victime. O humanité! le Christ ne t'a-t-il donc pas parlé de la miséricorde des cieux? Ne t'a-t-il pas enseigné à invoquer le juge suprême sous le nom de Père? Mais tu ne l'as point écouté, et tu as crucifié le juste. Quelle miséricorde le coupable peut-il attendre de toi?

« Plus je contemplais l'avilissement et la perversité de ces malheureux, plus j'accusais la société qui punit si cruellement des crimes obscurs et qui protége tant de crimes pompeux.

« Elle ne sait exercer ses vengeances que contre des individus. Elle ne sait pas se venger et se protéger elle-même contre les castes entières. Les riches règnent par la fraude ou l'immoralité. Les pauvres paient double; pour leurs propres fautes, et pour celles qui leur sont étalées en exemples sur les hauteurs de la société, comme d'impurs sacrifices sur de somptueux autels. En songeant à ces exemples que j'avais donnés moi-même (moi, pourtant, un des moins criminels d'entre les heureux du siècle), je cessai de m'élever dans mon orgueil au-dessus de mes compagnons d'infortune, je m'humiliai devant Dieu, et j'acceptai de lui l'abaissement où j'étais réduit en vivant parmi eux.

« C'est par ces considérations vivement senties que j'entrai dans une carrière de stoïcisme apparent, et que je subis mon malheur sans proférer une seule plainte. Mais ce stoïcisme n'était pas la froide sagesse de l'homme qui cherche le calme dans l'habitude de surmonter la douleur. Mon âme brisée par la pitié, mon cœur saignait par toutes ces blessures, par toutes ces plaies étalées autour de moi, et quand j'arrivais au repos de l'esprit, c'est que je me réfugiais dans la certitude d'une justice et d'une bonté suprêmes. C'est que je sentais profondément que ces hommes perdus pour la société ne l'étaient pas pour le ciel; car la croyance à un châtiment éternel est le digne ouvrage des hommes sans entrailles et sans pardon. Ils ont mesuré à leur taille la puissance de Dieu. Ils lui ont attribué celle de contenir dans les gouffres de l'enfer des myriades d'âmes déchues. Ils ont oublié qu'il avait celle de retremper dans de nouvelles existences, et de les purifier par une suite d'épreuves inconnues aux prévisions humaines.

— Il parle bien, dit Sténio en se retournant vers Lélia, qui observait curieusement l'effet des paroles de Trenmor sur le jeune poëte; mais, ajouta-t-il à voix basse, bien penser, bien dire, est-ce assez pour laver le sang et la honte?

— Non sans doute, répondit Lélia tout haut. Il faut encore bien agir, et l'a-t-il fait. Durant son martyre il a commencé une vie de dévouement, d'héroïsme et de charité qui ne cessera qu'avec lui. Il a commencé par essayer de consoler et de convertir les moins endurcis parmi les malheureux que la justice des hommes lui avait donnés pour frères. Si même au bagne ses efforts n'ont pas été sans succès. Il a eu au moins la douceur de se dire qu'il versait avec ses larmes une goutte du baume céleste dans des coupes à jamais abreuvées de fiel. Il a fait entendre à ceux dont les oreilles étaient fermées, des paroles de compassion et de soulagement qu'elles n'avaient jamais entendues et qu'elles n'entendront plus, mais qu'elles n'oublieront pas. Et depuis dix ans qu'il est libre, après

que ses traits et ses manières ont tellement changé que personne ne peut le reconnaître; après qu'il a recouvré, par des incidents étranges et romanesques une fortune supérieure à celle qu'il avait perdue, sa vie, austère pour lui-même, féconde pour les autres, n'est qu'une suite de dévouements sublimes. Un mot te le fera connaître, cet homme que tu as la vanité de craindre encore; un mot....

— Arrêtez! dit Trenmor. Si ma vie nouvelle peut avoir quelque mérite à ses yeux lorsqu'il la connaîtra, ne lui ôtez pas à lui-même le mérite de croire en moi sans preuves et sans garanties. Cela ne peut être l'ouvrage d'une heure. Je puis bien supporter sa méfiance et son dédain quelques jours encore!

— Ma méfiance, peut-être! dit vivement Sténio. J'avoue qu'une vertu aussi exceptionnellement acquise que la vôtre m'étonne et m'effraie, moi qui ne connais encore de la vie que les chemins bordés de fleurs, par où l'on court à l'espérance. Mais ne craignez pas mon dédain, homme infortuné...

— Votre dédain ne peut pas m'effrayer, jeune homme! interrompit Trenmor avec un accent de fierté solennelle. Je sais que je n'échapperais à celui de personne si je me faisais connaître pour un homme exilé de la société humaine. Je sais aussi que quiconque possède mon secret a le droit de m'insulter et de me refuser la réparation du sang. J'ai donc dû placer plus haut l'estime et le respect de moi-même. Ces biens, je les ai recouvrés à la sueur de mon front, et j'ai lavé mes souillures, non dans le sang d'autrui, mais dans le plus pur de mon sang. Il n'est donc au pouvoir d'aucun homme de m'humilier. Vous m'estimerez quand vous pourrez, Sténio; mais alors vous pourrez vous dispenser de me le témoigner. Votre respect ne me ferait pas plus de bien que votre mépris ne peut me faire de mal. Il y a longtemps que je n'agis plus en vue de ce qu'on pensera de moi. Celui à qui j'ai affaire à cet égard, ajouta Trenmor en regardant les cieux, est placé plus haut que vous. »

L'attitude, la voix et le front du proscrit avaient quelque chose de si noble et de si puissant, que Sténio en fut troublé. Il jeta un regard timide sur lui-même, et demanda pardon à Dieu, dans son cœur, d'avoir offensé celui qui s'était mis sous la protection du ciel.

Trenmor tomba dans une profonde rêverie. Ses compagnons imitèrent son silence. La belle Lélia regardait le sillage de la barque où le reflet des étoiles tremblantes faisait courir de minces filets d'or mouvant. Sténio, les yeux attachés sur elle, ne voyait qu'elle dans l'univers. Quand la brise, qui commençait à se lever par frissons brusques et rares, lui jetait au visage une tresse des cheveux noirs de Lélia, ou seulement la frange de son écharpe, il frémissait comme les eaux du lac, comme les roseaux du rivage, et puis la brise tombait tout à coup comme l'haleine épuisée d'un sein fatigué de souffrir. Les cheveux de Lélia et les plis de son écharpe retombaient sur son sein, et Sténio cherchait avec un regard dans ses yeux dont le feu savait si bien percer les ténèbres, quand Lélia daignait être femme. Mais à quoi pensait Lélia en regardant le sillage de la barque? — La brise avait emporté le brouillard; tout à coup Trenmor aperçut à quelques pas devant lui les arbres du rivage, et, vers l'horizon, les lumières rougeâtres de la ville; il soupira profondément.

« Eh quoi! dit-il, déjà! Vous ramez trop vite, Sténio, vous êtes bien pressé de nous ramener parmi les hommes! »

XIV.

Quelques heures après, ils étaient au bal chez le riche musicien Spuela. Trenmor et Sténio rentraient sous la coupole, au fond de cette rotonde vide et sonore, qui promenaient leurs regards sur les grandes salles pleines de mouvement et de bruit. Les danses tournoyaient en cercles capricieux sous les bougies pâlissantes, les fleurs mouraient dans l'air rare et fatigué, les sons de l'orchestre venaient s'éteindre sous la voûte de marbre, et dans la chaude vapeur du bal passaient et repassaient de pâles figures tristes et belles sous leurs habits de fête; mais au-dessus de ce tableau riche et vaste, au-dessus de ces tons éclatants adoucis par le vague de la profondeur et le poids de l'atmosphère, au-dessus des masques bizarres, des parures étincelantes, des frais quadrilles, et des groupes de femmes vives et jeunes, au-dessus du mouvement et du bruit, au-dessus de tout, s'élevait la grande figure isolée de Lélia. Appuyée contre un cippe de bronze antique, sur les degrés de l'amphithéâtre, elle contemplait aussi le bal, elle avait revêtu aussi un costume caractéristique, mais l'avait choisi noble et sombre comme elle : elle avait le vêtement austère et pourtant recherché, la pâleur, la gravité, le regard profond d'un jeune poète d'autrefois, alors que les temps étaient poétiques et que la poésie n'était pas coudoyée dans la foule. Les cheveux noirs de Lélia, rejetés en arrière, laissaient à découvert ce front où le doigt de Dieu semblait avoir imprimé le sceau d'une mystérieuse infortune, et que les regards du jeune Sténio interrogeaient sans cesse avec l'anxiété du pilote attentif au moindre souffle du vent et à l'aspect des moindres nuées sur un ciel pur. Le manteau de Lélia était moins noir, moins velouté que ses grands yeux couronnés d'un sourcil mobile. La blancheur mate de son visage et de son cou se perdait dans celle de sa vaste fraise, et la froide respiration de son sein impénétrable ne soulevait pas même le satin noir de son pourpoint et les triples rangs de sa chaîne d'or.

«Regardez Lélia, dit Sténio avec un sentiment d'admiration exalté, regardez cette grande taille grecque sous ces habits de l'Italie dévote et passionnée, cette beauté antique dont la statuaire a perdu le moule, avec l'expression de rêverie profonde des siècles philosophiques; ces formes, et ces traits si riches; ce luxe d'organisation extérieure dont un soleil homérique a seul pu créer les types maintenant oubliés; regardez, vous dis-je, cette beauté physique qui suffirait pour constater une grande puissance, et que Dieu s'est plu à revêtir de toute la puissance intellectuelle de notre époque!... Peut-on imaginer quelque chose de plus complet que Lélia vêtue, posée et rêvant ainsi? C'est le marbre sans tache de Galatée, avec le regard céleste du Tasse, avec le sourire sombre d'Alighieri. C'est l'attitude aisée et chevaleresque des jeunes héros de Shakspeare : c'est Roméo, le poétique amoureux; c'est Hamlet, le pâle et ascétique visionnaire; c'est Juliette, Juliette demi-morte, cachant dans son sein le poison et le souvenir d'un amour brisé. Vous pouvez inscrire les plus grands noms de l'histoire, du théâtre et de la poésie sur ce visage, dont l'expression résume tout, à force de tout concentrer. Le jeune Raphaël devait être dans cette contemplation extatique, lorsque Dieu lui faisait apparaître ses visions pures et charmantes. Corinne mourante devait être plongée dans cette morne attention lorsqu'elle écoutait ses derniers vers déclamés au Capitole par une jeune fille. Le page muet et mystérieux de Lara se renfermait dans cet isolement dédaigneux de la foule. Oui, Lélia réunit toutes ces idéalités, parce qu'elle réunit le génie de tous les poètes, la grandeur de tous les caractères. Vous pouvez donner tous ces noms à Lélia; le plus grand, le plus harmonieux de tous devant Dieu, sera encore celui de Lélia. Lélia dont le front lumineux et pur, dont la vaste et souple poitrine renferment toutes les grandes pensées, tous les généreux sentiments : religion, enthousiasme, stoïcisme, pitié, persévérance, douleur, charité, pardon, candeur, audace, mépris de la vie, intelligence, activité, espoir, patience, tout! jusqu'aux faiblesses innocentes, jusqu'aux sublimes légèretés de la femme, jusqu'à la mobile insouciance qui est peut-être son plus doux privilège et sa plus puissante séduction.

«Tout, interrompt l'amour! ajouta Sténio avec un air sombre après un moment de silence. — Trenmor, vous qui connaissez Lélia, dites-moi si elle a connu l'amour? Eh bien, si cela n'est pas, Lélia n'est pas être complet. C'est un rêve tel que l'homme peut en créer, gracieux et sublime, mais où il manque toujours quelque chose

d'inconnu; quelque chose qui n'a pas de nom, et qu'un nuage nous voile toujours; quelque chose qui est au delà des cieux, quelque chose où nous tendons sans cesse sans l'atteindre ni le deviner jamais; quelque chose de vrai, de parfait et d'immuable; Dieu peut-être, c'est peut-être Dieu que cela s'appelle! Eh bien! la révélation de cela manque à l'esprit humain. Pour le remplacer, Dieu lui a donné l'amour, faible émanation du feu du ciel, âme de l'univers perceptible à l'homme. Cette étincelle divine, ce reflet du Très-Haut, sans lequel la plus belle création est sans valeur, sans lequel la beauté n'est qu'une image privée d'animation, l'amour! Lélia ne l'a pas! Qu'est-ce donc que Lélia? une ombre, un rêve, une idée tout au plus. Allez, là où il n'y a pas d'amour, il n'y a pas de femme.

— Et pensez-vous aussi, lui dit Trenmor sans répondre à ce que Sténio espérait être une question, pensez-vous aussi que là où il n'y a plus d'amour il n'y a plus d'homme?

— Je le crois de toute mon âme, s'écria l'enfant.

— En ce cas, je suis donc mort aussi, dit Trenmor en souriant, car je n'ai pas d'amour pour Lélia; et, si Lélia n'en inspire pas, quelle autre en aurait la puissance! Eh bien! Sténio, j'espère que vous vous trompez, et qu'il en est de l'amour comme des autres passions égoïstes. Je crois que là où elles finissent l'homme commence. »

En ce moment Lélia descendit les degrés et vint à eux. La majesté pleine de tristesse qui entourait Lélia comme d'une auréole l'isolait presque toujours au milieu du monde : c'était une femme qui, en public, ne se livrait jamais à ses impressions. Elle se cachait dans son intimité pour rire de la vie; mais elle la traversait avec une défiance haineuse, et s'y montrait sous un aspect rigide pour éloigner d'elle autant que possible le contact de la société. Cependant elle aimait les fêtes et les réunions publiques. Elle venait y chercher un spectacle, elle venait y rêver, solitaire au milieu de la foule. Il avait bien fallu que la foule s'habituât à la voir planer sur elle, et puiser dans son sein des impressions sans jamais lui rien communiquer des siennes. Entre Lélia et la foule il n'y avait pas d'échange. Si Lélia s'abandonnait à quelques muettes sympathies, elle se refusait à les inspirer : elle n'en avait pas besoin. La foule ne comprenait pas ce mystère, mais elle était fascinée, et, tout en cherchant à rabaisser cette destinée inconnue dont l'indépendance l'offensait, elle s'ouvrait devant elle avec un respect instinctif qui tenait de la peur.

Le pauvre jeune poète dont elle était aimée concevait un peu mieux les causes de sa puissance, quoiqu'il ne voulût pas encore se les avouer. Parfois il était si près de la triste vérité, cherchée et repoussée par lui, qu'il éprouvait comme un sentiment d'horreur pour Lélia. Il lui semblait alors que Lélia était son fléau, son génie du mal, le plus dangereux ennemi qu'il eût dans le monde. En la voyant venir ainsi vers lui, seule et pensive, il ressentit comme de la haine pour cet être qui ne tenait à la nature par aucun lien apparent, sans songer qu'il eût souffert bien davantage, l'insensé! s'il l'eût vue parler et sourire.

« Vous êtes ici, lui dit-il d'un ton dur et amer, comme un cadavre qui aurait ouvert son cercueil et qui viendrait se promener au milieu des vivants. Voyez, on s'écarte de vous, on craint de toucher votre linceul, on ose à peine vous regarder au visage; le silence de la crainte plane autour de vous comme un oiseau de nuit. Votre main est aussi froide que le marbre d'où vous sortez. »

Lélia ne répondit que par un étrange regard et un froid sourire; puis, après un instant de silence :

« J'avais une idée bien différente tout à l'heure, dit-elle. Je vous prenais tous pour des morts, et moi, vivante, je vous passais en revue; je me disais qu'il y avait quelque chose d'étrangement lugubre dans l'invention de ces mascarades. N'est-ce pas bien triste, en effet, de ressusciter les siècles qui ne sont plus, et de les forcer à divertir le siècle présent? Ces costumes des temps passés, qui nous représentent des générations éteintes, ne sont,

C'est Roméo, le poétique amoureux... (Page 18.)

ils pas, au milieu de l'ivresse d'une fête, une effrayante leçon pour nous rappeler la brièveté des jours de l'homme? Où sont les cerveaux passionnés qui brûlaient sous ces barrettes et sous ces turbans? Où sont les cœurs jeunes et vivaces qui palpitaient sous ces pourpoints de soie, sous ces corsages brodés d'or et de perles? Où sont les femmes orgueilleuses et belles qui se drapaient dans ces lourdes étoffes, qui couvraient leurs riches chevelures de ces gothiques joyaux? Hélas! où sont-ils ces rois d'un jour qui ont brillé comme nous? Ils ont passé sans songer aux générations qui les avaient précédés, sans songer à celles qui devaient les suivre, sans songer à eux-mêmes qui se couvraient d'or et de parfums, qui s'entouraient de luxe et de mélodies, en attendant le froid du cercueil et l'oubli de la tombe.

— Ils se reposent d'avoir vécu, dit Trenmor; heureux ceux qui dorment dans la paix du Seigneur!

— Il faut que l'esprit de l'homme soit bien pauvre, reprit Lélia, et ses plaisirs bien vides; il faut que les jouissances simples et faciles s'épuisent bien vite pour lui, puisqu'au fond de sa joie et de ses pompes il retrouve toujours une impression si horrible de tristesse et de

terreur. Voici un homme riche et joyeux, un heureux de la terre qui, pour s'étourdir et oublier que ses jours sont comptés, n'imagine rien de mieux que d'exhumer les dépouilles du passé, de couvrir ses hôtes des livrées de la mort, et de faire danser dans son palais les spectres de ses aïeux!

— Ton âme est triste, Lélia, dit Trenmor; on dirait que seule ici tu crains de ne pas mourir à ton tour!»

XV.

Ce jeune homme mérite plus de compassion, Lélia. Je croyais que vous n'aviez que les grâces et les adorables qualités de la femme. En auriez-vous aussi la féroce ingratitude et l'impudente vanité? Non, j'aimerais mieux douter de l'existence de Dieu que de la bonté de votre cœur. Lélia, dites-moi donc ce que vous voulez faire de cette âme de poëte qui s'est donnée à vous et que vous avez accueillie, imprudemment peut-être! Vous ne pouvez plus maintenant la repousser sans qu'elle se brise; et prenez garde, Lélia, Dieu vous en demandera compte

Il y avait auprès d'elle le joli docteur... (Page 20.)

un jour; car cette âme vient de lui et doit y retourner. Sans doute le jeune Sténio doit être un des enfants de sa prédilection. N'a-t-il pas mis en lui un reflet de la beauté des anges? Quoi de plus pur et de plus suave que cet enfant? Je n'ai point vu de physionomie d'un calme plus angélique, ni de bleu dans le plus beau ciel qui fût plus limpide et plus céleste que le bleu de ses yeux. Je n'ai pas entendu de voix plus harmonieuse et plus douce que la sienne; les paroles qu'il dit sont comme les notes faibles et veloutées que le vent confie aux cordes de la harpe. Et puis, sa démarche lente, ses attitudes monchalantes et tristes, ses mains blanches et fines, son corps frêle et souple, ses cheveux d'un ton si doux et d'une mollesse si soyeuse, son teint changeant comme le ciel d'automne, ce carmin éclatant qu'un regard de vous répand sur ses joues, cette pâleur bleuâtre qu'un mot de vous imprime à ses lèvres, tout cela, c'est un poète, c'est un jeune homme vierge, c'est une âme que Dieu envoie souffrir ici-bas pour l'éprouver avant d'en faire un ange. Et si vous livrez cette jeune âme au souffle des passions corrosives, si vous l'éteignez sous les glaces du

désespoir, si vous l'abandonnez au fond de l'abime, comment retrouvera-t-elle le chemin des cieux? O femme! prenez garde à ce que vous allez faire! N'écrasez pas ce frêle enfant sous le poids de votre affreuse raison! Ménagez-lui le vent et le soleil, et le jour, et le froid, et la foudre, et tout ce qui nous flétrit, nous renverse, nous dessèche et nous tue. Aidez-le à marcher, couvrez-le d'un pan de votre manteau, soyez son guide sur le bord des écueils. Ne pouvez-vous être son amie, ou sa sœur, ou sa mère?

Je sais tout ce que vous m'avez dit déjà, je vous comprends, je vous félicite; mais puisque vous êtes heureuse ainsi (autant qu'il vous est donné de l'être!), ce n'est plus de vous que je m'occupe: c'est de lui, qui souffre et que je plains. Voyons! femme! vous qui savez tant de choses ignorées de l'homme, n'avez-vous pas un remède à ses maux? Ne pouvez-vous donner aux autres un peu de la science que Dieu vous a donnée? Est-il en vous de faire le mal et de ne pouvoir faire le bien?

Eh bien, Lélia, s'il en est ainsi, il faut éloigner Sténio ou le fuir.

XVI.

Éloigner Sténio ou le fuir! Oh! pas encore! Vous êtes si froid, votre cœur est si vieux, ami, que vous parlez de fuir Sténio comme s'il s'agissait de quitter cette ville pour une autre, ces hommes d'aujourd'hui pour les hommes de demain, comme s'il s'agissait pour vous, Trenmor, de me quitter, moi Lélia?

Je le sais, vous avez touché le but, vous avez échappé au naufrage, vous voilà au port. Nulle affection en vous ne s'élève jusqu'à la passion, rien ne vous est nécessaire, personne ne peut faire ou défaire votre bonheur, vous en êtes vous-même l'artisan et le gardien. Moi aussi, Trenmor, je vous félicite, mais je ne puis vous imiter. J'admire l'ouvrage régulier et solide que vous avez fait, mais c'est une forteresse que cet ouvrage de votre vertu; et moi femme, moi artiste, il me faut un palais: je n'y serai point heureuse, mais du moins je n'y mourrai pas; dans vos murs de glace et de pierre, il ne me resterait pas un jour à vivre. Non, pas encore, non! Dieu ne le veut pas! est-ce qu'on peut devancer l'accomplissement de ses desseins? S'il m'est donné d'atteindre où vous êtes, du moins j'y veux arriver mûre pour la sagesse et assez sûre de moi pour ne pas regarder en arrière avec douleur.

Je vous entends d'ici: — Faible et misérable femme, dites-vous, tu crains d'obtenir ce que tu demandes souvent; je t'ai vue aspirer au triomphe que tu repousses!... Eh bien! va, je suis faible, je suis lâche; mais je ne suis ni ingrate ni vaine, je n'ai point ces vices de la femme. Non, mon ami, je ne veux point briser le cœur de l'homme, éteindre l'âme du poëte. Rassure-toi, j'aime Sténio.

XVII.

Vous aimez Sténio! Cela n'est pas et ne peut pas être. Songez-vous aux siècles qui vous séparent de lui? Vous, fleur flétrie, battue des vents, brisée; vous, esquif ballotté sur toutes les mers du doute, échoué sur toutes les grèves du désespoir, vous oseriez tenter un nouveau voyage? Ah! vous n'y songez pas, Lélia! Aux êtres comme nous, que faut-il à présent? Le repos de la tombe. Vous avez vécu! laissez vivre les autres à leur tour; ne vous jetez pas, ombre triste et fugitive, dans les voies de ceux qui n'ont pas fini leur tâche et perdu leur espoir. Lélia, Lélia, le cercueil te réclame; n'as-tu pas assez souffert, pauvre philosophe? Couche-toi donc dans ton linceul, dors donc enfin dans ton silence, âme fatiguée que Dieu ne condamne plus au travail et à la douleur!

Il est bien vrai que vous êtes moins avancée que moi. Il vous reste quelques réminiscences des temps passés. Vous luttez encore parfois contre l'ennemi de l'homme, contre l'espoir des choses d'ici-bas. Mais croyez-moi, ma sœur, quelques pas seulement vous séparent du but. Il est facile de vieillir, nul ne rajeunit.

Encore une fois, laissez l'enfant croître et vivre, n'étouffez pas la fleur dans son germe. Ne jetez pas votre haleine glacée sur ses belles journées de soleil et de printemps. N'espérez pas donner la vie, Lélia: la vie n'est plus en vous, il ne vous en reste que le regret; bientôt, comme à moi, il ne vous en restera plus que le souvenir.

XVIII.

Tu me l'as promis, tu m'aimeras doucement et nous serons heureux. Ne cherche point à devancer le temps, Sténio, ne t'inquiète pas de sonder les mystères de la vie. Laisse-la te prendre et te porter là où nous allons tous. Tu me crains? C'est toi-même qu'il faut craindre, c'est toi qu'il faut réprimer; car, à ton âge, l'imagination gâte les fruits les plus savoureux, appauvrit toutes les jouissances; à ton âge, on ne sait profiter de rien; on veut tout connaître, tout posséder, tout épuiser; et puis on s'étonne que les biens de l'homme soient si peu de chose, quand il faudrait s'étonner seulement du cœur de l'homme et de ses besoins. Va, crois-moi, marche doucement, savoure une à une toutes les ineffables jouissances d'un mot, d'un regard, d'une pensée, tous les riens immenses d'un amour naissant. N'étions-nous pas heureux hier sous ces arbres, quand, assis l'un près de l'autre, nous sentions nos vêtements se toucher et nos regards se deviner dans l'ombre? Il faisait une nuit bien noire, et pourtant je vous voyais, Sténio; je vous voyais beau comme vous êtes, et je m'imaginais que vous étiez le sylphe de ces bois, l'âme de cette brise, l'ange de cette heure mystérieuse et tendre. Avez-vous remarqué, Sténio, qu'il y a des heures où nous sommes forcés d'aimer, des heures où la poésie nous inonde, où notre cœur bat plus vite, où notre âme s'élance hors de nous et brise tous les liens de la volonté pour aller chercher une autre âme où se répandre? Combien de fois, à l'entrée de la nuit, au lever de la lune ou aux premières clartés du jour, combien de fois dans le silence de minuit et dans cet autre silence de midi si accablant, si inquiet, si dévorant, n'ai-je pas senti mon cœur se précipiter vers un but inconnu, vers un bonheur sans forme et sans nom, qui est au ciel, qui est dans l'air, qui est partout comme un aimant invisible, comme l'amour! Et pourtant, Sténio, ce n'est pas l'amour; vous le croyez, vous qui ne savez rien et qui espérez tout; moi qui sais tout, je sais qu'il y a au delà de l'amour des désirs, des besoins, des espérances qui ne s'éteignent point; sans cela que serait l'homme? Il lui a été accordé si peu de jours pour aimer sur la terre!

Mais à ces heures-là, ce que nous sentons est si vif, si puissant, que nous le répandons sur tout ce qui nous environne; à ces heures où Dieu nous possède et nous remplit, nous faisons rejaillir sur toutes ses œuvres l'éclat du rayon qui nous enveloppe.

N'avez-vous jamais pleuré d'amour pour ces blanches étoiles qui sèment les voiles bleus de la nuit? Ne vous êtes-vous jamais agenouillé devant elles, ne leur avez-vous pas tendu les bras en les appelant vos sœurs? Et puis, comme l'homme aime à concentrer ses affections, trop faible qu'il est pour les vastes sentiments, ne vous est-il point arrivé de vous passionner pour une d'elles? N'avez-vous pas choisi avec amour, entre toutes, tantôt celle qui se levait rouge et scintillante sur les noires forêts de l'horizon, tantôt celle qui, pâle et douce, se voilait comme une vierge pudique derrière les humides reflets de la lune; tantôt ces trois sœurs également blanches, également belles, qui brillent dans un triangle mystérieux; tantôt ces deux compagnes radieuses qui dorment côte à côte, dans le ciel pur, parmi ces myriades de moindres gloires; et tous ces signes cabalistiques, tous ces chiffres inconnus, tous ces caractères étranges, gigantesques, sublimes, qu'elles tracent sur nos têtes, ne vous êtes-vous pas laissé prendre à la fantaisie de les expliquer et d'y découvrir les grands mystères de notre destinée, l'âge du monde, le nom du Très-Haut, l'avenir de l'âme? Oui, vous avez interrogé ces astres avec d'ardentes sympathies, et vous avez cru rencontrer des regards d'amour dans le tremblant éclat de leurs rayons; vous avez cru sentir une voix qui tombait de là-haut pour vous caresser, pour vous dire:

— Espère, tu es venu de nous, tu reviendras vers nous! C'est moi qui suis ta patrie, c'est moi qui t'appelle, c'est moi qui te convie, c'est moi qui dois t'appartenir un jour!

L'amour, Sténio, n'est pas ce que vous croyez; ce n'est pas cette violente aspiration de toutes les facultés vers un être créé, c'est l'aspiration sainte de la partie la plus éthérée de notre âme vers l'inconnu. Êtres bornés, nous cherchons sans cesse à donner le change à ces insatiables désirs qui nous consument; nous leur cherchons un but autour de nous, et, pauvres prodigues que nous sommes, nous parons nos périssables idoles de toutes les beautés immatérielles aperçues dans nos rêves. Les émotions des sens ne nous suffisent pas. La nature n'a rien d'assez recherché dans le trésor de ses joies naïves pour apaiser la soif de bonheur qui est en nous ; il nous faut le ciel, et nous ne l'avons pas !

C'est pourquoi nous cherchons le ciel dans une créature semblable à nous, et nous dépensons pour elle toute cette haute énergie qui nous avait été donnée pour un plus noble usage. Nous refusons à Dieu le sentiment de l'adoration, sentiment qui fut mis en nous pour retourner à Dieu seul. Nous le reportons sur un être incomplet et faible qui devient le dieu de notre culte idolâtre. Dans la jeunesse du monde, alors que l'homme n'avait pas faussé sa nature et méconnu son propre cœur, l'amour d'un sexe pour l'autre, tel que nous le concevons aujourd'hui, n'existait pas. Le plaisir seul était un lien ; la passion morale, avec ses obstacles, ses souffrances, son intensité, est un mal que ces générations ont ignoré. C'est qu'alors il y avait des dieux, et qu'aujourd'hui il n'y en a plus.

Aujourd'hui, pour les âmes poétiques, le sentiment de l'adoration entre jusque dans l'amour physique. Étrange erreur d'une génération avide et impuissante ! Aussi quand tombe le voile divin, et que la créature se montre, chétive et imparfaite, derrière ces nuages d'encens, derrière cette auréole d'amour, nous sommes effrayés de notre illusion, nous en rougissons, nous renversons l'idole et nous la foulons aux pieds.

Et puis nous en cherchons une autre ! car il nous faut aimer, et nous nous trompons encore souvent, jusqu'au jour où, désabusés, éclairés, purifiés, nous abandonnons l'espoir d'une affection durable sur la terre, et nous élevons vers Dieu l'hommage enthousiaste et pur que nous n'aurions jamais dû adresser qu'à lui.

XIX.

Ne m'écrivez pas, Lélia ; pourquoi m'écrivez-vous ? J'étais heureux, et voilà que vous me rejetez dans les anxiétés dont j'étais sorti un instant ! cette heure de silence auprès de vous m'avait révélé tant d'ineffables voluptés ! Déjà, Lélia, vous vous repentez de me les avoir fait connaître. Et que craignez-vous donc de mon avide impatience ? Vous me méconnaissez à dessein. Vous savez bien que je serai heureux de peu, parce que rien de ce que vous ferez pour moi ne me paraîtra petit, parce que j'attacherai à vos moindres faveurs le prix qu'elles doivent avoir. Je ne suis pas présomptueux ; je sais combien je suis au-dessous de vous. Cruelle femme ! pourquoi me rappeler sans cesse à cette humilité tremblante qui me fait tant souffrir ?

Je comprends, Lélia ! hélas ! je comprends. C'est Dieu seul que vous pouvez aimer ! C'est seulement au ciel que votre âme peut se reposer et vivre ! Quand vous avez, dans l'émotion d'une heure de rêverie, laissé tomber sur moi un regard d'amour, c'est que vous vous trompiez, c'est que vous pensiez à Dieu, et que vous preniez un homme pour un ange. Quand la lune s'est levée, quand elle a éclairé mes traits et dissipé cette ombre favorable à vos chimères, vous avez souri de pitié en reconnaissant le front de Sténio, le front de Sténio où vous aviez imprimé un baiser pourtant !

Vous voulez que je l'oublie, je le vois bien ! Vous avez peur que j'en garde l'enivrante sensation et que j'en vive tout un jour ! Rassurez-vous, je n'ai pas goûté ce bonheur en aveugle ; s'il a dévoré mon sang, s'il a brisé ma poitrine, il n'a pas égaré ma raison. La raison ne s'égare jamais auprès de vous, Lélia ! Soyez tranquille, vous dis-je, je ne suis pas un de ces audacieux qui un baiser de femme est un gage d'amour. Je ne me crois pas le pouvoir d'animer le marbre et de ressusciter les morts.

Et pourtant votre haleine a embrasé mon cerveau. A peine vos lèvres ont effleuré l'extrémité de mes cheveux, et j'ai cru sentir une étincelle électrique, une commotion si terrible, qu'un cri de douleur s'est échappé de ma poitrine. Oh ! vous n'êtes pas une femme, Lélia, je le vois

bien ! J'avais rêvé le ciel dans un de vos baisers, et vous m'avez fait connaître l'enfer.

Pourtant votre sourire était si doux, vos paroles si suaves, que je me laissai ensuite consoler par vous. Cette terrible émotion s'émoussa un peu, je vins à bout de toucher votre main sans frissonner. Vous me montriez le ciel, et j'y montais avec vos ailes.

J'étais heureux cette nuit en me rappelant votre dernier regard, vos derniers mots ; je ne me flattais pas, Lélia, je vous le jure, je savais bien que je n'étais pas aimé de vous, mais je m'endormais dans ce mol engourdissement où vous m'aviez jeté. Voici déjà que vous me réveillez pour me crier de votre voix lugubre : — Souviens-toi, Sténio, que je ne puis pas t'aimer ! Eh ! je le sais, Madame, je le sais trop bien !

XX.

Lélia, adieu, je vais me tuer. Vous m'avez fait heureux aujourd'hui, demain vous m'arracheriez bien vite le bonheur que par mégarde ou par caprice vous m'avez donné ce soir. Il ne faut pas que je vive jusqu'à demain, il faut que je m'endorme dans ma joie et que je ne m'éveille pas.

Le poison est préparé ; maintenant je puis vous parler librement, vous ne me verrez plus, vous ne pourrez plus me désespérer. Peut-être regretterez-vous la victime que vous pouviez faire souffrir, le jouet que vous vous amusiez à tourmenter sous votre souffle capricieux. Vous m'aimiez plus que Trenmor, disiez-vous, quoique vous m'estimassiez moins. Il est vrai que vous ne pouvez pas torturer Trenmor à votre gré ; contre lui votre puissance échoue, vos ongles n'ont pas de prise sur ce cœur de diamant. Moi, j'étais une cire molle qui recevait toutes les empreintes ; je conçois, artiste, que vous vous plaisiez mieux avec moi. Vous me tourmentiez à votre guise et vous me donniez toutes les formes de vos inspirations. Triste, vous imprimiez à votre œuvre le sentiment dont vous étiez dominée ; calme, vous lui donniez l'air calme des anges ; irrité, vous lui communiquiez l'affreux sourire que le démon a mis sur vos lèvres. Ainsi le statuaire fait un dieu avec un peu de fange, et un reptile avec la même fange qui fut un dieu.

Lélia, pardonne à ces instants de haine que tu m'inspires : c'est que je t'aime avec passion, avec délire, avec désespoir. Je puis bien te le dire sans t'offenser, sans te désobéir, puisque c'est la dernière fois que je te parle : tu m'as fait bien du mal ! Et pourtant il était bien facile de faire de moi un homme heureux, un poète aux idées riantes, aux vives inspirations ; avec un mot par jour, avec un sourire chaque soir, tu m'aurais fait grand, tu m'aurais conservé jeune. Au lieu de cela, tu n'as cherché qu'à me flétrir et à me décourager. Tout en disant que tu voulais garder en moi le feu sacré, tu l'as éteint jusqu'à la dernière étincelle ; tu le rallumais méchamment afin d'en surprendre l'éruption et d'en étouffer la flamme. Maintenant, je renonce à l'amour, je renonce à la vie : es-tu contente ? Adieu !

Minuit approche. Je vais... où tu ne viendras pas, Lélia ! car il est impossible que nous ayons le même avenir. Nous n'adorons pas la même puissance, nous n'habiterons pas les mêmes cieux...

XXI.

Minuit sonna : Trenmor entra chez Sténio, il le trouva pensif, assis auprès du feu. Le temps était froid et sombre ; la bise sifflait d'une voix aiguë sous les lambris vides et sonores. Il y avait sur une table, devant Sténio, une coupe remplie jusqu'aux bords, que Trenmor renversa en l'effleurant de son manteau.

« Il faut que vous veniez avec moi auprès de Lélia, lui dit-il d'un air grave mais paisible ; Lélia veut vous voir. Je pense que son heure est venue et qu'elle va mourir. »

Sténio se leva brusquement, et retomba sur sa chaise

pâle et sans force ; puis il se leva de nouveau, prit convulsivement le bras de Trenmor, et courut chez Lélia.

Elle était couchée sur un sofa ; ses joues avaient un reflet bleu, ses yeux semblaient s'être retirés sous l'arc profond de ses sourcils. Un grand pli traversait son front, ordinairement si poli et si blanc ; mais sa voix était pleine et assurée, et le sourire du dédain errait, comme de coutume, sur ses lèvres mobiles.

Il y avait auprès d'elle le joli docteur Kreyssneifetter, un charmant homme tout jeune, blond, vermeil, au sourire nonchalant, à la main blanche, au parler doucereux et protecteur. Le joli docteur Kreyssneifetter tenait familièrement une main de Lélia dans les siennes, et, de temps en temps, il interrogeait le mouvement de l'artère ; puis il passait son autre main dans les belles boucles de sa chevelure, artistement relevée en pointe sur le sommet de son noble crâne.

« Ce n'est rien, disait-il avec un aimable sourire, rien du tout. C'est le choléra, le choléra-morbus, la chose la plus commune du monde dans ce temps-ci, et la maladie la mieux connue. Rassurez-vous, mon bel ange ! vous avez le choléra, une maladie qui tue en deux heures ceux qui ont la faiblesse de s'en effrayer, mais qui n'est point dangereuse pour les esprits fermes comme les nôtres. Ne vous effrayez donc pas, aimable étrangère ! Nous sommes ici deux qui ne craignons pas le choléra, vous et moi défions le choléra ! Faisons peur à ce vilain spectre, à ce hideux monstre qui fait dresser les cheveux au genre humain. Raillons le choléra ! c'est la seule manière de le traiter.

— Mais, dit Trenmor, si l'on essayait le punch du docteur Magendie ?

— Pourquoi pas le punch du docteur Magendie, dit le joli docteur Kreyssneifetter, si le malade n'a point de répugnance pour le punch ?

— J'ai ouï dire, reprit Lélia avec un sang-froid caustique, qu'il était fort contraire. Essayons plutôt les adoucissants.

— Essayons les adoucissants, si vous croyez à la vertu des adoucissants, dit le joli docteur Kreyssneifetter.

— Mais que conseilleriez-vous selon votre conscience ? dit Sténio.

A ce mot de conscience, le docteur Kreyssneifetter jeta un regard de compassion moqueuse au jeune poëte ; puis il se remit parfaitement, et dit d'un air grave :

« Ma conscience m'ordonne de ne rien ordonner du tout, et de ne me mêler en rien de cette maladie.

— C'est fort bien, docteur, dit Lélia. Alors, comme il se fait tard, bonsoir ! N'interrompez pas plus longtemps votre précieux sommeil.

— Oh ! ne faites pas attention, reprit-il ; je suis bien ici, je me plais à suivre les progrès du mal. J'étudie, j'aime mon métier de passion, je sacrifie volontiers mes plaisirs et mon repos ; je sacrifierais ma vie, s'il le fallait, pour le bien de l'humanité.

— Quel est donc votre métier, docteur Kreyssneifetter ? demanda Trenmor.

— Je console et j'encourage, répondit le docteur : c'est ma vocation. L'étude m'a révélé toute l'importance des maladies dont l'homme est assiégé. Je la constate, je l'observe, j'assiste au dénoûment, et je profite de mes observations.

— Pour ordonnancer les précautions du système hygiénique applicable à votre aimable personne ? dit Lélia.

— Je crois peu à l'influence d'un système quelconque, dit le docteur ; nous naissons tous avec le principe d'une mort plus ou moins prochaine. Nos efforts pour retarder le terme ne font souvent que le hâter. Le mieux est de n'y pas penser, et de l'attendre en oubliant qu'il doit venir.

— Vous êtes très-philosophe, » dit Lélia en prenant du tabac dans la boîte d'or du docteur.

Mais elle eut une convulsion et tomba mourante dans les bras de Sténio.

« Allons, ma belle enfant, dit le docteur imberbe, un peu de courage ! Si vous vous affectez de votre état le moins du monde, vous êtes perdue. Mais vous ne courez pas plus de risque que moi si vous gardez le même sang-froid. »

Lélia se releva sur un coude, et, le regardant avec ses yeux éteints par la souffrance, elle trouva encore la force de sourire avec ironie.

« Pauvre docteur, lui dit-elle, je voudrais te voir à ma place !

— Merci, pensa le docteur.

— Vous disiez donc que vous ne croyez pas à l'influence des remèdes : vous ne croyez donc pas à la médecine ? dit-elle.

— Pardon ; l'étude de l'anatomie et la connaissance du corps humain avec ses altérations et ses infirmités, c'est là une science positive.

— Oui, dit Lélia, que vous cultivez comme un art d'agrément. — Mes amis, dit-elle en tournant le dos au docteur, allez me chercher un prêtre, je vois que le médecin m'abandonne. »

Trenmor court chercher le prêtre. Sténio voulut jeter le médecin par-dessus le balcon.

« Laisse-le tranquille, lui dit Lélia ; il m'amuse. Donne-lui un livre et mène-le dans mon cabinet devant une glace, afin qu'il s'occupe. Quand je sentirai le courage m'abandonner, je le ferai appeler afin qu'il me donne des conseils de stoïcisme et que je meure en riant de l'homme et de sa science. »

Le prêtre arriva. C'était le grand et beau prêtre irlandais de la chapelle de Sainte-Laure. Il s'approcha, austère et lent. Son visage inspirait un respect religieux ; son regard calme et profond, qui semblait réfléchir le ciel, eût suffi pour donner la foi. Lélia, brisée par la souffrance, avait caché son visage sous son bras contracté, enlacé de ses cheveux noirs.

« Ma sœur ! » dit le prêtre d'une voix pleine et fervente.

Lélia laissa retomber son bras, et retourna lentement son visage vers l'homme de Dieu.

« Encore cette femme ! » s'écria-t-il en reculant avec terreur.

Alors sa physionomie fut bouleversée, ses yeux restèrent fixes et pleins d'épouvante, son teint devint livide, et Sténio se souvint du jour où il l'avait vu pâlir et trembler en rencontrant le regard sceptique de Lélia au-dessus de la foule prosternée.

« C'est toi, Magnus ! lui dit-elle. Me reconnais-tu ?

— Si je te connais, femme ! s'écria le prêtre avec égarement ; si je te connais ! Mensonge, désespoir, perdition ! »

Lélia ne lui répondit que par un éclat de rire.

« Voyons, dit-elle en l'attirant vers elle de sa main froide et bleuâtre, approche, prêtre, et parle-moi de Dieu. Tu sais pourquoi l'on t'a fait venir ici : c'est une âme qui va quitter la terre, et qu'il faut envoyer au ciel. N'en as-tu pas la puissance ? »

Le prêtre garda le silence et resta terrifié.

« Allons, Magnus, dit-elle avec une triste ironie et tournant vers lui son visage pâle déjà couvert des ombres de la mort, remplis la mission que l'Église t'a confiée, sauve-moi, ne perds pas de temps ; je vais mourir !

— Lélia, répondit le prêtre, je ne peux pas vous sauver, vous le savez bien ; votre puissance est supérieure à la mienne.

— Qu'est-ce que cela signifie ? dit Lélia se dressant sur sa couche. Suis-je déjà dans le pays des rêves ? Ne suis-je plus de l'espèce humaine qui rampe, qui prie et qui meurt ? Le spectre effaré que voilà n'est-il pas un homme, un prêtre ? Votre raison est-elle troublée, Magnus ? Vous êtes là vivant et debout, et moi j'expire. Pourtant vos idées se troublent et votre âme faiblit, tandis que la mienne appelle avec calme la force de s'exhaler. Allons, homme de peu de foi, invoquez Dieu pour votre sœur mourante, et laissez aux enfants ces peurs superstitieuses qui devraient vous faire pitié. En vérité, qui êtes-vous tous ? Voici Trenmor étonné ; voici Sténio, le jeune poëte, qui regarde mes pieds et qui croit y apercevoir des griffes, et voilà un prêtre qui refuse de m'absoudre et de m'ensevelir! Suis-je déjà morte? Est-ce un songe que je fais?

— Non, Lélia, dit enfin le prêtre d'une voix triste et solennelle, je ne vous prends pas pour un démon; je ne crois pas au démon, vous le savez bien.

— Ah! ah! dit-elle en se tournant vers Sténio, entendez le prêtre : il n'y a rien de moins poétique que la perfection humaine. Soit, mon père, renions Satan, condamnons-le au néant. Je ne tiens pas à son alliance, quoique l'air satanique soit assez de mode, et qu'il ait inspiré à Sténio de fort beaux vers en mon honneur. Si le diable n'existe pas, me voici fort en paix sur mon avenir : je puis quitter la vie à cette heure, je ne tomberai pas dans l'enfer. Mais où irai-je, dites-moi? Où vous plaît-il de m'envoyer, mon père? au ciel, dites?

— Au ciel! s'écria Magnus. Vous au ciel! Est-ce votre bouche qui a prononcé ce mot?

— N'est-il point de ciel non plus? dit Lélia.

— Femme, dit le prêtre, il n'en est point pour toi.

— Voilà un prêtre consolant! dit-elle. Puisqu'il ne peut sauver mon âme, qu'on amène le médecin, et que, pour or ou pour argent, il se décide à sauver ma vie.

— Je ne vois rien à faire, dit le docteur Kreyssneifetter ; la maladie suit une marche régulière et bien connue. Avez-vous soif? que l'on vous apporte de l'eau, et puis calmez-vous, attendons. Les remèdes vous tueraient à l'heure qu'il est ; laissons agir la nature.

— Bonne nature! dit Lélia, je voudrais bien t'invoquer! Mais qui es-tu? où est ta miséricorde? où est ton amour? où est ta pitié? Je sais bien que je viens de toi et que j'y dois retourner ; mais à quel titre t'adjurerai-je de me laisser ici encore un jour? Il y a peut-être un coin de terre aride auquel il manque ma poussière pour y faire croître l'herbe : il faut donc que j'aille accomplir ma destinée. Mais vous, prêtre, appelez sur moi le regard de celui qui est au-dessus de la nature, et qui peut lui commander. Celui-là peut dire à l'air pur de raviver mon souffle, au suc des plantes de me ranimer, au soleil qui va paraître de réchauffer mon sang. Voyons, enseignez-moi à prier Dieu!

— Dieu! dit le prêtre en laissant tomber avec accablement sa tête sur son sein ; Dieu! »

Des larmes brûlantes coulèrent sur ses joues flétries.

« O Dieu! dit-il, ô doux rêve qui m'as fui! où es-tu? où te retrouverai-je? Espoir, pourquoi m'abandonnes-tu sans retour?... Laissez-moi, Madame, laissez-moi sortir d'ici! Ici tous mes doutes reprennent leur funeste empire; ici, en présence de la mort, s'évanouit ma dernière espérance, ma dernière illusion! Vous voulez que je vous donne le ciel, que je vous fasse trouver Dieu. Eh! vous allez savoir s'il existe, vous êtes plus heureuse que moi qui l'ignore.

— Allez-vous-en, dit Lélia : hommes superbes, quittez mon chevet. Et vous, Trenmor, voyez ceci, voyez ce médecin qui ne croit pas à sa science, voyez ce prêtre qui ne croit pas à Dieu : et pourtant ce médecin est un savant, ce prêtre est un théologien. Celui-ci, dit-on, soulage les moribonds, celui-là console les vivants ; et tous deux ont manqué de foi auprès d'une femme qui se meurt!

— Madame, dit Kreyssneifetter, si j'avais essayé de faire le médecin avec vous, vous m'auriez raillé. Je vous connais, vous n'êtes pas une personne ordinaire, vous êtes philosophe.

— Madame, dit Magnus, ne vous souvient-il plus de notre promenade dans la forêt du Grimsel? Si j'avais osé faire le prêtre avec vous, n'auriez-vous pas achevé de me rendre incrédule?

— Voilà donc, leur dit Lélia d'un ton amer, à quoi tient votre force! la faiblesse d'autrui fait votre puissance ; mais, dès qu'on vous résiste, vous reculez et vous avouez en riant que vous jouez un faux rôle parmi les hommes, charlatans et imposteurs que vous êtes! Hélas! Trenmor, où en sommes-nous? Où en est le siècle? Le savant nie, le prêtre doute. Voyons, le poète existe encore. Sténio, prends ta harpe et chante-moi les vers de Faust; ou bien ouvre tes livres et redis-moi les souf-

frances d'Obermann, les transports de Saint-Preux. Voyons, poète, si tu comprends encore la douleur ; voyons, jeune homme, si tu crois encore à l'amour.

— Hélas! Lélia, s'écria Sténio en tordant ses blanches mains, vous êtes femme et vous n'y croyez pas! Où en sommes-nous, où en est le siècle? »

XXII.

« Dieu du ciel et de la terre, Dieu de force et d'amour, entends une voix pure qui s'exhale d'une âme pure et d'un saint vierge! Entends la prière d'un enfant; rends-nous Lélia!

Pourquoi, mon Dieu, veux-tu nous arracher si tôt la bien-aimée de nos cœurs? Écoute la grande et puissante voix de Trenmor, de l'homme qui a souffert, de l'homme qui a vécu. Entends le vœu d'une âme encore ignorante des maux de la vie. Tous deux te demandent de leur conserver leur bien, leur poésie, leur espoir, Lélia! Si tu veux déjà la placer dans la gloire et l'envelopper de tes éternelles félicités, reprends-la, mon Dieu, elle t'appartient ; ce que tu lui destines vaut mieux que ce que tu lui ôtes. Mais, en sauvant Lélia, ne nous brise pas, ne nous perds pas, ô mon Dieu! Permets-nous de la suivre et de nous agenouiller sur les marches du trône où elle doit s'asseoir...

— C'est fort beau, dit Lélia en l'interrompant, mais ce sont des vers et rien de plus. Laissez cette harpe dormir en paix, ou mettez-la sur la fenêtre ; le vent en jouera mieux que vous. Maintenant, approchez. Va-t'en, Trenmor, ton calme m'attriste et me décourage. Viens, Sténio, parle-moi de toi et de moi. Dieu est trop loin, je crains qu'il ne nous entende pas ; mais Dieu a mis un peu de lui en toi. Montre-moi ce que ton âme en possède. Il me semble qu'une aspiration bien ardente de cette âme vers la mienne, il me semble qu'une prière bien fervente que tu m'adresserais me donnerait la force de vivre. La force de vivre! Oui! il ne s'agit que de vouloir. Mon mal consiste, Sténio, à ne pouvoir pas trouver en moi cette volonté. Tu souris, Trenmor! Va-t'en. Hélas! Sténio, ceci est vrai, j'essaie de résister à la mort, mais j'essaie faiblement. Je la crains moins que je ne la désire, je voudrais mourir par curiosité. Hélas! j'ai besoin du ciel, mais je doute... et, s'il n'y a point de ciel au-dessus de ces étoiles, je voudrais le contempler encore de la terre. Peut-être, mon Dieu! est-ce ici-bas seulement qu'il faut l'espérer? Peut-être est-il dans le cœur de l'homme?... Dis, toi qui es jeune et plein de vie, l'amour est-ce le ciel? Vois comme ma tête s'affaiblit, et pardonne cet instant de délire. Je voudrais bien croire à quelque chose, ne fût-ce qu'au ciel, ne fût-ce qu'une heure avant d'en finir, sans retour peut-être, avec les hommes et avec Dieu!

— Doute de Dieu, doute des hommes, doute de moi-même, si tu veux, dit Sténio en s'agenouillant devant elle, mais ne doute pas de l'amour, ne doute pas de ton cœur, Lélia! Si tu dois mourir à présent, s'il faut que je te perde, ô mon tourment, ô mon bien, ô mon espoir! fais au moins que je croie en toi, une heure, un instant. Hélas! mourras-tu sans que je t'aie vue vivre? Mourrai-je avec toi sans avoir embrassé en toi autre chose qu'un rêve? Mon Dieu! n'y a-t-il d'amour que dans le cœur qui désire, que dans l'imagination qui souffre, que dans les songes qui nous bercent durant les nuits solitaires? Est-ce un souffle insaisissable? Est-ce un météore qui brille et qui meurt? Est-ce un mot? Qu'est-ce que c'est, mon Dieu! O ciel! ô femme! ne me l'apprendrez-vous pas?

— Cet enfant demande à la mort le secret de la vie, dit Lélia ; il s'agenouille sur un cercueil pour obtenir l'amour! Pauvre enfant! Mon Dieu, ayez pitié de lui, et rendez-moi la vie afin de conserver la sienne! Si vous me la rendez, je fais vœu de vivre pour lui. Il dit que je vous ai blasphémé en blasphémant l'amour : eh bien! je courberai mon front superbe, je croirai, j'aimerai!...

Faites seulement que je vive de la vie du corps, et j'essaierai de vivre de celle de l'âme.

— Entendez-vous, mon Dieu? s'écria Sténio avec délire; entendez-vous ce qu'elle dit, ce qu'elle promet? Sauvez-la, sauvez-moi! donnez-moi Lélia, rendez-lui la vie!.... »

Lélia tomba raide et'froide sur le parquet. C'était une dernière, une horrible crise. Sténio la pressa contre son cœur en criant de désespoir. Son cœur était brûlant, ses larmes chaudes tombèrent sur le front de Lélia. Ses baisers vivifiants ramenèrent le sang à ses mains livides, sa prière peut-être attendrit le ciel: Lélia ouvrit faiblement les yeux, et dit à Trenmor qui l'aidait à se relever:

« Sténio a relevé mon âme; si vous voulez la briser encore avec votre raison, tuez-moi tout de suite.

— Et pourquoi vous ôterais-je le seul jour qui vous reste? dit Trenmor; la dernière plume de votre aile n'est pas encore tombée. »

DEUXIÈME PARTIE.

XXIII,

MAGNUS.

Sténio descendait un matin les versants boisés du Monte-Rosa. Après avoir erré au hasard dans un sentier couvert d'épaisses végétations, il arriva devant une clairière ouverte par la chute des avalanches. C'était un lieu sauvage et grandiose. La verdure sombre et vigoureuse couronnait les ruines de la montagne crevassée. De longues clématites enlaçaient de leurs bras parfumés les vieilles roches noires et poudreuses qui gisaient éparses dans le ravin. De chaque côté s'élevaient en murailles gigantesques les flancs entr'ouverts de la montagne, bordés de sombres sapins et tapissés de vignes vierges. Au plus profond de la gorge, le torrent roulait ses eaux claires et bruyantes sur un lit de cailloux richement colorés. Si vous n'avez pas vu courir un torrent épuré par ses mille cataractes, sur les entrailles nues de la montagne, vous ne savez pas ce que c'est que la beauté de l'eau et ses pures harmonies.

Sténio aimait à passer les nuits, enveloppé de son manteau, au bord des cascades, sous l'abri religieux des grands cyprès sauvages, dont les muets et immobiles rameaux étouffent l'haleine des brises. Sur leur cime épaisse s'arrêtent les voix errantes de l'air, tandis que les notes profondes et mystérieuses de l'eau qui s'écoule sortent du sein de la terre, et s'exhalent comme des chœurs religieux du fond des caves funèbres. Couché sur l'herbe fraîche et luisante qui croît aux marges des courants, le poète oubliait, à contempler la lune et à écouter l'eau, les heures qu'il aurait pu passer avec Lélia; car, à cet âge, tout est bonheur dans l'amour, même l'absence. Le cœur de celui qui aime est si riche de poésie, qu'il lui faut du recueillement et de la solitude pour savourer tout ce qu'il croit voir dans l'objet de sa passion, tout ce qui n'est réellement qu'en lui-même.

Sténio passa bien des nuits dans l'extase. Les touffes empourprées de la bruyère cachèrent sa tête agitée de rêves brûlants. La rosée du matin sema ses fins cheveux de larmes embaumées. Les grands pins de la forêt secouèrent sur lui les parfums qu'ils exhalent au lever du jour, et le martin-pêcheur, le bel oiseau solitaire des torrents, vint jeter son cri mélancolique au milieu des pierres noirâtres et de la blanche écume du torrent que le poète aimait. Ce fut une belle vie d'amour et de jeunesse, une vie qui résuma le bonheur de cent vies, et qui pourtant passa rapide comme l'eau bouillonnante et l'oiseau fugitif des cataractes.

Il y a dans la chute et dans la course de l'eau mille voix diverses et mélodieuses, mille couleurs sombres ou brillantes. Tantôt, furtive et discrète, elle passe avec un nerveux frémissement contre les pans de marbre qui la

couvrent de leur reflet d'un noir bleuâtre; tantôt, blanche comme le lait, elle mousse et bondit sur les rochers avec une voix qui semble entrecoupée par la colère; tantôt verte comme l'herbe qu'elle couche à peine sur son passage, tantôt bleue comme le ciel paisible qu'elle réfléchit, elle siffle dans les roseaux comme une vipère amoureuse, ou bien elle dort au soleil, et s'éveille avec de faibles soupirs au moindre souffle de l'air qui la caresse. D'autres fois elle mugit comme une génisse perdue dans les ravins, et tombe, monotone et solennelle, au fond d'un gouffre qui l'étreint, la cache et l'étouffe. Alors elle jette aux rayons du soleil de légères gouttes jaillissantes qui se colorent de toutes les nuances du prisme. Quand cette irisation capricieuse danse sur la gueule béante des abîmes, il n'est point de sylphide assez transparente, point de psylle assez moelleux pour l'imagination qui la contemple. La rêverie ne peut rien évoquer, parce que, dans les créations de la pensée, rien n'est aussi beau que la nature brute et sauvage. Il faut devant elle regarder et sentir: le plus grand poète est alors celui qui invente le moins.

Mais Sténio avait au fond du cœur la source de toute poésie, l'amour; et, grâce à l'amour, il couronnait les plus belles scènes de la nature avec une grande pensée, avec une grande image, celle de Lélia. Qu'elle était belle, reflétée dans les eaux de la montagne et dans l'âme du poète! Comme elle lui apparaissait grave et sublime dans l'éclat argenté de la lune! Comme sa voix s'élevait, pleine et inspirée, dans la plainte du vent, dans les accords aériens de la cascade, dans la respiration magnétique des plantes qui se cherchent, s'appellent et s'embrassent à l'ombre de la nuit, à l'heure des mystères sacrés et des divines révélations! Alors Lélia était partout, dans l'air, dans le ciel, dans les eaux, dans les fleurs, dans le sein de Dieu. Dans le reflet des étoiles, Sténio voyait son regard mobile et pénétrant; dans le souffle des brises, il saisissait ses paroles incertaines; dans le murmure de l'onde, ses chants sacrés, ses larmes prophétiques; dans le bleu pur du firmament, il croyait voir planer sa pensée, tantôt comme un spectre ailé, pâle, incertain et triste, tantôt comme un ange éclatant de lumière, tantôt comme un démon haineux et moqueur: car Lélia avait toujours quelque chose d'effrayant au fond de ses rêveries, et la peur pressait de son âpre aiguillon les désirs passionnés du jeune homme.

Dans le délire de ses nuits errantes, dans le silence des vallées désertes, il l'appelait à grands cris; et quand sa voix éveillait les échos endormis, il lui semblait entendre la voix lointaine de Lélia qui lui répondait tristement du sein des nuées. Quand le bruit de ses pas effrayait quelque bête tapie sous les genêts, et qu'il l'entendait raser en fuyant les feuilles sèches éparses dans le sentier, il s'imaginait entendre les pas légers de Lélia et le frôlement de sa robe effeuillant les fleurs du buisson. Et puis, si quelque bel oiseau de ces contrées, le lagopède au sein argenté, le grimpereau couleur de rose et gris de perle, ou le francolin d'un noir sombre et aux reflets, venait se poser près de lui et le regarder d'un air calme et fier, prêt à déployer ses ailes vers le ciel, Sténio pensait que c'était peut-être Lélia qui s'envolait sous cette forme vers de plus libres régions.

« Peut-être, se disait-il en redescendant vers la vallée avec la crédule terreur d'un enfant, peut-être ne retrouverai-je plus Lélia parmi les hommes. »

Et il se reprochait avec effroi d'avoir pu la quitter pendant plusieurs heures, quoiqu'il l'eût entraînée partout avec lui dans ses courses, quoiqu'il eût rempli d'elle les monts et les nuages, quoiqu'il eût peuplé de son souvenir et embelli de ses apparitions les cimes les plus inaccessibles au pied de l'homme, les espaces les plus insaisissables à son espérance.

Ce jour-là il s'arrêta à l'entrée de la clairière profonde, et s'apprêta à retourner sur ses pas; car il vit devant lui un homme, et le plus beau site perd son charme quand celui qui vient y rêver ne s'y trouve plus seul.

Mais l'homme était beau et sévère comme le site. Son regard brillait comme le soleil levant, et les premiers feux du jour, qui coloraient le glacier, embrasaient aussi d'un reflet splendide le visage imposant du prêtre. C'était Magnus. Il semblait livré à de vives impressions. La douleur et la joie se peignaient tour à tour en lui. Cet homme semblait rajeuni par l'enthousiasme.

Dès qu'il aperçut Sténio, il accourut vers lui.

« Eh bien ! jeune homme, lui dit-il d'un air triomphant, te voilà seul, te voilà triste, te voilà cherchant Dieu ! La femme n'est plus !

— La femme ! dit Sténio. Il n'en est pour moi qu'une seule au monde. Mais de laquelle parlez-vous?

— De la seule femme qui ait existé pour vous et pour moi dans le monde, de Lélia ! Dites, jeune homme, est-elle bien morte? A-t-elle renié Dieu en rendant son âme au démon? Avez-vous vu la noire phalange des esprits de ténèbres assiéger son chevet et tourmenter son agonie? Avez-vous vu sortir son âme maudite, sombre et livide, avec des ailes de feu et des ongles ensanglantés? Ah ! maintenant, respirons! Dieu a purgé la terre, il a replongé Satan dans son chaos. Nous pouvons prier, nous pouvons espérer. Voyez comme le soleil se lève joyeux, comme les roses de la vallée s'ouvrent fraîches et vermeilles ! Voyez comme les oiseaux secouent leurs ailes humides et reprennent leur essor avec souplesse ! Tout renaît, tout espère, tout va vivre : Lélia est morte!

— Malheureux ! s'écria Sténio en prenant le prêtre à la gorge, quels mots diaboliques avez-vous sur les lèvres? Quelle pensée de délire et de mort vous agite? D'où venez-vous? où avez-vous passé la nuit? D'où savez-vous ce que vous osez dire? Depuis quand avez-vous quitté Lélia?

— J'ai quitté Lélia par une matinée grise et froide. Le jour allait paraître. Le coq chantait d'une voix aigre; sa voix s'élevait dans le silence et frappait les toits habités des hommes comme une malédiction prophétique. La bise pleurait sous les porches déserts de la cathédrale. Je passai le long des arceaux extérieurs pour me rendre au logis de la femme qui se mourait. Les colonnettes dentelées cachaient leurs flèches dans le brouillard, et la grande statue de l'archange, qui s'élève du côté du levant, baignait son pâle front dans la vapeur matinale. Alors je vis distinctement l'archange agiter ses grandes ailes de pierre comme un aigle prêt à prendre sa volée, mais ses pieds restaient enchaînés au ciment de la corniche, et j'entendis sa voix qui disait : *Lélia n'est pas morte encore!* Alors passa une chouette qui rasa mon front de son aile humide, et qui répéta d'un ton amer : *Lélia n'est pas morte!* Et la vierge de marbre blanc, qui est enchâssée dans la niche de l'est, poussa un profond soupir et dit : *Encore!* avec une voix si faible, que je crus faire un songe, et que je m'arrêtai à plusieurs reprises le long du chemin pour m'assurer que je n'étais pas sous la puissance des rêves.

— Prêtre, dit Sténio, votre raison est troublée. De quelle matinée parlez-vous? Savez-vous depuis combien de temps les choses que vous dites se sont passées?

— Depuis ce temps, dit Magnus, j'ai vu le soleil se lever plusieurs fois dans sa gloire, et darder ses beaux rayons sur cette glace étincelante. Je ne saurais vous dire combien de fois. Depuis que Lélia n'est plus, je ne compte plus les jours, je ne compte plus les nuits, je laisse ma vie s'écouler pure et nonchalante comme le ruisseau de la colline. Mon âme est sauvée...

— Vous avez perdu l'esprit, Dieu soit loué! dit le jeune homme. Vous parlez de la maladie funeste qui faillit nous enlever Lélia, il y a un mois. Je vois, en effet, à vos cheveux et à votre barbe, que vous êtes depuis longtemps sur la montagne. Venez avec moi, homme malheureux; j'essaierai de vous soulager en écoutant le récit de vos douleurs.

— Mes douleurs ne sont plus, dit le prêtre avec un sourire qu'on eût pris pour une céleste inspiration, tant il était doux et calme. Je vis : Lélia est morte. Écoutez le récit de ma joie. Quand j'arrivai au logis de la femme, je sentis la terre trembler; et quand je voulus monter l'escalier, l'escalier recula par trois fois avant que je pusse y poser le pied. Mais quand les portes se furent ouvertes, je vis beaucoup de monde, et je me rappelai aussitôt quelle contenance un prêtre doit avoir devant le monde pour faire respecter Dieu et le prêtre. J'oubliai absolument Lélia. Je traversai les appartements sans trouble et sans crainte. Quand j'entrai dans le dernier, je ne me souvenais plus du tout du nom de la personne que j'allais voir; car, je vous le dis, il y avait là du monde, et je sentais le regard des hommes qui était sur moi tout entier. Connaissez-vous la pesanteur du regard des hommes? Vous est-il jamais arrivé d'essayer de le soulever? Oh! cela pèse plus que la montagne que voici; mais, pour le savoir au juste, il faut être prêtre et porter l'habit que vous voyez... Je m'en souviens, c'était un cabinet tout tendu de blanc, et tout rempli de pièges et d'embûches. D'abord je crus que je marchais sur la laine douce et fine d'un tapis ; je crus voir des roses blanches dans des vases d'albâtre, et des lumières douces et blanches dans des globes de verre mat. Je crus aussi voir une femme vêtue de blanc et couchée sur un lit de satin blanc; mais quand elle tourna vers moi sa face livide, quand je rencontrai son regard d'airain, le charme qui pesait sur moi s'évanouit; je vis clair autour de moi, et je reconnus le lieu où l'on m'avait amené. Les roses se changèrent en couleuvres, et se tordirent sur leurs tiges en dressant vers moi leurs têtes menaçantes. Les murs se teignirent de sang, les vases de parfums se remplirent de larmes, et je vis que mes pieds ne touchaient plus la terre. Les lampes vomissaient des flammes rouges qui montaient vers la voûte en ardentes spirales, et qui m'étouffaient comme des remords. Je tournai encore les yeux vers le canapé : c'était toujours Lélia, mais elle était sur un réchaud embrasé, elle expirait dans d'atroces douleurs. Elle me demanda de la sauver, je m'en souviens bien ; mais alors je me souvenais aussi des vaines prières que je lui avais faites en d'autres temps, des larmes inutiles que j'avais versées à ses pieds, et le ressentiment était dans mon cœur. Elle avait perdu mon âme, elle m'avait enlevé Dieu : j'étais content de me venger de perdre son âme, et de lui enlever Dieu à mon tour. C'est pourquoi je l'ai maudite et j'ai été sauvé ; et Dieu a récompensé mon courage, car aussitôt un nuage s'est répandu sur ma vue. Lélia a disparu, et les couleuvres aussi ; et les langues de feu, et le sang, et les larmes ont disparu, et je me suis trouvé seul au pied des arceaux de la cathédrale. Le jour naissait, les vapeurs se dissipaient un peu; l'archange de pierre porta alors à ses lèvres la trompette que sa main tient immobile depuis plusieurs siècles ; il en tira une fanfare éclatante dans laquelle je distinguai ce cri sauveur : *Lélia n'est plus!* La chouette rentra sous le chapiteau qui lui sert de retraite, en répétant : *Lélia n'est plus !* Alors la vierge de marbre blanc, cette vierge que je n'osais pas regarder quand je passais à ses pieds, parce qu'elle ressemblait à Lélia, cette vierge si pâle et si belle, qui avait sept glaives dans le sein et toutes les douleurs de l'âme sur le front tombés, brisée sur les marches de l'église. Je vivrais cent ans que je n'oublierais pas cela. Dites-moi, avez-vous vu les débris?

— Je suis passé hier soir devant elle, répondit Sténio, et je vous assure qu'elle est toujours fort belle, et qu'elle est debout.

— Ne blasphémez pas, jeune homme, dit le prête avec un sérieux effrayant. Dieu vous frapperait de sa malédiction, il vous rendrait fou ; je crains que vous ne le soyez déjà, car vous parlez comme un être privé de raison. Savez-vous ce que c'est que l'homme? Savez-vous ce que c'est que Dieu? Connaissez-vous la terre, connaissez-vous le ciel?

— Prêtre, laissez-moi vous quitter, dit Sténio, que l'aliéné voulait entraîner vers sa grotte. Je ne saurais écouter vos paroles sans terreur. Vous maudissez Lélia, vous la condamnez au néant, et vous osez parler de Dieu, et vous osez porter l'habit de ses ministres?

— Enfant, dit le prêtre, c'est parce que je crains Dieu, c'est parce que je respecte l'habit que je porte, que je maudis Lélia. Lélia ! ma perte, ma séduction, ma ruine! Lélia ! qu'il m'était défendu de posséder, de désirer même! Lélia ! l'atroce et l'infâme qui est venue me chercher au fond du sanctuaire, qui a violé la sainteté

Alors passa une chouette qui... (Page 23.)

de l'autel pour m'enivrer de ses infernales caresses !...
— Vous mentez! s'écria Sténio avec fureur. Lélia ne
vous a jamais poursuivi, jamais aimé !...
— Eh! je le sais, dit tranquillement le prêtre. Vous
ne me comprenez pas : écoutez, asseyez-vous avec moi
sur le tronc de ce mélèze qui sert de pont au-dessus de
l'abîme. Là, plus près de moi, votre main dans la mienne,
ne craignez rien. L'arbre ploie, le torrent gronde, le
gouffre écume là-bas, dans cette noire profondeur, juste
au-dessous de nous : cela est beau ! c'est l'image de la
vie. »

En parlant ainsi, l'insensé entourait Sténio de ses
bras crispés par la fièvre. Il était plus grand que lui de
toute la tête, et le délire augmentait horriblement sa
force musculaire. Son regard morne plongeait dans le
gouffre et en mesurait la profondeur, tandis que ses mains
distraites et convulsives semblaient toutes prêtes à y précipiter le jeune homme. Malgré le péril de cette situation, Sténio était si avide de ce qu'il allait entendre, le
secret qui était entre Lélia et le prêtre torturait depuis
si longtemps son âme jalouse, qu'il resta tranquillement
assis sur l'unique solive qui tremblait au-dessus du pré-

cipice. Cela s'appelle le *pont d'enfer*. Chaque gorge,
chaque torrent a son passage périlleux décoré du même
nom emphatique, et praticable seulement aux chamois,
aux hardis chasseurs et aux sveltes filles de la montagne.

« Écoute, écoute, dit le prêtre; il y avait deux Lélia : tu
n'as pas su cela, jeune homme, parce que tu n'étais pas
prêtre, parce que tu n'avais ni révélations, ni visions,
ni pressentiments. Tu vivais naturellement, et d'une
grosse vie facile et commune; moi j'étais prêtre, je
connaissais les choses du ciel et de la terre, je voyais
Lélia double et complète, femme et idée, espoir et réalité, corps et âme, don et promesse; je voyais Lélia
telle qu'elle est sortie du sein de Dieu : beauté, c'est-à-
dire tentation; espoir, c'est-à-dire épreuve; bienfait,
c'est-à-dire mensonge; me comprenez-vous? Oh! ceci
est bien clair pourtant, et, si tous les hommes n'étaient
pas fous, ils écouteraient la parole d'un homme sage, ils
connaîtraient le danger, ils se méfieraient de l'ennemi.
C'était mon ennemi, à moi, il était double, il s'asseyait
le soir dans la galerie de la nef; je le voyais bien, je ne
connaissais que trop la place où il avait l'habitude de paraître. C'était dans une riche travée toute drapée de

En parlant ainsi, l'insensé entourait Sténio... (Page 24.)

velours bleu pâle; je la vois encore cette place maudite! C'était entre deux colonnes élancées qui la portaient suspendue entre la voûte et le sol, sur leurs frêles guirlandes de pierre. Il y avait deux anges sculptés, blancs comme la neige, beaux comme l'espoir, qui entrelaçaient leurs blanches mains et croisaient leurs ailes de marbre sur l'écusson de la balustrade. C'était justement là qu'elle venait s'asseoir. Elle se penchait avec un calme impie, elle appuyait son coude insolent sur les fronts inclinés de ces deux beaux anges; elle jouait avec la frange d'argent des draperies, elle dérangeait les boucles de sa chevelure, elle promenait son regard audacieux sur le temple, au lieu de courber la tête et d'adorer l'Éternel. Oh non! elle ne venait pas là pour prier! Elle venait pour se désennuyer, se faire voir comme en spectacle, se délasser des fêtes et des mascarades, en écoutant pendant une ....re les accents de l'orgue et la poésie des cantiques. Et vous tous, vous étiez là, jeunes et vieux, riches et nobles, suivant des yeux chacun de ses mouvements, épiant ses moindres regards, vous efforçant de saisir sa pensée dans la profondeur impénétrable de ses orbites, et vous agitant comme des damnés dans leur tombe à

l'heure de minuit pour attirer sur vous l'attention enviée de la femme. Mais elle! mais Lélia! Oh! qu'elle était grande, qu'elle était imposante! Comme elle planait avec dédain sur les hommes! Comme je l'aimais alors, comme je la bénissais pour son orgueil! Comme je la voyais belle sous le reflet mat des bougies, pâle et grave, fière et douce pourtant! Oh! vous ne la possédiez pas, vous autres! Vous ne saviez pas ce qui se passait dans son cœur, son regard ne vous le révélait jamais, vous n'étiez pas plus heureux que moi! Comme cette pensée m'attachait à elle! Dites, dites! avez-vous jamais saisi son âme? Avez-vous deviné l'idée qui fermentait dans son grand front? Avez vous creusé son cerveau et fouillé dans les trésors de sa pensée? Non! vous ne l'avez pas fait. Lélia ne vous a pas appartenu non plus. Vous ne savez ce que c'est que Lélia. Vous l'avez vue sourire tristement, ou rêver d'un air ennuyé; vous n'avez pas vu son sein se gonfler, ses larmes couler; sa colère, sa haine ou son amour, vous ne les avez pas vus se répandre! Dites, jeune homme, vous n'êtes pas plus heureux que moi! Si vous me disiez le contraire, entendez-vous, cet abîme ne serait pas assez profond pour vous recevoir!

— Et l'autre Lélia, qu'est-ce donc? reprit le jeune homme sans s'effrayer le moins du monde de l'exaspération de Magnus.

— L'autre Lélia! s'écria Magnus en se frappant le front comme si une atroce douleur, s'y fût réveillée. L'autre! c'était un monstre hideux, une harpie, un spectre; et pourtant c'était bien la même Lélia, c'était seulement son autre moitié!

— Mais où la rencontriez-vous? dit Sténio avec inquiétude.

— Oh! partout, dit le prêtre; le soir, quand l'office était fini, quand les cierges venaient de s'éteindre et que la foule s'écoulait par les portes de l'église, pressée sur les traces de la femme qu'on appelait Lélia, et qui s'en allait lente et blême, enveloppée dans son manteau de velours noir, traînant à sa suite un cortége à qui elle ne daignait pas jeter un regard... je la suivais aussi avec mes yeux, avec mon âme, et je sentais que j'étais prêtre; j'étais enchaîné au pied de l'autel; je ne pouvais pas courir sous le porche, me mêler à la foule, ramasser son gant, dérober une feuille de rose échappée à son bouquet. Je ne pouvais pas lui offrir l'eau du bénitier et toucher ses grandes mains effilées, si molles et si belles!

— Et si froides! dit Sténio entraîné par l'attention. Ce granit, incessamment lavé par l'eau qui s'échappe du glacier, n'est pas plus froid que la main de Lélia, à quelque heure qu'on la saisisse.

— Vous l'avez donc touchée? » dit le prêtre en l'étreignant avec rage.

Sténio le domina par un de ces regards magnétiques où la volonté de l'homme se concentre au point de subjuguer la volonté même des animaux féroces.

« Continuez! lui dit-il; je vous ordonne de continuer votre récit, ou, avec mon regard, je vous fais tomber dans le gouffre. »

Le fou pâlit et reprit son récit avec la sotte frayeur d'un enfant.

« Eh bien! dit-il d'une voix tremblante et avec un regard timide, sachez ce qui m'arrivait alors : je reniais Dieu, je maudissais mon destin, je déchirais avec mes ongles les dentelles de l'aube sans tache dont j'étais revêtu. Oh! je perdais mon âme, et pourtant je luttais... Alors... ô mon Dieu, par quelles épreuves vous me faisiez passer!... Je voyais du fond de la nef assombrie venir une ombre qui semblait fendre la pierre des cercueils. Et cette ombre, insaisissable et flottante d'abord, grandissait avec mon épouvante et venait me saisir dans ses bras livides. C'était une horrible apparition : je me débattais contre elle, je l'implorais en vain, je me jetais à genoux devant elle comme devant Dieu.

« Lélia, Lélia! lui disais-je, que me demandes-tu? que veux-tu de moi? Ne t'ai-je pas offert un culte profane dans mon cœur? Ton nom ne s'est-il pas mêlé sur mes lèvres aux noms sacrés de la Vierge et des anges? N'est-ce pas vers toi que ma main lançait les flots de l'encens? Ne t'ai-je placée au ciel à côté de Dieu même, *demandeuse* insatiable? Que n'ai-je pas fait pour toi! A quelles pensées terribles et impies n'ai-je pas ouvert mon sein! Oh! laisse-moi, laisse-moi prier Dieu, afin que ce soir il me pardonne et que je puisse aller dormir sans que la damnation pèse sur moi! Mais elle ne m'écoutait pas, elle m'enlaçait de ses cheveux noirs, de ses yeux noirs, de son étrange sourire, et je me battais avec cette ombre impitoyable jusqu'à tomber épuisé, mourant, sur les marches du sanctuaire.

« Eh bien! parfois, à force de m'humilier devant Dieu, à force d'arroser le marbre avec mes larmes, il m'arrivait de retrouver un peu de calme. Je rentrais consolé, je regagnais ma cellule silencieuse, accablé de fatigue et de sommeil. Mais savez-vous ce que faisait Lélia, ce qu'elle imaginait, la railleuse impie, pour me désespérer et me perdre? Elle entrait dans ma cellule avant moi, elle se blottissait maligne et souple dans le tapis de mon prie-Dieu ou dans le sable de ma pendule, ou bien dans les jasmins de ma fenêtre; et à peine avais-je commencé ma dernière oraison, qu'elle surgissait tout à coup devant moi, et posait sa froide main sur mon épaule en disant :

Me voici! Alors il fallait soulever mes paupières appesanties, et lutter de nouveau avec mon cœur troublé, et redire l'exorcisme jusqu'à ce que le fantôme fût dissipé. Parfois même il se couchait sur mon lit, sur mon pauvre lit solitaire et froid; il s'étendait sur ce grabat, l'horrible spectre; et quand j'entr'ouvrais les rideaux de serge pour m'approcher de ma couche, je le trouvais là qui me tendait les bras et qui riait de mon épouvante! O mon Dieu! que j'ai souffert! O femme, ô rêve, ô désir! que tu m'as fait de mal! Que de formes tu as prises pour entrer chez moi! Que de mensonges tu m'as faits! Que de piéges tu m'as tendus!

— Magnus, dit Sténio avec amertume, taisez-vous! vos paroles me font monter le sang au visage. Il n'y a que l'imagination d'un prêtre qui soit assez impudique pour flétrir ainsi Lélia.

— Non! dit le prêtre, je ne l'ai pas profanée même en rêve. Dieu me voit et m'entend, qu'il me précipite dans ce gouffre si je mens! J'ai courageusement résisté, j'ai usé mon âme, j'ai épuisé ma vie à ce combat, et je n'ai jamais cédé, et l'ombre de Lélia est toujours sortie vierge de ces nuits terribles. Est-ce ma faute si la tentation fut grande? Pourquoi l'esprit de cette femme s'attachait-il à tous mes pas? Pourquoi venait-il me chercher partout? Tantôt, assis au tribunal sacré de la confession, j'écoutais avec recueillement les tristes aveux d'une femme sillonnée de rides et couverte de haillons; et, s'il m'arrivait de jeter les yeux sur elle en lui répondant, savez-vous quelle figure m'apparaissait aux barreaux du confessionnal, au lieu de la face jaune et flétrie de la vieille? La figure pâle et le regard méchant et froid de Lélia. Alors ma parole restait paralysée sur mes lèvres; une sueur pénible inondait mon front, un nuage passait sur mes yeux; il me semblait que j'allais mourir. Ma langue cherchait vainement une formule d'exorcisme, j'oubliais jusqu'au nom du Très-Haut; je ne pouvais invoquer aucune puissance céleste, et cette hallucination ne cessait qu'à la voix rauque et cassée de la vieille qui me demandait l'absolution. Moi absoudre, moi délier les âmes, moi dont l'âme était enchaînée par un pouvoir infernal! Mais heureusement Lélia n'est plus, elle s'est damnée; et moi je vis, je serai sauvé! Car, je l'avoue, tant qu'elle a vécu, j'étais en proie à d'horribles tentations; des pensées bien plus destructives que tout ce que je vous ai dit fermentaient dans mon cerveau, et s'y tenaient victorieuses pendant des jours entiers. Ces pensées, c'était le doute, c'était l'athéisme qui pénétrait en moi comme un venin. Il y avait des jours où j'étais si las de combattre, où l'espoir du salut me luisait si faible et si lointain, que je me rejetais de toute ma force dans la vie présente. Eh bien! me disais-je, soyons heureux au moins un jour, soyons homme, puisque nous ne pouvons être ange. Pourquoi une loi de mort pèserait-elle sur moi? Pourquoi consentirais-je à être retranché du nombre des hommes, en échange d'une chimère d'avenir? Ils sont heureux, ils sont libres, les autres! Ils respirent à l'aise, ils marchent, ils commandent, ils aiment, ils vivent; et moi je suis un cadavre étendu sur un cercueil, la dépouille d'un homme attaché à un débris de religion! Ils placent leur espoir en cette vie; ils peuvent le réaliser, car ils peuvent agir. Et d'ailleurs les choses que nous voyons existent; la femme qu'on peut étreindre dans ses bras n'est pas une ombre. Moi je n'ai que l'espoir d'une autre vie, et qui m'en répondra? Mon Dieu, vous n'existez donc pas, puisque vous me laissez en proie à ces affreuses incertitudes! Il fut un temps, dit-on, où vous faisiez des miracles pour soutenir la foi chancelante des hommes; vous avez envoyé un ange pour toucher d'un charbon embrasé la lèvre muette d'Isaïe; vous êtes apparu dans le buisson ardent, dans la nuée d'or, dans la brise des nuits; et maintenant vous êtes sourd, vous restez indifférent à nos erreurs et à nos fautes. Vous avez abandonné votre peuple, vous ne tendez plus la main à celui qui s'égare, vous n'adressez plus une parole d'encouragement et de force à celui qui souffre et combat pour vous. Oh! vous n'êtes que mensonge et vain orgueil de l'homme, vous n'êtes rien, vous n'êtes pas!...

« Ainsi je blasphémais et je me laissais emporter à la fougue des désirs. Oh! si j'avais osé m'y livrer tout à fait!... si j'avais osé revendiquer ma part de vie et posséder Lélia seulement par la volonté!... Mais cela même je ne l'osais pas. Il y avait toujours au fond de moi une crainte morne et stupide qui glaçait mon sang au plus fort de la fièvre. Satan ne voulait ni me prendre ni me lâcher. Dieu ne daignait ni m'appeler ni me repousser. Mais tous mes maux sont finis, car Lélia est morte, et je reviens à la foi; elle est bien morte, n'est-ce pas? »

Le prêtre pencha sa tête sur son sein et tomba dans une profonde rêverie. Sténio le quitta sans qu'il s'en aperçût.

XXIV.

VALMARINA.

Comme Sténio revenait durant la nuit vers les villes, il rencontra, au sortir de la montagne, Edméo qui, croisant ses pas, s'enfonçait rapidement, et sans le voir, dans les sombres défilés qu'il venait de quitter.

« Où cours-tu si mystérieux et si pressé? dit Sténio à son jeune ami. Toi que j'ai toujours connu philosophe, aurais-tu donc abjuré ta sublime sagesse pour quelque passion humaine, pour quelque intérêt de la terre? Parlemoi; j'ai beaucoup souffert depuis que nous nous sommes quittés, j'ai besoin que quelqu'un m'encourage à vivre ou à mourir. Mon âme est tombée dans une étrange détresse. Mille espérances me convient, mille frayeurs m'arrêtent; quoi que tu me conseilles en cet instant, je veux le faire. Je regarde cette rencontre comme un coup du sort; je regarderai ta voix comme la voix du destin. Dis-moi où tu vas dans la vie? Dis-moi ce que tu cherches et ce que tu évites, ce que tu crois et ce que tu nies? Dis-moi si tu as fait ton choix entre un modeste bonheur et une noble souffrance?... »

Edméo, pressé de questions, céda au désir de son ami. Il s'assit à ses côtés, sur la mousse du rocher, au pied d'une croix de pierre à demi brisée, et prit la main de Sténio dans les siennes.

« Avant de te répondre, dit-il, permets que je t'interroge. Avant d'accepter le rôle de père que tu m'imposes, il faut que tu m'accordes celui de confesseur. Conte-moi ta vie depuis un an, dis-moi ton âme tout entière. »

Sténio raconta son amour, ses incertitudes, ses souffrances, ses désirs, son espoir. Il parlait avec feu, son front brûlait sous sa chevelure humide, et sa main tremblait dans celle du jeune homme. Quand il eut fini, Edméo ne lui répondit par un sourire mélancolique; et, après avoir quelque temps rêvé, il consentit enfin à répondre.

« Tu m'as parlé, lui dit-il, d'un monde qui m'est encore inconnu, et dont je comprends pourtant les mystères. Tout ce que tu m'as dit, je l'avais pressenti, je l'avais rêvé. Plus d'une fois mon cœur a palpité, plus d'une fois mon front a brûlé au récit de tes transports, à l'idée de tes espérances. Mais déjà ces riantes chimères s'évanouissent comme la vapeur du crépuscule. Regarde cette étoile, blanche qui monte là-bas sur le pic neigeux...

— C'est Sirius, dit Sténio. Est-ce là l'unique objet de ton culte? T'es-tu adonné exclusivement à la science? »

Edméo secoua la tête.

« Quoique j'eusse le goût des études sérieuses, dit-il, entre la vie de l'intelligence et la vie du cœur, telle que tu viens de me la dépeindre, je n'eusse pas hésité un instant. J'ai à peine un an de plus que toi, Sténio, et quoique je n'aie pas le don de poésie, quoique mon œil soit terne et mes manières réservées auprès des femmes, je n'ai pu, sans frémir, effleurer le vêtement de la belle Lélia...

— Lélia! s'écria Sténio, je ne vous l'ai pas nommée! Eh quoi! si j'interrogeais ce rocher, il prendrait une voix pour me répondre : Lélia! Et d'où connaissez-vous Lélia et d'où savez-vous que je l'aime, Edméo?

— Je l'ai quittée il y a une heure, répondit Edméo;

j'étais chargé pour elle d'un message important, je lui ai parlé un instant... Sa figure, sa voix, ses manières, tout en elle m'a semblé étrange, et j'étais troublé en la quittant. Quand je vous ai rencontré, je ne vous ai pas vu, parce que j'étais préoccupé. L'image de cette grande femme pâle flottait devant moi. Ses paroles sont froides, Sténio, son regard est sombre, son âme semble d'airain; mais ses actions sont grandes, et sa tristesse est profonde et solennelle. Quand tu m'as décrit l'objet de ta passion, était-il possible que je ne reconnusse pas la femme que je venais de voir, et dont j'avais l'âme toute remplie?

— Mais tu l'aimes, malheureux! s'écria Sténio; toi aussi, tu l'aimes?

— Que t'importe, dit Edméo en souriant avec amertume, je ne la reverrai sans doute jamais. Rassure-toi, je n'ai pas le temps d'aimer. Ma vie est absorbée par d'autres soins.

— Mais qu'allais-tu chercher auprès de Lélia? quel message avais-tu pour elle?

— Ceci n'est point un secret, je puis te le dire; j'allais lui demander des secours pour des malheureux : elle m'a remis quelque chose qui ressemble à la rançon d'un roi, avec la même simplicité qu'une autre eût mise à me donner une obole...

— Oh! elle est grande, elle est bonne, n'est-ce pas? s'écria Sténio.

— Elle est riche et libérale, répondit Edméo; j'ignore si elle est bonne. Elle a lu d'un œil sec la lettre que je lui ai remise. Elle ne m'a fait aucune question sur celui qui la lui avait écrite. Elle a souri quand je lui ai parlé de certaines espérances religieuses et sociales. Puis elle m'a tendu une main glacée, en me disant : Ne parlez pas avec moi si vous voulez conserver la foi...

— Elle a reçu froidement ce message? dit Sténio avec agitation. Eh bien! je ne sais pourquoi, je suis heureux de cette indifférence... Ne pouvez-vous me dire par qui vous étiez envoyé, Edméo?

— Avez-vous quelquefois entendu parler de Valmarina? dit le voyageur.

— Vous prononcez un nom qui me pénètre jusqu'au cœur, répondit le poète. Tout ce qu'on m'a raconté de la vertu, du dévoûment et de la charité de cet homme, m'avait semblé fabuleux. Existe-t-il vraiment un homme qui s'appelle ainsi, et qui ait fait les actions qu'on lui attribue?

— Cet homme est plus respectable encore et plus bienfaisant qu'on ne l'imagine, repartit Edméo. Si vous le connaissiez, ami, vous comprendriez qu'il est quelque chose de plus puissant et de plus précieux sur la terre que la beauté, l'amour, la poésie ou la gloire...

— La vertu! dit Sténio; oui, on dit que cet homme est la vertu personnifiée; parlez-moi de lui, faites-le-moi connaître. Tant de bruits divers circulent sur son compte, sa renommée est une légende si merveilleuse, que les femmes vont jusqu'à lui attribuer de ces miracles.

— Cette renommée qu'il a tant évitée fait son supplice, répondit Edméo. Sa modestie, son amour pour l'obscurité est poussé jusqu'à la bizarrerie, et, par une bizarrerie non moins remarquable de la destinée, cette réputation, que tant d'hommes cherchent en vain et qu'il fuit si obstinément, s'attache obstinément à ses pas.

— Est-il vrai, dit Sténio, qu'aucun de ceux qu'il a protégés, assistés ou sauvés, n'ait jamais vu ses traits, et que pendant longtemps il ait réussi à tenir cachée la source des bienfaits qu'il répandait sur les malheureux?

— Tant que sa fortune immense a suffi à ses bienfaits, il a réussi à rester ignoré. Mais il a fallu, pour continuer ce rôle sublime, qu'il établît des relations avec des âmes sœurs de la sienne, et qu'il formât une association.

— Arrêtez! dit Sténio vivement, vous en faites partie?...

— Je ne fais partie d'aucun corps, répondit Edméo; je me suis fait l'ami, le disciple et l'agent de Valmarina. Je ne savais à quoi employer ma jeunesse. Je sentais en moi de grands instincts d'énergie, de grands besoins de cœur. L'amour me semblait une passion égoïste; la science, une occupation desséchante; l'ambition, un amusement puéril. J'ai rencontré la vertu sur mon chemin; je me suis laissé emmener par elle. Je lui ai fait quelques sacrifices. Peut-être en aurai-je de plus grands à lui faire. Je sens qu'elle peut m'en récompenser, et que je ne les regretterai jamais.

— Ton langage simple, ta pieuse conviction me saisissent, dit Sténio. J'ai envie de renoncer à l'amour, j'ai envie de tout quitter pour te suivre. Où vas-tu maintenant?

— Je retourne vers celui qui m'a envoyé.

— Conduis-moi vers lui. Je veux qu'il me guérisse de ma folle passion; je veux qu'il m'arrache ma souffrance et me donne un bonheur pur dont je jouirai sans trembler sans cesse pour le lendemain... Partons ensemble!...

— Je ne puis t'emmener, dit Edméo. Songe au mystère dont Valmarina aime à s'envelopper. Il n'est permis à aucun de ses amis de lui présenter un nouveau disciple à l'improviste. Je lui parlerai de toi, et s'il le juge propre à marcher dans cette rude carrière...

— Qu'a-t-elle donc de si rude? reprit l'enthousiaste Sténio. Depuis que j'existe, je rêve les grandeurs du renoncement aux faux biens de ce monde, et la conquête des biens immatériels. Quand, pour mon malheur, j'ai rencontré Lélia, j'avais l'imagination toute pleine de Valmarina. Je voulais aller le joindre. Ce funeste amour m'a détourné de la voie; mais je comprends, à cette heure, que la Providence t'envoie vers moi pour me sauver...

— Que Dieu t'entende! Puisses-tu dire la vérité, Sténio! mais permets-moi de douter encore de ta résolution. Un regard de Lélia la fera envoler comme cette neige fraîchement tombée que la brise balaie autour de nous...

— Tu ne veux pas de moi? dit Sténio avec véhémence. Je comprends! Fier de ta facile sagesse, vierge de toute affection humaine, tu te plais à douter de moi pour me rabaisser. Emmène-moi pendant que l'enthousiasme me possède, ou je croirai, Edméo, que toute ta vertu c'est de l'orgueil. »

Edméo resta muet à cette accusation. Il combattit le désir d'y répondre; puis, se levant, il se prépara à quitter Sténio. Celui-ci le retint encore...

« Eh bien! dit le jeune exalté, ton silence stoïque m'éclaire, Edméo, et maintenant je suis sûr de ce que je ne faisais que pressentir. On me l'a dit, et tu veux en vain me donner le change, Valmarina est quelque chose de plus qu'un homme bienfaisant et un consolateur ingénieux. L'œuvre sainte que vous accomplissez ne se borne pas à des actes particuliers de dévoûment. Et toi-même, Edméo, tu ne t'es pas voué au simple rôle d'aumônier d'un riche philanthrope. Une mission plus vaste t'est confiée. Les richesses de Lélia serviront peut-être à racheter des captifs et à secourir des indigents, mais ce ne seront pas des captifs insignifiants et des indigents vulgaires. Valmarina versera peut-être son sang avec son or; et pour toi, tu aspires à quelque chose de plus que des bénédictions de mendiant; tu as rêvé le laurier du martyre. C'est pour de telles choses, et non pour d'autres, que tu marches seul et rapide dans la nuit froide et silencieuse...

« Ne me réponds pas, Edméo, ajouta Sténio en voyant que son ami cherchait à éluder ses questions. Tu es encore trop trop jeune pour parler, sans trouble, de tes secrets. Tu sais te taire; je ne saurais pas feindre. Laisse à mon cœur la joie de te deviner et la délicatesse de ne pas t'interroger davantage. Je sais ce que je voulais.

— Et si ce que tu supposes était la vérité, dit Edméo, viendrais-tu avec moi?

— Je sais maintenant que je ne le puis, repartit Sténio; je sais que je ne serais pas admis auprès de Valmarina sans de longues et terribles épreuves. Je sais qu'avant tout il me serait prescrit de renoncer pour jamais à Lélia... Oh! je le sais, malgré les liens qui unissent sa mystérieuse destinée à vos destins héroïques, on me demanderait la preuve de ma vertu, le gage de

ma force; je n'en aurais pas d'autre à fournir que mon amour vaincu, et je ne le fournirais pas.

— J'en étais bien sûr, dit Edméo avec un soupir. J'ai vu Lélia! Adieu donc, ami! Si un jour, détrompé de ce prestige ou rebuté dans tes espérances...

— Oui, certes! s'écria Sténio en serrant la main de son ami; » puis il la laissa retomber en ajoutant : Peut-être!... Et un instant après, l'espoir, se réveillant dans son cœur, lui disait tout bas : Jamais!

Quelques moments après qu'ils se furent séparés, Edméo, qui marchait vers le nord, étant parvenu au sommet de la montagne, entonna, ainsi qu'il l'avait promis à Sténio, un chant d'adieu. Sténio était resté assis sur le rocher. La nuit était pure et froide, la terre sèche et l'air sonore. La voix mâle d'Edméo chanta cet hymne qui parvint distinct à l'oreille de son ami :

« Sirius, roi des longues nuits, soleil du sombre hiver, toi qui devances l'aube en automne, et te plonges sous notre horizon à la suite du soleil au printemps! frère du soleil, Sirius, monarque du firmament, toi qui braves la blanche clarté de la lune quand tous les autres astres pâlissent devant elle, et qui perces de ton œil de feu le voile épais des nuits brumeuses! molosse à la gueule enflammée, qui toujours lèches le pied sanglant du terrible Orion, et, suivi de ton cortège étincelant, montes dans les hautes régions de l'empirée, sans égal et sans rivaux! ô le plus beau, le plus grand, le plus éclatant des flambeaux de la nuit, répands tes blancs rayons sur ma chevelure humide, rends l'espoir à mon âme tremblante et la force à mes membres glacés! Brille sur ma tête, éclaire ma route, verse-moi les flots de ta riche lumière! Roi de la nuit, guide-moi vers l'ami de mon cœur. Protége ma course mystérieuse dans les ténèbres; celui vers qui je vais est, parmi les hommes, comme toi parmi la foule secondaire des innombrables étoiles.

« Comme toi, mon maître est grand, comme toi, il a l'éclat et la puissance; comme toi, il pénètre d'un regard flamboyant; comme toi, il répand la lumière; comme toi, il règne sur la nuit glacée; comme toi, il marque la fin des beaux jours!

« Sirius, tu n'es pas l'étoile de l'amour, tu n'es pas l'astre de l'espérance. Le rossignol ne s'inspire pas de ta mâle beauté, et les fleurs ne s'ouvrent pas sous ton austère influence. L'aigle des montagnes te salue au matin d'une voix triste et farouche; la neige s'amasse sous ton regard impassible, et la bise chante ses splendeurs sur les cordes d'airain de sa harpe lugubre.

« C'est ainsi que l'âme où tu règnes, ô vertu! ne s'ouvre plus ni à l'espoir ni à la tendresse; elle est scellée comme un cercueil de plomb, comme la nuit hyperboréenne aux confins de l'horizon quand Sirius est à la moitié de sa course. Elle est morne comme l'hiver, obscure comme un ciel sans lune, et traversée d'un seul rayon froid et pénétrant comme l'acier. Elle est ensevelie sous un linceul, elle n'a plus ni transports, ni chants, ni sourires.

« Mon âme, c'est la nuit, c'est le froid, c'est le silence; mais ta splendeur, ô vertu! c'est le rayon de Sirius éclatant et sublime. »

La voix se perdit dans l'espace. Sténio resta quelques instants absorbé; puis il descendit vers la vallée, les yeux fixés sur Vénus qui se levait à l'horizon.

XXV.

Le printemps était revenu, et avec lui le chant des oiseaux et le parfum des fleurs nouvelles. Le jour finissait, les rougeurs du couchant s'effaçaient sous les teintes violettes de la nuit: Lélia rêvait sur la terrasse de la villa Viola. C'était cette maison qu'un Italien avait fait bâtir pour sa maîtresse à l'entrée de ces montagnes. Elle y était morte de chagrin; et l'Italien, ne voulant plus habiter un lieu qui lui rappelait de douloureux souvenirs, avait loué à des étrangers les jardins qui renfermaient la tombe, et la villa qui portait le nom de sa bien-aimée. Il y a des douleurs qui se nourrissent d'elles-mêmes; il y en a qui s'effraient et qui se fuient comme des remords.

Molle et paresseuse comme la brise, comme l'onde, comme tout ce jour de mai si doux et si somnolent, Lélia, penchée sur la balustrade, plongeait du regard dans la plus belle vallée que le pied de l'homme civilisé ait foulée. Le soleil était descendu derrière l'horizon, et pourtant le lac conservait encore un ton rouge ardent, comme si l'antique dieu, qu'on supposait rentrer chaque soir dans les flots, se fût en effet plongé dans sa masse transparente.

Lélia rêvait. Elle écoutait le murmure confus de la vallée, les cris des jeunes agneaux qui venaient s'agenouiller devant leurs mères, le bruit de l'eau dont on commençait à ouvrir les écluses, la voix des grands pâtres bronzés, qui ont un profil grec, de pittoresques haillons, et qui chantent d'un ton guttural en descendant la montagne, l'escopette sur l'épaule. Elle écoutait aussi la clochette au timbre grêle qui sonne au cou des longues vaches tigrées, et l'aboiement sonore de ces grands chiens de race primitive qui font bondir les échos sur le flanc des ravins.

Lélia était calme et radieuse comme le ciel. Sténio fit apporter la harpe, et lui chanta ses hymnes les plus beaux. Pendant qu'il chantait, la nuit descendait, toujours lente et solennelle, comme les graves accords de la harpe, comme les belles notes de la voix suave et mâle du poète. Quand il eut fini, le ciel était perdu sous ce premier manteau gris dont la nuit se revêt, alors que les étoiles tremblantes osent à peine se montrer lointaines et pâles comme un faible espoir au sein du doute. A peine une ligne blanche perdue dans la brume se dessinait au pourtour de l'horizon. C'était la dernière lueur du crépuscule, le dernier adieu du jour.

Alors ses bras tombèrent, le son de la harpe expira, et le jeune homme, se prosternant devant Lélia, lui demanda un mot d'amour ou de pitié, un signe de vie ou de tendresse. Lélia prit la main de l'enfant, et la porta à ses yeux: elle pleurait.

« Oh! s'écria-t-il avec transport, tu pleures! Tu vis donc enfin? »

Lélia passa ses doigts dans les cheveux parfumés de Sténio, et, attirant sa tête sur son sein, elle le couvrit de baisers. Rarement il lui était arrivé d'effleurer ce beau front de ses lèvres. Une caresse de Lélia était un don du ciel aussi rare qu'une fleur oubliée par l'hiver, et qu'on trouve épanouie sur la neige. Aussi cette brusque et brûlante effusion faillit coûter la vie à l'enfant qui avait reçu des lèvres froides de Lélia le premier baiser de l'amour. Il devint pâle, son cœur cessa de battre; près de mourir, il la repoussa de toute sa force, car il n'avait jamais tant craint la mort qu'en cet instant où la vie se révélait à lui.

Il avait besoin de parler pour échapper à cet excès de bonheur qui était douloureux comme la fièvre.

« Oh! dis-moi, s'écria-t-il en s'échappant de ses bras, dis-moi que tu m'aimes enfin!

— Ne te l'ai-je pas dit déjà? lui répondit-elle avec un regard et un sourire que Murillo eût donnés à la Vierge emportée aux cieux par les anges.

— Non, tu ne me l'as pas dit, répondit-il; tu m'as dit, un jour où tu allais mourir, que tu voulais aimer. Cela voulait dire qu'au moment de perdre la vie tu regrettais de n'avoir pas vécu.

— Vous croyez donc cela, Sténio? dit-elle avec un ton de coquetterie moqueuse.

— Je ne crois rien, mais je cherche à vous deviner. O Lélia! vous m'avez promis d'essayer d'aimer; c'est là tout ce que vous m'avez promis.

— Sans doute, dit Lélia froidement, je n'ai pas promis de réussir.

— Mais espères-tu que tu pourras m'aimer enfin? lui dit-il d'une voix triste et douce qui remua toute l'âme de Lélia. »

Elle l'entoura de ses bras et le pressa contre son cœur avec une force surhumaine. Sténio, qui voulait encore lui résister, se sentit dominé par cette puissance qui le

glaçait d'effroi. Son sang bouillonnait comme la lave et se figeait comme elle. Il avait tour à tour chaud et froid, il était mal et il était bien. Était-ce la joie, était-ce l'angoisse? il ne le savait pas. C'était l'un et l'autre, c'était plus que cela encore: c'était l'amour et la honte, le désir et l'effroi, l'extase et l'agonie.

Enfin le courage lui revint. Il se rappela de combien de vœux délirants il avait appelé cette heure de trouble et de transports; il se méprisa pour la pusillanime timidité qui l'arrêtait, et, s'abandonnant à un élan qui avait quelque chose de désespéré, il maîtrisa la femme à soit tour, il l'étreignit dans ses bras, il colla sa bouche à cette bouche pâle et froide dont le contact l'étonnait encore... Mais Lélia, le repoussant tout à coup, lui dit d'une voix sèche et dure:

« Laissez-moi, je ne vous aime plus! »

Sténio tomba anéanti sur les dalles de la terrasse. C'est alors que réellement il se crut près de mourir en sentant le froid de la honte étrangler tout à coup cette rage d'amour et cette fièvre d'attente.

Lélia se mit à rire; la colère le ranima, il se releva, et délibéra un instant s'il ne la tuerait pas.

Mais cette femme était si indifférente à la vie, qu'il n'y avait plus moyen de se venger d'elle que de l'effrayer. Sténio essaya d'être philosophique et froid; mais au bout de trois mots il se mit à pleurer.

Alors Lélia l'embrassa de nouveau, et, comme il essayait de lui rendre ses caresses, elle lui dit en le repoussant: « Prends garde, ne risquons pas nos trésors, ne les confions pas aux caprices de la mer.

— Soyez maudite! s'écria-t-il en essayant de se lever pour la fuir. »

Elle le retint.

« Reviens, lui dit-elle, reviens près de mon cœur. Je t'aimais tant tout à l'heure, alors que, peureux et naïf, tu recevais mes baisers presque malgré toi! Tiens, lorsque tu m'as dit ce mot: *Espères-tu que tu pourras m'aimer?* j'ai senti que je t'adorais. Tu étais si humble alors! Reste ainsi, c'est ainsi que je t'aime. Quand je te vois trembler et reculer devant l'amour qui te cherche, il me semble que je suis plus jeune et plus confiante que toi. Cela m'enorgueillit et me charme, la vie ne me décourage plus, car je m'imagine alors que je puis te la donner; mais quand tu t'enhardis, quand tu demandes plus qu'il n'est en moi d'oser, je perds l'espoir, je m'effraie d'aimer et de vivre. Je souffre et je regrette de m'être abusée une fois de plus.

— Pauvre femme! dit Sténio vaincu par la pitié.

— Oh! ne peux-tu rester ainsi craintif et palpitant sous mes caresses? lui dit-elle en attirant encore sa tête sur ses genoux. Tiens, laisse-moi passer ma main autour de ton cou blanc et poli comme un marbre antique, laisse-moi sentir tes cheveux si doux et si souples se rouler et s'attacher à mes doigts. Comme ta poitrine est blanche, jeune homme! Comme ton cœur y bat rude et violent! C'est bien, mon enfant; mais ce cœur renferme-t-il le germe de quelque mâle vertu? Traversera-t-il la vie sans se corrompre ou sans se sécher? Voici la lune qui monte au-dessus de toi et réfléchit son rayon dans tes yeux. Respire dans cette brise l'herbe de la prairie en fleurs. Je reconnais l'émanation de chaque plante, je les sens passer l'une après l'autre dans l'air qui les emporte. Maintenant c'est le thym sauvage de la colline; tout à l'heure c'étaient les narcisses du lac, et à présent ce sont les géraniums du jardin. Comme les Esprits de l'air doivent se réjouir à poursuivre ces parfums subtils et à s'y baigner! Tu souris, mon gracieux poète, endors-toi ainsi.

— M'endormir! dit Sténio d'un ton de surprise et de reproche.

— Pourquoi non? N'es-tu pas calme, n'es-tu pas heureux maintenant?

— Heureux! oui; mais calme?

— Eh bien, vous n'aimez pas! reprit-elle en le repoussant.

— Lélia, vous me rendez malheureux, laissez-moi vous quitter.

— Lâche, comme vous craignez la souffrance! Allez, partez!

— Je ne peux pas, répondit-il en revenant tomber à ses genoux.

— Mon Dieu, lui dit-elle en l'embrassant, pourquoi souffrir? Vous ne savez pas combien je vous aime : je me plais à vous caresser, à vous regarder, comme si vous étiez mon enfant. Tenez, je n'ai jamais été mère, mais il me semble que j'ai pour vous le sentiment que j'aurais eu pour mon fils. Je me complais dans votre beauté avec une candeur, avec une puérilité maternelle... Et puis, après tout, quel sentiment puis-je avoir pour vous?

— Vous ne pourrez donc pas avoir d'amour? lui dit Sténio d'une voix tremblante et le cœur déchiré. »

Lélia ne répondit point; elle passa convulsivement ses mains dans les flots de cheveux bruns qui bouclaient au front du jeune homme; elle se pencha vers lui et le contempla comme si elle eût voulu résumer dans un regard la puissance de plusieurs âmes, dans un instant l'ivresse de cent existences; puis, trouvant sans doute son cœur moins ardent que son cerveau, et ses espérances plus faibles que ses rêves, elle se découragea encore une fois de la vie; sa main retomba morte à son côté; elle regarda la lune avec tristesse; puis, portant la main à son cœur et respirant du fond de la poitrine :

« Hélas! dit-elle d'une voix irritée et le regard sombre, heureux ceux qui peuvent aimer! »

XXVI.

VIOLA.

Il y avait, au bas des terrasses du jardin, une petite rivière qui coulait sous l'épais ombrage des ifs et des cèdres, et s'enfonçait sous leurs rameaux pendants. Sous une de ces voûtes mystérieuses, un tombeau de marbre blanc se mirait dans l'eau, pâle au milieu des sombres reflets de la verdure. A peine un souffle furtif de la brise ébranlait les angles purs et tremblants du marbre réfléchi dans l'onde; un grand liseron avait envahi ses flancs, et suspendait ses guirlandes de cloches bleues autour des sculptures déjà noircies par la pluie et l'abandon. La mousse croissait sur le sein et sur les bras des statues agenouillées; les cyprès éplorés, laissant tomber languissamment leurs branches sur ces fronts livides, enveloppaient déjà le monument confié à la protection de l'oubli.

« C'est là, dit Lélia en écartant les longues herbes qui cachaient l'inscription, le tombeau d'une femme morte d'amour et de douleur!...

— C'est un monument plein de religion et de poésie, dit Sténio. Voyez comme la nature semble s'enorgueillir de le posséder! Comme ces festons de fleurs l'enlacent mollement, comme ces arbres l'embrassent, comme l'eau en baise le pied avec tendresse! pauvre femme morte d'amour! pauvre ange exilé sur la terre et fourvoyé dans les voies humaines, tu dors enfin dans la paix de ton cercueil, Viola! Tu dors comme ce ruisseau; tu étends dans ton lit de marbre tes bras fatigués, comme ce cyprès penché sur toi. Lélia, prends cette fleur de la tombe, mets-la sur ton sein, respire-la bien souvent, mais respire-la vite avant que, séparée de sa tige, elle perde ce virginal parfum qui est peut-être l'âme de Viola, l'âme d'une femme qui a aimé jusqu'à en mourir. Viola! s'il y a quelque émanation de vous dans ces fleurs, si quelque souffle d'amour et de vie a passé de votre sein dans ce mystérieux calice, ne pouvez-vous pénétrer jusqu'au cœur de Lélia? Ne pouvez-vous embraser l'air qu'elle respire et faire qu'elle ne soit plus là, pâle, froide et morte, comme ces statues qui se regardent d'un air mélancolique dans le ruisseau?

— Enfant! dit Lélia en jetant la fleur au cours paresseux de l'eau et en la suivant d'un regard distrait, croyez-vous donc que je n'aie pas aussi ma souffrance, âpre et profonde comme celle qui a tué cette femme? Eh! que savez-vous? ce fut là peut-être une vie bien riche, bien complète, bien féconde. Vivre d'amour et en mourir! c'est beau pour une femme! Sous quel ciel de feu étiez-vous donc née, Viola? Où aviez-vous pris un cœur si énergique qu'il s'est brisé au lieu de ployer sous le poids de la vie? Quel dieu avait mis en vous cette indomptable puissance que la mort seule a pu détrôner de votre âme? O grande, grande entre toutes les créatures! vous n'avez pas courbé la tête sous le joug, vous n'avez pas voulu accepter la destinée, et pourtant vous n'avez pas hâté votre mort comme ces êtres faibles qui se tuent pour s'empêcher de guérir. Vous étiez si sûre de ne pas vous consoler, que vous vous êtes flétrie lentement sans reculer d'un pas vers la vie, sans avancer d'un pas vers la tombe. La mort est venue, et elle vous a prise, faible, brisée, morte déjà, mais enracinée encore à votre amour, disant à la nature : « Adieu, je te méprise et ne veux pas de salut. Garde tes bienfaits, ô poésie décevante, tes consolantes vanités, et l'oubli narcotique, et le scepticisme au front d'airain; garde tout cela pour les autres, moi je veux aimer et mourir! »Viola! vous avez même repoussé Dieu, vous avez franchement haï ce pouvoir inique qui vous avait donné pour lot la douleur et la solitude. Vous n'êtes pas venue au bord de cette onde chanter des hymnes mélancoliques, comme fait Sténio les jours où je l'afflige; vous n'avez pas été vous prosterner dans les temples, comme fait Magnus quand le démon du désespoir est en lui; vous n'avez pas, comme Trenmor, écrasé votre sensibilité sous la méditation; vous n'avez pas, comme lui, tué vos passions de sang-froid pour vivre fière et tranquille sur leurs débris; et vous n'avez pas non plus, comme Lélia... »

Elle oublia d'articuler sa pensée, et, le coude appuyé sur le mausolée, l'œil immobile sur les flots, elle n'entendit pas Sténio qui la suppliait de se révéler à lui.

« Oui, dit-elle après un long silence, elle est morte! Et si une âme humaine a mérité d'aller aux cieux, c'est la sienne; elle a fait plus qu'il ne lui était imposé : elle a bu la coupe d'amertume jusqu'à la lie; puis, repoussant le bienfait qui allait descendre d'en haut après l'épreuve, refusant la faculté d'oublier et de mépriser son mal, elle a brisé la coupe et gardé le poison dans son sein comme un amer trésor. Elle est morte! morte de chagrin! Et nous tous, nous vivons! Vous-même, jeune homme, qui avez encore des facultés toutes neuves pour la douleur, vous vivez, ou bien vous parlez de suicide, et cela est plus lâche que de subir cette vie souillée que le mépris de Dieu nous laisse. »

Sténio, la voyant plus triste, se mit à chanter pour la distraire. Tandis qu'il chantait, des larmes coulaient de ses paupières fatiguées; mais il domptait sa douleur, et cherchait dans son âme abattue des inspirations pour consoler Lélia.

XXVII.

« Tu m'as dit souvent, Lélia, que j'étais jeune et pur comme un ange des cieux; tu m'as dit quelquefois que tu m'aimais. Ce matin encore, tu m'as souri en disant : — Je n'ai plus de bonheur qu'en toi. — Mais ce soir tu as oublié tout, et tu renverses sans pitié les fondements de mon bonheur.

« Soit! brise-moi, jette-moi à terre comme cette fleur que tu viens de respirer et que maintenant tu abandonnes sur le gravier du ruisseau. Si, à me voir emporté comme elle, et ballotté, flétri au caprice de l'onde, tu trouves quelque amusement, quelque satisfaction ironique et cruelle, déchire-moi, foule-moi sous ton pied; mais, n'oublie pas qu'au jour, à l'heure où tu voudras me ramasser et me respirer encore, tu me retrouveras fleuri et prêt à renaître sous tes caresses.

« Eh bien! pauvre femme, tu m'aimeras comme tu pourras. Je savais bien que tu ne pouvais plus aimer comme j'aime; d'ailleurs, il est juste que tu sois la souveraine de nous deux. Je ne mérite pas l'amour que tu mérites, je n'ai pas souffert, je n'ai pas combattu comme toi; je ne suis qu'un enfant sans gloire et sans blessures en face de la vie qui commence et de la lutte qui s'ouvre. Toi sillonné de la foudre, toi cent fois renversée et toujours debout, toi qui ne comprends pas Dieu et qui crois pourtant, toi qui l'insultes et qui l'aimes, toi flétrie comme un vieillard et jeune comme un enfant, Lélia, ma pauvre âme! aime-moi comme tu pourras; je serai toujours à genoux pour te remercier, et je te donnerai tout mon cœur, toute ma vie, en échange du peu qu'il te reste à me donner.

« Laisse-toi seulement aimer; accepte sans dédain les souffrances que j'apporte en holocauste à tes pieds; laisse-moi consumer ma vie et brûler mon cœur sur l'autel que je t'ai dressé. Ne me plains pas, je suis encore plus heureux que toi, c'est pour toi que je souffre! Oh! que ne puis-je mourir pour toi, comme Viola mourut de son amour! Qu'il y a de volupté dans ces tortures que tu mets dans mon sein! Qu'il y a de bonheur à être seulement ton jouet et ta victime, à expier, jeune, pur et résigné, les vieilles iniquités, les murmures, les impiétés amassées sur ta tête! Ah! si l'on pouvait laver les taches d'une autre âme avec les douleurs de son âme et le sang de ses veines, si l'on pouvait la racheter comme un nouveau Christ et renoncer à sa part d'éternité pour lui épargner le néant! .

« C'est ainsi que je vous aime, Lélia. Vous ne le savez pas, car vous n'avez pas envie de le savoir. Je ne vous demande pas de m'apprécier, encore moins de me plaindre; venez à moi seulement quand vous souffrirez, et faites-moi tout le mal que vous voudrez, afin de vous distraire de celui qui vous ronge...

— Eh bien! dit Lélia, je souffre mortellement à l'heure qu'il est; la colère fermente dans mon sein. Voulez-vous blasphémer pour moi? Cela me soulagera peut-être. Voulez-vous jeter des pierres vers le ciel, outrager Dieu, maudire l'éternité, invoquer le néant, adorer le mal, appeler la destruction sur les ouvrages de la Providence, et le mépris sur son culte? Voyons, êtes-vous capable de tuer Abel pour me venger de Dieu mon tyran? Voulez-vous crier comme un chien effaré qui voit la lune semer des fantômes sur les murs? Voulez-vous mordre la terre et manger du sable comme Nabuchodonosor? Voulez-vous comme Job exhaler votre colère et la mienne dans de véhémentes imprécations? Voulez-vous, jeune homme pur et pieux, vous plonger dans le scepticisme jusqu'au cou et rouler dans l'abîme où j'expire? Je souffre, et je n'ai pas de force pour crier. Allons, blasphémez pour moi! Eh bien! vous pleurez!... Vous pouvez pleurer, vous? Heureux! heureux cent fois ceux qui pleurent! Mes yeux sont plus secs que les déserts de sable où la rosée ne tombe jamais, et mon cœur est plus sec que mes yeux. Vous pleurez? Eh bien! écoutez, pour vous distraire, un chant que j'ai traduit d'un poëte étranger.

XXVIII.

A DIEU.

« Qu'ai-je donc fait pour être frappé de malédiction? Pourquoi vous êtes-vous retiré de moi? Vous ne refusez pas le soleil aux plantes inertes, la rosée aux imperceptibles graminées des champs; vous donnez aux étamines d'une fleur la puissance d'aimer, et au madrépore stupide les sensations du bonheur. Et moi qui suis aussi une créature de vos mains, moi que vous aviez doué d'une apparente richesse, vous m'avez tout retiré : vous m'avez traité plus mal que vos anges foudroyés, car ils ont encore la puissance de haïr et de blasphémer, et moi je ne l'ai même pas! vous m'avez traité plus mal que la fange du ruisseau et que le gravier du chemin; car on les foule aux pieds, et ils ne le sentent pas. Moi je sens ce que je suis, et je ne puis pas mordre le pied qui m'opprime, ni soulever la damnation qui pèse sur moi comme une montagne.

Pourquoi m'avez-vous ainsi traité, pouvoir inconnu dont je sens la main de fer s'étendre sur moi? Pourquoi m'avez-vous fait naître homme, si vous vouliez un peu plus tard me changer en pierre, et me laisser inutile en dehors de la vie? Est-ce pour m'élever au-dessus de tous, ou pour me rabaisser au-dessous, que vous m'avez ainsi brisé, ô mon Dieu? Si c'est une destinée de prédilection, faites donc qu'elle me soit douce et que je la porte sans souffrance; si c'est une vie de châtiment, pourquoi donc me l'avez-vous infligée? Hélas, étais-je coupable avant de naître?

Qu'est-ce donc que cette âme que vous m'avez donnée? Est-ce là ce qu'on appelle une âme de poëte? Plus mobile que la lumière et plus vagabonde que le vent, toujours avide, toujours inquiète, toujours haletante, toujours cherchant en dehors d'elle les aliments de sa durée et les épuisant tous avant de les avoir seulement goûtés! O vie! ô tourment! tout aspirer et ne rien saisir, tout comprendre et ne rien posséder! arriver au scepticisme du cœur, comme Faust au scepticisme de l'esprit! Destinée plus malheureuse que la destinée de Faust; car il garde dans son sein le trésor des passions jeunes et ardentes, qui ont couvé en silence sous la poussière des livres, et dormi tandis que l'intelligence veillait; et quand Faust, fatigué de chercher la perfection et de ne la pas trouver, s'arrête, près de maudire et de renier Dieu, Dieu pour le punir lui envoie l'ange des sombres et funestes passions. Cet ange s'attache à lui, il le réchauffe, il le rajeunit, il le brûle, il l'égare, il le dévore; et le vieux Faust entre dans la vie, jeune et vivace, maudit, mais tout-puissant! il en était venu à ne plus aimer Dieu, mais le voilà qui aime Marguerite. Mon Dieu, donnez-moi la malédiction de Faust!

Car vous ne me suffisez pas! Dieu! vous le savez bien. Vous ne voulez pas être tout pour moi! vous ne vous révélez pas assez pour que je m'empare de vous et pour que je m'y attache exclusivement! Vous m'attirez, vous me flattez avec un souffle embaumé de vos brises célestes, vous me souriez entre deux nuages d'or, vous m'apparaissez dans mes songes, vous m'appelez, vous m'excitez sans cesse à prendre mon essor vers vous, mais vous avez oublié de me donner des ailes. A quoi bon m'avoir donné une âme pour vous désirer? Vous m'échappez sans cesse, vous enveloppez ciel et cette belle nature de lourdes et sombres vapeurs; vous faites passer sur les fleurs un vent du midi qui les dévore, ou vous faites souffler sur moi une bise qui me glace et me contriste jusqu'à la moelle des os. Vous nous donnez des jours de brume et des nuits sans étoiles, vous bouleversez notre pauvre univers avec des tempêtes qui nous irritent, qui nous enivrent, qui nous rendent audacieux et athées malgré nous! Et si dans ces tristes heures nous succombons sous le doute, vous éveillez en nous les aiguillons du remords, et vous placez un reproche dans toutes les voix de la terre et du ciel!

Pourquoi, pourquoi nous avez-vous faits ainsi? Quel profit tirez-vous de nos souffrances? Quelle gloire notre abjection et notre néant ajoutent-ils à votre gloire? Ces tourments sont-ils nécessaires à l'homme pour lui faire désirer le ciel? L'espérance est-elle une faible et pâle fleur qui ne croît que parmi les rochers, sous le souffle des orages? Fleur précieuse, suave parfum, viens habiter ce cœur aride et dévasté!... Ah! c'est en vain, depuis longtemps, que tu essaies de le rajeunir; tes racines ne peuvent plus s'attacher à ses parois d'airain, son atmosphère glacée te dessèche, ses tempêtes t'arrachent et te jettent à terre, brisée, flétrie!... O espoir! ne peux-tu donc plus refleurir pour moi?... »

— Ces chants sont douloureux, cette poésie est cruelle, dit Sténio en lui arrachant la harpe des mains, vous vous plaisez dans ces sombres rêveries, vous me déchirez sans pitié. Non, ce n'est point là la traduction d'un poëte étranger; le texte de ce poëme est au fond de votre âme, Lélia, je le sais bien! O cruelle et incurable! écoutez cet oiseau, il chante mieux que vous; il chante le soleil, le printemps et l'amour; ce petit être est donc mieux partagé que vous, qui ne savez chanter que la douleur et le doute!

Sténio tomba anéanti... (Page 29.)

XXIX.

DANS LE DÉSERT.

« Je vous ai amenée dans cette vallée déserte que le pied des troupeaux ne foule jamais, que la sandale du chasseur n'a point souillée. Je vous y ai conduite, Lélia, à travers les précipices. Vous avez affronté sans peur tous les dangers de ce voyage, vous avez mesuré d'un tranquille regard les crevasses qui sillonnent les flancs profonds du glacier, vous les avez franchies sur une planche jetée par nos guides et qui tremblait sur des abîmes sans fond. Vous avez traversé les cataractes, légère et agile comme la cigogne blanche qui se pose de pierre en pierre, et s'endort le cou plié, le corps en équilibre, sur une de ses jambes frêles, au milieu du flot qui fume et tournoie, au-dessus des gouffres qui vomissent l'écume à pleins bords. Vous n'avez pas tremblé une seule fois, Lélia; et moi, combien j'ai frémi! combien de fois mon sang s'est glacé et mon cœur a cessé de battre en vous voyant passer ainsi au-dessus de l'abîme, insouciante, distraite, regardant le ciel et dé-

daignant de savoir où vous posiez vos pieds étroits! Vous êtes bien brave et bien forte, Lélia! Quand vous dites que votre âme est énervée, vous mentez; nul homme ne possède plus de confiance et d'audace que vous.

— Qu'est-ce que l'audace, répondit Lélia, et qui n'en a pas? Qui est-ce qui aime la vie au temps où nous sommes? Cette insouciance-là s'appelle du courage quand elle produit un bien quelconque; mais, quand elle se borne à risquer une destinée sans valeur, n'est-ce pas simplement de l'inertie?

« L'inertie, Sténio! c'est le mal de nos cœurs, c'est le grand fléau de cet âge du monde. Il n'y a plus que des vertus négatives. Nous sommes braves, parce que nous ne sommes plus capables d'avoir peur. Hélas! oui, tout est usé, même les faiblesses, même les vices de l'homme. Nous n'avons plus la force qui fait qu'on aime la vie d'un amour opiniâtre et poltron. Quand il y avait encore de l'énergie sur la terre, on guerroyait avec ruse, avec prudence, avec calcul. La vie était un combat perpétuel, une lutte où les plus braves reculaient sans cesse devant le danger; car le plus brave était celui qui vivait

C'est là, dit Lélia. . (Page 30.)

le plus longtemps au milieu des périls et des haines. Depuis que la civilisation a rendu la vie facile et calme pour tous, tous la trouvent monotome et sans saveur; on la joue pour un mot, pour un regard, tant elle a peu de prix! C'est l'indifférence de la vie qui a fait le duel dans nos mœurs. C'est un spectacle fait pour constater l'apathie du siècle, que celui de deux hommes calmes et polis tirant au sort lequel tuera l'autre sans haine, sans colère et sans profit. Hélas! Sténio, nous ne sommes plus rien, nous ne sommes plus ni bons ni méchants, nous ne sommes même plus lâches, nous sommes inertes.

— Lélia, vous avez raison, et quand je jette les yeux sur la société, je suis triste comme vous. Mais je vous ai amenée ici pour vous faire oublier cette société au moins pendant quelques jours. Regardez où nous sommes, cela n'est-il pas sublime, et pouvez-vous penser à autre chose qu'à Dieu? Asseyez-vous sur cette mousse vierge de pas humains, et voyez à vos pieds le désert dérouler ses grandes profondeurs. Avez-vous jamais rien contemplé de plus sauvage et pourtant de plus animé? Voyez, que de vigueur dans cette végétation libre et vagabonde, que de mouvement dans ces forêts que le vent courbe et fait

ondoyer, dans ces grandes troupes d'aigles qui planent sans cesse autour des cimes brumeuses, et qui passent en cercles mouvants comme de grands anneaux noirs sur la nappe blanche et moirée du glacier! Entendez-vous le bruit qui monte et descend de toutes parts? Les torrents qui pleurent et sanglotent comme des âmes malheureuses, les cerfs qui bramant d'une voix plaintive et passionnée, la brise qui chante et rit dans les bruyères, les vautours qui crient comme des femmes effrayées; et ces autres bruits étranges, mystérieux, *indécrits*, qui grondent sourdement dans les montagnes; ces glaces colossales qui craquent dans le cœur des blocs, ces neiges qui s'éboulent et entraînent le sable, ces grandes racines d'arbres qui luttent incessamment avec les entrailles de la terre et qui travaillent à soulever le roc et à fendre le schiste; ces voix inconnues, ces vagues soupirs que le sol, toujours en proie aux souffrances de l'enfantement, exhale ici par ses flancs entr'ouverts : ne trouvez-vous pas tout cela plus splendide, plus harmonieux que l'église et le théâtre?

— Il est vrai que tout cela est beau, et c'est ici qu'il faut venir voir ce que la terre possède encore de jeunesse et de vigueur. Pauvre terre! elle aussi s'en va!

— Que dites-vous donc, Lélia? Pensez-vous que la terre et le ciel soient coupables de notre décrépitude morale? Insolente rêveuse, les accusez-vous aussi?

— Oui, je les accuse, répondit-elle; ou plutôt j'accuse la grande loi du temps, qui veut que tout s'épuise et prenne fin. Ne voyez-vous pas que le flot des siècles nous emporte tous ensemble, hommes et mondes, pour nous engloutir dans l'éternité, comme des feuilles sèches qui fuient vers le précipice, entraînées par l'eau du torrent? Hélas! nous ne laisserons pas même cette frêle dépouille. Nous ne surnagerons même pas comme ces herbes flétries qui flottent là, tristes et pendantes, semblables à la chevelure d'une femme noyée. La dissolution aura passé sur les cadavres des empires; les débris muets de l'humanité ne seront pas plus que les grains de sable de la mer. Dieu ploiera l'univers comme un vêtement usé qu'on jette au vent, comme un manteau qu'on dépouille parce qu'on n'en veut plus. Alors, Dieu tout seul *sera*. Alors peut-être sa gloire et sa puissance éclateront sans voiles. Mais qui les contemplera? De nouvelles races naîtront-elles sur notre poussière pour voir ou pour deviner celui qui crée et qui détruit?

— Le monde s'en ira, je le sais, dit Sténio; mais il faudra pour le détruire tant de siècles, que le chiffre en est incalculable dans le cerveau des hommes. Non, non, nous n'en sommes pas encore à son agonie. Cette pensée est éclose dans l'âme irritée de quelques sceptiques comme vous; mais moi, je sens bien que le monde est jeune; mon cœur et ma raison me disent qu'il n'est pas même arrivé à la moitié de sa vie, à la force de son âge; le monde est en progrès encore, il lui reste tant de choses à apprendre!

— Sans doute, répondit-elle avec ironie, il n'a pas encore trouvé le secret de ressusciter les morts et de rendre les vivants immortels; mais il fera ces grandes découvertes, et alors le monde ne finira pas, l'homme sera plus fort que Dieu et subsistera sans le secours d'aucun élément autre que son intelligence.

— Lélia, vous raillez toujours; mais écoutez-moi : ne pensez-vous pas que les hommes sont meilleurs aujourd'hui qu'hier, et par conséquent...

— Je ne le pense pas, mais qu'importe? Nous ne sommes pas d'accord sur l'âge du monde, voilà tout.

— Nous le saurions au juste, dit Sténio, nous n'en serions pas plus avancés. Nous ne connaissons pas les secrets de son organisation, nous ignorons combien de temps un monde constitué comme celui-ci peut et doit vivre. Mais je sens à mon cœur que nous marchons vers la lumière et la vie. L'espoir brille dans notre ciel; voyez comme le ciel est beau! comme il est vermeil et généreux! comme il sourit aux montagnes qui s'empourprent de ses caresses et rougissent d'amour comme des vierges timides! Ce n'est point avec la logique du raisonnement qu'on peut prouver l'existence de Dieu. On croit en lui parce qu'un céleste instinct le révèle. De même, on ne peut mesurer l'éternité avec le compas des sciences exactes; mais on sent dans son âme ce que le monde moral possède de sève et de fraîcheur, de même qu'on sent dans son être physique ce que l'air renferme de principes vivifiants et toniques. Eh quoi! vous respirez cette brise aromatique des montagnes sans qu'elle vous pénètre? vous buvez cette eau limpide et glacée, qui a le goût de la menthe et du thym sauvage, sans en sentir la saveur? Vous ne vous sentez pas rajeunie et retrempée dans cet air vif et subtil, parmi ces fleurs si belles et qui semblent si fières de ne rien devoir aux soins de l'homme? Tournez-vous, et voyez ces buissons épais de rhododendrum; comme ces touffes de fleurs lilas sont fraîches et pures! comme elles se tournent vers le ciel pour en regarder l'azur, pour en recueillir la rosée! Ces fleurs sont belles comme vous, Lélia, incultes et sauvages comme vous; ne concevez-vous pas la passion qu'on a pour les fleurs?»

Lélia sourit et rêva longtemps, les yeux fixés sur la vallée déserte.

«Sans doute il nous faudrait pouvoir vivre ici, dit-elle enfin, pour conserver le peu qui nous reste dans le cœur; mais nous n'y vivrions pas trois jours sans flétrir cette végétation et sans souiller cet air. L'homme va toujours éventrant sa nourrice, épuisant le sol qui l'a produit. Il veut toujours arranger la nature et refaire l'œuvre de Dieu. Vous ne seriez pas trois jours ici, vous dis-je, sans vouloir porter les rochers de la montagne au fond de la vallée, et sans vouloir cultiver le roseau sur les profondeurs humides sur la cime aride des monts. Vous appelleriez cela faire un jardin. Si vous y fussiez venu il y a cinquante ans, vous y eussiez mis une statue et un cinquante ans, vous y eussiez mis une statue et un berceau taillé.

— Toujours moqueuse, Lélia! Vous pouvez rire et railler ici en présence de cette scène sublime! Sans vous je me serais prosterné devant l'auteur de tout cela; mais vous, mon démon, vous n'avez pas voulu. Il faut que je vous entende nier tout, même la beauté de la nature.

— Eh! je ne la nie pas! s'écria-t-elle. Quelle chose m'avez-vous jamais entendue nier? Quelle croyance m'a trouvée insensible à ce qu'elle avait de poétique ou de grand? Mais la puissance de m'abuser, qui me la donnera? Hélas! pourquoi Dieu s'est-il plu à mettre une telle disproportion entre les illusions de l'homme et la réalité? Pourquoi faut-il souffrir toujours d'un désir de bien-être qui se révèle sous la forme du beau, et qui plane dans tous nos rêves sans se poser jamais à terre? Ce n'est pas notre âme seulement qui souffre de l'absence de Dieu, c'est notre être tout entier, c'est la vue, c'est la chair qui souffrent de l'indifférence ou de la rigueur du ciel. Dites-moi, dans quel climat de la terre l'homme ignore-t-il les sensations excessives du froid et du chaud? Quelle est la vallée qui ne soit humide en hiver? Où sont les montagnes dont l'herbe ne soit pas flétrie et déracinée par le vent? En Orient l'espèce énervée végète et languit, toujours couchée, toujours inerte. Les femmes s'étiolent à l'ombre des harems; car le soleil les calcinerait. Et puis un vent sec et corrosif arrive de la mer, et porte à cette race indolente une sorte de vertige qui enfante des crimes ou des héroïsmes inconnus à nos peuples d'en deçà le soleil. Alors ces hommes s'enivrent d'activité; ils exhalent en rumeurs féroces, en plaisirs sanguinaires, en débauches effrénées, la force qui dormait en eux, jusqu'à ce que, épuisés de souffrance et de fatigue, ils retombent sur leurs divans, stupides entre tous les hommes!

« Et ceux-là pourtant sont les mieux trempés, les plus énergiques parmi les peuples, les plus heureux dans le repos, les plus violents dans l'action. Regardez ceux des zones torrides pour ceux-là le soleil est généreux en effet; les plantes sont gigantesques, la terre est prodigue de fruits, de parfums et de spectacles. Il y a vanité de luxe dans la couleur et dans la forme. Les oiseaux et les insectes étincellent de pierreries, les fleurs exhalent des odeurs enivrantes. Les arbres eux-mêmes recèlent d'exquises senteurs dans leurs tissus ligneux. Les nuits sont claires comme nos jours d'automne, les étoiles se montrent quatre fois grandes comme ici. Tout est beau, tout est riche. L'homme, encore grossier et naïf, ignore une partie des maux que nous avons inventés. Croyez-vous qu'il soit heureux? Non. Des troupes d'animaux hideux et féroces lui font la guerre; le tigre rugit autour de sa demeure; le serpent, ce monstre froid et gluant dont l'homme a plus d'horreur que d'aucun autre ennemi, se glisse jusqu'au berceau de son enfant. Puis vient l'orage, cette grande convulsion d'une nature robuste qui bondit comme un taureau en fureur, qui se déchire elle-même comme un lion blessé. Il faut que l'homme fuie ou périsse : le vent, la foudre, les torrents débordés bouleversent et emportent sa cabane, son champ et ses troupeaux : chaque soir il ignore s'il aura une patrie le lendemain; elle était trop belle, cette patrie : Dieu ne veut pas la lui laisser. Chaque année il lui en faudra chercher une nouvelle. Le spectacle d'un homme heureux n'est pas agréable au Seigneur. O mon Dieu! tu souffres peut-être aussi, tu es peut-être ennuyé dans ta gloire, puisque tu nous fais tant de mal!

«Eh bien! ces enfants du soleil que dans nos rêves de poètes nous envions comme les privilégiés de la terre, sans doute ils se demandent parfois s'il existe une contrée chérie du ciel, que ne sillonnent pas les laves ardentes, que ne balaient pas les vents destructeurs; une contrée qui s'éveille au matin, unie, calme et tiède comme la veille. Ils se demandent si Dieu, dans sa colère, a mis partout des panthères affamées de sang et des reptiles hideux. Peut-être ces hommes simples rêvent-ils leur paradis terrestre sous nos latitudes tempérées, peut-être dans leurs songes voient-ils la brume et le froid descendre sur leurs fronts bronzés et assombrir leur atmosphère de feu. Nous, quand nous rêvons, nous voyons le soleil rouge et chaud, la plaine étincelante, la mer embrasée et le sable brûlant sous nos pieds. Nous appelons le soleil méridional sur nos épaules glacées, et les peuples du Midi recevraient à genoux les gouttes de notre pluie sur leurs poitrines ardentes. Ainsi partout l'homme souffre et murmure; créature délicate et nerveuse, il s'est fait en vain le roi de la création, il en est la plus infortunée victime. Il est le seul animal chez qui la puissance intellectuelle soit dans un rapport aussi disproportionné avec la puissance physique. Chez les êtres qu'il appelle animaux grossiers, la force matérielle domine, l'instinct n'est que le ressort conservateur de l'existence animale. Chez l'homme, l'instinct, développé outre mesure, brûle et torture une frêle et chétive organisation. Il a l'impuissance du mollusque avec les appétits du tigre; la misère et la nécessité l'emprisonnent dans une écaille de tortue; l'ambition, l'inquiétude déploient leurs ailes d'aigle dans son cerveau. Il voudrait avoir les facultés réunies de toutes les races, mais il n'a que la faculté de vouloir en vain. Il s'entoure de dépouilles : les entrailles de la terre lui abandonnent l'or et le marbre; les fleurs se laissent broyer, exprimer en parfums pour son usage; les oiseaux de l'air laissent tomber pour le parer les plus belles plumes de leurs ailes, le plongeon et l'eider livrent leur cuirasse de duvet pour réchauffer ses membres indolents et froids; la laine, la fourrure, l'écaille, la soie, les entrailles de celui-là, les dents de celui-ci, la peau de cet autre, le sang et la vie de tous appartiennent à l'homme. La vie de l'homme ne s'alimente que par la destruction, et pourtant quelle douloureuse et courte durée!

« Ce que les peintres et les poëtes ont inventé de plus hideux dans les fantaisies grotesques de leur imagination, et, il faut bien le dire, ce qui nous apparaît le plus souvent dans le cauchemar, c'est un sabbat de cadavres vivants, de squelettes d'animaux décharnés, sanglants, avec des erreurs monstrueuses, des superpositions bizarres, des têtes d'oiseaux sur des troncs de cheval, des faces de crocodile sur des corps de chameau. C'est toujours un pêle-mêle d'ossements, une orgie de la peur qui sent le carnage, et des cris de douleur, des paroles de menace proférées par des animaux mutilés. Croyez-vous que les rêves soient une pure combinaison du hasard? Ne pensez-vous pas qu'en dehors des lois d'association et des habitudes consacrées chez l'homme par le droit et par le pouvoir, il peut exister en lui de secrets remords, vagues, instinctifs, que nul ordre d'idées reçues n'a voulu avouer ou énoncer, et qui se révèlent par les terreurs de la superstition ou les hallucinations du sommeil? Alors que les mœurs, l'usage et la croyance ont détruit certaines réalités de notre vie morale, l'empreinte en est restée dans un coin du cerveau, et s'y réveille quand les autres facultés intelligentes s'endorment.

« Il y a bien d'autres sensations intimes de ce genre. Il y a des souvenirs qui semblent ceux d'une autre vie, des enfants qui viennent au jour avec des douleurs qu'on dirait contractées dans la tombe; car l'homme quitte peut-être le froid du cercueil pour rentrer dans le duvet du berceau. Qui sait? n'avons-nous pas traversé la mort et le chaos? Ces images terribles nous suivent dans tous nos rêves! Pourquoi cette vive sympathie pour des existences effacées? pourquoi ces regrets et cet amour pour des êtres qui n'ont laissé qu'un nom dans l'histoire des hommes? N'est-ce pas peut-être de la mémoire qui s'ignore? Il me semble parfois que j'ai connu Shakspeare, que j'ai pleuré avec Torquato, que j'ai traversé le ciel et

l'enfer avec Dante. Un nom des anciens jours réveille en moi des émotions qui ressemblent à des souvenirs, comme certains parfums de plantes exotiques nous rappellent les contrées qui les ont produites. Alors notre imagination s'y promène comme si elle les connaissait, comme si nos pieds avaient foulé jadis cette patrie inconnue qui pourtant, nous le croyons, ne nous a vus ni naître ni mourir. Pauvres hommes, que savons-nous?

— Nous savons seulement que nous ne pouvons pas savoir, dit Sténio.

— Eh bien! voilà ce qui nous dévore, reprit-elle; c'est cette impuissance que tout un univers asservi et mutilé peut à peine dissimuler sous l'éclat de ses vains trophées. Les arts, l'industrie et les sciences, tout l'échafaudage de la civilisation, qu'est-ce, sinon le continuel effort de la faiblesse humaine pour cacher ses maux et couvrir sa misère? Voyez si, en dépit de ses profusions et de ses voluptés, le luxe peut créer en nous de nouveaux sens, ou perfectionner le système organique du corps humain; voyez si le développement exagéré de la raison humaine a porté l'application de la théorie dans la pratique, si l'étude a poussé la science au delà de certaines limites infranchissables, si l'excitation monstrueuse du sentiment a réussi à produire des jouissances complètes. Il est douteux que le progrès opéré par soixante siècles de recherches ait amené l'existence de l'homme au point d'être supportable, et de détruire la nécessité du suicide pour un grand nombre.

— Lélia, je n'ai pas essayé de vous prouver que l'homme fût arrivé à son apogée de puissance et de grandeur. Au contraire, je vous ai dit que, selon moi, la race humaine avait encore bien des générations à ensevelir avant d'arriver à ce point, et peut-être qu'alors elle s'y maintiendra pendant bien des siècles avant de redescendre à l'état de décrépitude où vous la croyez maintenant.

— Comment pouvez-vous croire, jeune homme, que nous suivions une marche progressive, lorsque vous voyez autour de vous toutes les convictions se perdre, sans faire place à d'autres convictions; toutes les sociétés s'agiter dans leurs liens relâchés, sans se reconstituer selon l'équité naturelle; toutes les facultés s'épuiser par l'abus de la vie, tous les principes jadis sacrés tomber dans le domaine de la discussion et servir de jouet aux enfants, sans que les principes d'une nouvelle foi les remplacent, comme les haillons de la royauté et du clergé ont servi de mascarade au peuple, roi et prêtre de son plein droit, sans que les rois aient cessé de régner, sans que le peuple ait cessé de servir!

« De vains efforts ont, je le sais, fatigué la race humaine dans tous les temps. Mais mieux vaut un temps où la tyrannie prévaut et où l'esclave souffre, qu'un temps où la tyrannie s'endort parce que l'esclave se soumet.

« Jadis, après les guerres d'homme à homme, après les bouleversements de sociétés, le monde, encore jeune et vigoureux, se relevait et reconstruisait son édifice bon ou mauvais pour une nouvelle période de siècles. Cela n'arrivera plus. Nous ne sommes pas seulement, comme vous le croyez, à une de ces lendemains de crise où l'esprit humain fatigué s'endort sur le champ de bataille avant de reprendre les armes de la délivrance. A force de tomber et de se relever, à force de rester étendu sur le flanc et de ressaisir l'espérance, de voir ses blessures se rouvrir et se refermer, à force de s'agiter dans ses fers et de s'enrouer à crier vers le ciel, le colosse vieillit et s'affaisse, il chancelle maintenant comme une ruine qui va crouler pour jamais; encore quelques heures d'agonie convulsive, et le vent de l'éternité passera indifférent sur un chaos de nations sans frein, réduites à se disputer les débris d'un monde usé qui ne suffira plus à leurs besoins.

— Vous croyez à l'approche du jugement dernier? O ma triste Lélia! c'est votre âme ténébreuse qui enfante ces terreurs immenses, car elle est trop vaste pour de moindres superstitions. Mais, dans tous les temps, l'esprit de l'homme a été préoccupé de ces idées de mort. Les âmes ascétiques se sont toujours compla-

dans ces contemplations sinistres, dans ces images de cataclysme et de désolation universelle. Vous n'êtes pas un prophète nouveau, Lélia; Jérémie est venu avant vous, et votre poésie dantesque n'a rien créé d'aussi lugubre que l'Apocalpse chantée dans les nuits délirantes d'un fou sublime aux rochers de Pathmos.

— Je le sais; mais la voix de Jean le rêveur et le poëte fut entendue et recueillie; elle épouvanta le monde; elle rallia par la peur à la foi chrétienne un grand nombre d'intelligences médiocres que la sublimité des préceptes évangéliques n'avait pu toucher. Jésus avait ouvert le ciel aux spiritualistes; Jean ouvrit l'enfer et en fit sortir la mort montée sur son cheval pâle, le despotisme au glaive sanglant, la guerre et la famine galopant sur un squelette de coursier, pour épouvanter le vulgaire qui subissait tranquillement les fléaux de l'esclave, et qui s'en effraya dès qu'il les vit personnifiés sous une forme païenne. Mais aujourd'hui les prophètes crient dans le désert, et nulle voix ne leur répond, car le monde est indifférent; il est sourd, il se couche et se bouche les oreilles pour mourir en paix. En vain quelques groupes épars de sectaires impuissants essaient de rallumer une étincelle de vertu. Derniers débris de la puissance morale de l'homme, ils surnageront un instant sur l'abîme, et s'en iront rejoindre les autres débris au fond de cette mer sans rivage où le monde doit rentrer.

— Oh! pourquoi désespérer ainsi, Lélia, de ces hommes sublimes qui aspirent à ramener la vertu dans notre âge de fer? Si je doutais, comme vous, de leur succès, je ne voudrais pas le dire. Je craindrais de commettre un crime.

— J'admire ces hommes, répondit Lélia, et je voudrais être le dernier d'entre eux. Mais que pourront ces pâtres, qui portent une étoile au front, devant le grand monstre de l'Apocalypse, devant cette immense et terrible figure qui se dessine sur le premier plan de tous les tableaux du prophète? Cette femme pâle et belle dans le vice, cette grande prostituée des nations, couverte des richesses de l'Orient et chevauchant une hydre qui vomit des fleuves de poison sur toutes les voies humaines, c'est la civilisation, c'est l'humanité dépravée par le luxe et la science, c'est le torrent de venin qui engloutira toute parole de vertu, tout espoir de régénération.

— O Lélia! s'écria le poëte frappé de superstition, n'êtes-vous point ce fantôme malheureux et terrible? Combien de fois cette frayeur s'est emparée de mes rêves! Combien de fois vous m'êtes apparue comme un type de l'indicible souffrance où l'esprit de recherche a jeté l'homme! Ne personnifiez-vous pas, avec votre beauté et votre tristesse, avec votre ennui et votre scepticisme, l'excès de douleur produit par l'abus de la pensée! Cette puissance morale, si développée par l'exercice que lui ont donné l'art, la poésie et la science, ne l'avez-vous pas livrée et pour ainsi dire prostituée à toutes les impressions, à toutes les erreurs nouvelles? Au lieu de vous attacher, fidèle et prudente, à la foi simple de vos pères et à l'instinctive insouciance que Dieu a mise dans l'homme pour son repos et pour sa conservation; au lieu de vous renfermer dans une vie religieuse et sans faste, vous vous êtes abandonnée aux séductions d'une ambitieuse philosophie. Vous vous êtes jetée dans le torrent de la civilisation qui se levait pour détruire, et qui, pour avoir couru trop vite, a ruiné les fondations, à peine posées, de l'avenir. Et parce que vous avez reculé de quelques jours l'œuvre des siècles, vous croyez avoir brisé le sablier de l'éternité! Il y a bien de l'orgueil dans cette douleur, ô Lélia! Mais Dieu laissera passer ce flot de siècles orageux comme pour lui n'est qu'une goutte d'eau dans la mer. L'hydre dévorante mourra faute d'aliments, et de son cadavre, qui couvrira le monde, sortira une race nouvelle, plus forte et plus patiente que l'ancienne.

— Vous voyez loin, Sténio! Vous personnifiez pour moi la nature, dont vous êtes l'enfant encore vierge. Vous n'avez pas encore émoussé vos facultés; vous vous croyez immortel parce que vous vous sentez jeune, comme

cette vallée inculte, qui fleurit belle et fière, sans songer qu'en un seul jour le soc de la charrue et le monstre à cent bras qu'on appelle Industrie peuvent flétrir son sein pour en ravir les trésors; vous grandissez confiant et présomptueux, sans prévoir la vie qui s'avance et qui va vous engloutir sous le poids de ses erreurs, vous défigurer sous le fard de ses promesses. Attendez, attendez quelques années, et vous direz comme nous: Tout s'en va!

— Non, tout ne s'en va pas! dit Sténio. Voyez donc ce soleil et cette terre, et ce beau ciel, et ces vertes collines, et cette glace même, fragile édifice des hivers, qui résiste depuis des siècles aux rayons de l'été. Ainsi prévaudra la frêle puissance de l'homme! Et qu'importe la chute de quelques générations? Pleurez-vous pour si peu de chose, Lélia? Croyez-vous possible qu'une seule idée meure dans l'univers? Cet héritage impérissable ne sera-t-il pas retrouvé intact dans la poussière de nos races éteintes, comme les inspirations de l'art et les découvertes de la science sortent chaque jour vivantes des cendres de Pompéia ou des sépulcres de Memphis? Oh! la grande et frappante preuve de l'immortalité intellectuelle! De profonds mystères s'étaient perdus dans la nuit des temps, le monde avait oublié son âge, et, se croyant encore jeune, il s'effrayait de se sentir déjà si vieux. Il disait comme vous, Lélia: — Me voici près de finir, car je m'affaiblis, et il y a si peu de jours que je suis né! Combien il m'en faudra peu pour mourir, puisque si peu a suffi à me faire vivre! Mais des cadavres humains sont un jour exhumés du sein de l'Égypte, l'Égypte, qui avait vécu son âge de civilisation, et qui vient de vivre son âge de barbarie! l'Égypte, où se rallume l'ancienne lumière longtemps perdue, et qui, reposée et rajeunie, viendra bientôt peut-être s'asseoir sur le flambeau éteint de la nôtre; l'Égypte, vivante image de ses momies qui dormaient dans la poussière des siècles et qui s'éveillent au grand jour de la science pour révéler au monde nouveau l'âge du monde ancien! Dites, Lélia, ceci n'est-il pas solennel et terrible? Au fond des entrailles desséchées d'un cadavre humain, le regard curieux de notre siècle découvre le papyrus, mystérieux et sacré monument de l'éternelle puissance de l'homme; témoignage encore sombre, mais incontestable, de l'imposante durée de la création. Notre main avide déroule ces bandelettes embaumées, frêles et indissolubles linceuls devant lesquels la destruction s'est arrêtée. Ces linceuls où l'homme était enseveli, ces manuscrits qui reposaient sous des côtes décharnées à la place de ce qui renferma une âme, c'est la pensée humaine énoncée par la science des chiffres et transmise par le secours d'un art perdu pour nous et retrouvé dans les sépultures de l'Orient, l'art de disputer la dépouille des morts aux outrages de la corruption qui est la plus grande puissance de l'univers. Ô Lélia! niez donc la jeunesse du monde, en le voyant s'arrêter ignorant et naïf devant les leçons du passé, et commencer à vivre sur les ruines oubliées d'un monde inconnu.

— Savoir, ce n'est pas pouvoir, répondit Lélia. Rapprendre, ce n'est pas avancer; voir, ce n'est pas vivre. Qui nous rendra la puissance d'agir, et surtout l'art de jouir et de conserver? Nous avons été trop loin à présent pour reculer. Ce qui fut le repos pour les civilisations éclipsées, sera la mort pour notre civilisation exténuée; les nations rajeunies de l'Orient viendront s'enivrer au poison que nous avons répandu sur notre sol. Hardis buveurs, les hommes de la barbarie prolongeront peut-être de quelques heures l'orgie du luxe, dans la nuit des temps; mais le venin que nous leur léguerons sera promptement mortel pour eux comme pour nous, et tout retombera dans les ténèbres!... Eh! ne voyez-vous pas, Sténio, que le soleil se retire de nous? La terre fatiguée dans sa marche ne dérive-t-elle pas sensiblement vers l'ombre et le chaos? Votre sang est-il si ardent et si jeune, qu'il ne sente pas les atteintes du froid qui s'étend comme un manteau de deuil sur cette planète abandonnée au destin, le plus puissant de tous les dieux? Oh! le froid! ce mal pénétrant qui enfonce des aiguilles acérées dans tous les pores; cette haleine mandite qui flétrit les fleurs et les brûle comme le feu, ce mal à la fois physique et moral qui envahit l'âme et le corps, qui pénètre jusqu'aux profondeurs de la pensée et paralyse l'esprit comme le sang; le froid, ce démon sinistre, qui rase l'univers de son aile humide et souffle la mort sur les nations consternées! le froid qui ternit tout, qui déroule son voile gris et nébuleux sur les riches couleurs du ciel, sur les reflets de l'eau, sur le sein des fleurs, sur les joues des vierges! Le froid qui jette son linceul blanc sur les prairies, sur les bois, sur les lacs, et jusque sur la fourrure, jusque sur le plumage des animaux! le froid qui décolore tout dans le monde matériel comme dans le monde intellectuel, la robe du lièvre et de l'ours aux rivages d'Arkangel, les plaisirs de l'homme et le caractère de ses mœurs dans tous les pays qui ont des hivers! Vous voyez bien que tout se civilise, c'est-à-dire que tout se refroidit. Les nations de la zone torride commencent à ouvrir leur main craintive et méfiante aux piéges de notre industrie; les tigres et les lions s'apprivoisent et viennent des déserts servir d'amusement aux peuples du Nord. Des animaux qui n'avaient jamais pu s'acclimater chez nous ont quitté sans mourir, pour vivre dans la domesticité, leur soleil attiédi, et oublié cet âpre et fier chagrin qui les tuait dans la servitude. C'est que partout le sang s'appauvrit et se congèle à mesure que l'instinct grandit et se développe. L'âme s'exalte et quitte la terre insuffisante à ses besoins, pour dérober au ciel le feu de Prométhée; mais, perdue au milieu des ténèbres, elle s'arrête dans son vol et tombe; car Dieu, voyant son audace, étend la main et lui ôte le soleil.

XXX.

SOLITUDE.

Eh bien! Trenmor, l'enfant m'a obéi : il m'a laissée seule dans la vallée déserte. Je suis bien ici. La saison est douce. Un chalet abandonné me sert de retraite, et, chaque matin, les pâtres de la vallée voisine m'apportent du lait de chèvre et du pain sans levain, cuit en plein air avec les arbres morts de la forêt. Un lit de bruyères sèches, un manteau pour la nuit et quelques hardes, c'est de quoi supporter une semaine ou deux sans trop souffrir de la vie matérielle.

Les premières heures que j'ai passées ainsi m'ont semblé les plus belles de ma vie. A vous je puis tout dire, n'est-ce pas, Trenmor?

A mesure que Sténio s'éloignait, je sentais le poids de la vie s'alléger sur mes épaules. D'abord sa douleur à me quitter, sa répugnance à me laisser dans ce désert, son effroi, sa soumission, ses larmes sans reprochés et ses caresses sans amertume m'avaient fait repentir de ma résolution. Quand il fut en bas du premier versant du Monteverdor, je voulus le rappeler; car sa démarche abattue me déchirait. Et puis je l'aime, vous savez que je l'aime du fond du cœur; l'affection sainte, pure, vraie, n'est pas morte en moi, vous le savez bien, Trenmor; car vous aussi, je vous aime. Je ne vous aime pas comme lui. Je n'ai pas pour vous cette sollicitude craintive, tendre, presque puérile, que j'ai pour lui dès qu'il souffre. Vous, vous ne souffrez jamais, vous n'avez pas besoin qu'on vous aime ainsi!

Je lui fis signe de revenir; mais il était déjà trop loin. Il crut que je lui adressais un dernier adieu; il y répondit et continua sa route. Alors je pleurai, car je sentais le mal que je lui avais fait en le congédiant, et je priai Dieu, pour lui adoucir, de lui envoyer, comme de coutume, la sainte poésie, qui rend la douleur précieuse et les larmes bienfaisantes.

Et puis je le contemplai longtemps comme un point non perdu dans les profondeurs de la vallée, tantôt caché par un tertre, tantôt par un massif d'arbres, et puis reparaissant au-dessus d'une cataracte ou sur le flanc d'un ravin. Et à le voir s'en aller ainsi lent et mélancolique, je cessais de le regretter; car déjà, pen-

sais-je, il admire l'écume des torrents et la verdure des monts, déjà il invoque Dieu, déjà il me place dans ses nuées, déjà il accorde la lyre de son génie, déjà il donne à sa douleur une forme qui en élargit le développement à mesure qu'elle en diminue l'intensité.

Pourquoi voudriez-vous que je fusse effrayée du destin de Sténio? M'en avoir rendue responsable, m'en avoir prédit l'horreur, c'est une rigueur injuste. Sténio est bien moins malheureux qu'il ne le dit et qu'il ne le croit. Oh! comme j'échangerais avidement mon existence contre la sienne! Que de richesses sont en lui qui ne sont plus en moi! Comme il est jeune! comme il est grand! Comme il croit à la vie!

Quand il se plaint le plus de moi, c'est alors qu'il est le plus heureux, car il me considère comme une exception monstrueuse; plus il repousse et combat mes sentiments, plus il croit aux siens, plus il s'y attache, plus il a foi en lui-même.

Oh! croire en soi! sublime et imbécile fatuité de la jeunesse! arranger soi-même son avenir et rêver la destinée qu'on veut, jeter un regard de mépris superbe sur les voyageurs fatigués et paresseux qui encombrent la route, et croire qu'on va s'élancer vers le but, fort et rapide comme la pensée, sans jamais perdre haleine, sans jamais tomber en chemin! Savoir si peu, qu'on prenne le désir pour la volonté! O bonheur et bêtise insolente! O fanfaronnade et naïveté!

Quand il fut devenu imperceptible dans l'éloignement, je cherchai ma souffrance, et je ne la trouvai plus : je me sentis soulagée comme d'un remords, je m'étendis sur le gazon, et je dormis comme le prisonnier à qui l'on ôte ses fers, et qui, pour premier usage de sa liberté, choisit le repos.

Et puis je redescendis le Monteverdor du côté du désert, et je mis la cime du mont entre Sténio et moi, entre l'homme et la solitude, entre la passion et la rêverie.

Tout ce que vous m'avez dit du calme enchanteur révélé à vous après les orages de votre vie, je l'ai senti en me trouvant seule enfin, absolument seule entre la terre et le ciel. Pas une figure humaine dans cette immensité, pas un être vivant dans l'air ni sur les monts. Il semblait que cette solitude se faisait austère et belle pour m'accueillir. Il n'y avait pas un souffle de vent, pas un vol d'oiseau dans l'espace. Alors j'eus peur du mouvement qui venait de moi. Chaque brin d'herbe que j'agitais en marchant me semblait souffrir et se plaindre. Je dérangeais le calme, j'insultais le silence. Je m'arrêtai, je croisai mes bras sur ma poitrine, et je retins ma respiration.

Oh! si la mort était ainsi, si c'était seulement le repos, la contemplation, le calme, le silence! si toutes les facultés que nous avons pour jouir et souffrir se paralysaient, s'il nous restait seulement une faible conscience, une imperceptible intuition de notre néant! si l'on pouvait s'asseoir ainsi dans un air immobile devant un paysage vide et morne, savoir qu'on a souffert, qu'on ne souffrira plus, et qu'on se repose là sous la protection du Seigneur! Mais quelle sera l'autre vie? Je n'avais pas encore trouvé une forme sous laquelle je pusse la désirer. Jusque-là, sous quelque aspect qu'elle m'apparût, elle me faisait peur ou pitié. D'où vient que je n'ai pas cessé un jour pourtant de la désirer? Quel est cet désir inconnu et brûlant qui n'a pas d'objet conçu et qui dévore comme une passion? Le cœur de l'homme est un abîme de souffrance dont la profondeur n'a jamais été sondée et ne le sera jamais.

Je restai là tant que le soleil fut au-dessus de l'horizon, et tout ce temps-là je fus bien. Mais quand il n'y eut plus dans le ciel que des reflets, une inquiétude croissante se répandit dans la nature. Le vent s'éleva, les étoiles semblèrent sortir des nuages agités. Les oiseaux de proie élevèrent leurs grands cris et leur vol puissant dans le ciel; ils cherchaient un gîte pour la nuit, ils étaient tourmentés par le besoin, par la crainte. Ils semblaient esclaves de la nécessité, de la faiblesse et de l'habitude, comme s'ils eussent été des hommes.

Cette émotion à l'approche de la nuit se révélait dans les plus petites choses. Les papillons d'azur, qui dorment au soleil dans les grandes herbes, s'élevèrent en tourbillons pour aller s'enfouir dans ces mystérieuses retraites où on ne les trouve jamais. La grenouille verte des marais et le grillon aux ailes métalliques commencèrent à semer l'air de notes tristes et incomplètes qui produisirent sur mes nerfs une sorte d'irritation chagrine. Les plantes elles-mêmes semblaient frissonner au souffle humide du soir. Elles fermaient leurs feuilles, elles crispaient leurs anthères, elles retiraient leurs pétales au fond de leur calice. D'autres, amoureuses à l'heure de la brise, qui se charge de leurs messages et de leurs étreintes, s'entr'ouvraient coquettes, palpitantes, chaudes au toucher comme des poitrines humaines. Toutes s'arrangeaient pour dormir ou pour aimer.

Je me sentis redevenir seule. Quand tout semblait inanimé, je pouvais m'identifier avec le désert et faire partie de lui comme une pierre ou un buisson de plus. Quand je vis que tout reprenait à la vie, que tout s'inquiétait du lendemain et manifestait des sentiments de désir ou de souci, je m'indignai de n'avoir pas à moi une volonté, un besoin, une crainte. La lune se leva; elle était belle; l'herbe des collines avait des reflets transparents comme l'émeraude; mais que m'importaient la lune et ses nocturnes magies? Je n'attendais rien d'une heure de plus ou de moins dans son cours : nul regret, nul espoir ne s'attachait pour moi au vol de ces heures qui intéressaient toute la création. Pour moi rien au désert, rien parmi les hommes, rien dans la nuit, rien dans la vie. Je me retirai dans ma cabane, et j'essayai du sommeil par ennui plus que par besoin.

Le sommeil est une douce et belle chose pour les petits enfants, qui ne rêvent que de fées ou de paradis; pour les petits oiseaux, qui se pressent frêles et chauds sous le duvet de leur mère; mais pour nous, qui sommes arrivés à une extension outrée de nos facultés, le sommeil a perdu ses chastes voluptés et ses profondes langueurs. La vie, arrangée comme elle l'est, nous ôte ce que la nuit a de plus précieux, l'oubli des jours. Je ne parle pas de vous, Trenmor, qui, selon la parole sacrée, vivez au monde comme n'y étant pas. Mais moi, dans le cours de ma vie sans règle et sans frein, j'ai fait comme les autres. J'ai abandonné au mépris superbe de l'âme les nécessités impérieuses du corps; j'ai méconnu tous les dons de l'existence, tous les bienfaits de la nature; j'ai trompé la faim par des aliments savoureux et excitants; j'ai trompé le sommeil par une agitation sans but ou des travaux sans profit. Tantôt, à la clarté de la lampe, je cherchais dans les livres la clef des grandes énigmes de la vie humaine; tantôt, lancée dans le tourbillon du siècle, traversant la foule avec un cœur morne et promenant un regard sombre sur tous ses éléments de dégoût et de satiété, je cherchais à saisir dans l'air parfumé des fêtes nocturnes un son, un souffle qui me rendissent une émotion. D'autres fois, errant dans la campagne silencieuse et froide, j'allais interroger les étoiles baignées dans la brume et mesurer, dans une douloureuse extase, la distance infranchissable de la terre au ciel.

Combien de fois le jour m'a surprise dans un palais retentissant d'harmonie, ou dans les prairies humides de la rosée du matin, ou dans le silence d'une cellule austère, oubliant la loi du repos que l'ombre impose à toutes les créatures vivantes, et qui est devenue sans force pour les êtres civilisés! Quelle surhumaine exaltation soutenait mon esprit à la poursuite de quelque chimère, tandis que mon corps affaibli et brisé réclamait le sommeil sans que je daignasse m'apercevoir de ses révoltes! Je vous l'ai dit : le spiritualisme enseigné aux nations, d'abord comme une foi religieuse, puis comme une loi ecclésiastique, a fini par passer dans les mœurs, dans les habitudes, dans les goûts. On a dompté tous les besoins physiques, on a voulu poétiser les appétits comme les sentiments. Le plaisir a fui les lits de gazon et les berceaux de vigne pour aller s'asseoir sur le velours à des tables chargées d'or. La vie élégante, énervant les organes et surexcitant les esprits, a fermé aux rayons du jour la demeure des riches; elle a allumé les flambeaux pour éclairer leur réveil, et placé l'usage de la vie aux heures que la nature marquait pour son abdication. Comment résister à cette fébrile et mortelle gageure? Comment courir dans cette carrière haletante sans s'épuiser avant d'atteindre la moitié de son terme? Aussi me voilà vieille comme si j'avais mille ans. Ma beauté, que l'on vante, n'est plus qu'un masque trompeur sous lequel se cachent l'épuisement et l'agonie. Dans l'âge des passions énergiques, nous n'avons plus de passions, nous n'avons même plus de désirs, si ce n'est celui d'en finir avec la fatigue et de nous reposer étendus dans un cercueil.

Pour moi, j'ai perdu le sommeil. Vraiment, hélas! je ne sais plus ce que c'est. Je ne sais comment appeler cet engourdissement lourd et douloureux qui pèse sur mon cerveau et le remplit de rêves et de souffrances pendant quelques heures de la nuit. Mais ce sommeil de mon enfance, ce bon, ce doux sommeil, si pur, si frais, si bienfaisant, ce sommeil qu'un ange semblait protéger de son aile, et qu'une mère berçait de son chant, ce calme réparateur de la double existence de l'homme, cette molle chaleur étendue sur les membres, cette paisible et régulière respiration, ce voile d'or et d'azur abaissé sur les yeux, et ce souffle aérien que l'haleine de la nuit fait courir dans les cheveux et autour du cou de l'enfant, ce sommeil-là je l'ai perdu et ne le retrouverai jamais. Une sorte de délire amer et sombre plane sur mon âme privée de guide. Ma poitrine brûlante se soulève avec effort sans pouvoir aspirer les parfums subtils de la nuit. La nuit n'a plus pour moi qu'une atmosphère avare et desséchante. Mes rêves n'ont plus ce désordre aimable et gracieux qui résumait toute une vie d'enchantement dans quelques heures d'illusion. Mes rêves ont un effroyable caractère de vérité; les spectres de toutes mes déceptions y répaissent sans cesse, plus lamentables, plus hideux chaque nuit. Chaque fantôme, chaque monstre évoqué par le cauchemar est une allégorie claire et saisissante qui répond à quelque profonde et secrète souffrance de mon âme. Je vois fuir les ombres des amis que je n'aime plus, j'entends les cris d'alarme de ceux qui sont morts et dont l'âme erre dans les ténèbres de l'autre vie. Et puis je descends moi-même pâle et désolée dans les abîmes de ce gouffre sans fond qu'on appelle l'Éternité, et dont la gueule me semble toujours béante au pied de mon lit comme un sépulcre ouvert. Je rêve que j'en descends lentement les degrés, cherchant d'un œil avide un faible rayon d'espoir dans ses profondeurs sans bornes, et ne trouvant pour flambeau dans ma route que les bouffées d'une clarté d'enfer, rouge et sinistre, qui me brûle les yeux jusqu'au fond du crâne et qui m'égare de plus en plus. Tels sont mes rêves. C'est toujours la raison humaine se débattant contre la douleur et l'impuissance.

Un semblable sommeil abrège la vie au lieu de la prolonger. Il dépense une énorme énergie. Le travail de la pensée, plus désordonné, plus fantasque dans les songes, est aussi plus violent et plus rude. Les sensations s'y éveillent par surprise, âpres, terribles et déchirantes, comme elles le seraient devant la réalité. Jugez-en, Trenmor, par l'impression que vous laisse la représentation dramatique de quelque passion fortement exprimée. Dans le rêve, l'âme assiste aux spectacles les plus terribles, et ne peut distinguer l'illusion de la vérité. Le corps bondit, se tord et palpite sous des émotions affreuses de terreur et de souffrance, sans que l'esprit ait la conscience de son erreur pour se donner, comme au théâtre, la force d'aller jusqu'au bout. On s'éveille baigné de sueur et de larmes, l'esprit frappé d'une stupide consternation, et fatigué pour tout un jour de l'exercice inutile qui vient de lui être imposé.

« Il y a des rêves plus pénibles encore; c'est de se croire condamné à accomplir quelque tâche extravagante, quelque travail impossible, comme de compter les feuilles dans une forêt, ou de courir rapide et léger comme l'air, de traverser, aussi vite que la pensée, vallons, mers et montagnes pour atteindre une image fugitive, incertaine, qui toujours nous devance et toujours nous attire en changeant d'aspect. N'avez-vous pas fait ce rêve, Trenmor, alors qu'il y avait dans votre vie des désirs et des chimères? Oh! comme il revient souvent ce fantôme! comme il m'appelle, comme il me convie! Parfois c'est sous la forme délicate et pâle d'une vierge qui fut ma compagne et ma sœur au matin de ma vie, et qui, plus heureuse que moi, mourut dans la fleur de sa jeunesse. Elle m'invite à la suivre au séjour du repos et du calme. J'essaie de marcher après elle. Mais, substance éthérée que le vent emporte, elle me devance, m'abandonne et disparaît dans les nuées. Et pourtant, moi, je cours toujours: car j'ai vu surgir, des rives brumeuses d'une mer imaginaire, un autre spectre que j'ai pris pour le premier et que je poursuis avec la même ardeur. Mais lorsqu'il se retourne, c'est quelque objet hideux, un démon ironique, un cadavre sanglant, une tentation ou un remords. Et moi, je cours encore: car un charme fatal m'entraîne vers ce protée qui ne s'arrête jamais, qui semble parfois s'engloutir au loin dans le flot rouge de l'horizon, et qui tout à coup sort de terre sous mes pieds pour m'imprimer une direction nouvelle.

Hélas! que d'univers j'ai parcourus dans ces voyages de l'âme! J'ai traversé les steppes blanchies des régions glacées. J'ai jeté mon rapide regard sur les savanes parfumées où la lune se lève si belle et si blanche. J'ai effleuré, sur les ailes du sommeil, ces vastes mers dont l'immensité épouvante la pensée. J'ai devancé à la course les navires les plus fins voiliers et les grandes hirondelles de proie. J'ai, dans l'espace d'une heure, vu le soleil se lever aux rivages de la Grèce et se coucher derrière les montagnes bleues du Nouveau-Monde. J'ai vu sous mes pieds les peuples et les empires. J'ai contemplé de près la face rouge des astres errants dans les solitudes de l'air et dans les plaines du ciel. J'ai rencontré la face effarée des ombres dispersées par un souffle de la nuit. Quels trésors d'imagination, quelles richesses de la nature n'ai-je pas épuisées dans ces vaines hallucinations du sommeil? Aussi à quoi m'a servi de voyager? Ai-je jamais rien vu qui ressemblât à mes fantaisies? Oh! que la nature m'a semblé pauvre, le ciel terne et la mer étroite, au prix des terres, des cieux et des mers que j'ai franchis dans mon vol immatériel! Que reste-t-il à la vie réelle de beautés pour nous charmer, à l'âme humaine de puissances pour jouir et admirer, quand l'imagination a tout usé d'avance par un abus de sa force?

«Ces songes étaient pourtant l'image de la vie: ils me la montraient obscurie par le trop vif éclat d'une lumière surnaturelle, comme les faits de l'avenir et l'histoire du monde sont écrits sombres et terribles dans les poésies sacrées des prophètes. Traînée à la suite d'une ombre à travers les écueils, les déserts, les enchantements et les abîmes de la vie, j'ai tout vu sans pouvoir m'arrêter. J'ai tout admiré en passant sans pouvoir jouir de rien. J'ai affronté tous les dangers sans succomber à aucun, toujours protégée par cette puissance fatale qui m'emporte dans son tourbillon, et m'isole de l'univers qu'elle fait passer sous mes pieds.

Voilà le sommeil que nous nous sommes fait.

Les jours sont désormais à nous reposer des nuits. Plongés dans une sorte d'anéantissement, les heures d'activité pour toute la création nous trouvent, nonchalants et sans vie, occupés à attendre le soir pour nous réveiller, et la nuit pour dépenser en vains rêves le peu de force amassée durant le jour. Ainsi marche ma vie depuis bien des années. Toute l'énergie de mon âme se dévore et se tue à s'exercer sur elle-même, et tout son effet extérieur est d'affaiblir et de détruire le corps.

Je n'ai pas dormi plus calme sur ma couche de bruyères que sur mon lit de satin. Seulement je n'ai pas entendu sonner les heures au fronton des églises, et j'ai pu m'imaginer n'avoir perdu à cette insomnie mêlée d'un mauvais sommeil qu'une longue heure au lieu d'une nuit entière. Aux lieux habités s'attache, selon moi, une grande misère, c'est l'indomptable nécessité de savoir toujours à quelle heure on est de sa vie. Vai-

nement on chercherait à s'y soustraire. On en est averti le jour par l'emploi que fait du temps tout ce qui vous entoure; et la nuit, dans le silence, quand tout dort et que l'oubli semble planer sur toutes les existences, le timbre mélancolique des horloges vous compte impitoyablement les pas que vous faites vers l'éternité, et le nombre des instants que le passé vous dévore sans retour. Qu'elles sont graves et solennelles ces voix du temps qui s'élèvent comme un cri de mort, et qui vont se briser indifférentes sur les murs sonores de la demeure des vivants ou sur les tombes sans écho du cimetière! Comme elles vous saisissent et vous font palpiter de colère et d'effroi sur votre couche brûlante! Encore une! me suis-je dit souvent, encore une partie de mon existence qui se détache! Encore un rayon d'espoir qui s'éteint! Encore des heures! toujours des heures perdues, et qui tombent toutes dans l'abîme du passé, sans amener celle où je me sentirai vivre!

J'ai passé là la journée d'hier dans un profond accablement. Je n'ai pensé à rien. Je crois que j'ai eu du repos tout un jour; mais je ne me suis pas aperçue que je reposais. Et alors à quoi bon?

Le soir j'ai résolu de ne point dormir, et d'employer la force que mon âme retrouve pour les rêves, à poursuivre comme autrefois une idée. Il y a longtemps que je ne lutte plus, ni contre la veille ni contre le sommeil. Cette nuit j'ai voulu reprendre la lutte, et, puisqu'en moi la matière ne peut éteindre l'esprit, faire au moins que l'esprit domptât la matière. Eh bien! je n'ai point réussi. Écrasée par l'un et par l'autre, j'ai passé la nuit assise sur un rocher, ayant à mes pieds le glacier que la lune faisait étinceler comme les palais de diamants des contes arabes, et ma tête un ciel pur et froid où les étoiles resplendissaient larges et blanches comme des larmes d'argent sur un linceul.

Ce désert est vraiment bleu beau, et Sténio le poète eût passé là une nuit d'extase et de fièvre lyrique! Moi, hélas! je n'ai senti dans mon cerveau que l'indignation et le murmure; car ce silence de mort pesait sur mon âme et l'offensait. Je me demandais à quoi bon cette âme curieuse, avide, inquiète, incapable de rester icibas, pour aller toujours frapper à un ciel d'airain qui jamais ne s'entr'ouvre à son regard, qui jamais ne lui répond par un mot d'espoir! Oui, je détestais cette nature rêveuse et magnifique, car elle se dressait là, devant moi, comme une beauté stupide qui se tient muette et fière sous le regard des hommes, et croit avoir assez fait en se montrant. Puis je retombais dans cette décourageante pensée: — Quand je *saurais*, je n'en serais que plus à plaindre, ne *pouvant* pas. — Et au lieu de tomber dans une philosophique insouciance, je tombais dans l'ennui de ce néant où mon existence est rivée.

XXXI.

Eh bien! Trenmor, je quitte le désert. Je vais au hasard chercher du mouvement et du bruit parmi les hommes. Je ne sais où j'irai. Sténio s'est résigné à vivre un mois séparé de moi: que je passe ce temps ici ou ailleurs; il m'importe peu pour lui. Moi, je veux me rendre compte d'une chose: c'est à savoir si je suis plus ou moins mal sur la terre, avec ou sans une affection. Quand je commençai d'aimer Sténio, je crus que l'affection m'emporterait au delà du point où elle m'a laissée. J'étais si fière de croire à un reste de jeunesse et d'amour!... Mais tout cela est déjà retombé dans le doute, et je ne sais plus ce que je sens ni ce que je suis. J'ai voulu la solitude pour me recueillir, pour m'interroger. Car abandonner ainsi sa vie sans ranies et sans gouvernail sur une mer plate et morne, c'est échouer de la plus triste manière. Mieux vaut la tempête, mieux vaut la foudre; au moins on se voit, on se sent périr.

Mais pour moi la solitude est partout; et c'est folie que de la chercher au désert plus qu'ailleurs. Seulement là elle est plus calme, plus silencieuse. Eh bien! cela me tue. J'ai découvert, je pense, ce qui me soutient

Pulchérie.

encore dans cette vie de désenchantement et de lassitude : c'est la souffrance. La souffrance excite, ranime, irrite les nerfs; elle fait saigner le cœur, elle abrége l'agonie. C'est la convulsion violente, terrible, qui nous relève de terre, et nous donne la force de nous dresser vers le ciel pour maudire et crier. Mourir en léthargie, ce n'est ni vivre ni mourir; c'est perdre tous les avantages, c'est ignorer toutes les voluptés de la mort! .

« Ici toutes les facultés s'endorment. A un corps infirme où l'âme se soutiendrait vigoureuse et jeune, cet air vif, cette vie agreste, cette absence de sensations violentes, ces longues heures pour le repos, ces frugales habitudes, seraient autant de bienfaits. Mais moi, c'est mon âme qui rend mon corps débile, et, tant qu'elle souffrira, il faudra que le corps dépérisse, quelles que soient les salutaires influences de l'air et du régime animal. Or, cette solitude me pèse à l'heure qu'il est. Étrange chose! Je l'ai tant aimée, et je ne l'aime plus! Oh! cela est affreux, Trenmor!

« Quand toute la terre me manquait, je me réfugiais dans le sein de Dieu. J'allais l'invoquer dans le silence des champs. Je me plaisais à y rester des jours, des mois entiers, absorbée dans une pensée d'avenir meilleur. Aujourd'hui me voilà si usée, que l'espoir même ne me soutient plus. Je crois encore parce que je désire; mais cet avenir est si loin, et cette vie ne finit pas! Quoi! est-il impossible de s'y attacher et de s'y plaire? Tout est-il perdu sans retour? Il y a des jours où je le crois, et ces jours-là ne sont pas les plus cruels; ces jours-là je suis anéantie. Le désespoir est sans aiguillon, le néant sans terreurs. Mais les jours où, avec un souffle tiède de l'air, un rayon pur du matin, se réveille en moi une velléité d'existence, je suis le plus infortuné des êtres. L'effroi, l'anxiété, le doute, me rongent. Où fuir? où me réfugier? Comment sortir de ce marbre qui, selon la belle expression du poëte, me *monte jusqu'aux genoux*, et me retient enchaînée comme le sépulcre retient les morts?

Eh bien, souffrons! Cela vaut mieux que de dormir. Dans ce désert pacifique et muet, la souffrance s'émousse, le cœur s'appauvrit. Dieu, rien que Dieu, c'est trop, ou trop peu! Dans l'agitation de la vie sociale, ce n'est pas une compensation suffisante, une consolation à notre portée. Dans l'isolement, c'est une

J'écoute, répondit Pulchérie... (Page 46.)

pensée trop immense : elle écrase, elle effraie, elle fait naître le doute. Le doute s'introduit dans l'âme qui rêve, la foi descend dans l'âme qui souffre.

Et puis j'étais habituée à ma souffrance. C'était ma vie, mais c'était ma compagne; c'était ma sœur, cruelle, implacable, sans pitié; mais fière, mais assidue, mais toujours escortée de stoïque résolution et d'austères conseils.

Reviens donc, ô ma douleur! Pourquoi m'as-tu quittée? Si je ne puis avoir d'autre amie que toi, du moins je ne veux pas te perdre. N'es-tu pas mon héritage et mon lot? C'est par toi seule que l'homme est grand. S'il pouvait être heureux dans ce monde d'aujourd'hui, s'il pouvait traverser d'un front serein et voir d'un œil tranquille la laideur du genre humain qui l'entoure, il ne serait pas plus que cette foule stupide et lâche, qui s'enivre dans le crime et s'endort dans la fange. C'est toi, ô douleur sublime! qui nous rappelles au sentiment de notre dignité, en nous faisant pleurer sur l'égarement des hommes! C'est toi qui nous mets à part, et nous places, brebis du désert, sous la main du pasteur céleste qui nous regarde, nous plaint, en attendant peut-être qu'il nous console!

L'homme qui n'a pas souffert n'est rien! C'est un être incomplet, une force inutile, une matière brute et sans valeur, que le ciseau de l'ouvrier brisera peut-être en essayant de la façonner. Aussi j'estime Sténio moins que toi, Trenmor, quoique Sténio n'ait pas un vice et que tu les aies eus presque tous. Mais toi, rude acier, Dieu t'a trempé dans la fournaise ardente; et, après t'avoir tordu de cent façons, il a fait de toi un métal solide et précieux.

Pour moi, que deviendrai-je? Si je pouvais m'élever du même vol que toi, et devenir plus puissante que tous les maux et tous les biens de la vie!

XXXII.

Lélia descendit les montagnes, et avec un peu d'or versé sur son chemin elle franchit rapidement les vallées frontières. Peu de jours après avoir dormi sur la bruyère de Monteverdor, elle étalait le luxe d'une reine dans une de ces belles villes du plateau inférieur qui rivalisent d'opulence entre elles, et qui voient encore fleurir les arts sur la terre d'où ils nous sont venus.

Comme Trenmor, qui s'était rajeuni et fortifié au bagne, Lélia espéra renaître, par la force de son courage, au milieu de ce monde qu'elle haïssait et de ces joies qui lui faisaient horreur. Elle résolut de se vaincre, de dompter les révoltes de son esprit sauvage, de se jeter dans le flot de la vie, de se rapetisser pour un temps, de s'étourdir, afin de voir de près ce cloaque de la société, et de se réconcilier avec elle-même par la comparaison.

Lélia n'avait pas de sympathie pour la race humaine, quoiqu'elle souffrît les mêmes maux et résumât en elle toutes les douleurs semées sur la face de la terre. Mais cette race aveugle et sourde sentait son malheur et son abaissement sans vouloir s'en rendre compte. Ceux-là, hypocrites et vaniteux, cachaient les plaies de leur sein et l'épuisement de leur sang sous l'éclat d'une vaine poésie. Ils rougissaient de se voir si vieux, si pauvres, au milieu d'une génération dont ils ne voyaient pas la vieillesse et la pauvreté percer de tous côtés; et, pour se faire jeunes comme ceux qu'ils croyaient jeunes, ils mentaient, ils fardaient toutes leurs idées, ils niaient tous leurs sentiments; ils étaient fanfarons d'innocence et de simplicité, eux décrépits dès le sein de leurs mères! Ceux-ci, moins effrontés, se laissaient emporter par le siècle: lents et débiles, ils s'en allaient avec le monde sans savoir pourquoi, sans se demander où était la cause, où était la fin. Ils étaient de nature trop médiocre pour s'inquiéter beaucoup de leur ennui; petits et faibles, ils s'étiolaient avec résignation. Ils ne se demandaient pas s'ils pouvaient trouver secours dans la vertu ou dans le vice; ils étaient également au-dessous de l'un et de l'autre. Sans foi, sans athéisme, éclairés tout juste au point de perdre les bienfaits de l'ignorance, ignorants au point de vouloir tout soumettre à des systèmes étroitement rigoureux, ils pouvaient constater de quels faits se compose l'histoire matérielle du monde, mais ils n'avaient jamais voulu étudier le monde moral ni lire l'histoire dans le cœur de l'homme; ils avaient été arrêtés par l'imbécile inflexibilité de leurs préventions. C'étaient les hommes du jour qui raisonnaient sur les siècles passés et futurs, sans s'apercevoir que leurs génies avaient tous passé par le même moule, et que, rassemblés en masse, ils auraient pu s'asseoir encore sur les bancs de la même école, et suivre la loi du même pédant.

Quelques-uns, c'était le petit nombre, mais ils représentaient pourtant une puissance sociale, avaient traversé l'atmosphère empoisonnée des temps sans rien perdre de la vigueur primitive de l'espèce. C'étaient des hommes d'exception comparativement à la foule. Mais entre eux ils se ressemblaient tous. L'ambition, seul ressort d'une époque sans croyance, annihilait la noblesse mâle et caractéristique départie à chacun d'eux, pour les confondre tous dans un type de beauté grossière et sans prestige. C'étaient bien encore les hommes de fer du moyen âge; ils avaient les pensées fortes, le bras robuste, la soif de la gloire et le goût du sang, tout comme s'ils se fussent appelés Armagnac et Bourgogne. Mais, à ces larges organisations que la nature produit encore, manquait la sève de l'héroïsme. Tout ce qui le fait naître et l'alimente était mort: l'amour, la fraternité d'armes, la haine, l'orgueil de la famille, le fanatisme, toutes les passions personnelles qui donnent de l'intensité aux caractères, de la physionomie aux actions. Il n'y avait plus pour mobile de ces âpres courages que les illusions de la jeunesse détruites en deux matins, et l'ambition virile, têtue, sale, déplorable fille de la civilisation.

Lélia, triste existence flétrie par le sentiment de sa dégradation intellectuelle, seule peut-être assez attentive pour la constater, assez sincère pour se l'avouer, Lélia, pleurant ses passions éteintes et ses illusions perdues, traversait le monde sans y chercher la pitié, sans y trouver l'affection. Elle savait bien que ces hommes, malgré leur agitation essoufflée et chétive, n'étaient pas plus actifs,

pas plus vivants qu'elle; mais elle savait aussi qu'ils avaient l'impudence de le nier ou la stupidité de l'ignorer. Elle assistait à l'agonie de cette race comme le prophète, assis sur la montagne, pleurait sur Jérusalem, opulente et vieille débauchée étendue à ses pieds.

XXXIII.

A LA VILLA BAMBUCCI.

Le plus riche parmi les petits princes de l'État donnait une fête. Lélia y parut éblouissante de parure, mais triste sous l'éclat de ses diamants, et moins heureuse que la dernière des bourgeoises enrichies qui se pavanaient avec orgueil sous leur faste d'un jour. Pour elle ces naïfs plaisirs de femme n'existaient pas. Elle traînait après elle le velours et le satin broché d'or, et les cordons de pierreries, et les longues plumes aériennes et molles, sans jeter sur les glaces ce regard de puérile vanité qui résume toutes les gloires d'un sexe encore enfant dans sa décrépitude. Elle ne jouait pas avec ses aiguillettes de diamants pour montrer sa main blanche et effilée. Elle ne passait pas ses doigts avec amour dans les boucles de sa chevelure. Elle savait à peine de quelles couleurs elle était parée, de quelles étoffes on l'avait revêtue. Avec son air impassible, son front pâle et froid et ses riches habits, on l'eût volontiers prise pour une de ces madones d'albâtre que la dévotion des femmes italiennes couvre de robes de soie et de chiffons brillants. Lélia était insensible à sa beauté, à sa parure, comme la vierge de marbre à sa couronne d'or ciselé et à son voile de gaze d'argent. Elle était indifférente aux regards fixés sur elle. Elle méprisait trop tous ces hommes pour s'enorgueillir de leurs louanges. Que venait-elle donc faire au bal?

Elle y venait chercher un spectacle. Ces vastes tableaux mouvants, disposés avec plus ou moins de goût et d'habileté dans le cadre d'une fête, étaient pour elle un objet d'art à examiner, à critiquer ou à louer dans ses parties ou dans son ensemble. Elle ne comprenait pas que sous un climat pauvre et froid, où les habitations, étroites et disgracieuses, entassent les hommes comme des ballots de marchandises dans un entrepôt, on pût se vanter de connaître le luxe et l'élégance. Elle pensait qu'à de telles nations le sentiment des arts est nécessairement étranger. Elle avait pitié de ce qu'on appelle les bals dans ces salles tristes et resserrées, où le plafond écrase la coiffure des femmes, où, pour épargner le froid de la nuit à leurs épaules nues, on remplace l'air vital par une atmosphère fébrile et corrosive qui enivre ou suffoque; où l'on est semblable de remuer et de danser dans l'étroit espace marqué entre les doubles rangs des spectateurs assis, qui sauvent à grand'peine leurs pieds des atteintes de la valse et leurs vêtements du voisinage des bougies.

Elle était de ces gens difficiles qui n'aiment le luxe qu'en grand, et qui ne veulent point de milieu entre le bien-être de la vie intérieure et la prodigalité superbe des hautes existences sociales. Encore n'accordait-elle qu'aux peuples méridionaux le privilège de comprendre la vie de pompe et d'apparat. Elle disait que les nations commerçantes et industrieuses n'ont ni le sens du goût ni l'instinct du beau, et qu'il fallait aller chercher l'emploi de la forme et de la couleur chez ces vieux peuples qui, à défaut d'énergie présente, ont gardé la religion du passé dans les principes et dans les choses.

En effet, rien n'est plus éloigné de réaliser la prétention du beau qu'une fête mal ordonnée. Il faut tant de choses difficiles à réunir, qu'il ne s'en donne peut-être pas, dans tout un siècle, deux qui soient satisfaisantes pour l'artiste. Il faut le climat, le local, la décoration, la musique, les mets et les costumes. Il faut une nuit d'Espagne ou d'Italie, une nuit sombre et sans lune : car la lune, quand elle règne dans le ciel, verse sur les hommes une influence de langueur et de mélancolie qui se reflète sur toutes leurs sensations. Il faut une nuit fraîche et bien aérée, avec des étoiles qui brillent faiblement au travers des nuages, et qui ne semblent pas se moquer des illuminations. Il faut de vastes jardins dont les parfums enivrants pénètrent par flots dans les appartements. La senteur de l'oranger et de la rose de Constantinople sont surtout propres à développer l'exaltation du cœur et du cerveau. Il faut des mets légers, des vins savoureux, des fruits de tous les climats et des fleurs de toutes les saisons. Il faut à profusion des choses rares et difficiles à posséder. Car une fête doit être la réalisation des désirs les plus capricieux, le résumé des imaginations les plus avides. Il faut, avant de donner une fête, se pénétrer d'une chose : c'est que l'homme riche et civilisé ne trouve plus de plaisir que dans l'espoir de l'impossible. Alors il faut approcher de l'impossible autant qu'il est permis à l'homme de le faire.

. Le prince de Bambucci était un homme de goût, ce qui est pour un riche la qualité la plus éminente et la plus rare. La seule vertu qu'on exige de ces gens-là, c'est de savoir convenablement dépenser leur argent. A cette condition, on les tient quittes de tout autre mérite; mais le plus souvent ils sont au-dessous de leur vocation, et vivent bourgeoisement sans abdiquer l'orgueil de leur classe.

Bambucci était le premier homme du monde pour payer un cheval, une femme ou un tableau, sans marchander et sans se laisser friponner. Il savait le prix des choses à un sequin près. Son œil était exercé comme celui d'un huissier-priseur ou d'un marchand d'esclaves. Le sens olfactif était si développé en lui, qu'il pouvait dire, rien qu'à l'odeur du vin, non-seulement quel était le degré de latitude et le nom du vignoble, mais encore à quelle exposition du soleil était situé le versant de la colline qui l'avait produit. Nul artifice, nul miracle de sentiment ou de coquetterie n'était capable de faire qu'il se méprît de six mois sur l'âge d'une actrice : rien qu'à la voir marcher au fond du théâtre, il était prêt à dresser son acte de naissance. Rien qu'à voir courir un cheval à la distance de cent pas, il pouvait signaler à sa jambe l'existence d'une mollesse imperceptible au doigt du vétérinaire. Rien qu'à toucher le poil d'un chien de chasse, il pouvait dire à quelle génération ascendante la pureté de sa race avait été altérée; et sur un tableau de l'école florentine ou flamande, combien de coups de pinceau avaient été donnés par le maître. En un mot, c'était un homme supérieur et tellement reconnu pour tel, qu'il n'en pouvait plus douter lui-même.

La dernière fête qu'il donna ne contribua pas peu à soutenir la haute réputation qu'il s'était acquise. De grands vases d'albâtre, répandus dans les salles, les escaliers et les galeries de son palais, furent remplis de fleurs exotiques, dont le nom, la forme et le parfum étaient inconnus à la plupart de ceux qui les virent. Il avait eu soin de distribuer dans le bal une vingtaine de savants, chargés de servir de *ciceroni* aux ignorants, et de leur expliquer sans affectation l'usage et le prix des choses qu'ils admiraient. La façade et les cours de la villa étincelaient de lumières. Mais les jardins n'étaient éclairés que par le reflet des appartements. A mesure qu'on s'éloignait, on pouvait s'ensevelir dans une molle et mystérieuse obscurité, et se reposer du mouvement et du bruit au fond des ombrages où les sons de l'orchestre arrivaient doux et faibles, interrompus souvent par les bouffées d'un vent chargé de parfums. Des tapis de velours vert avaient été jetés et comme oubliés sur les gazons, afin qu'on pût s'y asseoir sans froisser son vêtement; et, dans quelques endroits, des sonnettes d'un timbre clair et faible étaient suspendues aux arbres, et, au moindre souffle de l'air, semaient le feuillage de notes incertaines ou d'accords sans suite, qu'on eût pu prendre pour les voix grêles des sylphes éveillés par le balancement des fleurs où ils s'étaient blottis.

Bambucci savait combien il était important, quand on veut réveiller la volupté dans les âmes énervées, d'éviter tout ce qui peut amener la fatigue des sens. Aussi, dans l'intérieur des salles, la lumière n'était point trop ardente pour les yeux délicats. L'harmonie était douce et sans

éclats de cuivre. Les danses étaient lentes et rares. On ne permettait pas aux jeunes gens de former de nombreux quadrilles. Car, dans la conviction que l'homme ne sait ni ce qu'il veut, ni ce qui lui convient, le philosophique Bambucci avait placé partout des chambellans qui réglaient la dose d'activité et de repos de chacun. Ces gens-là, observateurs habiles et sceptiques profonds, mettaient un frein à l'ardeur des uns pour qu'elle ne s'épuisât pas trop vite, gourmandaient la paresse des autres pour qu'elle ne fût pas trop lente à s'éveiller. Ils lisaient dans les regards l'approche de la satiété, et ils trouvaient moyen de la prévenir en vous faisant changer de lieu et d'amusement. Ils devinaient aussi, dans l'inquiétude de votre marche, dans la précipitation de vos mouvements, l'invasion ou le développement d'une passion; et, s'ils prévoyaient quelque résultat immédiatement scandaleux, ils savaient le prévenir, soit en vous enivrant, soit en vous improvisant une fable officieuse qui vous dégoûtait de vos poursuites. Mais s'ils voyaient en présence deux acteurs expérimentés dans l'intrigue, ils n'épargnaient rien pour engager et protéger des rapports qui pouvaient rendre les heures légères à des couples bien assortis.

Et d'ailleurs, rien de plus noble et de plus franc que les affaires de cœur qui se traitaient là. En homme de goût, Bambucci avait banni la politique, le jeu et la diplomatie de ses fêtes. Il trouvait que discuter les affaires de l'État, tramer des complots, se ruiner, ou conduire des négociations à travers les plaisirs du bal, c'étaient choses du plus mauvais ton.

Le joyeux Bambucci entendait bien mieux la vie. Il n'y avait pas de cri populaire, pas de murmure subalterne qui parvînt à son oreille quand il était en train de s'amuser, le bon prince! Tout conseiller farouche, tout penseur de mauvais augure, était banni de ses divertissements. Il n'y voulait que des gens aimables, des hommes d'art, comme on dit aujourd'hui, des femmes à la mode, des complaisants, beaucoup de personnes jeunes, quelques femmes laides, seulement pour faire ressortir les belles, et des êtres ridicules, juste ce qu'il en fallait pour divertir le reste de la société.

La majeure partie des convives appartenait donc à cet âge où il y a encore des illusions, et à ces classes intermédiaires qui ont assez de goût pour applaudir, et pas assez de richesse pour dédaigner. C'était le chœur dans l'opéra, c'était une partie du spectacle, une partie nécessaire comme les décors et le souper. Ils ne s'en doutaient pas, ces bons citoyens; mais ils remplissaient dans les salons de Bambucci le rôle de figurants. Ils avaient bien, en qualité d'acteurs, les profits de la fête, c'est-à-dire, le plaisir; mais ils n'en avaient pas l'honneur. L'honneur était réservé à un petit nombre, à un certain groupe d'épicuriens choisis que le prince avait à cœur d'éblouir et de charmer. Ceux-là étaient vraiment les invités, les juges, les amis qu'on traitait; cette foule bruyante et parée qu'on faisait passer sous leurs yeux s'y évertuait de son mieux, en croyant n'agir là que pour son compte; admirable discernement du prince de Bambucci!

Ces personnes de distinction étaient, pour la plupart, aptes à rivaliser de luxe et de génie avec l'amphitryon. Bambucci savait qu'il n'avait pas affaire à des enfants; aussi tenait-il à honneur suprême de les vaincre en inventions et en délicatesses de tout genre. Si l'on avait servi dans des vases de vermeil chez le marquis Panorio, Bambucci étalait sur les tables une vaisselle d'or pur. Si le juif Pandolfi avait montré sa femme couronnée de diamants, Bambucci mettait des diamants jusque sur les souliers de sa maîtresse. Si l'habit des pages du duc Almiri était brodé en or, celui des valets de pied de la maison de Bambucci était brodé de perles fines. Digne et touchante émulation entre les souverains éclairés de nations civilisées!

Il ne faut pas s'abuser. La tâche entreprise par le prince n'était pas facile : c'était une chose grave. Il y avait rêvé plus d'une nuit avant de la tenter. Il fallait d'abord surpasser, en dépense d'argent et d'esprit, tous ces rivaux dignes de lui. Et puis, il fallait réussir à les enivrer tellement de plaisir, qu'oubliant leur orgueil blessé dans la défaite, ils eussent la bonne foi de l'avouer. Eh bien ! cette entreprise immense n'étonna point l'imagination gigantesque de Bambucci ; il s'y jeta, sûr de la victoire, plein de confiance dans ses ressources et dans l'assistance du ciel, à qui il avait fait demander neuf jours à l'avance, par l'organe de son chapelain, qu'il ne tombât pas de pluie durant cette nuit mémorable.

Parmi ces hautes sommités à qui toute la province était servie en collation, l'étrangère Lélia occupait le premier rang. Comme elle avait beaucoup d'argent, elle avait toujours un peu de famille et beaucoup de considération là où elle se trouvait. Connue par sa beauté, ses dépenses et la singularité de son caractère, elle était l'objet des plus ingénieuses attentions du prince et de ses favoris.

Elle fut introduite d'abord dans un des salons éblouissants qui n'étaient que le premier degré de l'éclat progressif réservé à ses yeux. Les affidés de Bambucci étaient chargés d'y arrêter adroitement les nouveaux arrivés et d'entretenir leur intérêt pendant un temps convenable. Or, il se trouva que le jeune prince grec Paolaggi entrait en même temps que Lélia, et que les chambellans n'imaginèrent rien de mieux pour les occuper que de mettre en présence l'une de l'autre ces deux éminences sociales, au milieu d'un peuple de riches et de nobles de moindre étage, destiné à remplir les interstices des colonnes et les vides du pavé de mosaïque.

Ce prince grec avait bien le plus beau profil que jamais sculpture antique ait reproduit. Il était bronzé comme Otello, car il y avait du sang maure dans sa famille, et ses yeux noirs brillaient d'un éclat sauvage ; sa taille était élancée comme le palmier oriental. Il y avait en lui du cèdre, du cheval arabe, du Bédouin et de la gazelle. Toutes les femmes en étaient folles.

Il s'approcha gracieusement de Lélia, et lui baisa la main, quoiqu'il la vît pour la première fois. C'était un homme qui avait des manières à lui ; les femmes lui pardonnaient beaucoup d'originalités, eu égard à l'ardeur du sang asiatique qui coulait dans ses veines.

Il lui parla peu, mais d'une voix si harmonieuse et d'un style si poétique, avec des regards si pénétrants et un front si inspiré, que Lélia s'arrêta cinq minutes à l'observer comme un prodige ; puis elle pensa à autre chose.

Quand le comte Ascanio entra, les chambellans firent chercher Bambucci. Ascanio était le plus heureux des hommes : rien ne le choquait, tout le monde l'aimait, il aimait tout le monde. Lélia, qui savait le secret de sa philanthropie, ne le voyait qu'avec horreur. Dès qu'elle l'aperçut, son front se chargea d'un nuage si sombre que les chambellans épouvantés eurent recours au patron lui-même pour le dissiper.

« Est-ce là ce qui vous embarrasse ? leur dit Bambucci à voix basse en jetant son regard d'aigle sur Lélia. Vous ne voyez pas que le plus aimable des hommes est insupportable à la plus atrabilaire des femmes ! Où serait le mérite, où serait le génie, où serait la grandeur de Lélia si Ascanio réussissait à avoir raison ? S'il parvenait à lui prouver que tout va bien dans le monde, à quoi passerait-elle son temps ? Sachez donc, maladroits, combien il est heureux pour certains esprits que le monde soit plein de travers et de vices, et dépêchez-vous de débarrasser Lélia de cet épicurien charmant ; car il ne comprend pas qu'il vaudrait mieux tuer Lélia que de la consoler. »

Les chambellans allèrent doucement prier Ascanio de vouloir bien chasser la mélancolie qui se répandait sur le beau front de Paolaggi. Ascanio, convaincu qu'il allait devenir utile, commença à triompher. C'était un bonhomme féroce, qui ne vivait que du supplice des autres ; il passait sa vie à leur prouver qu'ils étaient heureux, afin de ne pas leur accorder d'intérêt ; et, quand il leur avait ôté la douceur de se croire intéressants, ils le haïssaient plus que s'il les eût décapités.

Bambucci offrit son bras à Lélia, et la conduisit dans le salon égyptien. Elle en admira la décoration, critiqua poliment quelques détails de style, et finit pourtant par combler de joie le savant Bambucci en lui déclarant qu'elle n'avait rien vu de mieux. En ce moment Paolaggi, qui s'était débarrassé d'Ascanio, *l'homme heureux*, reparut auprès de Lélia. Il avait revêtu un costume des temps anciens. Appuyé contre un sphinx de jaspe, il était le plus remarquable accident du tableau, et Lélia ne put le voir sans éprouver le même sentiment d'admiration que lui eût inspiré une belle statue ou un beau site.

Comme elle faisait naïvement part de ses impressions à Bambucci, celui-ci se rengorgea comme un père à qui on vante son fils. Ce n'est pas qu'il eût la moindre affection pour le prince grec ; mais le jeune prince était beau, paré, d'un grand effet dans la salle égyptienne : Bambucci le considérait comme un meuble précieux qu'il aurait loué pour la soirée.

Alors il se mit à faire valoir son prince grec. Mais comme, en dépit de la supériorité la mieux établie, il est bien difficile de se préserver d'inadvertance dans le tumulte d'une fête dont on a tout le soin, il regarda involontairement la statue d'Osiris, et dès lors, deux idées analogues venant à se croiser malheureusement dans son cerveau, il lui fut impossible de les séparer.

« Oui, dit-il, c'est une belle statue... Je veux dire que c'est un homme distingué. Il parle le chinois comme le français, le français comme l'arabe. Les cornalines que vous voyez à ses oreilles sont d'une valeur inestimable, de même que les malachites incrustées sur les pieds... Et puis c'est une tête de feu, un cerveau sur lequel le soleil a laissé tomber son influence dévorante... C'est une tête dont personne n'a de copie, et que j'ai payée mille écus à un de ces voleurs anglais qui exploitent l'Égypte... Avez-vous lu son poème à Délia et ses sonnets à Zamora dans la manière de Pétrarque ?... Je ne saurais assurer que le corps soit absolument identique, mais le jaspe en est si semblable et les proportions s'accordent si bien... »

Quand Bambucci s'aperçut de son imbroglio, il resta court. Mais, en tournant la tête avec effroi vers Lélia, il reprit courage en voyant qu'elle ne l'écoutait pas.

XXXIV.

PULCHÉRIE.

Tout le monde se pressait vers le salon mauresque, et les maîtres de cérémonies ne pouvaient contenir le désordre. Un jeune seigneur prétendait avoir reconnu sous un domino bleu-ciel la Zinzolina, la plus célèbre courtisane du monde, qui depuis un an avait disparu mystérieusement du pays. Chacun voulait s'assurer de l'événement : ceux qui n'avaient pas connu la Zinzolina tenaient à honneur de voir cette femme si vantée ; ceux qui l'avaient vue voulaient la revoir. Mais le domino bleu, souple et insaisissable fantôme, disparaissait adroitement au milieu de la foule pour reparaître dans une autre salle où la foule le poursuivait encore. Quiconque avait un domino bleu-ciel était assidûment suivi et interrogé ; et, lorsque le fugitif était signalé, un cri d'émotion retentissait dans tout le palais. Mais il s'échappait avant qu'on eût pu constater l'existence de la Zinzolina sous ce flottant capuchon de satin et sous ce masque de velours. Il finit par gagner les jardins. Alors la foule s'élança dans les jardins : le tumulte fut immense ; on se répandit dans les bosquets. Les amants en profitèrent pour échapper à l'œil des jaloux. L'orchestre joua dans les murailles vides et sonores. Des femmes laides ou jalouses prirent des dominos bleu-ciel pour trouver des amants ou pour éprouver les leurs. Ce fut un grand bruit, une grande risée, une grande anxiété.

« Laissez-les faire, disait Bambucci à ses chambellans essoufflés. Ils s'amusent eux-mêmes : eh bien ! tant mieux pour vous, reposez-vous. »

Cet instant de folie et de curiosité avait donné aux physionomies quelque chose d'âpre et d'obstiné qui n'est pas dans les habitudes de la nature civilisée. Lélia, qui croyait épier si attentivement les moindres oscillations de la vie sur ce monde agonisant; Lélia, qui consultait à chaque instant le pouls du moribond, et s'étonnait de le trouver parfois si vigoureux, et tout aussitôt si faible, remarqua je ne sais quoi d'étrange dans la disposition des esprits durant cette nuit-là; et, perdue, oubliée dans la foule, elle aussi se mit à parcourir les jardins pour observer les accidents physiologiques de ce cadavre de société qui râle et qui chante, et qui, comme une vieille coquette, se farde jusque sur son lit de mort.

Après avoir marché longtemps, traversé beaucoup de groupes échevelés et passé au milieu d'une joie fébrile et sans charmes, elle s'assit fatiguée dans un lieu retiré qu'ombrageaient des thuyas de la Chine. Lélia se sentit oppressée. Elle regarda le ciel; les étoiles brillaient au-dessus de sa tête, mais vers l'horizon elles étaient cachées sous un épais bandeau de nuages. Lélia souffrait. Enfin elle vit une pâle clarté glisser sur les arbres : c'était un éclair; et elle s'expliqua le malaise qu'elle éprouvait, car l'orage lui causait toujours un mal physique, une inquiétude nerveuse, une irritation cérébrale, je ne sais quoi enfin que toutes les femmes, sinon tous les hommes, ont ressenti.

Alors il lui prit un de ces désespoirs soudains qui s'emparent de nous souvent sans motif apparent, mais qui sont toujours l'effet d'un mal intérieur longtemps couvé dans le silence de l'esprit. L'ennui, l'horrible ennui la prit à la gorge. Elle se sentit si découragée, si mal placée dans la vie, qu'elle se laissa tomber sur l'herbe et s'abandonna à ces pleurs puérils qui sont l'affreuse expression d'un abandon complet de la force et de l'orgueil humain. Lélia était plus forte en apparence qu'aucune créature de son sexe. Jamais, depuis qu'elle était Lélia, personne n'avait surpris les secrets de son âme sur son impassible visage; jamais on n'avait vu couler une larme de souffrance ou d'attendrissement sur sa joue sans couleur et sans pli.

Elle avait horreur de la pitié d'autrui, et dans ses plus grandes détresses elle conservait l'instinct de s'y dérober. Elle cacha donc sa tête sous son manteau de velours; et loin du monde, loin de la lumière, blottie dans les hautes herbes d'un coin abandonné du jardin, elle répandit sa souffrance en larmes vaines et lâches. Il y avait quelque chose d'effrayant dans la douleur de cette femme si belle et si parée, gisante là, roulée sur elle-même, languissante et terrible dans sa douleur, comme une lionne blessée qui voit saigner sa plaie et la lèche en rugissant.

Tout à coup une main se posa sur son bras nu, une main chaude et humide comme l'haleine de cette nuit d'orage. Elle tressaillit; et, honteuse, irritée d'être surprise dans cet instant de faiblesse où nul ne l'avait jamais vue, elle bondit par une soudaine réaction de courage, et se dressa de toute sa hauteur devant le téméraire. C'était le domino bleu du bal, la courtisane Zinzolina.

Lélia jeta un grand cri; puis, cherchant dans sa voix le ton le plus sévère, elle dit :

« Je vous reconnais, vous êtes ma sœur...

— Et si j'ôte mon masque, Lélia, répondit la courtisane, vous aussi ne crierez-vous pas : Honte et infamie sur toi?

— Ah! je reconnais aussi votre voix! reprit Lélia. Vous êtes Puchérie...

— Je suis votre sœur, dit la courtisane en se démasquant, la fille de votre père et de votre mère. N'avez-vous pas un mot d'affection pour elle?

— Ô ma sœur toujours belle! dit Lélia, sauvez-moi, sauvez-moi de la vie, sauvez-moi du désespoir; apportez-moi de la tendresse, dites-moi que vous m'aimez, que vous vous souvenez de nos beaux jours, que vous êtes ma famille, mon sang, mon seul bien sur la terre! »

Elles s'embrassèrent en pleurant toutes deux. Pulchérie était passionnée dans sa joie, Lélia était triste dans la sienne; elles se regardaient avec des yeux humides et se touchaient avec des mains étonnées. Elles ne revenaient pas de se trouver encore belles, de s'ad-

mirer, de s'aimer, et, différentes comme elles étaient, de se reconnaître.

Lélia se souvint tout à coup que sa sœur était souillée. Ce qu'elle eût pardonné à toute autre créature humaine la faisait rougir dans la personne de sa sœur; c'était un reste involontaire de cette insurmontable puissance de la vanité sociale qui s'appelle l'honneur.

Elle laissa tomber ses mains dans celles de Puchérie, et resta immobile, anéantie par je ne sais quel nouveau découragement, pâle, le corps plié en deux et le regard attaché sur la sombre verdure où s'éteignait le reflet des éclairs..

Pulchérie s'effraya de cette attitude morne et du sourire amer et glacé qui errait sur ses lèvres. Oubliant la dégradation à laquelle le monde l'avait condamnée, elle eut pitié de Lélia, tant la douleur rétablit l'égalité entre les existences.

«C'est donc ainsi que vous êtes! lui dit-elle avec douceur et du ton dont une mère consolerait son enfant affligé. J'ai passé de longues années loin de ma sœur et, quand je la retrouve, c'est à terre, comme un vêtement usé dont personne ne veut plus, étouffant ses cris avec les tresses de ses cheveux et déchirant son sein avec ses ongles! Vous étiez ainsi quand je vous ai surprise, Lélia; et maintenant vous voilà pire encore, car vous pleuriez, et vous semblez morte; vous viviez par la souffrance, et voilà que vous ne vivez plus par rien. Voilà où vous en êtes, Lélia! O mon Dieu! à quoi vous ont servi tous ces dons brillants qui vous rendaient si fière! Où vous a conduite ce monde plein de vanités où vous aviez pris avec tant d'espoir et de confiance? Dans quel abîme de malheur êtes-vous tombée, vous qui prétendiez mettre vos pieds sur nos têtes? Jérusalem, Jérusalem, je vous le disais bien, que l'orgueil vous perdrait!

— L'orgueil! dit Lélia, qui se sentit blessée dans la partie la plus irritable de son âme. Il te sied bien de parler de cela, pauvre égarée! Laquelle s'est perdue le plus avant dans ce désert, de vous ou de moi?

— Je ne sais pas, Lélia, dit Pulchérie avec tristesse. J'ai bien marché dans cette vie, je suis encore jeune, encore belle; j'ai bien souffert; mais je ne suis pas encore lasse, je n'ai pas encore dit : Mon Dieu, c'est assez! Au lieu que toi, Lélia...

— Vous avez raison, dit Lélia avec abattement, moi j'ai tout épuisé...

— Tout, sauf le plaisir! » dit la courtisane en riant d'un rire de bacchante qui la changea tout à coup de la tête aux pieds.

Lélia tressaillit et recula involontairement; puis, se rapprochant avec vivacité, elle prit le bras de sa sœur.

« Et vous, ma sœur, s'écria-t-elle, vous l'avez donc goûté, le plaisir? Vous ne l'avez donc pas épuisé? Vous êtes donc toujours femme et vivante? Allons, donnez-moi votre secret, donnez-moi de votre bonheur, puisque vous en avez!

— Je n'ai pas de bonheur, répondit Pulchérie. Je n'en ai pas cherché. Je n'ai pas, comme vous, vécu de déceptions. Je n'ai pas demandé à la vie plus qu'elle ne pouvait me donner. J'ai réduit toutes mes ambitions à savoir jouir de ce qui est. J'ai mis ma vertu à ne pas dédaigner, ma sagesse à ne pas désirer au delà. Anacréon a écrit sa liturgie. J'ai pris l'antiquité pour modèle, et pour divinités les déesses nues de la Grèce. Je supporte les maux de la civilisation exagérée où nous sommes arrivés; mais j'ai, pour me préserver du désespoir, la religion du plaisir... O Lélia! comme vous me regardez, comme vous m'écoutez avidement! Je ne vous fais donc plus horreur! Je ne suis donc plus la stupide et vile organisation dont vous vous êtes éloignée jadis avec tant de dégoût!

— Je ne t'ai jamais méprisée, ma sœur; je te plaignais. A cette heure, je m'étonne seulement de n'avoir pas à te plaindre. Oserai-je dire que je m'en réjouis?

— Hypocrites spiritualistes, dit Pulchérie, vous craignez toujours de sanctionner les joies que vous ne partagez pas! Oh! vous pleurez à présent! Vous baissez la tête, ma pauvre sœur! Vous voilà courbée et brisée sous le poids de cette destinée que vous avez choisie! A qui la faute? Puisse cette leçon vous être utile! Souvenez-vous de nos querelles, de nos luttes et de notre séparation; nous nous sommes mutuellement prédit notre perte! ·

— Hélas! je vous ai prédit le mépris des hommes, Pulchérie, l'abandon, une horrible vieillesse... Je ne peux pas avoir encore raison; grâce au ciel, vous êtes toujours belle et jeune. Mais déjà n'avez-vous pas senti la honte vous brûler de son fer rouge? Toute cette foule avide et désœuvrée qui vous cherche dans cet instant pour assouvir une insolente curiosité, ne l'entendez-vous pas gronder comme une bête immonde? Ne sentez-vous pas sa chaude haleine qui vous poursuit et vous infecte? Écoutez, elle vous appelle, elle vous réclame comme sa proie; courtisane, vous lui appartenez! Oh! si elle vient jusqu'ici, ne dites pas que vous êtes ma sœur! Si elle allait nous confondre ensemble! Si elle osait mettre sur moi ses mains impures! Pauvre Pulchérie, voilà ton maître, voilà ton Dieu, voilà ton amant! ce peuple, tout ce peuple! Tu as trouvé le plaisir dans ses embrassements; tu vois bien, ma pauvre sœur, que tu es plus vile que la poussière de ses pieds!

— Je le sais, dit la courtisane en passant sa main sur son front d'airain comme pour en chasser un nuage; mais moi, braver la honte, c'est ma vertu; c'est ma force, comme la vôtre est de l'éviter; c'est ma sagesse, vous dis-je, et elle me mène à mon but, elle surmonte des obstacles, elle survit à des angoisses toujours renaissantes, et, pour prix du combat, j'ai le plaisir. C'est mon rayon de soleil après l'orage, c'est l'île enchantée où la tempête me jette, et, si je suis avilie, du moins je ne suis pas ridicule. Être inutile, Lélia, c'est être ridicule; être ridicule, c'est pis que d'être infâme; ne servir à rien dans l'univers, c'est plus méprisable que de servir aux derniers usages.

— Peut-être! dit Lélia d'un air sombre.

— D'ailleurs, reprit la courtisane, qu'importe la honte à une âme vraiment forte? Savez-vous, Lélia, que cette puissance de l'opinion devant laquelle les âmes qu'on appelle honnêtes sont si serviles, savez-vous qu'il ne s'agit que d'être faible pour s'y soumettre, qu'il faut être fort pour lui résister? Appelez-vous vertu un calcul d'égoïsme si facile à faire et dans lequel tout vous encourage et vous récompense? Comparez-vous les travaux, les douleurs, les héroïsmes d'une mère de famille à ceux d'une prostituée? Quand toutes deux sont aux prises avec la vie, pensez-vous que celle-là mérite plus de gloire, qui a eu le moins de peine?

« Mais quoi! Lélia, mes discours ne te font donc plus frémir comme autrefois? Tu ne me réponds rien? Ce silence est affreux. Lélia, tu n'es donc rien! Te voilà donc effacée comme un pli de l'onde, comme un nom écrit sur le sable? Ton noble sang ne se soulève plus aux hérésies de la débauche, aux impudences de la matière? Réveille-toi donc, Lélia, défends donc la vertu, si tu veux que je croie qu'il existe quelque chose qui s'appelle de ce nom!

— Parlez toujours, répondit Lélia d'un ton sinistre. Je vous écoute.

— Enfin, qu'est-ce que Dieu nous impose sur la terre? poursuivit Pulchérie. C'est de vivre, n'est-ce pas? Qu'est-ce que la société nous impose? C'est de ne pas voler. La société est ainsi faite, que beaucoup d'individus n'ont pas autre chose pour vivre qu'un métier autorisé par elle et par elle flétri d'un nom odieux, le vice. Savez-vous de quel acier il faut qu'une pauvre créature soit trempée pour vivre de cela? De combien d'affronts on cherche à lui faire payer les faiblesses qu'elle a surprises et les brutalités qu'elle a assouvies? Sous quelle montagne d'ignominies et d'injustices il faut qu'elle s'accoutume à dormir, à marcher, à être amante, courtisane et mère, trois conditions de la destinée de la femme auxquelles nulle femme n'échappe, soit qu'elle se vende par un marché de prostitution ou par un contrat de mariage? O ma sœur! combien les êtres déshonorés publiquement et injustement sont en droit de mépriser la foule qui les frappe de sa malédic-

tion, après les avoir souillés de son amour! Vois-tu, s'il y a un ciel et un enfer, le ciel sera pour ceux qui auront le plus souffert et qui auront trouvé sur leur lit de douleur encore quelques sourires de joie, quelques bénédictions à envoyer vers Dieu; l'enfer pour ceux qui auront accaparé la plus belle part de l'existence et qui en auront méconnu le prix. La courtisane Zinzolina, au milieu des horreurs de la dégradation sociale, aura confessé sa foi en restant fidèle à la volupté; l'ascétique Lélia, au fond d'une vie austère et respectée, aura renié Dieu à toute heure en fermant ses yeux et son âme aux bienfaits de l'existence.

— Hélas! vous m'accusez, Pulchérie, et vous ne savez pas s'il a dépendu de moi de faire un choix et de suivre un plan dans la vie. Savez-vous quel a été mon sort depuis que nous nous sommes séparées?

— J'ai su ce que le monde a dit de vous, répondit la courtisane; j'ai vu seulement que vous aviez une existence problématique comme femme. J'ai su que vous marchiez environnée de mystère et d'affectation poétique, et j'ai souri de pitié en songeant à cette hypocrite vertu qui consiste à tirer vanité de l'impuissance ou de la peur.

— Humiliez-moi, répondit Lélia; j'ai si peu de confiance en moi aujourd'hui, que je ne trouve rien pour me justifier; mais voulez-vous entendre le récit de cette vie si aride et si pâle, et pourtant si longue et si amère? Vous me direz ensuite s'il peut y avoir un remède à de si anciennes douleurs, à de si profonds découragements.

— J'écoute, répondit Pulchérie en appuyant son bras rond et blanc sur le pied d'une nymphe de marbre qui se cachait souriante et maniérée dans les rameaux sombres. Parle, ma sœur, conte-moi les misères de la destinée, et d'abord laisse-moi te dire que je les sais d'avance. Quand, pâle et mince comme une sylphide, tu marchais au fond de nos bois appuyée sur mon bras, attentive au vol des oiseaux, à la nuance des fleurs, au changeant aspect des nuées, insensible au regard des jeunes chasseurs qui passaient et nous suivaient de l'œil au travers des arbres, déjà je savais bien, Lélia, que ta jeunesse se consumerait à poursuivre de vains rêves et à dédaigner les seuls avantages de la vie. Te souviens-tu de ces promenades sans fin que nous faisions dans nos champs paternels, et de ces longues rêveries du soir, quand, appuyées toutes deux sur la rampe dorée de la terrasse, nous regardions, toi les étoiles blanches au front des collines, moi les cavaliers poudreux qui descendaient le sentier?

— Je me rappelle bien tout, répondit Lélia. Tu suivais d'un œil attentif tous ces voyageurs déjà effacés dans la brume du couchant. A peine pouvais-tu distinguer leurs vêtements et leur attitude; mais tu te prenais de prédilection ou de dédain pour chacun d'eux, selon qu'il descendait la colline avec audace ou précaution. Tu riais sans pitié du cavalier prudent qui mettait pied à terre pour trainer par la bride sa monture incertaine et paresseuse; tu applaudissais de loin à celui qui, d'un pas ferme et soutenu, affrontait les dangers du versant rapide. Une fois je me souviens que je te repris sévèrement pour avoir, dans un transport d'admiration, agité ton mouchoir pour encourager un jeune fou qui se lançait impétueusement, et qui, deux ou trois fois, soutint vigoureusement son cheval près de rouler dans le ravin.

— Et pourtant il ne pouvait ni me voir ni m'entendre, reprit Pulchérie. Vous étiez indignée, vous ma sœur farouche, de l'intérêt que j'accordais à un homme; vous n'étiez sensible qu'aux insaisissables beautés de la nature, au son, à la couleur, jamais à la forme distincte et palpable. Un chant éloigné vous faisait verser des larmes. Mais, dès que le pâtre aux jambes nues paraissait au sommet de la colline, vous détourniez les yeux avec dégoût; vous cessiez d'écouter sa voix ou d'y prendre plaisir. En tout la réalité blessait vos perceptions trop vives et détruisait votre espoir trop exigeant. N'est-il pas vrai, Lélia?

— C'est vrai, ma sœur, nous ne nous ressemblions pas. Plus sage et plus heureuse que moi, vous ne viviez que pour jouir; plus ambitieuse et moins soumise à Dieu peut-être, je ne vivais que pour désirer. Vous souvient-il de ce jour d'été, si lourd et si chaud, où nous nous arrêtâmes au bord du ruisseau sous les cèdres de la vallée, dans cette retraite mystérieuse et sombre, où le bruissement de l'eau tombant de roche en roche se mêlait au triste chant des cigales? Nous nous étendîmes sur le gazon, et, tout en regardant le ciel ardent sur nos têtes au travers des arbres, il nous vint un lourd sommeil, une profonde insouciance. Nous nous éveillâmes dans les bras l'une de l'autre sans nous être senties dormir.

— Oh oui! dit Pulchérie, nous dormions paisiblement sur l'herbe moite et chaude. Les cèdres exhalaient leur exquise senteur de baume, et le vent de midi passait son aile brûlante sur nos fronts humides. Jusqu'alors, insouciante et rieuse, j'accueillais chaque jour de ma vie comme un bienfait nouveau. Quelquefois des sensations brusques et pénétrantes faisaient bouillonner mon sang. Une ardeur inconnue s'emparait de mon imagination; la nature m'apparaissait sous des couleurs plus étincelantes; la jeunesse palpitait plus vivace et plus riante dans mon sein; et, si je me regardais au miroir, je me trouvais dans ces instants-là plus vermeille et plus belle. Alors j'avais envie de m'embrasser dans cette glace qui me reflétait et qui m'inspirait un amour insensé. Puis je me prenais à rire, et je courais plus forte et plus légère dans l'herbe et dans les fleurs; car, pour moi, aucune chose ne se révélait au travers de la souffrance. Je ne me fatiguais pas comme vous à deviner; je trouvais, parce que je ne cherchais pas.

« Ce jour-là, heureuse et calme que j'étais, un rêve étrange, délirant, inouï, me révéla le mystère jusque-là impénétrable et jusque-là tranquillement respecté. O ma sœur, niez l'influence du ciel! niez la sainteté du plaisir! Vous eussiez dit, si cette extase vous eût été donnée, qu'un ange, envoyé vers vous du sein de Dieu, se chargeait de vous initier aux épreuves sacrées de la vie humaine. Moi, je rêvai tout simplement d'un homme aux cheveux noirs qui se penchait vers moi pour effleurer mes lèvres de ses lèvres chaudes et vermeilles; et je m'éveillai oppressée, palpitante, heureuse plus que je ne m'étais imaginé devoir l'être jamais. Je regardai autour de moi : le soleil semait ses reflets sur les profondeurs du bois, l'air était bon et suave, et les cèdres élevaient avec splendeur leurs grands rameaux digités, semblables à des bras immenses et à de longues mains tendues vers le cœur. Je vous regardai alors. O ma sœur, que vous étiez belle! Je ne vous avais jamais trouvée telle avant ce jour-là. Dans ma complaisante vanité de jeune fille, je me préférais à vous; il me semblait que mes joues brillantes, que mes épaules arrondies, que mes cheveux dorés me faisaient plus belle que vous; mais en cet instant le sens de la beauté se révélait à moi dans une autre créature. Je ne m'aimais plus seule : j'avais besoin de trouver hors de moi un objet d'admiration et d'amour. Je me soulevai doucement, et je vous contemplai avec une singulière curiosité, avec un étrange plaisir. Vos épais cheveux noirs se collaient à votre front, et leurs boucles serrées se roulaient sur elles-mêmes comme si un sentiment de vie les eût crispées auprès du velouté de votre cou velouté d'ombre et de sueur. J'y passai mes doigts : il me sembla que vos cheveux me les serraient et m'attiraient vers vous. Votre chemise blanche et fine, serrée sur votre sein, faisait paraître votre peau hâlée par le soleil plus brune encore qu'à l'ordinaire; et vos longues paupières, appesanties par le sommeil, se dessinaient sur vos joues alors animées d'un ton plus solide qu'aujourd'hui. Oh! vous étiez belle, Lélia! mais belle autrement que moi, et cela me troublait étrangement. Vos bras, plus maigres que les miens, étaient couverts de votre cou velouté d'un imperceptible duvet noir que les soins du luxe ont fait depuis disparaître. Vos pieds, si parfaitement beaux, baignaient dans le ruisseau, et de longues veines bleues s'y dessinaient. Votre respiration soulevait votre poitrine avec une régularité qui semblait annoncer le calme et la force; et dans tous vos traits, dans votre

attitude, dans vos formes plus arrêtées que les miennes, dans la teinte plus sombre de votre peau, surtout dans cette expression fière et froide de votre visage endormi, il y avait je ne sais quoi de masculin et de fort qui m'empêchait presque de vous reconnaître. Je trouvais que vous ressembliez à ce bel enfant aux cheveux noirs dont je venais de rêver, et je baisai votre bras en tremblant. Alors vous ouvrîtes les yeux, et votre regard me pénétra d'une honte inconnue; je me détournai comme si j'avais fait une action coupable. Pourtant, Lélia, aucune pensée impure ne s'était même présentée à mon esprit. Comment cela serait-il arrivé? Je ne savais rien. Je recevais de la nature et de Dieu, mon créateur et mon maître, ma première leçon d'amour, ma première sensation de désir... Votre regard était moqueur et sévère. C'était bien ainsi que je l'avais toujours rencontré, mais il ne m'avait jamais intimidée comme en cet instant... Est-ce que vous ne vous souvenez pas de mon trouble et de ma rougeur?

— Je me souviens même d'un mot que je ne pus m'expliquer, répondit Lélia. Vous me fîtes pencher sur l'eau, et vous me dîtes : — Regarde-toi, ma sœur : ne te trouves-tu pas belle? Je vous répondis que je l'étais moins que vous. — Oh! tu l'es bien davantage, reprîtes-vous : tu ressembles à un homme.

— Et cela vous fit hausser les épaules de mépris, reprit Pulchérie.

— Et je ne devinai pas, répondit Lélia, qu'une destinée venait de s'accomplir pour vous, tandis que pour moi aucune destinée ne devait jamais s'accomplir.

— Commencez votre histoire, dit Pulchérie. Les bruits de la fête se sont éloignés; j'entends l'orchestre qui reprend l'air interrompu; on vous oublie; on renonce à me chercher; nous pouvons être libres quelque temps. Parlez. »

TROISIÈME PARTIE.

Pourquoi promenez-vous ces spectres de lumière
Devant le rideau noir de nos nuits sans sommeil,
Puisqu'il faut qu'ici-bas tout songe ait son réveil,
Et puisque le désir se sent cloué sur terre,
Comme un aigle blessé qui meurt dans la poussière,
L'aile ouverte et les yeux fixés sur le soleil?

ALFRED DE MUSSET.

XXXV.

« Je ne vous raconterai pas de faits circonstanciés et précis, dit Lélia. Tout ce qui a composé ma vie serait aussi long à dire que ma vie a duré de jours. Mais je vous dirai l'histoire d'un cœur malheureux, égaré par une vaine richesse de facultés, flétri avant d'avoir vécu, usé par l'espérance, et rendu impuissant par trop de puissance peut-être!

— Et c'est ce qui vous rend déplorablement vulgaire, Lélia, reprit la courtisane impitoyable dans son bon sens grossier. C'est ce qui vous fait ressembler à tous les poëtes que j'ai lus. Car je lis les poëtes; je les lis pour me réconcilier avec la vie qu'ils peignent de couleurs si fausses, et qui a le tort d'être trop bonne pour eux; je les lis pour savoir de quelles idées prétentieuses et scandaleusement erronées il faut se préserver pour être sage; je les lis pour prendre d'eux ce qui est utile et rejeter ce qui est mauvais, c'est-à-dire pour m'emparer de ce luxe d'expression qui est devenu la langue usuelle du siècle, et pour me préserver d'en habiller les sottises qu'ils professent. Vous auriez dû vous en tenir là. Vous auriez dû, ma Lélia, faire servir la fécondité de votre cerveau à poétiser les choses pour les mieux apprécier. Vous auriez dû appliquer votre supériorité d'organisation à jouir et non à nier; car alors à quoi vous sert la lumière?

— Et vous avez raison, cruelle, dit Lélia avec amertume. Ne sais-je pas tout cela? Eh bien! c'est mon

Et je vous contemplai avec une singulière curiosité. (Page 47.)

travers, c'est mon mal, c'est ma fatalité que vous signalez, et vous me raillez quand je viens me plaindre à vous! Je m'humilie et m'afflige d'être un type si trivial et si commun de la souffrance de toute une génération maladive et faible, et vous me répondez par le mépris! Est-ce ainsi que vous me consolez?

— Pardonne, » *Meschina!* dit l'insouciante Pulchérie en souriant, et continue.

Lélia reprit :

« Si Dieu m'a créée dans un jour de colère ou d'apathie, dans un sentiment d'indifférence ou de haine pour les œuvres de ses mains, c'est ce que je ne sais point. Il est des instants où je me hais assez pour m'imaginer être la plus savante et la plus affreuse combinaison d'une volonté infernale. Il en est d'autres où je me méprise au point de me regarder comme une production inerte engendrée par le hasard et la matière. La faute de ma misère, je ne sais à qui l'imputer; et, dans les âcres révoltes de mon esprit, ma plus grande souffrance est toujours de craindre l'absence d'un Dieu que je puisse insulter. Je le cherche alors sur la terre, et dans les cieux, et dans l'enfer, c'est-à-dire dans mon

cœur. Je le cherche, parce que je voudrais l'étreindre, le maudire et le terrasser. Ce qui m'indigne et m'irrite contre lui, c'est qu'il m'ait donné tant de vigueur pour le combattre, et qu'il se tienne si loin de moi; c'est qu'il m'ait départi la gigantesque puissance de m'attaquer à lui, et qu'il se tienne là-bas ou là-haut, je ne sais où, assis dans sa gloire et dans sa surdité, au-dessus de tous les efforts de ma pensée.

« J'étais pourtant née en apparence sous d'heureux auspices. Mon front était bien conformé; mon œil s'annonçait noir et impénétrable comme doit être tout œil de femme libre et fière; mon sang circulait bien, et nulle infirme disgrâce ne me frappait d'une injuste et flétrissante malédiction. Mon enfance est riche de souvenirs et d'impressions d'une inexprimable poésie. Il me semble que les anges m'ont bercée dans leurs bras, et que de magiques apparitions m'ont gâté la nature réelle avant qu'à mes yeux se fût révélé le sens de la vue.

« Et comme la beauté se développait en moi, tout me souriait, hommes et choses. Tout devenait amour et poésie autour de moi, et dans mon sein chaque jour faisait éclore la puissance d'aimer et celle d'admirer.

Une fois un jeune enfant vint... (Page 54.)

« Cette puissance était si grande, si précieuse et si bonne, je la sentais émaner de moi comme un parfum si suave et si enivrant, que je la cultivai avec amour. Loin de me défier d'elle et de ménager sa sève pour jouir plus longtemps de ses fruits, je l'excitai, je la développai, je lui donnai cours par tous les moyens possibles. Imprudente et malheureuse que j'étais !

« Je l'exhalais alors par tous les pores, je la répandais comme une inépuisable source de vie sur toutes choses. Le moindre objet d'estime, le moindre sujet d'amusement, m'inspiraient l'enthousiasme et l'ivresse. Un poëte était un dieu pour moi, la terre était ma mère, et les étoiles mes sœurs. Je bénissais le ciel à genoux pour une fleur éclose sur ma fenêtre, pour un chant d'oiseau envoyé à mon réveil. Mes admirations étaient des extases, mon bien-être le délire.

« Ainsi agrandissant de jour en jour ma puissance, excitant ma sensibilité et la répandant sans mesure au-dessus et au-dessous de moi, j'allais jetant toute ma pensée, toute ma force dans le vide de cet univers insaisissable qui me renvoyait toutes mes sensations émoussées : la faculté de voir, éblouie par le soleil ; celle de désirer, fatiguée par l'aspect de la mer et le vague des horizons ; et celle de croire, ébranlée par l'algèbre mystérieuse des étoiles et le mutisme de toutes ces choses après lesquelles s'égarait mon âme ; de sorte que j'arrivai dès l'adolescence à cette plénitude de facultés qui ne peut aller au delà sans briser l'enveloppe mortelle.

« Alors un homme vint, et je l'aimai. Je l'aimai du même amour dont j'avais aimé Dieu et les cieux, et le soleil et la mer. Seulement je cessai d'aimer ces choses, et je reportai sur lui l'enthousiasme que j'avais eu pour les autres œuvres de la Divinité.

« Vous avez raison de dire que la poésie a perdu l'esprit de l'homme ; elle a désolé le monde réel, si froid, si pauvre, si déplorable au prix des doux rêves qu'elle enfante. Enivrée de ses folles promesses, bercée de ses douces moqueries, je n'ai jamais pu me résigner à la vie positive. La poésie m'avait créé d'autres facultés, immenses, magnifiques, et que rien sur la terre ne devait assouvir. La réalité a trouvé mon âme trop vaste pour y être contenue un instant. Chaque jour devait marquer la ruine de ma destinée devant mon orgueil, la ruine de mon orgueil désolé devant ses propres triomphes. Ce fut une lutte puissante et une victoire misérable ; car, à force de mépriser tout ce qui est, je conçus le mépris de moi-même, sotte et vaine créature, qui ne savais jouir de rien à force de vouloir jouir splendidement de toutes choses.

« Oui, ce fut un grand et rude combat ; car, en nous enivrant, la poésie ne nous dit pas qu'elle nous trompe. Elle se fait belle, simple, austère comme la vérité. Elle prend mille faces diverses, elle se fait homme et ange, elle se fait Dieu ; on s'attache à cette ombre, on la poursuit, on l'embrasse, on se prosterne devant elle, on croit avoir trouvé Dieu et conquis la terre promise ; mais, hélas ! sa fugitive parure tombe en lambeaux sous l'œil de l'analyse, et l'humaine misère n'a plus un haillon pour se couvrir. Oh ! alors l'homme pleure et blasphème. Il insulte le ciel, il demande raison de ses mécomptes, il se croit volé, il se couche et veut mourir.

« Et en effet, pourquoi Dieu le trompe-t-il à ce point ? Quelle gloire peut trouver le fort à leurrer le faible ? Car toute poésie émane du ciel et n'est que le sentiment instinctif d'une Divinité présente à nos destinées. Le matérialisme détruit la poésie, il réduit tout aux simples proportions de la réalité. Il ne construit l'univers qu'avec des combinaisons ; la foi religieuse le peuple de fantômes. La Divinité derrière ses voiles impénétrables se rit-elle donc même de notre culte et des créations angéliques dont notre cerveau maladif l'environne ? Hélas ! tout ceci est sombre et décourageant.

— C'est qu'il ne faudrait ni rêver, ni prier, dit Pulchérie ; il faudrait se contenter de vivre, accepter naïvement la croyance à un Dieu bon : cela suffirait à l'homme s'il avait moins de vanité. Mais l'homme veut examiner ce Dieu et reviser ses œuvres ; il veut le connaître, l'interroger, le rendre propice à ses besoins, responsable de ses souffrances ; il veut traiter d'égal à égal avec lui. C'est votre orgueil qui inventa la poésie et qui plaça ainsi la terre et le ciel tant de rêves décevants. Dieu n'est pas l'auteur de vos misères...

— Orgueil, confiance, reprit Lélia, ce sont deux mots différents pour exprimer la même idée ; ce sont deux manières diverses d'envisager le même sentiment. De quelque nom que vous l'appeliez, il est le complément de notre organisation, et comme la clef de voûte de notre monde intellectuel. C'est Dieu qui a couronné son œuvre de cette pensée vague, douloureuse, mais infinie et sublime ; c'est la condition d'inquiétude et de malaise qu'il nous a imposée en nous élevant au-dessus des autres créatures animées. — Vous surpasserez la force du chameau, l'habileté du castor, mais a-t-il dit ; mais vous ne serez jamais satisfaits de vos œuvres, et au-dessus de votre Éden terrestre vous chercherez toujours la flottante promesse d'un séjour meilleur. Allez, vous vous partagerez la terre, mais vous désirerez le ciel ; vous serez puissants, mais vous souffrirez.

— Eh bien ! s'il en est ainsi, dit Pulchérie, souffrez en silence, priez à genoux, attendez le ciel, mais résignez-vous devant les maux de la vie. Ressentir la souffrance imposée par le Créateur, ce n'est pas là toute la tâche de l'homme : il s'agit de l'accepter. Crier sans cesse et maudire le joug, ce n'est pas le porter. Vous savez bien qu'il ne suffit pas de trouver le calice amer, il faut encore le boire jusqu'à la lie. Vous n'avez qu'une chance de grandeur sur la terre, et vous la méprisez : c'est celle de vous soumettre, et vous ne vous soumettez jamais. A force de frapper impérieusement au séjour des anges, ne craignez-vous pas de vous le rendre inaccessible ?

— Vous avez raison, ma sœur, vous parlez comme Trenmor. Amoureuse de la vie, vous êtes au même point de soumission que cet homme détaché de la vie. Vous avez dans le désordre de même calme que lui dans la vertu. Mais moi, qui n'ai ni vertus ni vices, je ne sais comment faire pour supporter l'ennui d'exister. Hélas ! il vous est facile de me prescrire la patience ! Si vous étiez, comme moi, placée entre ceux qui vivent encore et ceux qui ne vivent plus, vous seriez, comme moi, agitée

d'une sombre colère et tourmentée d'un insatiable désir d'être quelque chose, de commencer la vie ou d'en finir avec elle.

— Mais ne m'avez-vous pas dit que vous aviez aimé ? Aimer, c'est vivre à deux.

« Ne sachant à quoi dépenser la puissance de mon âme, je la prosternai aux pieds d'une idole créée par mon culte, car c'était un homme semblable aux autres ; et quand je fus lasse de me prosterner, je brisai le piédestal et je le vis réduit à sa véritable taille. Mais je l'avais placé si haut dans mes pompeuses adorations, qu'il m'avait paru grand comme Dieu. »

Ce fut là ma plus déplorable erreur ; et voyez quelle destinée misérable est la mienne ! je fus réduite à la regretter dès que je l'eus perdue. C'est que, hélas ! je n'eus plus rien à mettre à la place. Tout me parut petit près de ce colosse imaginaire. L'amitié me sembla froide, la religion menteuse, et la poésie était morte avec l'amour.

« Avec ma chimère j'avais été aussi heureuse qu'il est permis de l'être aux caractères de ma trempe. Je jouissais du robuste essor de mes facultés, l'enivrement de l'erreur me jetait dans des extases vraiment divines ; je me plongeais à outrance dans cette destinée cuisante et terrible qui devait m'engloutir après m'avoir brisée. C'était un état inexprimable de douleur et de joie, de désespoir et d'énergie. Mon âme orageuse se plaisait à ce ballottement funeste qui l'usait sans fruit et sans retour. Le calme lui faisait peur, le repos l'irritait. Il lui fallait des obstacles, des fatigues, des jalousies dévorantes à concentrer, des ingratitudes cruelles à pardonner, de grands travaux à poursuivre, de grandes infortunes à supporter. C'était une carrière, c'était une gloire. Homme, j'eusse aimé les combats, l'odeur du sang, les étreintes du danger ; peut-être l'ambition de régner par l'intelligence, de dominer les autres hommes par des paroles puissantes, m'eût-elle souri aux jours de ma jeunesse. Femme, je n'avais qu'une destinée noble sur la terre, c'était d'aimer. J'aimai vaillamment ; je subis tous les maux de la passion aveugle et dévouée aux prises avec la vie sociale et l'égoïsme réel du cœur humain ; je résistai durant de longues années à tout ce qui devait l'éteindre ou le refroidir. A présent, je supporte sans amertume les reproches des hommes, et j'écoute en souriant l'accusation d'insensibilité dont ils chargent ma tête. Je sais, et Dieu le sait bien aussi, que j'ai accompli ma tâche, que j'ai fourni ma part de fatigues et d'angoisses au grand abîme de colère où tombent sans cesse les larmes des hommes sans pouvoir le combler. Je sais que j'ai fait l'emploi de ma force par le dévouement, et que j'ai abjuré ma fierté, effacé mon existence derrière une autre existence. Oui, mon Dieu, vous le savez, vous m'avez brisée sous votre sceptre, et je suis tombée dans la poussière. J'ai dépouillé cet orgueil jadis si altier, aujourd'hui si amer ; je l'ai dépouillé longtemps durant l'être que vous avez offert à mon culte fatal. J'ai bien travaillé, ô mon Dieu ! j'ai bien dévoré mon mal dans le silence. Quand donc me ferez-vous entrer dans le repos ?

— Tu te vantes, Lélia ; tu as travaillé en pure perte, et je ne m'en étonne pas. Tu as voulu faire de l'amour quelque chose que ce que Dieu lui a permis d'être ici-bas. Si je comprends bien ton infortune, tu as aimé de toute la puissance de ton être, et tu as été mal aimée. Quelle erreur était la tienne ! ne savais-tu pas que l'homme est brutal et la femme mobile ? Ces deux êtres si semblables et si dissemblables sont faits de telle sorte, qu'il y a toujours entre eux de la haine, même dans l'amour qu'ils ont l'un pour l'autre. Le premier sentiment qui succède à leurs étreintes, c'est le dégoût et la tristesse. C'est une loi d'en haut contre laquelle vous vous révolterez en vain. L'union de l'homme et de la femme devait être passagère dans les desseins de la Providence. Tout s'oppose à leur éternelle association, et le changement est une nécessité de leur nature.

— S'il en est ainsi, dit Lélia avec véhémence, malédiction sur l'amour ! ou plutôt malédiction sur la volonté divine et sur la destinée humaine ! Pour moi, j'ai vais cru, en effet, qu'il en devait être autrement. Le sentiment de l'amour avait été révélé à ma jeunesse sous la forme la plus angélique et la plus durable; elle émanait de Dieu même, elle devait avoir revêtu quelque chose de son immortalité. Cesser d'aimer! cette idée ne pouvait pas avoir de sens pour moi! Autant valait dire: cesser d'exister!

— Et pourtant tu n'aimes plus, dit Pulchérie.

— Et aussi je suis morte! répondit Lélia.

— Mais pourquoi avoir laissé éteindre le feu sacré? dit la courtisane; ne pouviez-vous le porter sur d'autres autels? Changer d'amant n'est pas changer d'amour.

— Eh quoi! reprit Lélia, peut-on rallumer ce feu, quand celui qui l'inspirait l'a laissé mourir? Peut-on lui rendre son éclat et sa pureté première? Qu'est-ce que l'amour? n'est-ce pas un culte? et derrière ce culte, l'objet aimé n'est-il pas le dieu? Et si lui-même prend plaisir à détruire la foi qu'il inspirait, comment l'âme peut-elle se choisir un autre dieu parmi d'autres créatures? Elle a rêvé l'idéal, et, tant qu'elle a cru trouver la perfection dans un être de sa race, elle s'est prosternée devant lui. Mais maintenant elle sait que son idéal n'est pas de ce monde. Quelle espèce de culte, quelle espèce de foi pourra-t-elle offrir à une idole nouvelle? Il faudra donc qu'elle lui apporte un amour incomplet et borné, un sentiment fini, raisonné, susceptible d'analyse et de distinction? Elle avait cru à des vertus sans alliage, à un éclat sans tache. Elle sait maintenant que toute vertu est fragile, que toute grandeur est limitée; car ce qui était pour elle le type du beau et du grand a trompé son attente et trahi ses promesses. Effacera-t-elle, par un simple effort de sa volonté, ce souvenir terrible qui doit lui servir d'éternelle leçon? Où donc trouvera-t-elle cet oubli bienfaisant? Et si elle le trouve, ne sera-ce pas plutôt une confiance stupide, dont elle ne tardera pas à se repentir? Faudra-t-il qu'elle se traîne de déception en déception jusqu'à ce que sa force s'épuise, et que la noble chimère de l'idéal s'envole devant la réalité des grossières passions? Est-ce pour cette noble fin que Dieu nous avait donné des aspirations si brûlantes et des songes si sublimes?

— Mais quel orgueil est donc le tien, ô Lélia! s'écria Pulchérie étonnée. Es-tu donc le seul être accompli qu'il y ait sur la terre? Ton cœur est-il le foyer d'une flamme si céleste que tu ne puisses jamais rencontrer un cœur aussi ardent que le tien, une pureté aussi irréprochable que la tienne? Sois donc impie, puisque tu te crois un ange envoyé ici-bas pour souffrir parmi les hommes!

— Quand j'aurais un orgueil insensé, je n'en aurais pas encore assez pour me croire un ange. Si j'étais un ange, j'aurais un sentiment si net de ma mission en ce monde, que je m'immolerais pour l'expiation de quelque faute dont j'aurais le souvenir, ou pour accomplir quelque bien sur cette terre infortunée par le sacrifice de mon orgueil et l'enseignement des éternelles vérités dont j'aurais la certitude. Mais je suis un être faible, borné, souffrant. Une profonde ignorance de mon existence antérieure plane sur moi depuis que je respire dans ce monde maudit. Je ne sais pas si je souffre pour laver la tache du péché originel, contractée dans une autre existence, ou pour conquérir une existence nouvelle plus pure et plus douce. J'ai en moi le sentiment et l'amour de la perfection. Il me semble que j'en aurais la puissance si j'avais la foi. Mais la foi me manque, l'expérience me détrompe, le bonheur m'est inconnu, le présent me froisse, l'avenir m'épouvante. Mon idéal n'est plus en moi qu'un rêve déchirant, un désir qui me consume. Que puis-je faire d'un sentiment que personne ne partage ou que personne n'espère voir triompher des tristes réalités de la vie? Je connais un homme vertueux, je crains de l'interroger; j'ai peur qu'il ne me désespère en m'avouant qu'il ne voit dans la vertu que l'exercice d'un besoin inné chez lui, ou qu'il ne me décourage en me disant de renoncer à tout, même à l'espérance.

— Vous conservez donc de l'espérance? dit Pulchérie en souriant. Avouez-le, Lélia, vous n'êtes pas bien morte.

— J'essaie d'aimer un poète, dit Lélia. Je vois en lui le sentiment de l'idéal tel que je l'ai conçu quand j'étais jeune comme lui; mais je crains de découvrir en lui ce besoin d'épouser la terre et ses vulgaires intérêts, qui, tôt ou tard, flétrit le cœur de l'homme et lui enlève son rêve de perfection.

— On m'a dit que vous connaissiez Valmarina, reprit la courtisane. On prétend que vous n'êtes pas étrangère aux mystérieuses opérations de cet homme singulier. On le dit jeune encore, beau, et d'un grand caractère. Pourquoi ne l'aimez-vous pas? manque-t-il d'intelligence? méprise-t-il l'amour?

— Ni l'un ni l'autre, répondit Lélia; mais il aime trop la vertu pour aimer une femme; son idéal, c'est le devoir. Il craindrait de retirer à l'humanité ce qu'il donnerait de son âme à un individu. Je n'ai jamais songé à l'aimer, parce que de grandes douleurs ont tué à jamais en lui l'espérance de tout bonheur sur la terre. Il fut un temps, peut-être, où nous aurions pu nous unir, nous comprendre et nous aider mutuellement à garder le feu sacré. Mais il n'était pas alors ce qu'il est aujourd'hui: j'avais la foi et il ne l'avait pas. Aujourd'hui les rôles sont changés: c'est lui qui a la foi, et moi je l'ai perdue.

— Mais, puisque vous avez le culte de la vertu, ne pouvez-vous, à l'exemple de celui dont vous me parliez tout à l'heure, vous y livrer, comme à la satisfaction d'un besoin inné? Renoncez à l'amour, ayez le courage d'exercer la charité.

— Je l'exerce et n'y trouve pas le bonheur.

— J'entends, vous faites le bien par curiosité. Eh bien, je vaux donc mieux que vous; mon plus grand plaisir est de verser à pleines mains sur les pauvres l'or que les riches me prodiguent.

— C'est que vous avez conservé plus de jeunesse et de naïveté dans vos désordres que moi dans ma solitude. Mon cœur est mort, le vôtre n'a pas vécu. Votre vie est une perpétuelle enfance.

— Eh bien, j'en rends grâces au ciel, dit Pulchérie; vous avez connu la vertu et l'amour, et il ne vous est pas même resté ce qu'ils m'ont laissé, la bonté!

— Sans doute je suis retombée plus bas, reprit Lélia, pour avoir pris un essor trop orgueilleux. Mais telle que je suis, je voudrais d'une vertu que je pusse comprendre; et, comme mon âme aspirait à la vertu par l'amour, je ne comprends plus l'une sans l'autre. Je ne puis pas aimer l'humanité, car elle est perverse, cupide et lâche. Il faudrait croire à son progrès, et je ne le peux pas. Je voudrais qu'au moins le plus grand nombre des cœurs purs entretînt la flamme du céleste amour, et qu'affranchi des liens de l'égoïsme et de la vanité, l'hymen des âmes fût le refuge des derniers disciples de l'idéal poétique. Il n'en est point ainsi: ces âmes d'exception, éparses sur la face d'un monde où tout les froisse, les refoule et les force à se replier sur elles-mêmes, se chercheraient et s'appelleraient en vain. Leur union ne serait pas consacrée par les lois humaines, ou bien leur existence ne serait pas protégée par la sympathie des autres existences. C'est ainsi que tout essai de cette vie idéale a misérablement échoué entre des êtres qui eussent pu s'identifier l'un à l'autre, sous l'œil de Dieu, dans un monde meilleur.

— La faute en est donc à la société? dit Pulchérie, qui commençait à écouter Lélia avec plus d'attention.

— La faute en est à Dieu, qui permet à l'humanité de s'égarer ainsi, répondit Lélia. Quel est donc celui de nos torts que nous puissions imputer à nous seuls? A moins de croire que nous sommes jetés ici-bas pour nous y retremper par la souffrance avant de nous assoir au banquet des félicités éternelles, comment accepter l'intervention d'une Providence dans nos destinées? Quel œil paternel était donc ouvert sur la race humaine le jour où elle imagina de se scinder elle-même en plaçant un sexe sous la domination de l'autre? N'est-ce pas un appétit farouche qui a fait de la femme l'esclave et la propriété de l'homme? Quels instincts d'amour pur, quelles notions de sainte fidélité ont pu résister à ce coup mortel? Quel lien autre que celui de la force pourra exister désormais entre celui qui a le droit d'exiger et celle qui n'a pas le droit de refuser? Quels travaux et quelles idées peuvent leur être communs ou du moins également sympathiques? Quel échange de sentiments, quelle fusion d'intelligences possibles entre le maître et l'esclave? En faisant l'exercice le plus doux de ses droits, l'homme est encore à l'égard de sa compagne comme un tuteur à l'égard de son pupille. Or, la relation de l'homme avec l'enfant est limitée et temporaire dans les desseins de la nature. L'homme ne peut se faire compagnon des jeux de l'enfant, et l'enfant ne peut s'associer aux travaux de l'homme. D'ailleurs un temps arrive où les leçons du maître ne suffisent plus à l'élève, car l'élève entre dans l'âge de l'émancipation, et réclame à son tour ses droits d'homme. Il n'y a donc pas de véritable association dans l'amour des sexes; car la femme y joue le rôle de l'enfant, et l'heure de l'émancipation ne sonne jamais pour elle. Quel est donc ce crime contre nature de tenir une moitié du genre humain dans une éternelle enfance? La tache du premier péché pèse, selon la légende judaïque, sur la tête de la femme, et de là son esclavage. Mais il lui a été promis qu'elle écraserait la tête du serpent. Quand donc cette promesse sera-t-elle accomplie?

— Et cependant nous valons mieux qu'eux, dit Pulchérie avec chaleur.

— Nous valons mieux dans un sens, dit Lélia. Ils ont laissé sommeiller notre intelligence; mais ils n'ont pas aperçu qu'en s'efforçant d'éteindre en nous le flambeau divin, ils concentraient au fond de nos cœurs la flamme immortelle, tandis qu'elle s'éteignait en eux. Ils se sont assuré la possession du côté le moins noble de notre amour, et ils ne s'aperçoivent pas qu'ils ne nous possèdent plus. En affectant de nous croire incapables de garder nos promesses, ils se sont tout au plus assuré des héritiers légitimes. Ils ont des enfants, mais ils n'ont pas de femmes.

— Voilà pourquoi leurs chaînes m'ont fait horreur, s'écria Pulchérie; voilà pourquoi je n'ai pas voulu prendre une place dans leur société. N'aurais-je pas pu m'asseoir parmi leurs femmes, respecter les lois et les usages qu'elles feignent de respecter, jouer comme elles la pudeur, la fidélité et toutes leurs vertus hypocrites? N'aurais-je pas pu satisfaire tous mes caprices, assouvir toutes mes passions, en consentant à porter un masque et à me placer sous la protection d'une dupe?

— En êtes-vous plus heureuse, pour avoir agi avec plus de hardiesse? dit Lélia. Si vous l'êtes, dites-le-moi avec cette franchise que j'ai toujours estimée en vous. »

Pulchérie, troublée, hésita un instant.

« Non! vous ne l'êtes pas, reprit Lélia. Je le sais mieux que vous-même; ni vos fêtes, ni vos triomphes, ni vos prodigalités ne peuvent vous étourdir. Vous rivalisez en vain de luxe et de volupté avec Cléopâtre; Antoine n'est point à vos pieds, il vous donneriez tous vos plaisirs et toutes vos richesses pour la possession d'un cœur profondément épris de vous : car, telle que vous voilà, Pulchérie, il me semble que vous devez encore être meilleure et plus pure que tous ces hommes qui vous possèdent et qui se vantent, comme l'amant de Laïs, de ne point être possédés par vous. Par la seule raison que vous êtes femme, il me semble que vous devez encore aimer quelquefois, ou que du moins, dans les bras d'un homme qui vous paraît un peu plus noble que les autres, vous regrettez de ne pas aimer. Est-ce que cette perpétuelle comédie d'amour ne vous émeut pas quelquefois comme ferait l'amour véritable? J'ai vu de grands acteurs verser réellement des larmes sur la scène. Sans doute la fiction qu'ils représentaient leur rappelait les souffrances d'une passion qu'ils avaient ressentie. Il me semble que plus on s'abandonne au délire de la volupté sans que le cœur y prenne part, plus on excite une soif d'aimer qui n'est jamais assouvie et qui, chaque jour, devient plus ardente. »

Pulchérie se mit à rire, puis tout à coup elle cacha son visage dans ses mains et fondit en larmes.

« Oh! dit Lélia, toi aussi, tu portes au fond du cœur une plaie profonde, et tu es forcée de la cacher sous le mensonge d'une folle gaieté, comme je cache la mienne sous le voile d'une hautaine indifférence.

— Et pourtant vous n'avez pas été méprisée, vous, dit la courtisane. C'est vous qui avez dédaigné l'amour des hommes comme indigne du vôtre.

— Quant à celui que j'ai connu, je ne prétends pas qu'il fût indigne du mien; mais il était si différent que je ne pus accepter éternellement cet inégal échange. Cet homme était sage, juste, généreux. Il avait une mâle beauté, une rare intelligence, une âme loyale, le calme de la force, la patience et la bonté. Je ne pense pas que j'eusse pu mieux placer mes affections. Je n'espérerais pas aujourd'hui rencontrer son égal.

— Et quels furent donc ses torts? dit Pulchérie.

« Il n'aimait pas! répondit Lélia. Que m'importaient toutes ses grandes qualités? Tous en profitaient excepté moi, ou du moins j'y participais comme les autres; et, tandis qu'il avait toute mon âme, je n'avais qu'une partie de la sienne. Il avait pour moi de brûlants éclairs de passion, qui bientôt après retombaient dans la nuit profonde. Ses transports étaient plus ardents que les miens, mais ils semblaient consumer en un instant tout ce qu'il avait amassé de puissance durant une série de jours pour aimer. Dans la vie de tous les instants, c'était un ami plein de douceur et d'équité; mais ses pensées erraient loin de moi, et ses actions l'entraînaient sans cesse où je n'étais pas. Ne croyez pas que j'eusse l'injustice de prétendre l'enchaîner à tous mes pas ou l'indiscrétion de m'attacher aux siens. J'ignorais la jalousie, car j'étais incapable de tromper. Je comprenais ses devoirs, et je ne voulais pas en entraver l'exercice; mais j'avais une terrible clairvoyance, et malgré moi je voyais tout ce que ces occupations que les hommes appellent sérieuses ont de vain et de puéril. Il me semblait qu'à sa place je m'y serais livrée avec plus d'ordre, de précision et de gravité. Et pourtant, parmi les hommes, il était un des premiers. Mais je voyais bien qu'il y avait pour lui, dans l'accomplissement du devoir social, des satisfactions d'amour-propre plus vives, ou du moins plus profondes, plus constantes, plus nécessaires que les saintes délices d'un pur amour. Ce n'était pas le seul dévouement à la cause de l'humanité qui absorbait son esprit et faisait palpiter son cœur, c'était l'amour de la gloire. Sa gloire était pure et respectable. Il ne l'eût jamais acquise au prix d'une faiblesse; mais il consentait à sacrifier mon bonheur, et il s'étonnait que je ne fusse pas enivrée de l'éclat qui l'environnait. Quant à moi, j'aimais les actions généreuses dont elle était le prix; mais ce prix me paraissait grossier, et l'embrassement de la popularité était à mes yeux la prostitution du cœur. Je ne comprenais pas qu'il pût se plaire aux caresses de la foule plus qu'aux miennes, et que sa récompense ne fût pas dans son propre cœur, et surtout dans le mien. Je lui voyais dépenser en vile monnaie tout le trésor de son idéal. Il me semblait qu'il perdait la vie éternelle de son âme et que, selon la parole profonde du Christ, il recevait dès cette vie sa récompense. Mon amour était infini, et le sien était renfermé dans des bornes infranchissables. Il avait fait ma part, il ne comprenait pas qu'il pût l'augmenter et que je ne pusse pas en être satisfaite.

« Il est vrai qu'à la moindre déception il revenait vers moi. Souvent il lui arrivait de trouver l'opinion injuste à son égard et la popularité ingrate. Les amis sur lesquels il avait le plus compté le trahissaient souvent pour de misérables intérêts ou pour l'appât de la vanité. Alors il venait pleurer dans mon sein, et, par une soudaine réaction, il reportait sur moi son affection tout entière. Mais ce bonheur fugitif ne servait qu'à aggraver ma souffrance. Bientôt cette âme, si indolente ou si légère devant la pensée de l'infini, était inquiète, agitée par les choses terrestres. Ses transports, plus énergiquement exprimés que profondément sentis, amenaient la lassitude, le besoin d'action, l'ennui d'une vie de tendresse et d'extase. Le souvenir des amusements politiques (les plus frivoles de tous, je l'assure, dans le temps où nous vivons) le poursuivait jusque dans mes bras. Mon philosophique détachement de toutes ces choses l'irritait et l'offensait. Il s'en vengeait en me rappelant que j'étais femme, et que je ne pouvais m'élever à la hauteur de ses combinaisons ni comprendre l'importance de ses travaux. Et de là une habitude toujours croissante de dépit et de sourde aversion, entrecoupée de repentir et d'effusion, mais toujours prête à renaître à la moindre dissidence. Dans ses retours vers moi, je remarquais avec douleur que sa joie et son amour tenaient du délire. Il semblait qu'à la veille de s'éteindre, son âme, épouvantée du néant des choses humaines, voulût s'élancer une dernière fois vers le ciel, et connaître des ravissements inconnus pour les épuiser, et redescendre ensuite froide et calme sur la terre. Ces expressions fébriles d'une passion qui avait perdu sa sainteté dans les querelles et les ressentiments, me déchiraient comme autant d'adieux que nous nous disions l'un à l'autre ; et alors il se plaignait de ma tristesse, qu'il prenait pour de la froideur. Il s'imaginait que le cerveau peut s'exalter dans la joie quand le cœur est brisé. Mes larmes l'offensaient, et il osait, que Dieu le lui pardonne! me reprocher de ne pas l'aimer.

« Oh ! c'est lui qui brisa lui-même le lien le plus fort que deux âmes aient pu forger! C'est lui qui, ne me tenant pas compte d'une réserve stoïque et d'un immense empire sur ma douleur, me fit des crimes de ma pâleur, d'un sourire forcé, d'une larme mal contenue au bord de ma paupière. Il me fit un crime d'être moins enfant que lui, qui affectait de me traiter comme un enfant. Et puis un jour vint où, furieux de se sentir plus petit que moi, il tourna sa colère contre ma race, et maudit mon sexe entier pour avoir le droit de me maudire. Il me reprocha les défauts que nous contractons dans l'esclavage, l'absence des lumières qu'on nous refuse et des passions qu'on nous défend. Il me reprocha jusqu'à l'immensité de mon amour, comme une ambition insensée, comme un dérèglement de l'intelligence, comme un appétit de domination. Et, quand il eut proféré ce blasphème, je sentis enfin que je ne l'aimais plus.

— Eh quoi! s'écria Pulchérie émue, tu ne t'es pas vengée? Tu as été lâche ! Il fallait sur-le-champ en aimer un autre. Tu aurais été guérie, tu aurais oublié.

— Et j'aurais recommencé la même vie de misère et de désespoir avec un autre! Étrange manière de me venger !

— Tu avais du moins connu dans ta première passion des heures d'enivrement et des jours d'espérance que tu aurais retrouvés dans la seconde ; et l'ingrat qui t'avait brisée aurait mortellement souffert en te voyant revivre.

— Quel bien m'eussent donc apporté ses souffrances? et comment eût-il pu être assez crédule pour croire à mon nouveau bonheur? Ne savait-il pas qu'il avait épuisé toute ma vie, et qu'après de si terribles fatigues mon âme allait entrer dans le repos de la mort?

— Non, ton âme n'a pas connu ce repos, Lélia ! car tu souffres toujours, tu regrettes et tu désires sans cesse un bonheur que tu ne veux pas chercher; tu voudrais toujours aimer : que dis-je! tu aimes toujours, car ton cœur se dévore. Seulement tu aimes sans objet.

— Hélas ! il est trop vrai, reprit Lélia avec abattement; j'ai pourtant tout fait pour éteindre en moi le principe de l'amour : j'ai voulu glacer mon cœur par la solitude, par l'austérité, par la méditation ; mais je n'ai réussi qu'à me fatiguer de plus en plus, sans pouvoir arracher la vie de mon sein. Mon intelligence n'a rien gagné à ce que je me suis efforcée d'ôter à mes sentiments, et je suis tombée dans un abîme de doutes et de contradictions. Écoutes-en la déplorable histoire.

« Je voulus me livrer sans réserve à l'incurie de cet état d'épuisement. Je me retirai dans la solitude. Un vaste monastère abandonné et à demi renversé par les orages des révolutions s'offrit à moi comme une retraite imposante et profonde. Il était situé dans une de mes terres. Je m'emparai d'une cellule dans la partie la moins dévastée des bâtiments : c'était celle qu'avait jadis habitée le prieur. On voyait encore sur le mur la marque des clous

qui avaient soutenu son crucifix, et ses genoux, habitués à la prière, avaient creusé leur empreinte sur le pavé, au-dessous du symbole rédempteur. Je me plus à revêtir cette chambre des austères insignes de la foi catholique : une couche en forme de cercueil, un sablier, un crâne humain, et des images de saints et de martyrs élevant leurs mains ensanglantées vers le Seigneur. A ces objets lugubres, qui me rappelaient que j'étais désormais morte aux passions humaines, j'aimais à mêler les attributs plus riants d'une vie de poëte et de naturaliste : des livres, des instruments de musique et des vases remplis de fleurs.

« Le pays était sans beautés apparentes : je l'avais aimé d'abord pour sa tristesse uniforme, pour le silence de ses vastes plaines. J'avais espéré m'y détacher entièrement de toute émotion vive, de toute admiration exaltée. Avide de repos, je croyais pouvoir sans fatigue et sans dangers promener mes regards sur ces horizons aplanis, sur ces océans de bruyères dont un rare accident, un chêne racorni, un marécage bleuâtre, un éboulement de sables incolores venaient à peine interrompre l'indigente immensité.

« J'avais espéré aussi que dans cet isolement absolu, dans ces mœurs farouches et pauvres que je me créais, dans cet éloignement de tous les bruits de la civilisation, je trouverais l'oubli du passé, l'insouciance de l'avenir. Il me restait peu de force pour regretter, moins encore pour désirer. Je voulais me considérer comme morte et m'ensevelir dans ces ruines, afin de m'y glacer entièrement et de retourner au monde dans un état d'invulnérabilité complète.

« Je résolus de commencer par le stoïcisme du corps, afin d'arriver plus sûrement à celui de l'esprit. J'avais vécu dans le luxe ; je voulus me rendre absolument insensible, par l'habitude, aux rigueurs matérielles d'une vie de cénobite. Je renvoyai tout serviteur inutile, et ne voulus recevoir ma nourriture et les objets absolument nécessaires à mon existence que des mains d'une personne invisible qui se glissait chaque matin par les galeries abandonnées du cloître jusqu'à un guichet pratiqué à l'extérieur de mon habitation, et se retirait sans avoir eu la moindre communication directe avec moi.

« Réduite à la plus frugale consommation, forcée de travailler moi-même à la salubrité de ma demeure et à la conservation de ma vie, entourée d'objets extérieurs d'une grande sévérité, je voulus encore m'imposer une plus rude épreuve. Je m'étais habituée dans la société au mouvement, à l'activité facile et incessante que procure la richesse ; j'aimais les exercices rapides, la course fougueuse des chevaux, les voyages, le grand air, la chasse bruyante. J'inventai de me mortifier et d'éteindre l'ardeur de mes pensées en me soumettant à une claustration volontaire. Je relevai en imagination les enceintes écroulées de l'abbaye ; j'enfourai le préau ouvert à tous les vents d'une barrière invisible et sacrée ; je posai des limites à mes pas, et je mesurai l'espace où je voulais m'enfermer pour une année entière. Les jours où je me sentais agitée au point de ne pouvoir plus reconnaître la ligne de démarcation imaginaire tracée autour de ma prison, je l'établissais par des signes visibles. J'arrachais aux murailles décrépites les longs rameaux de lierre et de clématite dont elles étaient rongées, et je les couchais sur le sol aux endroits que je m'étais interdit de franchir. Alors, rassurée sur la crainte de manquer à mon serment, je me sentais enfermée dans mon enceinte avec autant de rigueur que je l'aurais été dans une bastille.

« Il y eut un temps de résignation et de ponctualité qui me reposa des souffrances passées. Il se fit en moi un grand calme, et mon esprit s'endormit paisible sous l'empire d'une résolution bien arrêtée. Mais il arriva que mes facultés, renouvelées par le repos, se réveillèrent peu à peu et demandèrent impétueusement à s'exercer. En voulant l'abattre, j'avais relevé ma puissance ; en couvrant de cendres une mourante étincelle, je lui avais conservé ses principes de vie, j'avais couvé un feu assez intense pour produire un vaste incendie. En me sentant renaître, je ne m'effrayai pas assez, je ne me

réprimai point par le souvenir des arrêts que j'avais prononcés sur ma tombe. Il eût fallu consacrer cet âpre
travail à détruire l'importance de toutes choses à mes
yeux, à rendre nul tout effet extérieur sur mes sens.
Au lieu de cela, la solitude et la rêverie me créèrent des
sens nouveaux et des facultés que je ne me connaissais
pas. Je ne cherchai pas à les étouffer dans leur principe,
parce que je crus qu'elles donneraient le change à celles
qui m'avaient égarée. Je les acceptai comme un bienfait
du ciel, quand j'aurais dû les repousser comme une
nouvelle suggestion de l'enfer.

« La poésie revint habiter mon cerveau ; mais, trom-
peuse, elle prit d'autres couleurs, s'insinua sous d'autres formes, et s'avisa d'embellir des choses que j'avais
crues jusque-là sans éclat et sans valeur. Je n'avais pas
pensé qu'une indifférence inactive pour certaines faces
de la vie devait m'inspirer de l'empressement et de l'intérêt pour des choses naguère inaperçues. C'est pourtant ce qui m'arriva : la régularité que j'avais embrassée
comme on revêt un cilice me devint bonne et douce
comme un lit moelleux. Je pris un orgueilleux plaisir
à contempler cette obéissance passive d'une partie de
moi-même et cette puissance prolongée de l'autre, cette
sainte abnégation de la matière, et ce règne magnifique
de la volonté calme et persistante.

« J'avais méprisé jadis la règle dans les études. En me
l'imposant dans ma retraite, je m'étais flattée que mes
pensées perdraient de leur vigueur. Elles doublèrent de
force en s'organisant mieux dans mon cerveau. En s'iso-
lant les unes des autres, elles prirent des formes plus
complètes ; après avoir erré longtemps dans un monde
de vagues perceptions, elles se développèrent en remontant à la source de chaque chose, et prirent une singulière énergie dans l'habitude et le besoin des recherches. Ce fut là mon plus grand malheur ; j'arrivai au
scepticisme par la poésie, au doute par l'enthousiasme.
Ainsi l'étude systématique de la nature me conduisit également à louer Dieu et à le blasphémer. Auparavant je
ne cherchais ses œuvres que le sentiment de l'admiration ; ma complaisante poésie repoussait les hideux
excès de la création, ou s'efforçait à les revêtir d'une
grandeur sombre et sauvage. Quand je commençai à
examiner plus attentivement la nature, à la retourner
sous ses faces diverses avec un regard froid et une impartiale pensée d'analyse, je trouvai plus ingénieux,
plus savant, plus immense, le génie qui avait présidé
à la création. Je m'agenouillai pénétrée d'une foi plus
vive, et, bénissant l'auteur de cet univers nouveau pour
moi, je le priai de se révéler encore. Je continuai d'apprendre et d'analyser ; mais la science est un abîme
qu'on devrait creuser avec prudence.

« Lorsque après avoir examiné avec enivrement la magnificence des couleurs et des formes qui concourent à
la formation de l'univers, j'eus constaté ce que chaque
classe d'êtres a d'incomplet, d'impuissant et de misérable ;
quand j'eus reconnu que la beauté était compensée chez
les uns par la faiblesse, que chez les autres la stupidité
détruisait les avantages de la force, que nul n'était organisé pour la sécurité ou pour la jouissance complète,
que tous avaient une mission de malheur à accomplir
sur la terre, et qu'une nécessité fatale présidait à cet
effroyable concours de souffrance, l'effroi me saisit ;
j'éprouvai un instant le besoin de nier Dieu, afin de
n'être pas forcée de le haïr.

« Puis je me rattachai à lui par l'examen de ma propre
force ; je trouvai un principe divin dans cette richesse
d'énergie physique qui, chez les animaux, supporte les
inclémences de la nature ; dans cette puissance d'orgueil
ou de dévouement qui, chez l'homme, brave ou accepte
les impitoyables arrêts de la Divinité.

« Partagée entre la foi et l'athéisme, je perdis le repos,
je passai plusieurs fois dans un jour d'une disposition
tendre à une disposition haineuse. Quand on est parvenu à se placer sur les limites de la négation et de l'af-
firmation, quand on se croit arrivé à la sagesse, on est
bien près d'être fou ; car on n'a plus pour moyen d'avan-
cement que la perfection, qui est impossible, ou la rai-

son instinctive, qui, n'étant pas soumise à la réflexion,
peut nous porter au délire.

« Je tombai donc dans de violentes agitations, et,
comme toute souffrance humaine aime à se contempler
et à se plaindre, la dangereuse poésie revint se placer
entre moi et les objets de mon examen. L'effet du sens
poétique étant principalement l'exagération, tous les
maux s'agrandirent autour de moi, et tous les biens se
révélèrent par des émotions si vives qu'elles ressemblaient à la douleur ; la douleur elle-même, m'apparais-
sant sous un aspect plus vaste et plus terrible, creusa
en moi de profonds abîmes où s'engloutirent mes vains
rêves de sagesse, mes vaines espérances de repos.

« Parfois j'allais regarder le coucher du soleil du haut
d'une terrasse à demi écroulée, dont une partie s'élevait
encore entourée et comme portée par ces sculptures
monstrueuses dont le catholicisme revêtait jadis les lieux
consacrés au culte. Au-dessous de moi, ces bizarres allégories allongeaient leurs têtes noircies par le temps, et
semblaient, comme moi, se pencher vers la plaine pour
regarder silencieusement couler les flots, les siècles et
les générations. Ces guivres couvertes d'écailles, ces
lézards au tronc hideux, ces chimères pleines d'angoisses, tous ces emblèmes du péché, de l'illusion et de
la souffrance, vivaient avec moi d'une vie fatale, inerte,
indestructible. Lorsqu'un des rayons rouges du couchant
venait se jouer sur leurs formes revêches et capricieuses,
je croyais voir leurs flancs se gonfler ; leurs nageoires
épineuses se dilater, leurs faces horribles se contracter
dans de nouvelles tortures. Et en contemplant leurs
corps engagés dans ces immenses masses de pierre que
ni la main des hommes ni celle du temps n'avaient pu
ébranler, je m'identifiais avec ces images d'une lutte
éternelle entre la douleur et la nécessité, entre la rage
et l'impuissance.

« Bien loin, au-dessous des masses grises et anguleuses
du monastère, la plaine unie et morne déployait ses
perspectives infinies. Le soleil, en s'abaissant, y proje-
tait l'embrasement de ses vastes lueurs. Quand il avait
disparu lentement derrière les insaisissables limites de
l'horizon, des brumes bleuâtres, légèrement pourprées,
montaient dans le ciel, et la plaine noire ressemblait à
un immense linceul étendu sous mes pieds ; le vent
courbait les molles bruyères et la faisait onduler comme
un lac. Souvent il n'y avait d'autre bruit, dans cette
profondeur sans bornes, que celui d'un ruisseau frémissant parmi les grès, le croassement des oiseaux de
proie et la voix des brises enfermées et plaintives sous
les cintres du cloître. Rarement une vache égarée venait inquiète et mugissante errer autour de ces ruines,
et promener un sauvage regard sur les terres incultes et
sans asile où elle s'était imprudemment risquée. Une
fois, un jeune enfant vint, guidé par le son de la clochette, chercher une de ses chèvres jusque dans l'intérieur du préau. Je me cachai pour qu'il ne me vît point.
La nuit descendait de plus en plus sombre sous les galeries humides et sonores ; le jeune pâtre s'arrêta d'abord
comme frappé de terreur au bruit de ses pas qui reten-
tissaient sous les voûtes ; puis, revenu de sa première
surprise, il pénétra en chantant jusqu'au lieu où sa
chèvre savourait les végétations salpêtrées qui croissent
dans les décombres. Le mouvement d'une autre personne
que moi, dans ce sanctuaire, me fut odieux ; le bruit du
sable qui criait sous ses pieds, l'écho qui répondait à sa
voix, me semblaient autant d'insultes et de profanations
pour ce temple dont j'avais relevé mystérieusement le
culte, où seule, aux pieds de Dieu, j'avais rétabli le
commerce de l'âme avec le ciel.

« Au printemps, quand les genêts sauvages se couvri-
rent de fleurs, quand les mauves exhalèrent leur douce
odeur autour des étangs, et que les hirondelles remplirent de mouvement et de bruit les espaces de l'air et
les hauteurs les plus inaccessibles des tours, la campagne prit des aspects d'une majesté inûnie et des parfums
d'une volupté enivrante. La voix lointaine des troupeaux
et des chiens vint plus souvent réveiller les échos des
ruines, et l'alouette eut au matin des chants suaves et

tendres comme des cantiques. Les murs du monastère se revêtirent eux-mêmes d'une fraîche parure. La vipérine et la pariétaire poussèrent des touffes d'un vert somptueux dans les crevasses humides; les violiers jaunes embaumèrent les nefs, et dans le jardin abandonné quelques arbres fruitiers centenaires, qui avaient survécu à la dévastation, parèrent de bourgeons blancs et roses leurs branches anguleuses rongées par la mousse. Il n'y eut pas jusqu'au fût des piliers massifs qui ne se couvrît de ces tapis aux nuances riches et variées dont les plantes microscopiques, engendrées par l'humidité, colorent les ruines et les constructions souterraines.

« J'avais étudié le mystère de toutes ces reproductions animales et végétales, et je pensais avoir glacé mon imagination par l'analyse. Mais en reparaissant plus belle et plus jeune, la nature me fit sentir sa puissance. Elle se moqua de mes orgueilleux travaux, et subjugua ces facultés rétives qui se vantaient d'appartenir exclusivement à la science. C'est une erreur de croire que la science étouffe l'admiration, et que l'œil du poëte s'éteint à mesure que l'œil du naturaliste embrasse un plus vaste horizon. L'examen, qui détruit tant de croyances, fait jaillir aussi des croyances nouvelles avec la lumière. L'étude m'avait révélé des trésors en même temps qu'elle m'avait enlevé des illusions. Mon cœur, loin d'être appauvri, était donc renouvelé. Les splendeurs et les parfums du printemps, les influences excitantes d'un soleil tiède et d'un air pur, l'inexprimable sympathie qui s'empare de l'homme au temps où la terre en travail semble exhaler la vie et l'amour par tous les pores, me jetèrent dans des angoisses nouvelles. Je ressentis tous les aiguillons de l'inquiétude ; il me sembla que je reprenais la vie, que je pourrais encore aimer. Une seconde jeunesse, plus enthousiaste que la première, faisait palpiter mon sein avec une violence inconnue. J'étais à la fois effrayée et joyeuse de ce qui se passait en moi, et je m'abandonnais à ce trouble extatique sans savoir quel en serait le réveil.

« Bientôt la frayeur revenait avec la réflexion. Je me rappelais les infortunes déplorables de mon expérience. Les désastres passé me rendaient incapable de prendre confiance en l'avenir. J'avais tout à craindre : les hommes; les choses, et moi surtout. Les hommes ne me comprendraient pas, et les choses me blesseraient sans cesse, parce que jamais je ne pourrais m'élever ou m'abaisser au niveau des hommes et des choses; et puis l'ennui du présent me saisissait, m'étreignait de tout son poids. Ma retraite, si austère, si poétique et si belle, me semblait effrayante en de certains jours. Le vœu qui m'y retenait volontairement se présentait à moi comme une horrible nécessité. Je souffrais, dans ce monastère sans enceinte et sans portes, les mêmes tortures qu'un religieux captif derrière les fossés et les grilles.

« Dans ces alternatives de désir et de crainte, dans cette lutte violente de ma volonté contre elle-même, je consumais ma force à mesure qu'elle se renouvelait, je subissais les fatigues et les découragements de l'expérience sans rien essayer. Quand le besoin d'agir et de vivre devenait trop intense, je le laissais me dévorer jusqu'à ce qu'il s'épuisât de lui-même. Les nuits entières s'écoulaient dans le travail de la résignation. Couchée sur la pierre des tombeaux, je m'abandonnais à des larmes sans cause et sans objet apparent, mais qui prenaient leur source dans le profond ennui d'un cœur sans aliment.

« Souvent une pluie d'orage venait me surprendre dans l'enceinte découverte de la chapelle. Je me faisais un devoir de la supporter, et j'espérais en retirer du soulagement. Parfois, quand le jour paraissait, il me trouvait brisée de fatigue, plus pâle que l'aube, les vêtements souillés, et n'ayant pas la force de relever mes cheveux épars où l'eau ruisselait.

« Souvent encore j'essayais de me soulager en poussant des cris de douleur et de colère. Les oiseaux de nuit s'envolaient effrayés ou me répondaient par des gémissements sauvages. Le bruit répété de voûte en voûte ébranlait ces ruines chancelantes, et des graviers, croulant du haut des combles, semblaient annoncer la chute de l'édifice sur ma tête. Oh! j'aurais voulu alors qu'il en fût ainsi ! Je redoublais mes cris, et ces murs, qui me renvoyaient le son de ma voix plus terrible et plus déchirant, semblaient habités par des légions de damnés, empressés de me répondre et de s'unir à moi pour le blasphème.

« Il y avait à la suite de ces nuits terribles des jours d'une morne stupeur. Quand j'avais réussi à fixer le sommeil pour quelques heures, un engourdissement profond suivait mon réveil, et me rendait incapable de tout un jour de volonté ou d'intérêt quelconque. A ces moments-là ma vie ressemblait à celle des religieux abrutis par l'habitude et la soumission. Je marchais lentement et durant un temps limité. Je chantais des psaumes dont l'harmonie endormait ma souffrance, sans qu'aucun sens arrivât de mes lèvres à mon âme. Je me plaisais à cultiver des fleurs sur les escarpements de ces âpres constructions où elles trouvaient du sable et du ciment pulvérisé pour enfoncer leurs racines. J'allais contempler les travaux de l'hirondelle, et défendre son nid des envahissements du moineau et de la mésange. Alors tout retentissement des passions humaines s'effaçait dans ma mémoire. Je suivais machinalement et par coutume la ligne de captivité volontaire tracée par moi sur le sable, et je ne songeais pas plus à la franchir que si l'univers n'eût pas existé de l'autre côté.

« J'avais aussi des jours de calme et de raison bien sentie. La religion du Christ, que j'ai conformée à mon intelligence et à mes besoins, répandait une suavité douce, un attendrissement vrai sur les blessures de mon âme. A la vérité, je ne me suis jamais beaucoup inquiétée de constater à mes propres yeux si le degré de divinité départi à l'âme humaine autorisait ou non les hommes à s'appeler prophètes, demi-dieux, rédempteurs. Bacchus, Moïse, Confutzée, Mahomet, Luther, ont accompli de grandes missions sur la terre, et imprimé de violentes secousses à la marche de l'esprit humain dans le cours des siècles. Étaient-ils semblables à nous, ces hommes par qui nous pensons, par qui nous vivons aujourd'hui? Ces colosses, dont la puissance morale a organisé les sociétés, n'étaient-ils pas d'une nature plus excellente, plus pure, plus céleste que la nôtre? Si l'on ne nie point Dieu et l'essence divine de l'homme intellectuel, a-t-on le droit de nier ses plus belles œuvres et de les méconnaître? Celui qui, né parmi les hommes, vécut sans faiblesse et sans péché; celui qui dicta l'Évangile et transforma la morale humaine pour une longue suite de siècles, ne peut-on pas dire que celui-là est vraiment le fils de Dieu?

« Dieu nous envoie alternativement des hommes puissants pour le mal et des hommes puissants pour le bien. La suprême volonté qui régit l'univers, quand il lui plaît de faire faire à l'esprit humain un pas immense en avant ou en arrière sur une partie du globe, peut, sans attendre la marche austère des siècles et le travail tardif des causes naturelles, opérer ces brusques transitions par le bras ou la parole d'un homme créé tout exprès.

Ainsi, que Jésus vienne mettre son pied nu et poudreux sur le diadème d'or des pharisiens; qu'il brise la loi ancienne, et annonce aux siècles futurs cette grande loi du spiritualisme, nécessaire pour régénérer une race énervée; qu'il se dresse comme un géant dans l'histoire des hommes et la sépare en deux, le règne des sens et le règne des idées; qu'il anéantisse de son inflexible main toute la puissance animale de l'homme, et qu'il ouvre à son esprit une nouvelle carrière, immense, incompréhensible, éternelle peut-être; si vous croyez en Dieu, ne vous mettrez-vous pas à genoux, et ne direz-vous pas : Celui-là est le Verbe, qui était avec Dieu au commencement des siècles? Il est sorti de Dieu, il retourne à lui; il est jamais avec lui, assis à sa droite, parce qu'il a racheté les hommes. Dieu qui du ciel a envoyé Jésus, Jésus qui était Dieu sur la terre, et l'esprit de Dieu qui était en Jésus et qui remplissait l'espace entre Jésus et Dieu, n'est-ce pas là une trinité simple, indivisible, nécessaire à l'existence du

J'écrivis sur la muraille... (Page 59.)

Christ et à son règne? Tout homme qui croit et qui prie, tout homme que la foi met en communion avec Dieu, n'offre-t-il pas en lui un reflet de cette trinité mystérieuse, plus ou moins affaibli, selon la puissance des révélations de l'esprit céleste à l'esprit humain? L'âme, l'élan de l'âme vers un but incréé, et le but mystérieux de cet élan sublime, tout cela n'est-il pas Dieu révélé en trois enseignements distincts : la force, la lutte et la conquête?

« Ce triple symbole de la Divinité, ébauché dans l'humanité entière, a pu se produire une fois, splendide et complet, entre Jésus, le Père du monde et l'Esprit-Saint figuré par la foi catholique sous la forme d'une colombe, pour signifier que l'amour est l'âme de l'univers.

— Ces mystiques allégories me font sourire, répondit Pulchérie. Voilà comme vous êtes, âmes d'élite, pures essences! Il vous faut voir et commenter le grand livre de la révélation; il faut que vous soumettiez la parole sacrée aux interprétations de votre orgueilleuse philosophie. Et quand, à force de subtilités, vous êtes parvenues à donner un sens de votre choix aux mystères divins, vous consentez alors à vous incliner devant la foi nou-

velle expliquée par vous et refaite à votre usage. C'est devant votre propre ouvrage que vous daignez vous prosterner : convenez-en, Lélia.

— Je n'essaierai pas de le nier, ma sœur. Mais qu'importe, si c'est pour nous la seule manière de croire et d'espérer? Heureux ceux qui peuvent se soumettre à la lettre sans le secours de l'esprit! Heureuses les rêveries sensibles et folles qui ramènent l'esprit rebelle à la soumission devant la lettre! Quant à moi, je trouvais dans les rites et dans les emblèmes de ce culte une sublime poésie et une source éternelle d'attendrissement. La forme et la disposition des temples catholiques, la décoration un peu théâtrale des autels, la magnificence des prêtres, les chants, les parfums, les intervalles de recueillement et de silence, ces antiques splendeurs qui l'Église prit naissance, m'ont frappée de respect toutes les fois qu'elles m'ont surprise dans une disposition impartiale.

« L'abbaye était nue et dévastée. Mais, en errant un jour parmi les décombres, j'avais découvert l'entrée d'un caveau qui, grâce aux éboulements dont elle était

Mon nom est gravé sur la lame de mon épée... (Page 62.)

masquée, avait échappé aux outrages d'un temps de délire et de destruction. En m'ouvrant un passage parmi les gravois et les ronces dont elle était obstruée, j'avais pu pénétrer jusqu'au bas d'un escalier étroit et sombre qui conduisait à une petite chapelle souterraine d'un travail exquis et d'une intacte conservation.

« La voûte en était si solide, qu'elle résistait au poids d'un amas énorme de débris. L'humidité avait respecté les peintures, et sur un prie-Dieu de chêne sculpté on distinguait dans l'ombre je ne sais quel sombre vêtement de prêtre qui semblait avoir été oublié la veille. Je m'en approchai, et me penchai vers lui pour le regarder. Alors je distinguai, sous les plis du lin et de l'étamine, la forme et l'attitude d'un homme agenouillé ; sa tête, inclinée sur ses mains jointes, était cachée par un capuchon noir ; il semblait plongé dans un recueillement si profond, si imposant, que je reculai frappée de superstition et de terreur. Je n'osais plus faire un mouvement ; car l'air extérieur auquel j'avais ouvert un passage agitait le vêtement poudreux, et l'homme semblait se mouvoir : on aurait dit qu'il allait se lever.

Était-il possible qu'un homme eût survécu au mas-

sacre de ses frères, qu'il eût pu exister trente ans, confiné par la douleur et l'austérité dans ces souterrains dont j'ignorais la profondeur et les issues ? Un instant je le crus, et, craignant d'interrompre sa méditation, je restai immobile, enchaînée par le respect, cherchant ce que j'allais lui dire, prête à me retirer sans oser lui parler. Mais, à mesure que mes yeux s'accoutumèrent à l'obscurité, je distinguai les plis flasques de l'étoffe tombant à plat sur des membres grêles et anguleux. Je compris le mystère dont j'étais témoin, et je portai une main respectueuse sur cette relique de saint. A peine eus-je effleuré le capuchon, qu'il tomba en poussière, et ma main rencontra le crâne froid et desséché d'un squelette humain. Ce fut une chose effrayante et sublime à voir pour la première fois, que cette tête de moine où le vent agitait encore quelques touffes de cheveux gris, et dont la barbe s'enlaçait aux phalanges décharnées des mains croisées sous le menton. Certains caveaux, imprégnés d'une grande quantité de salpêtre, ont la propriété de dessécher les corps et de les conserver entiers durant des siècles. On a découvert beaucoup de cada- vres préservés de la corruption par ces influences naturelles. La peau, jaune et transparente comme un parchemin, se colle et s'attache sur les muscles retirés et durcis; les membranes des lèvres se plissent autour des dents solides et brillantes; les cils demeurent implantés autour des yeux sans émail et sans couleur; les traits du visage conservent une sorte de physionomie austère et calme; le front lisse et tendu possède une certaine majesté lugubre, et les membres gardent les inflexibles attitudes où la mort les surprit. Ces tristes débris de l'homme retiennent un caractère de grandeur qu'on ne saurait nier, et il ne semble pas, en les regardant avec attention, que le réveil soit impossible.

« La dépouille que j'avais sous les yeux avait quelque chose de plus sublime encore à cause de sa situation. Ce religieux, mort sans convulsion et sans agonie dans le calme et la prière, me semblait revêtu d'une auréole de gloire. Que s'était-il donc passé autour de lui durant ses derniers instants? Condamné à une inflexible pénitence pour quelque noble faute, s'était-il endormi dans le Seigneur, confiant et résigné, au fond de l'*in pace*, tandis que ses frères impitoyables chantaient l'hymne des morts sur sa tête? Cette supposition s'évanouit quand je me fus assurée qu'aucune partie du souterrain n'était murée, et qu'il n'y avait dans ce lieu consacré au culte aucune apparence de cachot. C'était donc l'orage révolutionnaire qui avait surpris ce martyr dans sa retraite. Il était descendu là peut-être, en entendant les cris féroces du peuple, pour échapper à ses profanations, ou pour recevoir le dernier coup sur les marches de l'autel. Mais la trace d'aucune blessure n'attestait qu'il en eût été ainsi. Je m'arrêtai à croire que l'écroulement des parties supérieures de l'édifice sous la main furieuse des vainqueurs lui avait subitement coupé la retraite, et qu'il lui avait fallu se résigner à subir le supplice des vestales. Il était mort sans tortures, avec joie peut-être, au milieu de ces affreux jours où la mort était un bienfait même aux incrédules. Il avait rendu son âme à Dieu, prosterné devant le Christ et priant pour ses bourreaux.

« Cette relique, ce caveau, ce crucifix, me devinrent sacrés. Ce fut sous cette voûte sombre et froide que j'allai souvent éteindre l'ardeur de mes pensées. J'enveloppai d'un nouveau vêtement la dépouille sacrée du prêtre. Je m'agenouillai chaque jour auprès d'elle. Souvent je lui parlai à haute voix des agitations de ma souffrance, comme à un compagnon d'exil et de douleur. Je me pris d'une sainte et folle affection pour ce cadavre. Je me confessai à lui; je lui racontai les angoisses de mon âme; je lui demandai de se placer entre le ciel et moi pour nous réconcilier; et souvent, dans mes rêves, je le vis passer devant mon grabat comme l'esprit des visions de Job, et je l'entendis murmurer d'une voix faible comme la brise des paroles de terreur ou d'espoir.

« J'aimais aussi dans cette chapelle souterraine un grand christ de marbre blanc qui, placé au fond d'une niche, avait dû être autrefois inondé de lumière par une ouverture supérieure. Désormais ce soupirail était obstrué, mais quelques faibles rayons se glissaient encore dans les interstices des pierres en désordre accumulées à l'extérieur. Ce jour terne et rampant versait une singulière tristesse sur le beau front pâle du Christ. Je me plaisais dans la contemplation de ce poétique et douloureux symbole. Quoi de plus touchant sur la terre que l'image d'une torture physique couronnée par l'expression d'une joie céleste! Quelle plus grande pensée, quel plus profond emblème que ce Dieu martyr, baigné de sang et de larmes, étendant ses bras vers le ciel! O image de la souffrance, élevée sur une croix et montant comme une prière, comme un encens, de la terre aux cieux! Offrande expiatoire de la douleur qui se dresse toute sanglante et toute nue vers le trône du Seigneur! Espoir radieux, croix symbolique, où s'étendent et reposent les membres brisés par le supplice! Bandeau d'épines qui ceignez le crâne, sanctuaire de l'intelligence, diadème fatal imposé à la puissance de l'homme! Je vous ai souvent invoqués, je me suis souvent prosternée devant vous! Mon âme s'est offerte souvent sur cette

croix, elle a saigné sous ces épines; elle a souvent adoré, sous le nom de *Christ*, la souffrance humaine relevée par l'espoir divin; la résignation, c'est-à-dire l'acceptation de la vie humaine; la rédemption, c'est-à-dire le calme dans l'agonie et l'espérance dans la mort.

« Le second hiver fut moins pénible que le premier. La patiente résignation avec laquelle j'avais d'abord travaillé à rendre mon existence possible au milieu de l'isolement et des privations m'abandonna l'année suivante. L'indolence et les rêveries de l'été avaient changé la situation de mon esprit. Je me sentais plus forte, mais aussi plus irritable, plus accessible à la souffrance, moins calme à la subir, et pourtant plus paresseuse à l'éviter. Toutes les rigueurs que je m'étais imposées avec joie me devenaient amères. Je n'y trouvais plus cette volupté orgueilleuse qui m'avait soutenue d'abord.

La brièveté des jours m'interdisait le triste plaisir des rêveries sur la terrasse, et du fond de ma cellule où s'écoulaient les longues heures du soir, j'entendais pleurer la bise lugubre. Souvent, lasse des efforts que je faisais pour m'isoler des objets extérieurs, incapable d'attention dans l'étude ou de règle dans la réflexion, je me laissais dominer par la tristesse de mes impressions extérieures. Assise dans l'embrasure de ma fenêtre, je voyais la lune s'élever lentement au-dessus des toits couverts de neige, et reluire sur les aiguilles de glace qui pendaient aux sculptures dentelées des cloîtres. Ces nuits froides et brillantes avaient un caractère de désolation dont rien ne saurait donner l'idée. Quand le vent se taisait, un silence de mort planait sur l'abbaye. La neige se détachait sans bruit des rameaux des vieux ifs, et tombait en flocons silencieux sur les branches inférieures. On eût pu secouer toutes les ronces desséchées qui garnissaient les cours, sans y éveiller un seul atome animé, sans entendre siffler une couleuvre ou ramper un insecte.

« Dans ce morne isolement, mon caractère se dénatura, la résignation dégénéra en apathie, l'activité des pensées devint le dérèglement. Les idées les plus abstraites, les plus confuses, les plus effrayantes assiégèrent tour à tour mon cerveau. En vain j'essayais de me replier sur moi-même et de vivre dans le présent. Je ne sais quel vague fantôme d'avenir flottait dans tous mes rêves et tourmentait ma raison. Je me disais que l'avenir devait avoir pour moi une forme connue, que je ne devais l'accepter qu'après l'avoir fait moi-même, qu'il fallait le calquer sur le présent que je m'étais créé. Mais bientôt je m'apercevais que le présent n'existait pas pour moi, que mon âme faisait de vains efforts pour se renfermer dans cette prison, mais qu'elle errait toujours au delà, qu'il lui fallait l'univers, et qu'elle l'épuiserait le même jour où l'univers lui serait donné. Je sentais enfin que l'occupation de ma vie était de me tourner sans cesse vers les joies perdues ou vers les joies encore possibles. Celles que j'avais cherchées dans la solitude me fuyaient. Au fond du vase, là comme partout, j'avais trouvé la lie amère.

« Ce fut vers la fin d'un été brûlant que mon vœu expira. J'en vis approcher le terme avec un mélange de désir et d'effroi qui altéra sensiblement ma santé et ma raison.

« J'éprouvais un incroyable besoin de mouvement. J'appelais la vie avec ardeur, sans songer que je vivais déjà trop et que je souffrais de l'excès de la vie.

« Mais après tout, me disais-je, que trouverai-je dans la vie dont je n'aie déjà baigné celle? quels plaisirs dont je n'aie découvert le vide? quelles croyances qui ne se soient évanouies devant mon examen sévère? Irai-je demander aux hommes le calme que je n'ai pu trouver dans la solitude? Me donneront-ils ce que Dieu m'a refusé? Si j'épuise encore une fois mon cœur à la poursuite d'un vain rêve, si j'abandonne la retraite à laquelle je me suis condamnée pour aller me désabuser où trouverai-je ensuite un asile contre le désespoir? Quelle espérance religieuse ou philosophique pourra me sourire ou m'accueillir encore quand j'aurai pénétré le fond de toutes mes illusions, quand j'aurai acquis la preuve complète, irrécusable, de mon néant? « Et pourtant, me disais-je encore, à quoi sert la retraite? à quoi sert la réflexion? Ai-je moins souffert parmi ces tombeaux en ruines qu'au sein des pompes humaines? Qu'est-ce qu'une philosophie stoïque qui ne sert qu'à créer à l'homme des souffrances nouvelles? Qu'est-ce qu'une religion expiatoire et gémissante dont le but est de chercher la douleur au lieu de l'éviter? Tout cela n'est-il pas le comble de l'orgueil ou de la folie? Sans tous ces raffinements de la pensée, les hommes, livrés aux seuls plaisirs des sens, ne seraient-ils pas plus heureux et plus grands? Cette prétendue élévation de l'esprit humain, peut-être que Dieu la réprouve, et au jour de la justice peut-être qu'il la couvrira de son mépris!

« Au milieu de ces irrésolutions, je cherchais dans les livres une direction à ma volonté flottante. Les naïves poésies des âges primitifs, les cantiques voluptueux de Salomon, les pastorales lascives de Longus, la philosophie érotique d'Anacréon me semblaient parfois plus religieuses dans leur sublime nudité que les soupirs mystiques et les fanatiques hystéries de sainte Thérèse. Mais le plus souvent je me laissais entraîner par une sympathie immédiate vers les hommes de pensée. C'est en vain que je voulais me détacher des impressions toutes spirituelles du christianisme; j'y revenais toujours. Je n'avais dans l'esprit qu'une jeunesse passagère pour tressaillir aux cantiques de l'*épouse*, pour sourire aux embrassements de Daphnis et de Chloé. Un instant suffisait pour user cette chaleur factice qu'une véritable simplicité de cœur n'entretenait pas, que les feux d'un soleil d'Orient ne venaient pas renouveler. J'aimais à lire la Vie des saints, ces beaux poèmes, ces dangereux romans, où l'humanité paraît si grande et si forte qu'on ne peut plus ensuite se baisser et regarder à terre les hommes tels qu'ils sont. J'aimais ces retraites éternelles, profondes, ces douleurs pieuses couvées dans le mystère de la cellule, ces grands renoncements, ces terribles expiations, toutes ces actions folles et magnifiques qui consolent les maux vulgaires de la vie par un noble sentiment d'orgueil flatté. J'aimais aussi à lire ces consolations douces et tendres que les solitaires recevaient dans le secret de leur âme, ces entretiens intimes du fidèle et de l'esprit saint dans la nuit des temples, ces correspondances naïves de François de Sales et de Marie de Chantal; mais surtout ces épanchements pleins d'amour austère et de métaphysique rêveuse entre Dieu et l'homme, entre Jésus dans l'Eucharistie et l'auteur inconnu de l'*Imitation*.

« Ces livres étaient pleins de méditation, d'attendrissement et de poésie. Ils embellissaient la solitude; ils promettaient la grandeur dans l'isolement, la paix dans le travail, le repos de l'esprit dans la fatigue du corps. J'y trouvais le reflet d'un tel bonheur, l'empreinte d'une sagesse si délicieuse, que je recouvrais, en les lisant, l'espoir d'arriver au même but; je me disais que, comme moi, ces hommes saints avaient été éprouvés par de violentes tentations de retourner au monde, mais qu'ils les avaient surmontées courageusement; je me disais aussi que renoncer à mon œuvre après deux ans de combats et de triomphes, c'était perdre le fruit de si rudes efforts et agir avec plus de folie encore que de lâcheté; au lieu qu'en me rattachant à ma résolution, en renouvelant mon vœu pour un temps plus ou moins étendu, je recueillerais peut-être bientôt les fruits de ma persévérance. J'allais retourner à la société peut-être pour m'y briser sans retour, au lieu qu'en attendant quelques jours de plus au fond de mon cloître j'allais entrer sans doute dans la béatitude des élus.

« Après ces longs combats où s'épuisait ma raison, je tombais dans le découragement et me demandais, en riant de moi-même avec mépris, si ma vie était une chose assez importante pour la défendre ainsi, et pour en empêcher les débris au milieu de tant d'orages.

« Ces irrésolutions me conduisirent jusqu'aux approches du printemps. A l'époque où mon vœu expira, pour couper court à mes angoisses, je pris un terme moyen :

je me réfugiai dans l'inertie qui se traîne toujours à la suite des grandes émotions, je laissai passer les jours sans fixer mon avenir, attendant que le réveil de mes facultés me poussât dans la vie ou m'enchaînât dans l'oubli.

« En effet, je ne tardai pas à sentir les nouveaux aiguillons de cette inquiétude dangereuse qui m'avait déjà fait subir tant de maux. Je m'aperçus un jour que ma liberté m'était rendue, qu'aucun serment ne me consacrait plus à Dieu, que j'appartenais à l'humanité, et qu'il était temps peut-être de retourner à elle, si je ne voulais perdre entièrement l'usage de mon cœur et de mon intelligence. Les jours d'affaissement qui trouvaient si souvent place dans ma vie, me laissaient un long effroi, et je me débattais alternativement contre l'appréhension de l'idiotisme et celle de la folie.

« Un soir, je me sentis profondément ébranlée dans ma foi religieuse, et du doute je passai à l'athéisme. Je vécus plusieurs heures sous le charme d'un sentiment d'orgueil inconcevable, et puis je retombai dans les abîmes de terreur et de désolation. Je sentis que le vice et le désespoir étaient tout près d'entrer dans ma vie, si je perdais l'espoir céleste qui seul m'avait fait jusque-là supporter les hommes.

« Le tonnerre vint à gronder sur ma tête : c'était le premier orage du printemps, un de ces orages prématurés qui bouleversent parfois inopinément les jours encore froids du mois d'avril. Je n'ai jamais entendu rouler la foudre et vu le feu du ciel sillonner les nuées sans qu'un sentiment d'admiration et d'enthousiasme m'ait ramenée à l'instinct de la foi. Involontairement je tressaillis, et par habitude je m'écriai saisie d'une sainte terreur : — Vous êtes grand, ô mon Dieu! la foudre est sous vos pieds, et de votre front émane la lumière...

« L'orage augmentait; je rentrai dans ma cellule, seul endroit vraiment abrité de l'abbaye. La nuit vint de bonne heure, la pluie tombait par torrents, le vent mugissait sans interruption dans les longs corridors, et les pâles éclairs s'éteignaient sous les nues qui crevaient de toutes parts. Alors je trouvai dans mon isolement, dans la sécurité de mon abri, dans le calme austère, mais réel, qui m'entourait au milieu du désordre des éléments, un sentiment d'indicible bien-être et de reconnaissance passionnée envers le ciel. L'ouragan enlevait aux ruines des tourbillons de poussière et de craie qu'il semait sur les arbrisseaux incultes et sur les décombres. Il arrachait aux murs leurs rameaux de plantes grimpantes, à l'hirondelle le frêle abri de son nid à demi construit sous les voussures poudreuses. Il n'y avait pas une pauvre fleur, pas une feuille nouvelle qui ne fût flétrie et emportée; les chardons emplissaient l'air de leur duvet dispersé; les oiseaux pliaient leurs ailes humides et se réfugiaient dans les broussailles; tout semblait contristé, fatigué, brisé; moi seule j'étais paisiblement assise au milieu de mes livres, occupée de temps en temps à suivre d'un œil nonchalant la lutte terrible des grands ifs contre la tempête et les ravages de la grêle sur les jeunes bourgeons des sureaux sauvages. — Ceci, m'écriai-je, est l'image de ma destinée : le calme au fond de ma cellule, l'orage et la destruction au dehors. Mon Dieu, si je ne m'attache à vous; le vent de la fatalité m'emportera comme ces feuilles, il me brisera comme ces jeunes arbres. Oh! reprenez-moi, mon Dieu! reprenez mon amour, ma soumission et mes serments. Ne permettez plus que mon âme s'égare et flotte ainsi entre l'espoir et la méfiance; ramenez-moi à de grandes et solides pensées par une rupture éternelle, absolue entre moi et les choses, par une alliance indissoluble avec la solitude.

« Je m'agenouillai devant le Christ, et dans un mouvement d'espoir et d'entraînement, j'écrivis sur la muraille blanche un serment que je lus à haute voix dans le silence de la nuit :

« Ici, un être encore plein de jeunesse et de vie se « consacre à la prière et à la méditation par un serment « solennel et terrible.

« Il jure par le ciel, par la mort et par la conscience, « de ne jamais quitter l'abbaye de***, et d'y vivre tout

« le reste des jours qui lui seront comptés sur la terre. »

Après cette résolution violente et singulière, je sentis un grand calme, et je m'endormis malgré l'orage qui augmentait d'heure en heure. Vers le jour je fus éveillée par un fracas épouvantable. Je me levai et courus à ma fenêtre. Une des galeries supérieures, qui élevait encore la veille ses frêles piliers et ses élégantes sculptures autour du préau, venait de céder à la force de l'ouragan et de s'écrouler. Un nouveau coup de vent fit craquer d'autres parties de l'édifice qui s'écroulèrent aussi en moins d'un quart d'heure. La destruction semblait s'étendre sous l'influence d'une volonté surnaturelle ; elle approchait de moi : le toit qui m'abritait commençait à s'ébranler, les tuiles moussues volaient en éclats, et le châssis de la charpente semblait vaciller et repousser les murs à chaque nouveau souffle de la tempête.

« Sans doute la peur s'empara de moi, car je me laissai gouverner par des idées superstitieuses et puériles. Je pensai que Dieu renversait mon ermitage pour m'en chasser, qu'il repoussait un vœu téméraire et me forçait de retourner parmi les hommes. Je m'élançai donc vers la porte, moins pour fuir le danger que pour obéir à une volonté suprême. Puis je m'arrêtai au moment de la franchir, frappée d'une idée bien plus conforme à l'excitation maladive et à la disposition romanesque de mon esprit : je m'imaginai que Dieu, pour abréger mon exil et récompenser ma résolution courageuse, m'envoyait la mort, mais une mort digne des héros et des saints. N'avais-je pas juré de mourir dans cette abbaye ? Avais-je le droit de fuir parce que la mort s'en approchait ? Et quelle plus noble fin que de m'ensevelir, avec mes souffrances et mon espoir, sous ces ruines chargées de me sauver de moi-même, et de me rendre à Dieu purifiée par la pénitence et la prière ? — Je te salue, hôte sublime, m'écriai-je, puisque le ciel t'envoie, sois le bienvenu, je t'attends derrière le seuil de cette cellule qui aura été mon tombeau dès cette vie.

« Je me prosternai alors sur le carreau, et, plongée dans l'extase, j'attendis mon sort.

« Le dernier débris de l'abbaye ne devait pas rester debout dans cette sombre matinée. Avant le lever du soleil, la toiture fut emportée. Un pan de mur s'écroula. Je perdis le sentiment de ma situation.

« Un prêtre, que l'orage avait fourvoyé dans ces plaines désertes, vint à passer en ce moment au pied des murailles croulantes du couvent. Il s'en éloigna d'abord avec effroi, puis il crut entendre une voix humaine parmi les voix furieuses de la tempête. Il se hasarda entre les nouvelles ruines qui couvraient les anciennes, et me trouva évanouie sous des débris qui allaient m'ensevelir. La pitié, le zèle que donne la foi à ceux même qui manquent d'humanité, lui firent trouver la force cruelle de me sauver. Il m'emporta sur son cheval, à travers les plaines, les bois et les vallées. Ce prêtre s'appelait Magnus. Par lui je fus arrachée à la mort et rendue à la douleur.

« Depuis que je suis rentrée dans la société, mon existence est plus misérable qu'auparavant. Je n'ai voulu être l'esclave (la maîtresse, comme on dit) de personne ; mais, ne me sentant liée à aucun homme par cette consécration expresse et volontaire de la possession, je laissai peu à peu mon imagination inquiète et avide parcourir l'univers et s'emparer de ce qui s'offrait à elle. Trouver le bonheur devint ma seule pensée et, s'il faut avouer à quel point j'étais descendue au-dessous de moi-même, la seule règle de ma conduite, le seul but de ma volonté. Après avoir laissé, sans m'en apercevoir, flotter mes désirs vers les ombres qui passaient autour de moi, il m'arriva de courir en songe après elles, de les saisir à la volée, de leur demander impérieusement, sinon le bonheur, du moins l'émotion de quelques journées ; et comme le libertinage invisible de ma pensée ne pouvait choquer l'austérité de mes mœurs, je m'y livrai sans remords. Je fus infidèle en imagination, non-seulement à l'homme que j'aimais, mais chaque lendemain me vit infidèle à celui que j'avais aimé la veille. Bientôt un seul amour de ce genre ne suffisant point à remplir mon

âme toujours avide et jamais rassasiée, j'embrassai plusieurs fantômes à la fois. J'aimai dans le même jour et dans la même heure le musicien enthousiaste qui faisait vibrer toutes mes fibres nerveuses sous son archet, et le philosophe rêveur qui m'associait à ses méditations. J'aimai à la fois le comédien qui faisait couler mes larmes, et le poëte qui avait dicté au comédien les mots qui arrivaient à mon cœur. J'aimai même le peintre et le sculpteur dont je voyais les œuvres et dont je n'avais pas vu les traits. Je m'enamourai d'un son de voix, d'une chevelure, d'un vêtement, et puis d'un portrait seulement, du portrait d'un homme mort depuis plusieurs siècles. Plus je m'abandonnais à ces fantasques admirations, plus elles devenaient fréquentes, passagères et vides. Nul signe extérieur ne les a jamais trahies, Dieu le sait bien ! mais, je l'avoue avec honte, avec terreur, j'ai usé mon âme à ces frivoles emplois de facultés supérieures. J'ai souvenir d'une grande dépense d'énergie morale, et je ne me rappelle plus les noms de ceux qui, sans le savoir, gaspillèrent en détail le trésor de mes affections.

« Puis, à se prodiguer ainsi, mon cœur s'éteignit : je ne fus plus capable que d'enthousiasme ; et ce sentiment s'effaçant au moindre jour pour l'objet de mon illusion, je dus changer d'idole autant de fois qu'une idole nouvelle se présenta.

« Et c'est ainsi que j'existe désormais : j'appartiens toujours au dernier caprice qui traverse mon cerveau malade. Mais ces caprices, d'abord si fréquents et si impétueux, sont devenus rares et tièdes ; car l'enthousiasme aussi s'est refroidi, et c'est après de longs jours d'assoupissement et de dégoût que je retrouve parfois de courtes heures de jeunesse et d'activité. L'ennui désole ma vie. Pulchérie, l'ennui me tue. Tout s'épuise pour moi, tout s'en va. J'ai vu à peu près la vie dans toutes ses phases, la société sous toutes ses faces, la nature dans toutes ses splendeurs. Que verrai-je maintenant ? Quand j'ai réussi à combler l'abîme d'une journée, je me demande avec effroi avec quoi je comblerai celui du lendemain. Il me semble parfois qu'il existe encore des êtres dignes d'estime et des choses capables d'intéresser ; mais, avant de les avoir examinés, j'y renonce par découragement et par fatigue. Je sens qu'il ne me reste pas assez de sensibilité pour apprécier les hommes, pas assez d'intelligence pour comprendre les choses. Je me replie sur moi-même avec un calme et sombre désespoir, et ne sait ce que je souffre. Les brutes dont la société se compose se demandent ce qui me manque, à moi dont la richesse a pu atteindre à toutes les jouissances, dont la beauté et le luxe ont pu réaliser toutes les ambitions. Parmi tous ces hommes, il n'en est pas un dont l'intelligence soit assez étendue pour comprendre que c'est un grand malheur de n'avoir pu s'attacher à rien, et de ne pouvoir plus rien désirer sur la terre. »

XXXVI.

Pulchérie resta encore quelques instants dans l'attitude pensive où le récit de Lélia l'avait fait tomber. Puis tout à coup, rejetant en arrière les beaux cheveux qui ombrageaient son front, comme une fière cavale qui secoue sa crinière avant de prendre sa course, elle se leva dans un transport d'impudence enthousiaste.

« Eh bien, s'il en est ainsi, et parce qu'il en est ainsi, il faut vivre ! s'écria-t-elle. Couronnons-nous de roses, et remplissons les coupes de la joie ! Que l'amour, la vertu et l'idéal hurlent en vain à la porte, comme les spectres effarés d'Ossian, tandis que les intrépides convives célèbrent la coupe en main la mémoire de leurs funérailles ! Aussi bien j'ai toujours eu la sagesse d'étouffer en moi toute folle velléité d'amour, et chaque fois que je me suis sentie menacée d'aimer, je me suis hâtée de boire à longs traits la coupe d'ivresse, au fond de laquelle brille le précieux talisman d'indifférence, la satiété ! Eh quoi ! pleurer toute la vie l'erreur romanesque de l'adolescence ! se flétrir et descendre vivante dans la tombe, parce que les hommes nous haïssent! Oh! bien plutôt, méprisons-les, et vengeons-nous de leur despotisme, non par la tromperie, mais par l'indifférence. Qu'ils exhalent leur colère et leur jalousie; j'en veux rire jusqu'à la mort. Quant à vous, Lélia, si vous ne voulez pas en faire autant, je n'ai qu'un conseil à vous donner : c'est de retourner à la solitude et à Dieu.

— Il n'est plus temps, Pulchérie, de prendre ce parti. Ma foi est chancelante, mon cœur est épuisé. Il faut, pour brûler de l'amour divin, plus de jeunesse et de pureté que pour toute autre noble passion. Je n'ai plus la force d'élever mon âme à un perpétuel sentiment d'adoration et de reconnaissance. Le plus souvent je ne pense à Dieu que pour l'accuser de ce que je souffre et lui reprocher sa dureté. Si parfois je le bénis, c'est quand je passe près d'un cimetière et que je pense à la brièveté de la vie.

— Vous avez vécu trop vite, reprit Pulchérie. Eh bien, il faut, Lélia, que vous changiez l'exercice de vos facultés, que vous retourniez à la solitude, ou que vous cherchiez le plaisir : choisissez.

— Je viens des montagnes de Monteverdor. J'ai essayé de retrouver mes anciennes extases et le charme de mes rêveries pieuses. Mais là, comme partout, je n'ai trouvé que l'ennui.

— Il faudrait que vous fussiez enchaînée à un état social qui vous préservât de vous-même et vous sauvât de vos propres réflexions. Il faudrait que vous fussiez assujettie à une volonté étrangère, et qu'un travail forcé fît diversion au travail incessant et rongeur de votre imagination. Faites-vous religieuse.

— Il faut avoir l'âme virginale; je n'ai de chaste que les mœurs. Je serais une épouse adultère du Christ. Et puis vous oubliez que je ne suis pas dévote. Je ne crois pas, comme les femmes de cette contrée, à la vertu régénératrice des chapelets et à la puissance absolutrice des scapulaires. Leur piété est quelque chose qui les repose, qui les rafraîchit et qui les endort. J'ai une trop grande idée de Dieu et du culte qu'on lui doit pour le servir machinalement, pour le prier avec des mots arrangés d'avance et appris par cœur. Ma religion trop passionnée serait une hérésie, et si on m'ôtait l'exaltation, il ne me resterait plus rien.

— Eh bien, dit Pulchérie, puisque vous ne pouvez pas vous faire religieuse, faites-vous courtisane. Le corps est une puissance moins rebelle que l'esprit. Destiné à profiter des biens matériels, c'est aussi par des moyens matériels qu'on peut le gouverner. Va, ma pauvre rêveuse, réconcilie-toi avec cette humble portion de ton être. Ne méprise pas plus longtemps ta beauté, que tous les hommes adorent, et qui peut refleurir encore comme aux jours du passé. Ne rougis pas de demander à la matière les joies que t'a refusées l'intelligence. Tu l'as dit, tu sais bien d'où vient ton mal : c'est d'avoir voulu séparer deux puissances que Dieu avait étroitement liées...

— Mais, ma sœur, reprit Lélia, n'avez-vous pas fait de même?

— Nullement! J'ai donné la préférence à l'une sans exclure l'autre. Croyez-vous que l'imagination reste étrangère aux aspirations des sens? L'amant qu'on embrasse n'est-il pas un frère, un enfant de Dieu, qui partage avec sa sœur les bienfaits de Dieu? Pour vous, Lélia, qui avez tant de plaisir à votre service, je m'étonne que vous ne trouviez pas cent moyens de relever la matière et d'embellir les impressions réelles. Je crois que le dédain seul vous arrête, et que si vous abjuriez cette injuste et folle disposition, vous vivriez de la même vie que moi. Qui sait? Avec plus d'énergie peut-être vous inspireriez de plus ardentes passions. Venez, courons ensemble sous ces allées sombres, où de temps en temps je vois scintiller faiblement l'or des costumes et voltiger les plumes blanches des barrettes. Combien d'hommes jeunes et beaux, pleins d'amour et de puissance, errent sous ces arbres en cherchant le plaisir! Venez, Lélia, excitons-les à nous poursuivre : passons rapidement près d'eux, effleurons-les de nos vêtements, et puis échappons-nous comme ces phalènes que vous voyez dans le rayon des lumières se chercher, s'atteindre, se séparer et se rejoindre, pour tomber mortes et folles d'amour dans la flamme qui les dévore. Venez, vous dis-je, je guiderai vos pas tremblants, je connais tous ces hommes. J'appellerai les plus aimables et les plus élégants autour de vous. Vous serez hautaine et cruelle à votre aise, Lélia; mais vous entendrez leurs propos, vous sentirez leur haleine sur vos épaules. Vous frémirez peut-être quand le vent du soir apportera à vos narines dilatées le parfum de leur chevelure, et peut-être ce soir sentirez-vous une faible curiosité de connaître la vie tout entière.

— Hélas! Pulchérie, ne l'ai-je pas horriblement connue? Ne vous souvient-il plus de ce que je vous ai raconté?

— Vous aimiez cet homme avec votre âme, vous ne pouviez pas songer à goûter près de lui un plaisir réel. Cela est simple : il faut qu'une faculté, arrivée à son plus grand développement, étouffe et paralyse les autres. Mais ici ce serait différent. »

La courtisane entraîna Lélia et continua de lui parler en baissant la voix.

« Mais d'abord, continua Pulchérie, il faut songer à vous travestir. Vous ne voudriez pas sans doute livrer à la foule le grand nom de Lélia, quoique, à vous dire vrai, la solitude où vous vivez provoque dans l'esprit des hommes de plus graves accusations que mes galanteries. Mais peut-être ne trouvez-vous pas au-dessous de votre destinée d'être soupçonnée de mystérieuses et terribles passions, tandis que vous mépriseriez le vulgaire renom d'une bacchante. Ainsi donc, venez prendre un domino semblable au mien, et vous pourrez, à la faveur de certaines ressemblances qui existent entre nous, et surtout entre no voix, descendre sans danger du rôle majestueux et déplorable que vous avez choisi. Venez, Lélia.»

La foule, qui se pressait sous le péristyle pour admirer les larges éclairs dont le ciel était sillonné, sépara les deux sœurs au moment où elles sortaient du vestiaire, enveloppées dans leurs capuchons de satin bleu. Lélia fut emportée par un flot de masques, parmi lesquels circulaient tant de costumes semblables au sien, qu'elle n'osa point essayer de reconnaître sa sœur Pulchérie; et, timide, effrayée, dégoûtée déjà du rôle qu'elle allait tenter, elle s'enfonça dans les jardins, résolue d'abandonner aux caprices du hasard les restes d'une existence désolée.

Elle pénétra cette fois, sans le savoir, dans une partie des bosquets que le prudent prince de Bambuccj avait réservée à ses élus. C'était un labyrinthe de verdure dont l'entrée était gardée par un groupe des plus experts subalternes du prince. Ils étaient au courant de toutes les intrigues de la cour, et d'heure en heure des messagers, dépêchés de l'intérieur du palais, venaient modifier leurs consignes et leur signaler les nouveaux initiés qu'ils pouvaient admettre dans le sanctuaire. Tout jaloux incommode, tout protecteur ombrageux en était repoussé sans appel; les femmes seules pouvaient entrer sans se démasquer, le tout par amour des convenances.

C'était un champ d'asile, un lieu de refuge pour les amis que de fâcheux obstacles séparaient au dehors. On y était en sûreté, et tout s'y passait avec une miraculeuse régularité. On s'y promenait par groupes, on s'y asseyait en cercle, les allées et les salles de verdure étaient pleines de lumière et de monde. Mais les affidés connaissaient bien par quel sentier, par quel porte on arrivait au pavillon d'Aphrodise, dont les terrasses immenses s'étendaient sur le bord de la mer.

À peine Lélia eut-elle fait quelques pas sous ces dangereux ombrages, qu'une voix murmura auprès d'elle :

« Voici Zinzolina, la célèbre Zinzolina! »

Aussitôt un groupe d'hommes dorés et empanachés se pressa sur ses traces.

« Eh quoi! Zinzolina, ne nous reconnais-tu pas? Est-ce ainsi que l'on oublie ses fidèles amis? Allons, prends mon bras, belle solitaire, et fêtons encore les anciennes divinités.

— Non, non, dit un autre en essayant de s'emparer du bras de Lélia. N'écoute point ce piémontais bâtard; viens à moi qui suis un pur Napolitain, et qui des premiers t'ai initiée aux doux secrets d'amour. Ne t'en souvient-il plus, tourterelle aux voluptueux soupirs?

Un grand cavalier espagnol mit de force le bras de Lélia sous le sien.

« C'est moi que la bonne Zinzolina a choisi entre tous, dit-il; elle est comme moi de noble race andalouse, et rien au monde ne la déciderait à mécontenter un compatriote.

— Zinzolina est de tous les pays, dit un Allemand; elle me l'a dit dans son boudoir à Vienne.

— Tedesco! s'écria un Sicilien, si Zinzolina nous faisait l'affront de te préférer à nous, voici un poignard qui nous vengerait d'elle.

— Allons, allons, tirons au sort, cria un jeune page; Zinzolina mêlera nos noms dans ma toque.

— Mon nom, repartit l'hidalgo, est gravé sur la lame de mon épée. »

Et il la tira du fourreau d'un air menaçant.

Les gens du prince intervinrent, et Lélia s'enfuit. Mais elle ne fut pas longtemps seule. Un prince russe lui dit au détour d'une allée :

« Zinzolina, que cherches-tu ici? Et pourquoi es-tu seule? Veux-tu m'aimer toute une heure? Je te donnerai cette chaîne de diamants, qui est un présent des czars. »

Lélia fit un geste de mépris. Un grand seigneur français s'en aperçut.

« Quelle grossièreté! dit-il. Que ces *étrangers* sont rudes et insolents! Depuis quand parle-t-on ainsi aux femmes? Pour qui ce rustre vous prend-il, Zinzolina? Écoutez-moi. »

Et celui-ci offrit son palais, ses gens, ses vins et ses chevaux.

« Mais vous croyez donc bien peu au plaisir que vous offrez, leur dit Lélia, puisque vous y joignez tant de séductions pour la cupidité? Vos embrassements sont donc bien hideux, puisque vous les payez si cher? Où est l'amour dans tout cela? où est seulement l'ardeur des sens? Ici brutalité, là corruption: Vous n'avez d'autres appâts que la force, la vanité ou le gain. Le plaisir est-il donc mort, étouffé sous la civilisation? L'amour antique a-t-il abandonné la terre et pris son vol vers d'autres cieux ?

Elle rejeta alors son capuchon sur ses épaules; et, à l'aspect de ce visage toujours si hautain et si grave, la foule se dispersa, et les adorateurs audacieux de Pulchérie s'inclinèrent respectueusement devant Lélia.

« Tu renonces déjà à ton entreprise? lui dit Pulchérie en la saisissant par sa longue manche. Non, non, pas encore, Lélia; tout n'est pas désespéré : ton heure n'est pas venue.

— Mon heure ne viendra pas, dit Lélia. Tout ceci me déplaît et m'irrite. Leur haleine est froide, leurs chevelures sont rudes, leurs étreintes meurtrissent, et l'ambre de leurs vêtements dissimule mal je ne sais quelles émanations âcres et grossières qui me repoussent. Au milieu d'eux, mon sang se calme, mes idées s'éclaircissent, ma volonté s'élève; je n'ai plus d'autre désir que de m'asseoir et de les regarder passer en les méprisant. Vous aurez beau dire, Pulchérie, une femme n'est pas un instrument grossier que le premier rustre venu peut faire vibrer : c'est une lyre délicate qu'un souffle divin doit animer avant de lui demander l'hymne de l'amour. Il n'y a pas d'être bien organisé qui soit incapable réellement de connaître le plaisir; mais je crois qu'il y a beaucoup d'êtres mal organisés qui ne connaissent pas autre chose, et dont on chercherait vainement à obtenir, au milieu des actes de l'amour, un mot, une pensée ou un sentiment qui ressemblât à ce que je rêve dans l'amour. Ce sublime échange des plus nobles facultés ne peut pas, ne doit pas être réduit à une sensation animale.

— Eh bien, viens par ici, Lélia. Écoute parler un jeune homme que je viens de rencontrer, et que j'agace en vain. Peut-être la compassion sera-t-elle plus efficace sur toi que le reste. »

Lélia suivit sa sœur sous une grotte artificielle, éclairée faiblement dans le fond par une petite lampe.

— Arrêtez-vous ici, lui dit Pulchérie en la cachant dans un angle obscur, et regardez ce bel adolescent aux cheveux bruns. Le connaissez-vous?

— Si je le connais! répondit Lélia, c'est Sténio. Mais où fait-il dans les jardins réservés et dans cette grotto, qui est, si je ne me trompe, une des entrées souterraines du fameux pavillon? Lui, Sténio le poëte, Sténio le mystique, Sténio l'amoureux!

— Oh! écoutez-le, dit Pulchérie, vous verrez qu'il est fou d'amour, et qu'il faut le plaindre. »

Alors Pulchérie laissa Lélia où elle l'avait cachée, et, s'approchant de Sténio sur la pointe du pied, elle essaya de l'embrasser.

« Laissez-moi, madame, dit fièrement le jeune homme, je n'ai pas besoin de vos caresses. Je vous l'ai dit, ce n'est pas vous que je cherchais lorsque, trompé par le son de votre voix, je vous ai suivie dans ces jardins. Mais, depuis que j'ai arraché votre masque, je sais bien que vous n'êtes qu'une courtisane. Allez, madame, je ne puis être à vous. Je suis pauvre, et d'ailleurs je ne désire point les plaisirs qu'il faut payer. Il n'y a au monde qu'une femme pour moi : c'est celle que vous avez nommée. Est-elle ici? la connaissez-vous?

— Je connais Lélia, car elle est ma sœur, répondit Pulchérie. Si vous voulez me suivre sous ces voûtes obscures, je vous mènerai dans un lieu où vous pourrez la voir.

Oh! vous mentez, dit le jeune homme, Lélia n'est pas votre sœur, et vous ne sauriez me la montrer. Je vous ai suivie jusqu'ici, crédule comme un enfant que je suis, espérant toujours que vous me la montreriez. Mais vous m'avez trompé, et voici que vous revenez seule !

— Enfant! je puis te mener vers elle si je veux. Mais sache auparavant que Lélia ne t'aime pas. Jamais Lélia ne récompensera ton amour. Crois-moi, cherche ailleurs les joies que tu espérais d'elle; et, si tu ne peux chasser cette chimère de ton esprit, du moins, enivre-toi, va puiser, aux sources du plaisir; demain tu te réveilleras pour courir encore après ton fantôme. Mais au moins, durant cette course haletante et folle, ta vie se consumera pas toute dans l'attente et le rêve. Tu feras de douces haltes sous les palmiers avec les filles des hommes, et tu ne suivras le démon aux ailes de feu, qui t'appelle du fond des nuées, que rafraîchi et consolé par nos libations et nos caresses. Viens reposer ta tête sur mon sein, jeune fou que tu es; tu verras que je ne veux pas te garder et t'endormir longtemps. Je veux seulement te soulager dans ta marche pénible, afin que tu puisses reprendre un essor plus courageux vers la poésie et vers Lélia.

— Laissez-moi, laissez-moi, dit Sténio avec force, je vous méprise et je vous hais : vous n'êtes pas Lélia, vous n'êtes pas sa sœur, vous n'êtes pas même son ombre. Je ne veux pas de vos plaisirs, je n'en ai pas besoin : c'est de Lélia seule que je voudrais tenir le bonheur. Si elle me repousse, je vivrai seul, et je mourrai vierge. Je ne souillerai pas sur le sein d'une courtisane ma poitrine embrasée d'un pur amour.

— Viens donc, Lélia, dit Pulchérie en attirant sa sœur vers Sténio; viens récompenser une fidélité digne des temps chevaleresques. »

Mais en même temps la moqueuse fille, changeant aussitôt de rôle à la faveur de l'obscurité, laissa Lélia un peu en arrière, et, se penchant sur Sténio : « O mon poëte! lui dit-elle en imitant le parler plus lent et l'embrassement plus chaste de Lélia, ta fidélité m'a touchée, et je viens t'en récompenser. »

Alors elle prit la main du jeune poëte, et l'emmena sous ces voûtes sombres et froides qu'éclairaient par intervalles des lampes suspendues au plafond. Sténio tremblait et croyait faire un rêve. Il était trop troublé pour se demander où l'emmenait Lélia. Il croyait sentir sa main dans la sienne et craignait de s'éveiller.

Lorsqu'ils furent au bout de cette galerie souterraine, elle tira le cordon de soie d'une sonnette. Une porte s'ouvrit seule comme par enchantement. Ils montèrent les degrés qui conduisaient au pavillon d'Aphrodise.

Comme ils traversaient un couloir silencieux où le bruit des pas s'amortissait sur les tapis, Sténio crut voir passer rapidement près de lui une femme vêtue comme Lélia ou comme Pulchérie. Il ne s'en inquiéta point, car Lélia tenait toujours sa main, et il entra avec elle dans un boudoir délicieux. Elle éteignit aussitôt toutes les bougies, ôta son masque, et le jeta dans un cabinet voisin; puis elle revint s'asseoir près de Sténio sur un divan de soie brochée d'or, et un verrou fut tiré au dehors par je ne sais quelle main malicieuse ou discrète.

« Sténio! vous m'avez désobéi, dit-elle. Je vous avais défendu de chercher à me revoir avant un mois, et voici déjà que vous courez après moi.

— Est-ce pour me gronder que vous m'avez amené ici? dit-il. Après une séparation qui m'a paru si longue, faut-il que je vous retrouve irritée contre moi? N'y a-t-il pas un an que je vous ai quittée? Comment voulez-vous que je sache le compte des jours qui se traînent loin de vous?

— Vous ne pouvez donc pas vivre sans moi, Sténio?

— Je ne le puis pas, ou il faut que je devienne fou. Vous avez vu comme mes joues se sont déjà creusées, comme mes lèvres se sont flétries sous le feu de la fièvre, comme mes yeux et mes paupières ont été ravagés par l'insomnie. Direz-vous encore que mon imagination seule est malade, et ne voyez-vous pas que l'âme peut tuer le corps?

— Aussi je ne vous fais pas de reproches, enfant. Votre pâleur me touche et tout m'embellit, et l'heure votre résistance aux séductions de ma sœur m'a donné de l'orgueil. Je comprends qu'il est beau d'être aimée ainsi, et je veux tâcher, Sténio, de trouver mon bonheur en vous. Oui, j'y suis décidée, je ne chercherai plus. La seule chose qui puisse adoucir la vie, c'est une affection comme la vôtre. Je ne la mérite pas, mais je l'accepte avec reconnaissance. Ne dites plus que Lélia est insensible. Je vous aime, Sténio, vous le savez bien. Seulement je me débattais contre ce sentiment que je craignais de mal comprendre et de mal partager. Mais vous m'avez dit bien des fois que vous accepteriez l'amour que je vous accorderais, fût-il au-dessous du vôtre : je ne résisterai donc plus. Je me livre à la bonté de Dieu et à la puissance de votre cœur. Tenez, je sens que je vous aime. Êtes-vous content, êtes-vous heureux, Sténio?

— Oh! bien heureux! dit Sténio éperdu, en tombant à ses pieds et en les couvrant de ses pleurs. Est-il vrai que je ne rêve point? Est-ce bien Lélia qui parle ainsi? Mon bonheur est si grand que je n'y crois pas encore.

— Croyez, Sténio, et espérez. Peut-être que Dieu aura pitié de vous et de moi. Peut-être qu'il rajeunira mon cœur et qu'il le rendra digne du vôtre. Dieu vous doit bien cette récompense, à vous qui êtes si pur et si pieux. Appelez sur moi un rayon de son feu divin.

— Oh! ne parle pas ainsi, Lélia. N'es-tu pas cent fois plus grande que moi devant lui! N'as-tu pas aimé, n'as-tu pas souffert bien plus longtemps que moi? Oh! sois heureuse, et repose-toi enfin dans mes bras d'une si rude destinée. Ne te fatigue pas à m'aimer, ne tourmente pas ton pauvre cœur, dans la crainte de ne pas faire assez pour moi. Oh! je te le dis encore, aime-moi comme tu pourras.

Lélia passa son bras autour du cou de Sténio; elle déposa sur ses lèvres un long baiser si ardent et si obstiné, que Sténio poussa un cri de joie et s'écria : — O Galathée!

Un léger bruit se fit entendre dans le cabinet voisin. Sténio tressaillit. Lélia le retint en serrant plus fort son bras autour de son cou. Il demeura ivre d'amour et de joie à ses pieds; puis un long silence suivit cette étreinte.

« Eh bien! Sténio, dit-elle en sortant d'une longue et douce rêverie, qu'avez-vous à me dire? Êtes-vous déjà moins heureux?

— Oh! non, mon ange! répondit Sténio.

— Voulez-vous que nous allions faire une promenade en gondole dans la baie? dit Lélia en se levant.

— Eh quoi! déjà nous quitter, répondit Sténio avec tristesse.

— Nous ne nous quitterons pas, dit-elle.

— Eh! n'est-ce pas nous quitter que de retourner parmi cette foule? Nous étions si bien ici! Cruelle! vous avez toujours besoin de mouvement et de distraction. Avouez-le, Lélia, l'ennui vous poursuit déjà près de moi.

— Vous mentez, mon amour, répondit Lélia en se rasseyant.

— Eh bien! dit-il, embrasse-moi encore.

Lélia l'embrassa comme la première fois. Sténio tomba alors dans une sorte de délire. — Oh! laisse-moi tes lèvres parfumées? s'écria-t-il, tes lèvres plus douces que le miel. C'est la première fois que tu fais descendre sur moi, du haut des cieux, cette volupté inconnue. Qu'as-tu donc, ce soir, ô ma bien-aimée? quel feu émane de toi? quelle langueur s'empare de moi-même? Où suis-je? quel dieu plane sur nos têtes? Pourquoi disais-tu que tu ne savais pas inspirer de pareils transports? Tu ne le voulais donc pas? car tu me consumes, et l'air s'embrase autour de toi!

— Vous m'aimez donc mieux aujourd'hui que vous n'avez fait jusqu'ici? lui dit-elle.

— C'est aujourd'hui seulement que je t'aime, s'écria Sténio; car c'est d'aujourd'hui qu'il ne se mêle à mon bonheur ni doute ni crainte. »

Lélia se leva de nouveau.

« Vous me faites pitié, lui dit-elle d'un ton presque méprisant. Ce n'est point une âme que vous voulez : c'est une femme, n'est-ce pas?

— Oh! dit Sténio, pour l'amour du ciel! ne redeviens pas le spectre moqueur et cruel qui venait de faire place à la plus belle, à la plus sainte, à la plus aimée des femmes. Rends-moi tes caresses, rends-moi mon délire, rends-moi la maîtresse qui était prête à se révéler! C'est ainsi vraiment que tu es digne de tout mon amour, je le sens. Va, ne crains pas de descendre; je viens de t'aimer réellement pour la première fois. Mon imagination était seule éprise de toi jusqu'ici. Aujourd'hui mon cœur s'ouvre à la tendresse véritable, à la reconnaissance, car aujourd'hui tu m'as donné le bonheur.

— Ainsi l'amour d'une intelligence n'est rien! répéta Lélia d'une voix sombre; dites encore, Sténio, dites encore que c'est ainsi que vous m'aimez? Voilà tout ce que vous vouliez de moi? Voilà quelle fin miraculeuse et divine se proposait votre passion si poétique et si grande?»

Sténio désespéré se jeta le visage contre les coussins.

« Oh! vous me tuerez, dit-il en sanglotant, vous me tuerez par vos mépris!...»

Il lui sembla que Lélia sortait, et il releva la tête avec effroi. Il se trouva dans une obscurité profonde, et se leva pour la chercher dans les ténèbres. Une main humide prit la sienne.

« Allons donc! lui dit la voix adoucie de Lélia. J'ai pitié de toi, enfant : viens sur mon cœur, et oublie ta peine. »

XXXVII.

Quand Sténio souleva sa tête appesantie, des chants d'oiseaux annonçaient au loin dans les campagnes les approches du jour. L'horizon blanchissait, et l'air frais du matin arrivait par bouffées embaumées sur le front humide et pâle du jeune homme. Son premier mouvement fut d'embrasser Lélia; mais elle avait rattaché son masque, et elle le repoussa doucement en lui faisant signe de garder le silence. Sténio se souleva avec effort, et, brisé de fatigue, d'émotion et de plaisir, il s'approcha de la fenêtre entr'ouverte. L'orage était entièrement

Celle-ci est bien Lélia! s'écria-t-il (Page 66.)

dissipé, les lourdes vapeurs dont le ciel était chargé quelques heures auparavant s'étaient roulées en longues bandes noires, et s'en allaient une à une poussées par le vent vers l'horizon grisâtre. La mer brisait avec un léger bruit ses lames écumeuses et nonchalantes sur le sable du rivage et sur les degrés de marbre blanc de la villa. Les orangers et les myrtes, agités par le souffle du matin, se penchaient sur les flots et secouaient leurs branches en fleur dans l'onde amère. Les lumières pâlissaient aux mille fenêtres du palais Bambucci, et quelques masques erraient à peine sous le péristyle bordé de pâles statues.

« Oh! quelle heure délicieuse! s'écria Sténio en ouvrant ses narines et sa poitrine à cet air vivifiant. O ma Lélia! je suis sauvé, je suis rajeuni. Je sens en moi un homme nouveau. Je vis d'une vie plus suave et plus pleine. Lélia, je veux te remercier à genoux : car j'étais mourant, et tu as voulu me guérir, et tu m'as fait connaître les délices du ciel.

— Cher ange! lui dit Lélia en l'entourant de ses bras, vous êtes donc heureux maintenant?

— J'ai été le plus heureux des hommes, dit-il, mais je veux l'être encore. Ote ton masque, Lélia. Pourquoi me cacher ton visage? Rends-moi tes lèvres qui m'ont enivré : embrasse-moi comme tout à l'heure.

— Non, non : écoutez, dit Lélia, écoutez cette musique qui semble sortir de la mer et s'approcher de la grève sur la crête mouvante des vagues. »

En effet, les sons d'un orchestre admirable s'élevaient sur les flots, et bientôt plusieurs gondoles remplies de musiciens et de masques sortirent successivement d'une petite anse formée par les bois d'orangers et de catalpas. Elles glissaient mollement comme de beaux cygnes sur les eaux calmes de la baie, et bientôt elles allaient passer devant les terrasses du pavillon.

L'orchestre fit silence, et une barque de forme asiatique cingla légèrement en avant de la petite flotte. Cette embarcation, plus frêle et plus élégante que les autres, était montée par des musiciens dont tous les instruments étaient de cuivre. Ils sonnèrent une brillante fanfare, et ces voix de métal, si sonores et si pénétrantes, vinrent du fond des ondes bondir sur les murs du pavillon. Aussitôt toutes les fenêtres s'entr'ouvrirent successivement, et tous les amants heureux, réfugiés

Et debout sur ce piédestal.... (Page 70.)

dans les boudoirs du pavillon d'Aphrodise, se répandi-
rent par couples sur la terrasse et sur les balcons. Mais
en vain les jaloux et les médisants, embarqués sur les
gondoles, promenèrent sur eux d'avides regards. Ils
avaient revêtu de nouveaux costumes dans l'intérieur
du pavillon, et à l'abri de leurs masques ils saluaient
gaiement la flotte.

Lélia voulut entraîner Sténio parmi eux; mais elle ne
put le décider à sortir de la langueur délicieuse où il
était plongé.

« Que m'importent leurs joies et leurs chants? disait-il. Puis-je ressentir quelque admiration ou quelque
plaisir quand je viens de connaître les délices du ciel?
Laissez-moi savourer au moins ce souvenir... »

Mais Sténio se leva tout à coup et fronça le sourcil.

Qu'est-ce donc que cette voix qui chante sur les
flots? dit-il avec un frisson involontaire.

« C'est une voix de femme, répondit Lélia, une belle
et grande voix, en vérité. Voyez comme dans les gondoles et sur le rivage on se presse pour l'écouter !

— Mais, dit Sténio, dont le visage s'altérait par degrés à mesure que les sons pleins et graves de cette voix

montaient vers lui, si vous n'étiez ici, près de moi,
votre main dans la mienne, je croirais que cette voix
est la vôtre, Lélia.

— Il y a des voix qui se ressemblent, répondit-elle.
Cette nuit, n'avez-vous pas été complètement abusé par
celle de ma sœur Pulchérie?... »

Sténio n'écoutait que la voix qui venait de la mer, et
semblait agité d'une crainte superstitieuse.

« Lélia ! s'écria-t-il, cette voix me fait mal; elle m'é-
pouvante; elle me rendra fou si elle continue. »

Les instruments de cuivre jouèrent une phrase de
chant; la voix humaine se tut : puis elle reprit quand
les instruments eurent fini; et cette fois elle était si
rapprochée, si distincte, que Sténio troublé s'élança et
ouvrit tout à fait le châssis doré de la fenêtre.

« A coup sûr tout ceci est un songe, Lélia. Mais cette
femme qui chante là-bas... Oui, cette femme, debout
et seule à la proue de la barque, c'est vous, Lélia, ou
c'est votre spectre.

— Vous êtes fou! dit Lélia en levant les épaules. Comment cela se pourrait-il?

— Oui, je suis fou, mais je vous vois double. Je vous

vois et je vous entends ici près de moi, et je vous entends et je vous vois encore là-bas. Oui, c'est vous, c'est ma Lélia; c'est elle dont la voix est si puissante et si belle, c'est elle dont les cheveux noirs flottent au vent de la mer : là voilà qui s'avance, portée sur sa gondole bondissante. O Lélia! est-ce que vous êtes morte? Est-ce que c'est votre fantôme que je vois passer? Est-ce que vous êtes fée, ou démon, ou sylphide? Magnus m'avait bien dit que vous étiez deux!... »

Sténio se pencha tout à fait hors de la fenêtre, et oublia la femme masquée qui était près de lui, pour ne plus regarder que la femme semblable à Lélia de voix, d'attitude, de taille et de costume, qu'il voyait venir sur les ondes.

Quand la barque qui la portait fut au pied du pavillon, le jour était pur et brillant sur les flots. Lélia se tourna tout à coup vers Sténio, et lui montra son visage en lui faisant un signe d'amicale moquerie.

Il y eut dans son sourire tant de malice et de cruelle insouciance, que Sténio soupçonna enfin la vérité.

« Celle-ci est bien Lélia! s'écria-t-il; oh! oui, celle qui passe devant moi comme un rêve et qui s'éloigne en me jetant un regard d'ironie et de mépris! Mais celle qui m'a enivré de ses caresses, celle que j'ai pressée dans mes bras en l'appelant mon âme et ma vie, qui est-elle donc? Maintenant, Madame, dit-il en s'approchant du domino bleu d'un air menaçant, me direz-vous votre nom et me montrerez-vous votre visage?

— De tout mon cœur, répondit la courtisane en se démasquant. Je suis Zinzolina la courtisane, Pulchérie, la sœur de Lélia; je suis Lélia elle-même, puisque j'ai possédé le cœur et les sens de Sténio pendant toute une heure. Allons, ingrat, ne me regardez pas ainsi d'un air égaré. Venez baiser mes lèvres, et souvenez-vous du bonheur dont vous m'avez remerciée à genoux.

— Fuyez! s'écria Sténio furieux en tirant son stylet, ne restez pas un instant de plus devant moi; car je ne sais pas de quoi je suis capable. »

Zinzolina s'enfuit; mais, en traversant la terrasse qui était sous les fenêtres du pavillon, elle cria d'un ton moqueur :

« Adieu, Sténio le poëte! nous sommes fiancés maintenant : nous nous reverrons! »

XXXVIII.

Lélia, vous m'avez cruellement trompé! Vous vous êtes jouée de moi avec un sang-froid que je ne puis comprendre. Vous avez allumé dans mes sens un feu dévorant que vous ne vouliez pas éteindre. Vous avez appelé mon âme sur mes lèvres, et vous l'avez dédaignée. Je ne suis pas digne de vous, je le sais bien; mais ne pouvez-vous pas vivre par générosité? Si Dieu vous a faite pareille à lui-même, n'est-ce pas pour que vous suiviez son exemple sur la terre? Si vous êtes un ange envoyé du ciel parmi nous, au lieu d'attendre que nos pieds gravissent les sommets où vous marchez, votre devoir n'est-il pas de nous tendre la main, et de nous enseigner la route que nous ignorons?

Vous avez compté sur la honte pour me guérir; vous avez cru qu'en me réveillant dans les bras d'une courtisane je serais éclairé d'une soudaine lumière. Vous espériez, dans votre sagesse inexorable, que mes yeux se dessilleraient enfin, et que je n'aurais plus qu'un dédaigneux mépris pour les joies que vous bras m'avaient promises, et que vous avez remplacées par les caresses lascives de votre sœur. Eh bien! Lélia, votre espérance est déçue. Mon amour est sorti victorieux et pur de cette épreuve. Mon front n'a pas gardé l'empreinte des baisers de Pulchérie : il ne rougira pas. Je me suis endormi en murmurant votre nom. Votre image était dans tous mes rêves. Malgré vous, malgré vos mépris, vous étiez à moi tout entière! Je vous ai possédée, je vous ai profanée!...

Pardonne à ma douleur, ô ma bien-aimée! pardonne à ma colère sacrilége. Ingrat que je suis, ai-je le droit de t'adresser un reproche? Puisque n[...] baisers n'ont pas réchauffé le marbre de tes lèvres, c[...]que je ne méritais pas un pareil miracle. Mais au moins dis-moi, je t'en conjure à genoux, dis-moi quelles craintes ou quels soupçons t'éloignent de moi? Crains-tu de m'obéir en me cédant? Penses-tu que le bonheur fera de moi un maître impérieux? Si tu doutes, ô ma Lélia! si tu doutes de mon éternelle reconnaissance, alors je n'ai plus qu'à pleurer et à prier Dieu pour qu'il te fléchisse; car ma langue se refuse à de nouveaux serments.

Tu me l'as dit souvent, et je n'avais pas besoin de tes révélations, je l'avais deviné : les hommes ont éprouvé sévèrement ta confiance et ta crédulité. Ton cœur a été sillonné de profondes blessures. Il a saigné longtemps, et ce n'est pas merveille si tes plaies, en se refermant, l'ont recouvert d'insensibles cicatrices. Mais tu ne sais donc pas, mon amour, que je t'aime pour les souffrances de ta vie passée? Tu ne sais donc pas que j'adore en toi l'âme inébranlable qui a subi sans plier les orages de la vie? Ne m'accuse pas de méchanceté; si tu avais toujours vécu dans le calme et la joie, je sens que je t'aimerais moins. Si quelqu'un est coupable de mon amour, c'est Dieu sans doute; car c'est lui qui a mis dans ma conscience l'admiration et le culte de la force, la dévotion pour le courage; c'est lui qui m'ordonne de m'incliner devant toi. Tes souvenirs expliquent assez ta défiance. En m'aimant tu crains d'aliéner ta liberté, tu crains de perdre un bien qui t'a coûté tant de larmes. Mais, dis-moi, Lélia, que fais-tu de ce trésor dont tu es si fière? Depuis que tu as réussi à concentrer en toi-même l'activité dévorante de tes facultés, es-tu plus heureuse? Depuis que l'humanité n'est plus rien à tes yeux qu'une poussière à qui Dieu permet de s'agiter quelque temps sous tes pieds, la nature est-elle pour toi un plus riche et plus magnifique spectacle? Depuis que tu t'es retirée des villes, as-tu découvert dans l'herbe des champs, dans la voix des eaux, dans le pas majestueux des fleuves, un charme plus puissant et plus sûr? La voix mystérieuse des forêts est-elle plus douce à ton oreille? Depuis que tu as oublié les passions qui nous agitent, as-tu surpris le secret des nuits étoilées? Converses-tu avec d'invisibles messagers qui te consolent par leurs confidences de notre faiblesse et de notre indignité? Avoue-le, tu n'es pas heureuse. Tu te pares de ta liberté comme d'un joyau inestimable; mais tu n'as pour te distraire que l'étonnement et l'envie de la foule, qui ne te comprend pas. Tu n'as pas de rôle à jouer parmi nous, et cependant tu es lasse d'oisiveté. Tu ne trouves pas autour de toi une destinée à la taille de ton génie, et tu as épuisé les joies de la réflexion solitaire. Tu as franchi sans trembler les plaines désolées où le vulgaire ne pouvait te suivre : les montagnes que nos yeux osent à peine mesurer, tu en as touché le sommet, et voici que le vertige te prend, tes artères se dilatent et bourdonnent. Tu sens tes tempes se gonfler : tu n'as plus que Dieu où te réfugier, tu n'as plus que son trône où t'asseoir : il faut que tu sois impie ou que tu retombes jusqu'à nous.

Dieu te punit, Lélia, d'avoir convoité sa puissance et sa majesté. Il t'inflige l'isolement pour châtier la témérité de tes ambitions. Il agrandit de jour en jour le cercle de ta solitude pour te rappeler ton origine et ta mission. Il t'avait envoyé pour bénir et pour aimer; il avait répandu sur tes blanches épaules les tresses parfumées de tes cheveux pour essuyer nos larmes; il avait surveillé d'un œil jaloux la fraîcheur veloutée de tes lèvres qui devaient sourire, l'humide éclat de tes yeux qui devaient réfléchir le ciel et nous le montrer. Tous ces dons précieux que tu as détournés de leur usage, il t'en demande compte aujourd'hui. Qu'as-tu fait de ta beauté? Crois-tu donc que le Créateur t'ait choisie entre toutes les femmes pour pratiquer la moquerie et le dédain, pour railler les amours sincères, pour nier les serments, pour refuser les promesses, pour désespérer la jeunesse crédule et confiante?

Tu me l'as dit souvent, et je le crois : il y a dans ton âme des mystères que je ne puis pénétrer, des replis obscurs ... mon œil ne peut sonder. Mais du jour où tu m'aimeras, Lélia, je te saurai tout entière; car, tu ne l'ignores pas, et, si jeune que je sois dans la vie, j'ai le droit de l'affirmer, l'amour, comme la religion, révèle et illumine bien des voies cachées que la raison ne soupçonne pas. Du jour où nos deux âmes s'uniraient dans une sainte communion, Dieu nous montrerait l'un à l'autre : je lirais dans ta conscience aussi clairement que dans la mienne; je te prendrais par la main, et je redescendrais avec toi dans tes jours évanouis; je compterais les épines qui l'ont blessée, j'apercevrais sous tes cicatrices le sang qui a ruisselé, et je les presserais de mes lèvres, comme s'il coulait encore.

Gardez votre amitié pour Trenmor, votre amitié lui suffit; car il est fort, il est purifié par l'expiation, il marche d'un pas ferme et sait le but de son pèlerinage. Mais moi, je n'ai pas la volonté qui fait la grandeur et l'énergie du rôle viril; je n'ai pas l'égoïsme invulnérable qui soumet à ses desseins les passions qui le gênent, les intérêts qui l'embarrassent, les destinées jalouses qui encombrent sa route. Je n'ai jamais nourri au fond du cœur que des désirs élevés, mais irréalisables. Je me suis complu dans le spectacle des grandes choses, et j'ai souhaité que leur société intime et familière ne manquât jamais à mes rêveries. J'ai vécu dans l'admiration des caractères supérieurs, et j'ai senti frémir au dedans de moi-même le besoin impérieux de les imiter et de les suivre; mais, errant sans relâche de désir en désir, mes solitaires méditations, mes prières ferventes n'ont jamais obtenu du Dieu qui m'a créé la force d'accomplir ce que j'avais convoité, ce que j'avais couvé sous l'aile de mes rêves.

C'est pourquoi, ô Lélia! je ne puis douter sans impiété, je ne puis nier sans blasphème que Dieu ne vous ait créée pour éclairer ma route, qu'il ne vous ait choisie parmi ses anges de prédilection pour me conduire au terme marqué d'avance dans ses décrets éternels.

Je remets entre vos mains, non pas le soin entier de ma destinée, car vous avez la vôtre à réaliser, et c'est pour vos forces un assez lourd fardeau; mais ce que je vous demande, ô Lélia! c'est de me laisser vous obéir, c'est de souffrir que ma vie se modèle sur la vôtre, c'est de permettre à mes journées de s'emplir de travail ou de repos, de mouvement ou d'étude, au gré de vos desseins, qui, je le sais, ne seront jamais de frivoles caprices.

A ces humbles prières, que vous aviez devinées cent fois dans mes regards, vous avez répondu par la raillerie et la déception. C'est à vous que je ralliais mes dernières espérances, c'est en vous que je m'étais réfugié. Si vous me manquez, ô Lélia! que deviendrai-je?

XXXIX.

Peut-être, Sténio, que j'ai eu tort envers vous; mais ce tort n'est pas celui que vous me reprochez, et celui dont vous m'accusez, je n'en suis pas coupable. Je ne vous ai pas trompé, je n'ai pas voulu me jouer de vous; j'ai eu peut-être quelques instants de mépris, quelques bouffées de colère à cause de vous et à côté de vous; mais c'était contre la nature humaine, non pas contre vous, pur enfant, que j'étais irritée.

Ce n'est point pour vous humilier, encore moins pour vous décourager de la vie, que je vous ai jeté dans les bras de Pulchérie. Je n'ai pas même cherché à vous donner une leçon. Quel triomphe pourrais-je goûter à l'emporter par ma froide raison sur votre candeur inexpérimentée? Vous souffriez, vous aspiriez à la réalisation fatale de votre avenir : j'ai voulu vous satisfaire, vous délivrer des tourments d'une attente vague et d'une ignorante inquiétude. Maintenant est-ce ma faute si, dans votre imagination riche et féconde, vous aviez attribué à ces choses plus de valeur qu'elles n'en ont? Est-ce ma faute si votre âme, comme la mienne, comme celle de tous les hommes, possède des facultés immenses pour le désir, et si vos sens sont bornés pour la joie? Suis-je responsable de l'impuissance misérable de l'amour physique à calmer et à guérir l'ardeur exaltée de vos rêves?

Je ne puis ni vous haïr ni vous mépriser pour avoir subi à mes pieds le délire des sens. Il ne dépendait pas de votre âme de dépouiller le cadre grossier où Dieu l'a exilée. Et vous étiez trop jeune, trop ignorant pour discerner les vrais besoins de cette âme poétique et sainte des aspirations menteuses de la matière. Vous avez pris pour un besoin du cœur ce qui n'était qu'une fièvre du cerveau. Vous avez confondu le plaisir avec le bonheur. Nous faisons tous de même avant de connaître la vie, avant de savoir qu'il n'est pas donné à l'homme de réaliser l'un par l'autre.

Cette leçon, ce n'est pas moi, c'est la destinée qui vous la donne. Pour moi, dont le cœur maternel était glorieux de votre amour, j'ai dû me refuser à l'humiliante complaisance de vous la donner; et, si dans les bras d'une femme vous deviez rencontrer votre première déception, j'ai eu le droit de vous remettre aux bras de celle qui voulait vous la fournir.

Mais d'ailleurs quelle profanation ai-je donc commise en vous livrant aux caresses d'une femme belle et jeune, qui, en vous prenant, s'est donnée à vous sans dégradation, sans marché? Pulchérie n'est point une courtisane vulgaire. Ses passions ne sont pas feintes, son âme n'est pas sordide. Elle s'inquiète peu des engagements imaginaires d'un amour durable. Elle n'adore qu'un Dieu, et ne sacrifie qu'à lui : ce dieu, c'est le plaisir. Mais elle a su le revêtir de poésie, d'une chasteté cynique et courageuse. Vos sens appelaient le plaisir qu'elle vous a donné. Pourquoi mépriser Pulchérie parce qu'elle vous a satisfait?

A mesure que je vis, je ne puis me refuser à reconnaître que les idées adoptées par la jeunesse sur l'exclusive ardeur de l'amour, sur la possession absolue qu'il réclame, sur les droits éternels qu'il revendique, sont fausses ou tout au moins funestes. Toutes les théories devraient être admises, et j'accorderais celle de la fidélité conjugale aux âmes d'exception. La majorité a d'autres besoins, d'autres puissances. A ceux-ci la liberté réciproque, la mutuelle tolérance, l'abjuration de tout égoïsme jaloux. — A ceux-là de mystiques ardeurs, des feux longtemps couvés dans le silence, une longue et voluptueuse réserve. — A d'autres enfin le calme des anges, la chasteté fraternelle, une éternelle virginité. Toutes les âmes sont-elles semblables? Tous les hommes ont-ils les mêmes facultés? Les uns ne sont-ils pas nés pour l'austérité de la foi religieuse, les autres pour les langueurs de la volupté, d'autres pour les travaux et les luttes de la passion, d'autres enfin pour les rêveries vagues de la poésie? Rien n'est plus arbitraire que le sens du *véritable amour*. Tous les amours sont vrais, qu'ils soient fougueux ou paisibles, sensuels ou ascétiques, durables ou passagers, qu'ils mènent les hommes au suicide ou au plaisir. Les amours *de tête* conduisent à d'aussi grandes actions que les amours *de cœur*. Ils ont autant de violence, autant d'empire, sinon autant de durée. L'amour des sens peut être anobli et sanctifié par la lutte et le sacrifice. Combien de vierges voilées ont, à leur insu, obéi à l'impulsion de la nature en baisant les pieds du Christ, en répandant de chaudes larmes sur les mains de marbre de leur céleste époux! Croyez-moi, Sténio, cette déification de l'égoïsme qui possède et qui garde, cette loi de mariage moral dans l'amour, est aussi folle, aussi impuissante à contenir les volontés, aussi dérisoire devant Dieu que celle du mariage social l'est maintenant aux yeux des hommes.

N'essayez donc pas de me changer : cela n'est pas en mon pouvoir, et le vôtre échouerait misérablement dans cette tentative. Si je suis la seule femme que vous puissiez aimer, soyez mon enfant, restez dans ma vie, j'y consens. Je ne vous manquerai pas, si vous ne m'y forcez pas à m'éloigner dans la crainte de vous être nuisible. Vous le voyez, Sténio, votre sort est dans vos mains. Contentez-vous de ma tendresse épurée, de mes platoniques embrassements. J'ai essayé de vous aimer comme une amante, comme une femme. Mais quoi! le rôle de la femme se borne-t-il aux emportements de l'amour?

Les hommes sont-ils justes quand ils accusent celle qui répond mal à leurs transports de déroger aux attributs de son sexe? Ne comptent-ils pour rien les intelligentes sollicitudes des sœurs, les sublimes dévouements des mères? Oh! si j'avais eu un jeune frère, je l'aurais guidé dans la vie, j'aurais tâché de lui épargner les douleurs, de le préserver des dangers. Si j'avais eu des enfants, je les aurais nourris de mon sein; je les aurais portés dans mes bras, dans mon âme; je me serais pour eux soumise sans effort à tous les maux de la vie: je le sens bien, j'aurais été une mère courageuse, passionnée, infatigable. Soyez donc mon frère et mon fils; et, que la pensée d'un hymen quelconque vous semble incestueuse et fantasque, chassez-la comme on chasse ces rêves monstrueux qui nous troublent la nuit, et que nous repoussons sans effort et sans regret au réveil. Et puis, il est temps que je vous le dise, Sténio, l'amour ne peut pas être l'affaire de votre vie. Vous tenteriez en vain de vous isoler et de trouver le bonheur dans la possession exclusive d'un être de votre choix. Le cœur de l'homme ne peut vivre de lui-même, il faut qu'il se nourrisse d'aliments plus variés. Hélas! je vous parle un langage que je n'ai jamais voulu entendre, mais que vous me parleriez bientôt si je voulais vous faire partager l'erreur de ma jeunesse. J'ai hésité jusqu'ici à vous entretenir de vos devoirs. Pendant si longtemps je me suis persuadé que l'amour était le plus sacré de tous!... Mais je sais que je me suis trompée, et qu'il y en a d'autres. Du moins, à défaut de cet idéal, il y en a un autre pour les hommes... J'ose à peine vous en parler. Vous me le défendez pourtant; vous voulez que je vous éclaire, que je vous guide, que je vous fasse grand! Eh bien, je n'ai qu'un moyen de répondre à votre attente: c'est de vous remettre entre les mains d'un homme réellement vertueux; et vous pouvez m'en croire, moi, sceptique! D'ailleurs, le seul nom de cet homme vous conviendra. Vous m'avez souvent parlé avec enthousiasme de Valmarina, vous m'avez pressée de questions auxquelles je n'ai pas voulu répondre. Dans vos jours de tristesse et de découragement, vous vouliez l'aller joindre et vous associer à ses mystérieux travaux. J'ai toujours éludé vos prières. Il me semblait que le moment n'était pas venu; mais aujourd'hui je crois que vous n'aurez plus pour moi le genre d'amour exalté qui vous eût rendu incapable d'une ferme résolution. Allez trouver cet apôtre d'une foi sublime. Je suis plus liée à son sort et plus initiée à ses secrets que je n'ai voulu vous l'avouer. Un mot de ma bouche vous affranchira de toutes les épreuves qu'il vous faudrait subir pour arriver à son intimité. Ce mot est déjà prononcé. Valmarina vous attend.

Puisque je renonce à l'espoir de vous rendre heureux selon votre espoir, puisque vous n'avez pas trouvé dans l'enivrement du plaisir une distraction à vos souffrances, jetez-vous dans les bras d'un père et d'un ami. Lui seul peut vous donner la force et vous enseigner les vertus auxquelles vous aspirez. Ma tendresse veillera sur vous et grandira avec vos mérites.

Acceptez ce contrat. Mettez avec confiance votre main dans les nôtres. Appuyez-vous avec calme sur nos épaules prêtes à vous soutenir. Mais ne vous faites plus illusion, n'espérez plus me rajeunir au point de m'ôter le discernement et la raison. Ne brisez pas le lien qui fait votre force, ne renversez pas l'appui que vous invoquez. Appelez, si vous voulez, du nom d'amour l'affection que nous avons l'un pour l'autre; mais que ce soit l'amour qu'on connaît au séjour des anges, là où les âmes seules brûlent du feu des saints désirs.

XL.

Eh bien, soyez maudite, car je suis maudit! et c'est vous dont la froide haleine a flétri ma jeunesse dans sa fleur. Vous avez raison, et je vous entends fort bien, madame, vous avouez que j'ai besoin de vous, mais vous déclarez que vous n'avez pas besoin de moi. De quoi puis-je me plaindre? Ne sais-je pas bien que cela est sans réplique! Vous aimez mieux rester dans le calme où vous prétendez être que descendre à partager mes ardeurs, mes tourments, mes orages. Vous avez beaucoup de sagesse et de logique, en vérité, et, loin de discuter avec vous, je fais silence et vous admire.

Mais je puis vous haïr, Lélia; c'est un droit que vous m'avez donné, et dont je prétends bien user. Vous m'avez fait assez de mal pour que je vous consacre une éternelle et profonde inimitié; car, sans avoir eu aucun tort réel envers moi, vous avez trouvé le moyen de m'être funeste et de m'ôter le droit de m'en plaindre. Votre froideur vous a placée vis-à-vis de moi dans une position inattaquable, tandis que ma jeunesse et mon exaltation me livraient à vous sans défense. Vous n'avez pas daigné avoir pitié de moi, cela est simple; pourquoi en serait-il autrement? Quelle sympathie pouvait exister entre nous? Par quels travaux, par quelles grandes actions, par quelle supériorité vous avais-je mérité? Vous ne me deviez rien, et vous m'avez accordé cette facile compassion qui fait qu'on détourne la tête en passant auprès d'un homme saignant et blessé. N'était-ce pas déjà beaucoup? n'était-ce pas du moins assez pour prouver votre sensibilité?

Oh! oui, vous êtes une bonne sœur, une tendre mère, Lélia! Vous me jetez aux bras des courtisanes avec un désintéressement admirable; vous brisez mon espérance, vous détruisez mon illusion avec une sévérité vraiment bien majestueuse; vous m'annoncez qu'il n'est point de bonheur pur, point de chastes plaisirs sur la terre; et, pour me le prouver, vous me repoussez de votre sein, qui semblait m'accueillir et me promettre les joies du ciel, pour m'envoyer dormir sur un sein encore chaud des baisers de toute une ville. Dieu a été sage, Lélia, de ne point vous donner d'enfant; mais il a été injuste envers moi en me donnant une mère telle que vous!

Je vous remercie, Lélia. Mais la leçon est assez forte, ne m'en faut pas une de plus pour atteindre à la sagesse. Me voici éclairé, me voici désabusé de toutes choses; me voici vieux et plein d'expérience. Au ciel sont toutes les joies, tous les amours. A la bonne heure. Mais, en attendant, acceptons la vie avec toutes ses nécessités, la jeunesse fébrile, le désir fougueux, le besoin brutal, le vice effronté, paisible, philosophique. Faisons deux parts de notre être: l'une pour la religion, pour l'amitié, pour la poésie, pour la sagesse; l'autre pour la débauche et l'impureté. Sortons du temple, allons oublier Dieu sur le lit de Messaline. Parfumons nos fronts et vautrons-nous dans la fange; aspirons dans le même jour à l'immaculation des anges, et résignons-nous à la grossièreté des animaux. Mais moi, Madame, je l'entends mieux que vous. Je vais plus loin: j'adopte toutes les conséquences de votre précepte. Incapable de partager ainsi ma vie entre le ciel et l'enfer, trop médiocre, trop incomplet pour passer de la prière à l'orgie, de la lumière aux ténèbres, je renonce aux joies pures, aux extases divines; je m'abandonne au caprice de mes sens, aux ardeurs de mon sang embrasé. Vivent la Zinzolina et celles qui lui ressemblent. Vivent les plaisirs faciles, les ivresses qu'il n'est besoin de conquérir ni par l'étude, ni par la méditation, ni par la prière! Vraiment oui, ce serait folie que de mépriser les facultés de la matière. N'ai-je pas goûté dans les bras de votre sœur un bonheur aussi réel que si j'avais été dans les vôtres? Ai-je connu mon erreur? M'en suis-je seulement douté un instant? Par le ciel, non! Rien ne m'a retenu au bord de ma chute; aucun secret pressentiment ne m'a averti du perfide échange que vous faisiez en riant sous mes yeux aveuglés. Les grossières émanations d'une folle joie m'ont enivré autant que les suaves parfums de ma maîtresse. Dans ma brutale ardeur, je n'ai pas distingué Pulchérie de Lélia! J'étais égaré, j'étais ivre; j'ai cru presser contre ma poitrine le rêve de mes nuits ardentes, et, loin d'être glacé par le contact d'une tendresse inconnue, je me suis abreuvé d'amour; j'ai béni le ciel, j'ai accepté la plus méprisable substitution avec des transports, avec des sanglots; j'ai possédé Lélia dans mon âme, et ma bouche a dévoré Pulchérie sans méfiance, sans dégoût, sans soupçon.

Brava! Madame, vous avez réussi, vous m'avez convaincu. Le plaisir des sens peut exister isolé de tous les plaisirs du cœur, de toutes les satisfactions de l'esprit. Pour vous, l'âme peut vivre sans l'aide des sens. C'est que vous êtes d'une nature éthérée et sublime. Mais moi, je suis un vil mortel, une misérable brute. Je ne puis rester près d'une femme aimée, toucher sa main, respirer son haleine, recevoir au front ses baisers, sans que ma poitrine se gonfle, sans que ma vue se trouble, sans que mon esprit s'égare et succombe. Il faut donc que j'échappe à ces dangers, que je me soustraie à ces souffrances; il faut aussi que je me préserve du mépris de celle que j'aime d'un amour indigne et révoltant. Adieu, Madame, je vous fuis pour jamais. Vous ne rougirez plus d'inspirer les ardeurs dont j'étais consumé à vos pieds.

Mais comme mon âme n'est pas dépravée, comme je ne puis porter, dans les bras des infâmes débauchées que vous me donnez pour amantes, un cœur rempli d'un saint amour; comme je ne puis allier le souvenir des voluptés célestes au sentiment des terrestres voluptés, je veux désormais éteindre mon imagination, abjurer mon âme, fermer mon sein aux nobles désirs. Je veux descendre au niveau de la vie que vous m'avez faite et vivre de réalités, comme jusqu'ici j'ai vécu de fictions. Je suis homme maintenant, n'est-ce pas? J'ai la science du bien et du mal, je puis marcher seul, je n'ai plus rien à apprendre. Restez dans votre repos, j'ai perdu le mien.

Hélas! il est donc bien vrai, j'étais donc un puéril insensé, un misérable fou quand je croyais aux promesses du ciel, quand je m'imaginais que l'homme était aussi bien organisé que les herbes des champs, que son existence pouvait se doubler, se compléter, se confondre avec une autre existence et s'absorber dans les étreintes d'un transport sacré! Je le croyais! Je savais que ces mystères s'accomplissaient à la chaleur du soleil, sous l'œil de Dieu, dans le calice des fleurs, et je me disais: — L'amour de l'homme pur pour la femme pure est aussi suave, aussi légitime, aussi ardent que ceux-là. Je ne me souvenais plus des lois, des usages et des mœurs qui dénaturent l'emploi des facultés humaines et détruisent l'ordre de l'univers. Insensible aux ambitions qui tourmentent les hommes, je me réfugiais dans l'amour, sans songer que la société avait aussi passé par là, et qu'il ne restait pas d'autre ressource aux âmes ardentes que de s'user et de s'éteindre par le mépris d'elles-mêmes au sein de joies factices et d'arides plaisirs.

Mais à qui la faute? N'est-ce pas à Dieu avant tout? Il ne m'était jamais arrivé d'accuser Dieu, et c'est vous, Lélia; qui m'avez appris à m'épouvanter de ses arrêts, à lui reprocher ses rigueurs. Voilà qu'aujourd'hui cette confiante superstition qui m'éblouissait se dissipe. Ce nuage d'or qui me cachait la Divinité s'évanouit. Descendu dans les profondeurs de moi-même, j'ai appris ma faiblesse, j'ai rougi de ma stupidité, j'ai pleuré de rage en voyant la puissance de la matière et l'impuissance de cette âme dont j'étais si fier, dont je croyais le règne si assuré. Voilà que je sais qui je suis, et que je demande à mon maître pourquoi il m'a fait ainsi, pourquoi cette intelligence avide, pourquoi cette imagination orgueilleuse et délicate sont à la merci des plus grossiers désirs; pourquoi les sens peuvent imposer silence à la pensée, étouffer l'instinct du cœur, le discernement de l'esprit.

Ô honte! honte et douleur! Je croyais que les baisers de cette femme me trouveraient aussi froid que le marbre. Je croyais que mon cœur se soulèverait de dégoût en l'approchant; et j'ai été heureux auprès d'elle, et mon âme s'est dilatée en possédant ce corps sans âme!

C'est moi qui suis méprisable, c'est Dieu que je hais, et vous aussi, vous le phare et l'étoile qui m'avez fait connaître l'horreur de ces abîmes, non pour m'en préserver, mais pour m'y précipiter; vous, Lélia, qui pouviez me fermer les yeux, m'épargner ces hideuses vérités, me donner un plaisir dont je n'aurais pas rougi, un bonheur que je n'aurais pas maudit et détesté! Oui,

je vous hais comme mon ennemi, comme mon fléau, comme l'instrument de ma perte! Vous pouviez au moins prolonger mon erreur et m'arrêter encore quelques jours aux portes de l'éternelle douleur, et vous ne l'avez pas voulu! Et vous m'avez poussé dans le vice sans daigner m'avertir, sans écrire à l'entrée: — Laissez l'espérance aux portes de cet enfer, vous qui voulez en franchir le seuil, en affronter les terreurs! J'ai tout vu, tout bravé. Je suis aussi savant, aussi sage, aussi malheureux que vous. Je n'ai plus besoin de guide. Je sais de quels biens je puis faire usage, à quelles ambitions il me faut renoncer: je sais quelles ressources peuvent repousser l'ennui qui dévore là vie. J'en userai, puisqu'il le faut. Adieu donc! Tu m'as bien instruit, bien éclairé, je te dois la science: maudite sois-tu, Lélia!

QUATRIÈME PARTIE.

XLI.

Ce que je vous avais prédit vous arrive: vous ne pouvez pas aimer, et vous ne savez pas vous passer d'amour. Qu'allez-vous faire maintenant? Vous allez mériter tous les reproches que, dans l'amertume de son cœur, le jeune Sténio vous adresse. Vous allez boire les larmes brûlantes des enfants dans la coupe glacée de l'orgueil, Lélia, je ne suis pas de ceux qui vous flattent; je suis peut-être le seul ami véritable que vous ayez. Eh bien! mon estime pour vous diminue depuis quelque temps. Je ne vous vois pas trouver l'issue de ce dédale où votre grandeur vous avait poussée, mais où cette grandeur même ne devait pas vous permettre d'errer aussi longtemps. Je sais toute la peine que vous avez à vivre; je connais toutes les misères attachées à ces vigueurs exceptionnelles; je sais la lutte terrible qu'une intelligence élevée doit soutenir contre les éléments contraires qu'elle engendre de son propre fonds; je sais enfin que là où les volontés sont sublimes, les révoltes sont obstinées. Mais il y a des limites au combat, il y a un terme à l'irrésolution. Une âme comme la vôtre peut se tromper longtemps sur elle-même, et dans un excès d'orgueil prendre ses vices pour des instincts nobles. Un jour doit se lever où la lumière se fasse en elle et pénètre jusque dans ses replis les plus sombres. Jours rares, mais décisifs, que le vulgaire n'en saisit jamais que de pâles reflets aussitôt effacés que perçus, tels que les forts esprits en saluent la splendeur deux ou trois fois au plus dans le cours de leur vie, et en reçoivent une forme nouvelle et durable.

Ces magnifiques réactions de la volonté, ces transformations presque miraculeuses de l'être, vous les connaissez bien, Lélia; Dieu vous avait donné la force, l'éducation vous donna l'orgueil. Un jour vous voulûtes aimer, et, malgré les révoltes de l'orgueil, malgré les souffrances de la force, vous aimâtes, vous vous fîtes femme; vous ne fûtes point heureuse, vous ne deviez pas l'être; mais votre malheur même dut vous grandir à vos propres yeux.

Quand cet amour fut arrivé à son apogée de dévouement et de douleur, vous comprîtes la nécessité de le briser pour recouvrer la puissance de vos volontés, comme vous aviez compris celle de le subir pour accomplir la destinée humaine. Le second jour de votre force vous éclaira pour sortir de l'abîme où le premier vous avait aidée à descendre.

Alors il s'est agi de prendre une direction dans la vie, de fuir à jamais l'abîme, et c'était l'œuvre du troisième jour. Ce jour est encore derrière votre horizon; qu'il y monte donc enfin! Que cette irrésolution cesse, que votre sentier se dessine, et qu'au lieu de tourner sans cesse autour d'un précipice vainement exploré, vos pas se dirigent vers les hauteurs que vous êtes faite pour habiter.

Ne me demandez plus de grâce, mon austère amitié ne vous en fera plus, et je vous condamnerai sans pitié désormais, car dans ma raison vous êtes jugée. L'épreuve a duré assez longtemps, le moment d'en sortir triomphante est venu. Si vous tombez, Lélia, je ne vous traiterai pas comme on dit que les anges déchus furent traités ; car je ne suis pas Dieu, et rien ne doit rompre le lien de l'amitié entre deux créatures humaines qui se sont juré secours et assistance. L'affection véritable doit prendre toutes les formes ; sa voix entonnera tantôt l'hymne triomphal de la résurrection, tantôt la plainte expiatoire des morts : choisissez. Voulez-vous que j'étende sur vous le voile du deuil et que je verse des larmes amères sur votre dégradation, au lieu de vous couronner d'étoiles immortelles et de m'agenouiller devant votre gloire ? Vous aviez mon admiration, voulez-vous de ma pitié ?

Non, non, rompez ces liens qui vous attachent au monde. Vous dites que vous n'y êtes plus qu'un spectre ; vous mentez ; il y a encore, dans le cœur fermé aux passions violentes, la fibre des petites passions que la mort seule peut détendre. Vous êtes vaine, Lélia, ne vous y trompez pas ; votre orgueil vous défend de vous soumettre à l'amour, il devrait vous défendre en mêmetemps d'accepter l'amour d'autrui : alors ce serait un orgueil dont on pourrait vous féliciter ou vous plaindre, mais jamais vous blâmer. Ce plaisir que vous vous donnez d'inspirer l'amour et d'en suivre le ravage dans le cœur des hommes, c'est une satisfaction puérile et coupable de votre amour-propre : faites-la cesser, ou vous en serez punie.

Car, si la justice providentielle est mystérieuse dans ses voies générales, il y a des justices célestes qui s'accomplissent secrètement de Dieu à l'homme, et qui sont inévitables, quelque soin que l'homme ait de les cacher. Si vous prenez trop de plaisir aux hommages, si vous laissez le poison de la flatterie *entrer dans votre cœur par l'oreille*, il vous arrivera bientôt de sacrifier à la satisfaction de ce besoin nouveau plus de votre force que vous ne pensez. Vous vous ferez une nécessité de la société d'hommes médiocres. Vous voudrez voir à vos pieds ceux-là peut-être dont lesquels vous sympathiserez le moins, mais sur lesquels vous voudrez voir l'effet de votre puissance. Vous vous habituerez à l'ennui d'un règne stupide, et cet ennui deviendra votre amusement unique. Vous ne serez plus l'amie de personne, mais la maîtresse de tout le monde !

Oui, la *maîtresse!* que ce mot brutal tombe sur votre conscience de tout son poids ! il y a une sorte de galanterie platonique qui peut satisfaire une femme vulgaire, mais qu'un caractère aussi sérieux que le vôtre doit mépriser profondément, car c'est la prostitution de l'intelligence. Si vous aviez avec l'humanité un lien de chair et de sang, si vous aviez un époux, un amant ; si surtout vous étiez mère, vous pourriez voir se former autour de vous de nombreuses affections, parce que vous tiendriez par mille endroits à la vie de tous ; mais, dans cette solitude que vous vous êtes faite et dont il est trop tard pour sortir, vous serez toujours pour les hommes un objet de curiosité, de méfiance, de haine stupide ou de désirs insensés. Le vain bruit qui se fait autour de vous a dû bien vous lasser ! S'il commence à vous plaire, c'est que vous commencez à déchoir, c'est que vous n'êtes déjà plus vous-même ; c'est que Dieu, qui vous avait marquée du sceau d'une fatalité sublime, voyant que vous voulez quitter l'âpre sentier de la solitude où son esprit vous attendait, se retire de vous et vous abandonne aux mesquins passe-temps du monde.

C'est là le châtiment invisible dont je vous parlais, Lélia ; c'est cette malédiction, insensible d'abord, qui s'étend peu à peu sur nos années comme un voile funèbre ; c'est la nuée dont Moïse enveloppa l'Égypte rebelle à Dieu. Vous souffrez encore, Lélia ; vous sentez encore cet esprit de Dieu qui vous tire en haut. Vous vous compariez l'autre jour à cet homme baigné de sueur froide qui, dans la grande scène de Michel-Ange, s'attache avec désespoir à l'ange chargé de le disputer au démon. Vous êtes restée une heure à contempler, immobile et sombre, cette lutte gigantesque que vous aviez vue déjà cent fois, mais qui vous présente aujourd'hui un sens plus sympathique. Prenez garde que le bon ange ne se lasse, prenez garde que le mauvais ne se cramponne à vos pieds débiles : c'est à vous de décider lequel des deux vous aura.

XLII.

LÉLIA AU ROCHER.

Ainsi parlait Valmarina en marchant lentement avec Lélia dans un sentier des montagnes. Ils étaient sortis à minuit de la ville, et ils s'étaient enfoncés dans les gorges désertes, sous la clarté pleine et douce de la lune. Ils allaient sans but, et pourtant ils marchaient vite. Le voyageur avait peine à suivre cette grande femme pâle qui semblait plus pâle et plus grande cette nuit-là qu'à l'ordinaire. C'était une de ces courses agitées qui ne déplacent que l'imagination, qui n'emportent que l'esprit, et où le corps semble n'avoir point de part, tant on est distrait de toute fatigue physique ; une de ces nuits où l'œil ne s'élève pas vers la voûte éthérée pour y suivre la marche harmonieuse de la constellation, mais où le regard de l'âme descend et pénètre dans les abimes du souvenir et de la conscience ; une de ces heures qui durent toute une vie, et où l'on ne se sent exister que dans l'avenir et le passé.

Lélia levait pourtant vers le ciel un front plus audacieux que de coutume, mais elle ne voyait pas le ciel. Le vent soufflait dans ses cheveux et en rejetait à chaque instant le voile sombre sur son visage sans qu'elle s'en aperçût. Si Sténio l'eût vue en cet instant, pour la première fois il eût surpris l'agitation de son sein et l'inquiétude de son geste. Une sueur froide baignait ses épaules nues ; et son sourcil mobile s'abaissait et se joignait sous son front, dont un nuage semblait avoir obscurci la blancheur immaculée. De temps en temps elle s'arrêtait, croisait les bras sur sa poitrine ardente, et toisait son compagnon d'un regard sombre : on eût dit que la colère céleste allait éclater en elle.

Cependant, quand il s'interrompait, effrayé de l'effet de ses remontrances et craignant d'outre-passer le but, elle retrouvait, comme par magie, toute sa sérénité hautaine ; et, souriant de la timidité affectueuse de son ami, elle lui faisait signe de continuer son discours et sa marche.

Quand il eut fini de parler, elle attendit encore longtemps qu'il ajoutât quelque chose, puis elle s'assit sur une roche escarpée à un des sommets de la montagne, et laissa convulsivement ses grands bras roidis par le désespoir vers les impassibles étoiles.

« Vous souffrez ! lui dit son ami avec tristesse ; je vous ai fait du mal.

— Oui, répondit-elle en laissant retomber ses bras de marbre sur ses genoux, vous avez fait du mal à mon orgueil, et je m'écrierais volontiers avec les héros de Calderon : Ô mon honneur, vous êtes malade !

— Vous savez que ces maladies de l'orgueil se traitent par des moyens violents ? dit Valmarina.

— Je le sais ! dit-elle en étendant la main pour lui commander le silence. »

Puis elle monta sur la crête du rocher, et, debout sur ce piédestal immense, dessinant sa haute taille aux reflets de la lune, elle se prit à rire d'un rire affreux, et Valmarina lui-même eut peur d'elle.

« Pourquoi riez-vous ? lui dit-il d'un ton sévère, est-ce que l'esprit du mal l'emporte ? Il me semble que je vois de voir votre bon ange s'envoler au bruit de ce rire amer et discordant.

— Il n'y a pas de mauvais ange ici, dit Lélia ; et, quant à mon bon ange, je me le serai à moi-même. Lélia saura sauver Lélia. Celui qui s'envole épouvanté par ce rire d'anathème et d'adieu, c'est l'esprit tentateur, le fantôme qui avait revêtu une face d'ange, c'est celui que ma raillerie méprisante salue là-bas, c'est Sténio, le poëte sacré, qui soupe cette nuit chez les filles de joie. »

Valmarina, abaissant ses regards vers les lointains horizons de la vallée, aperçut les lumières pâlissantes de la ville et le palais de la courtisane Pulchérie qui flamboyait de tout l'éclat d'une orgie nocturne.

En reportant son attention sur Lélia, il la vit assise et baignée de larmes.

« Malheureuse femme, lui dit-il, la jalousie vient d'entrer dans ton cœur.

— Dites plutôt, homme insensé, qu'elle vient d'en sortir, répondit-elle ; je pleure une illusion et non pas un homme. Sténio n'a jamais existé ! c'était une création de ma pensée. Oh ! qu'elle était belle ! Il faut que je sois un grand artiste, un habile ouvrier, pour avoir produit cette figure céleste ! Raphaël et Michel-Ange, fondus l'un dans l'autre, n'eussent jamais rien fait d'aussi beau que ce qui était là. »

Et Lélia passa la main sur ce grand pli qui traversait son front dans ses heures d'extrême souffrance.

« J'ai beau l'y chercher maintenant, dit-elle, elle n'y est plus qu'une ombre pâlissante prête à rentrer dans la nuit du néant. Le vent de la mort a brisé ce lis de l'Éden. Le souffle de Pulchérie a tué mon Sténio. Il y a là-bas un spectre effaré qui hurle dans une taverne ; comment l'appelle-t-on maintenant ?

O mon poëte ! je t'ensevelirai dans un tombeau digne de toi, dans un tombeau plus froid que le marbre, plus impénétrable que l'airain, plus caché que le diamant dans la pierre. Je t'ensevelirai dans mon cœur !

Et toi, spectre ! lève ton bras chancelant. Porte à ta lèvre souillée la coupe d'onyx de la bacchante ! Bois par défi à la santé de Lélia ! raille l'orgueilleuse insensée qui méprise les lèvres charmantes et la chevelure parfumée d'un si beau jeune homme. Va, Sténio ! ce corps ne sera bientôt plus qu'une outre propre à contenir les cinquante-sept espèces de vins de l'Archipel. Déjà c'est une amphore vide, un fragile albâtre où le sang du cœur ne circule plus, où le feu de l'âme s'est éteint, et qui va tomber en éclats parmi les débris d'hommes et de coupes brisées sous la table de Pulchérie.

Merci, ô mon Sténio ! tu m'as sauvée. Tu m'as empêchée de répandre la fange des passions vulgaires sur cette neige impolluée, sur cette glace éclatante où Dieu m'avait ensevelie. Grâce à toi, je ne suis pas sortie de mon palais de cristal. Quand tu m'as vue me risquer sur le seuil, tu t'es envolé en souriant vers les cieux, ô mon doux songe ! en jetant à l'impureté une robe souillée qu'elle couvre de baisers infâmes, et qu'elle croit être Sténio !

— Calmez ce délire, dit Valmarina en tâchant d'arracher Lélia à ce rocher qui semblait être pour elle le trépied de la pythonisse, et où il craignait que sa raison ne s'égarât entièrement.

— Laisse donc, laisse ! homme de petite patience et de lentes transactions, s'écria-t-elle en le repoussant. Pour toi, la force est l'œuvre de toute une vie, n'est-ce pas ? Apprends que pour Lélia c'est l'œuvre d'une seule nuit. Va, tu crains rien de mon délire ; je descendrai de ce rocher, la ménade que tu vois sera la plus chaste et la plus calme des vestales. Laisse-moi dire adieu à un monde qui s'écroule, à un soleil qui s'efface. L'esprit de l'homme est une image abrégée, mais fidèle et complète, de l'infini. Quand un de ses foyers de vie s'éteint, il s'en rallume un autre plus brillant ; c'est que ce principe appartient à Dieu seul. Lélia n'est pas foudroyée parce qu'un homme l'a maudite. Il lui reste son propre cœur, et ce cœur renferme le sentiment de la Divinité, l'intuition et l'amour de la perfection ! Depuis quand perd-on la vue du soleil parce qu'un des atomes que son rayon avait embrasés est rentré dans l'ombre ? »

Elle s'assit et redevint muette et immobile comme une statue. Le travail intérieur n'était pas plus visible en elle que le mouvement d'une montre au travers du métal qui le cache. Valmarina la contempla longtemps avec admiration et respect. Il n'y avait en elle, à ce moment-là, rien d'humain, rien de sympathique. Elle

était belle et froide comme la force. Elle ressemblait à ces grands lions de marbre blanc du Pirée, qui, à force de regarder les flots, semblaient avoir acquis la puissance de les dompter.

— Vous dites qu'en entrant dans le boudoir de ma sœur, et qu'en y voyant mon buste, il a jeté sa coupe pleine de vin sur ce pauvre visage de marbre ? Vous dites qu'il a allumé le punch avec ma dernière lettre ? »

Lélia fit ces questions avec calme, et voulut savoir les détails de cette colère de jeune homme, dont Valmarina avait été témoin quelques heures auparavant.

« Je m'attachais à vous raconter ces choses, lui répondit-il, lorsque je croyais qu'elles ne serviraient qu'à allumer votre colère, et à vous rendre la fermeté dont vous avez trop longtemps manqué. Mais les larmes que je vous ai vue répandre tout à l'heure me font craindre de vous avoir blessée plus profondément que je ne voulais.

— Ne craignez rien, dit-elle, il y a trois jours que je ne l'aime plus. C'est sur lui que j'ai pleuré et non pas sur moi. Ne croyez pas que son vain dépit et ses folles insultes me touchent. Ce n'est pas là que je me sens outragée : c'est dans le pavillon d'Aphrodise, il y a maintenant quatre nuits, que l'outrage a été consommé ; c'est lorsqu'il a pris la main d'une courtisane pour ma main, sa bouche pour ma bouche, son sein pour mon sein : c'est lorsqu'il s'est écrié : — Qu'as-tu donc ce soir, ma bien-aimée ? Je ne t'ai jamais vue ainsi. Tu m'enivres d'un bonheur dont je n'avais pas l'idée ; ton haleine m'embrase. Reste ainsi, c'est d'à présent seulement que je t'aime ; jusqu'ici je n'ai aimé qu'une ombre !

— Vouliez-vous qu'il eût le don de magie pour déjouer la tromperie cruelle à laquelle vous vous étiez prêtée ?

— Prêtée ! moi ? Oh non ! Dieu m'est témoin qu'en le suivant dans ces couloirs sombres où l'insensée l'entraînait, je ne pensais pas qu'il en serait ainsi. J'avais vu sa résistance, je croyais être témoin de sa victoire. Pensez-vous que j'allais là pour assister à leurs embrassements ? Le ciel me soit témoin encore de ceci ! je l'aimais, hélas ! oui, je l'aimais, cet enfant gracieux et doux ! et j'avais résolu souvent de vaincre mes terreurs, et de m'essayer avec lui un hymen sanctifié par de nobles convenances. Celui-là, me disais-je, n'est-il pas mon frère, le rêveur, l'idéaliste, le poëte sacré qui pourrait ennoblir et déifier ma vie ? Puis, je voulais encore tenter sa constance et la force de son cœur par quelques épreuves, par la crainte de me perdre, par l'absence ; et je ne prenais pas un plaisir cruel, comme vous l'avez dit, à le faire souffrir pour ma gloire. Je souffrais moi-même plus que lui de son attente et de son effroi. Mais je savais comme l'amour cesse en moi ! Je me souvenais du jour où le dégoût et la honte avaient balayé mon premier amour de ma mémoire, comme le vent balaie l'écume des flots. Je voyais, je croyais voir dans Sténio une passion si vraie, que mon indifférence devait briser sa vie ; et je ne voulais pas faire naître en lui la plus légère espérance sans être sûre de ne pas la lui ravir le lendemain. Aussi, comme je l'examinais ! Avec quelle amoureuse et maternelle sollicitude j'observais les instincts et les dispositions de ce disciple bien-aimé ! Je voulais lui enseigner l'amour, folle que j'étais ! je voulais lui apprendre tout ce que je savais des ravissements et des délicatesses de la pensée, en retour de ce qu'il m'eût rappris des ardeurs du sang et des délices de la jeunesse... Oh ! je fis don de ne pas me presser et de donner attention au développement de cette plante si précieuse ! Hélas ! elle avait un ver dans le cœur, et le démon de l'impureté n'a eu qu'à souffler dessus pour qu'elle tombât dans la fange. Les voilà donc, ces êtres si délicatement organisés, ces maîtres ès-arts de la volupté, ces prêtres de l'amour ! Ils nous accusent d'être de froides statues, et eux, ils n'ont qu'un sens, celui qu'on ne peut pas nommer ! Ils disent que nos mains sont glacées ; les leurs sont si épaisses, qu'elles ne distinguent pas la chevelure de leur maîtresse d'avec celle de la première femme qu'on leur présente ! Ils ouvrent tous leurs pores à la plus grossière méprise.

Un petit page entra tout effaré. (Page 78.)

Le plus mince voile, la plus belle nuit d'été , suffisent pour frapper leurs yeux comme leur esprit d'une cécité stupide ; leur oreille s'abuse complaisamment et croit retrouver le son d'une voix chérie dans une voix inconnue... Il suffit qu'une femme quelconque baise leur bouche, pour qu'un nuage s'étende sur leur vue, pour qu'un bourdonnement s'élève dans leur oreille, pour qu'un trouble divin, pour qu'un désordre sublime les précipite avec délices dans un abîme de prostitution !

Ah! laissez-moi rire de ces poëtes sans muse et sans Dieu , de ces fanfarons misérables qui comparent leurs sens aux subtiles émanations des fleurs, leurs embrassements aux magnifiques conjonctions des astres! Encore mieux valent ces débauchés sincères qui nous disent tout de suite ce qui doit nous dégoûter d'eux!

« Ah! Lélia! dit Valmarina , toute cette indignation est de la jalousie, et la jalousie, c'est l'amour!

—Non pas pour moi , répondit-elle en passant de la colère brûlante au plus froid dédain. La jalousie tue l'amour du premier coup dans les âmes fières. Je n'entre pas en lutte avec des champions indignes de moi. J'ai souffert, j'en conviens, j'ai souffert horriblement

pendant une heure. J'étais dans ce cabinet , j'étais presque entre eux. Je parlais alternativement avec ma sœur, et il ne s'apercevait pas de la différence de nos voix et de nos paroles. Il saisissait quelquefois ma main , et il la quittait aussitôt pour reprendre par instinct et machinalement cette main souillée qui lui semblait bien plus mienne. Ah! je le voyais, moi; d'où vient donc qu'il ne me voyait pas? Je l'ai vu presser Pulchérie sur son cœur, et je n'ai eu que le temps de fuir; ses soupirs étouffés, ses cris d'amour et de triomphe m'ont poursuivie jusque dans les jardins. Cela me faisait l'effet d'une agonie; et, quand j'ai vu passer les gondoles, je me suis élancée dans la première venue pour quitter ce sol empoisonné qui venait de donner la mort à Sténio.

—Vous étiez bien pâle, Lélia, lorsque vous vîntes tomber près de moi dans la barque, et je crus que vous alliez mourir vous-même. Ah! malheureuse! consultez bien vos forces avant d'écouter votre colère.

— Je n'ai de colère que contre vous, qui me comprenez si peu. Perdre un enfant qu'on a nourri de son lait et porté tout un an attaché à son sein, n'est pas plus cruel au cœur d'une mère que ne me l'a été le détache-

La princesse Claudie.

ment soudain et terrible qui s'est opéré à ce moment entre Sténio et moi. Mais le jour se levait lorsque je me jetai mourante dans la gondole, et le disque du soleil était à peine sorti en entier de la mer lorsque, debout à la proue, je chantais d'une voix éclatante cet air de *bravura* qu'on m'avait demandé. Tous les dilettanti qui se trouvaient là ont déclaré que je n'avais jamais chanté avec tant de puissance; et la puissance ne réside pas seulement dans le poumon, que je sache : elle prend, je crois, sa source un peu plus haut.

— Ah! tête de fer! vous vous briserez contre l'arc de triomphe que vous vous édifiez.

— Je ferai cet arc si beau et si vaste, qu'il y aura de la place pour Satan lui-même, s'il veut y passer. Trouvez-vous que j'aie montré depuis ces trois jours un instant de dépit à Pulchérie ou à Sténio? N'ai-je pas essayé de consoler celui-ci de sa honte, et d'ennoblir celle-là aux yeux du poëte? N'ai-je pas offert à l'enfant mon éternelle amitié, mes sollicitudes et ma direction maternelle?

— Et pourquoi êtes-vous agitée à cette heure? Parce qu'il a persisté à vous demander votre amour, et que, irrité par votre refus, il est cette nuit, par dépit, par fureur, au milieu de l'ivresse et du désespoir, l'amant volontaire de Pulchérie!

— Non pas! Il se tromperait celui qui croirait entrer en lutte avec Lélia. On ne combat point avec les vents de la mer, avec les vagues de l'Océan; et mon orgueil est plus insaisissable à la volonté d'un homme que les flots et les tempêtes. Ce qui m'offense, c'est que vous m'engagiez à prendre ici un parti, comme si je pouvais hésiter, comme si, à la vue d'un cadavre, j'en étais à me demander si je dois le mettre en terre ou dans mon lit! Débarrassons-nous de tout cadavre, et vivons après.

— Et quelle sera cette vie?

— Ceci importe assez peu pour le moment. Laissez-moi le temps d'essuyer mes yeux, d'abaisser le linceul entre la mort et moi; et, pourvu que je le laie oublié dans une heure, vous n'avez rien de plus à me demander. Tenez, Valmarina, voici les belles pléiades qui lancent leur courbe légère sur l'horizon : avant que la dernière d'entre elles ait disparu, il y aura bien du changement dans ce cœur déchiré, dans cette existence ébranlée! Vous vous inquiétiez de me voir dans une mauvaise voie; vous pensiez que je luttais contre de petites passions et de méchants instincts. Vous vous trompiez : j'allais vers un but; la foudre est tombée, elle a emporté le chemin et le but tout ensemble. Laissez-moi le temps de soulever quelques débris qui ont roulé jusque sur moi et de m'écarter de ce chemin maudit.

— Il y a plus d'un chemin, mais il n'y a qu'un but pour vous, dit Valmarina. Vous croyez que la solitude peut vous y conduire; mais méfiez-vous de la colère pour compagnon de voyage. Si le regret venait à vous atteindre un jour, quel que fût votre calme extérieur, quel que fût le triomphe de votre amour-propre, cet orgueil dont vous faites votre palladium, et que je respecte en vous parce que je l'ai vu être le mobile de vos meilleures actions, cet orgueil auquel vous sacrifiez tout serait-il pleinement satisfait?

— Cela se passerait entre Dieu et moi. Lui seul serait témoin de ma souffrance, et mon orgueil s'arrête à lui...

— Dieu! Oui, sans doute; mais croyez-vous bien en lui, Lélia?

— Si j'y crois! Et ne voyez-vous pas que je ne puis rien aimer sur la terre! Expliquez-vous cela comme l'explique peut-être le chaste Sténio à l'heure qu'il est, en commentant avec Zinzolina les causes de ma froideur? Ceux qui n'ont pas d'autre dieu que leur corps ne conçoivent pas d'autre cause d'abstinence qu'une impuissance physique. Qu'est-ce que l'exigence des facultés exquises? qu'est-ce que le besoin de l'idéale beauté? qu'est-ce que la soif d'un amour sublime aux yeux du vulgaire? Lorsque de passagères lueurs d'enthousiasme l'éclairent par hasard, ce n'est que l'effet d'une violente excitation des nerfs, d'une réaction toute mécanique des sens sur le cerveau. Toute créature, si médiocre qu'elle soit, peut inspirer ou ressentir ce délire d'un instant et le prendre pour l'amour. L'intelligence et l'aspiration du grand nombre ne vont pas au delà. L'être qui aspire à des joies toujours nobles, à des plaisirs toujours vivement et saintement sentis, à une continuelle association de l'amour moral à l'amour physique, est un ambitieux destiné à un bonheur immense ou à une éternelle douleur. Il n'y a pas de milieu pour ceux qui font un dieu de l'amour. Il leur faut le sanctuaire d'une affection immense comme la leur pour célébrer leurs divins mystères; mais qu'ils n'espèrent jamais connaître le plaisir au lupanar! Or l'amour des hommes est devenu un lupanar jusque sous le toit conjugal. La plupart d'entre eux sont à une femme pure ce qu'une prostituée est à un jeune homme chaste. Le jeune homme a le droit de mépriser la prostituée, de la chasser de ses bras aussitôt qu'elle a satisfait un besoin dont il rougit lui-même. D'où vient donc qu'on refuse aux femmes pures la faculté de sentir le dégoût et le droit de le manifester aux hommes impurs qui les trompent? Plus vils cent fois que les courtisanes qui ne promettent que le plaisir, ne promettent-ils pas l'*amour*, ces hommes souillés? Or, une femme fière ne peut connaître le plaisir sans l'amour : c'est pourquoi elle ne trouvera ni l'un ni l'autre dans les bras de la plupart des hommes. Quant à ceux-ci, bien moins facile de répondre à nos instincts nobles et d'alimenter nos généreux désirs que de nous accuser de froideur. Ces âmes ascétiques, disent-ils, habitent toujours des êtres imparfaits. La dernière fille publique a plus de charme pour eux que la plus pure des vierges. La fille publique est la véritable épouse, la véritable amante des hommes de cette génération; elle est à leur hauteur. Prêtresse de la matière, elle a étouffé tout ce qu'il y avait dans la femme de divinement humain, pour y développer des instincts excessifs empruntés à la brute. Elle n'est ni orgueilleuse ni importune; elle n'exige que ce que de tels hommes peuvent donner, de l'or. Ah! je te remercie, mon Dieu! Tu as voulu qu'un dernier voile tombât de devant mes yeux, et que ces vérités hideuses dont je voulais douter encore me fussent démontrées claires comme la lumière de ton soleil par Sténio lui-même, par celui que j'appelais déjà mon amant, par celui que je croyais pur entre tous les enfants des hommes. Tu as permis qu'un profond abattement plongeât mon âme dans les

ténèbres pendant quelque temps, et que la souffrance obscurcît mon entendement au point de me faire douter de l'éternelle vérité. Démence, mensonge, sagesse, sophisme, amour divin, négation impie, chasteté, désordre, tous les éléments d'erreur et de vérité, de grandeur et d'abjection, ont tournoyé et flotté confusément dans le chaos de mon imagination. Il y a eu dans l'abîme de ma pensée des orages terribles et des naufrages imminents! J'ai tout remis en question, j'ai failli essayer de tout, et je n'ai trouvé dans cet abandon de ma volonté, dans cette abdication de ma raison, que souffrance toujours plus vive, isolement toujours plus solennel. Alors j'ai tendu les bras vers toi dans mon angoisse, et tu m'as fait voir la corruption de la nature humaine dans ses causes et dans ses effets. Tu m'as fait savoir que nul homme (pas même Sténio) ne méritait cet amour dont le foyer était en moi. Tu m'as donné une forte leçon : tu as voulu que toute la douleur et toute l'humiliation qui remplissent la vie des femmes vulgaires me fussent révélées en un instant, que l'ongle impur de la jalousie me fît au cœur une légère blessure et en tirât quelques gouttes de mon sang comme un stigmate d'expiation et de châtiment. J'ai regretté un instant de ne pas être une courtisane; et, par mon éternel enseignement, j'ai voulu que mes yeux, une courtisane l'emportèrent sur moi au premier baiser. Merci, mon Dieu! de m'avoir humiliée à ce point; car en même temps j'ai mérité cet amour dont la destinée. Non, non! mon plaisir et ma gloire ne sont pas là et ce ne sont pas des plaintes, ce sont des bénédictions que je t'adresserai désormais. J'ai été ingrate, ô souveraine perfection! j'avais ton image dans le cœur, et j'ai cherché l'infini dans la créature. J'ai voulu te retirer mon culte pour le donner à des idoles de chair et de sang. J'ai cru qu'entre toi et moi il fallait un intermédiaire, un prêtre, et que ce prêtre serait l'homme. Je me suis trompée; je ne puis avoir d'autre amant que toi; et tout ce qui se placerait entre nous, loin de m'unir à toi par le bonheur et la reconnaissance, m'en éloignerait par le dégoût et la déception. Ah! vous me demandez, Valmarina, si je crois en Dieu! il faut bien que j'y croie, puisque je l'aime d'un amour insensé, puisque le feu de cette passion insatiable dévore ma poitrine, puisque je ne puis nier sa providence sans que mon sang se glace dans mes veines et sans que ma vie se flétrisse comme un fruit atteint de la gelée. Il faut bien que je croie en lui, puisque je ne vis que d'amour, tout en n'aimant aucune créature faite à mon image; puisque je ne puis me résigner à un commandement d'aucun autre pouvoir que le ciel. Et toi, Sténio, comment as-tu pu être assez aveugle pour songer à m'aimer? Comment as-tu osé tenter d'être le rival de Dieu, de remplir une vie qui n'est qu'une fureur, une extase, un embrasement, une querelle et un raccommodement d'amante jalouse et absolue de la Divinité? C'est à toi qu'il faut renvoyer l'épithète d'orgueilleux, car tu as voulu être Dieu toi-même : tu as espéré de moi les mêmes colères, les mêmes larmes, les mêmes imprécations, les mêmes désirs et les mêmes transports que j'ai pour lui. Pauvre enfant! tu m'as bien mal connue. Tu as été bien peu poëte, malgré tous tes vers. Tu as bien peu compris ce que c'est que l'idéal, puisque tu as cru qu'un souffle mortel pouvait en effacer l'image dans le miroir de mon âme!

— Tout ce que vous dites est palpitant et délirant d'orgueil, ô ma chère Lélia! dit Valmarina avec un affectueux sourire, en lui tendant la main pour descendre du rocher; mais j'aime à vous entendre parler comme vous faites; car je vous retrouve, et telle que je vous connais rien de ce qui est en vous ne m'effraie. D'ailleurs l'amitié exige l'acceptation complète et absolue d'un être par un autre; j'aime donc vos défauts. Quand je m'inquiète, quand je vous interroge, c'est quand je vous vois sortir de votre voie, et faire les actions d'une autre personne. C'est alors que je ne vous reconnais plus, et que, vous voyant devenir timide, incertaine et douce comme les femmes qu'on aime et qu'on gouverne, je m'imagine que vous êtes perdue, que la plus folle et la meilleure créature de Dieu n'existe plus.»

Lélia releva d'une main ses cheveux épars, et, tenant de l'autre celle de son ami, elle se dressa une dernière fois de toute sa hauteur sur le rocher.

« Orgueil ! s'écria-t-elle, sentiment et conscience de la force ! saint et digne levier de l'univers ! sois édifié sur des autels sans tache, sois enfermé dans des vases d'élection ! Triomphe, toi qui fais souffrir et régner ! J'aime les pointes de ton cilice, ô armure des archanges ! Si tu fais connaître à tes élus des supplices inouïs, si tu leur imposes des renoncements terribles, tu leur fais connaître aussi des joies puissantes, tu leur fais remporter des victoires homériques ! Si tu les conduis dans des thébaïdes sans issue, tu amènes les lions du désert à leurs pieds, et tu envoies à leurs nuits solitaires l'esprit de la vision pour lutter avec eux, pour leur faire exercer et connaître leur force, et pour les récompenser au matin par cet aveu sublime : « Tu es vaincu ; mais prosterne-toi sans honte, car je suis le Seigneur ! »

Lélia renoua sa chevelure, et sautant au bas du rocher :

« Allons-nous-en, dit-elle, la dernière des pléiades est couchée et je n'ai plus rien à faire ici ; ma lutte est finie. L'esprit de Dieu a mis sa main sur moi comme il fit à Jacob pour lui ouvrir les yeux, et Jacob se prosterna. Tu peux me frapper désormais, ô Très-Haut ! tu me trouveras à genoux !

« Et toi, roc orgueilleux, dit-elle en se retournant après l'avoir quitté, j'ai été clouée un instant à ton flanc comme Prométhée ; mais je n'ai pas attendu qu'un vautour vînt m'y ronger le foie, et j'ai rompu tes anneaux de fer de la même main qui les avait rivés.

XLIII.

LES CAMALDULES.

Lélia et Valmarina redescendirent la montagne par le versant opposé à celui qui conduisait à la ville. Lélia marchait la première, mais sans empressement et sans trouble.

« Ce n'est pas le chemin, lui dit son compagnon, en lui faisant observer qu'elle marchait vers le sud.

— C'est mon chemin, à moi, répondit-elle ; car c'est le chemin qui éloigne de Sténio. Retournez à la ville, si vous voulez ; quant à moi, je n'en repasserai jamais les portes.

Valmarina la suivit par complaisance, mais avec un sourire de doute.

« Je me défie un peu de ces résolutions si soudaines et si absolues, lui dit-il ; je ne crois pas aux partis extrêmes. Ils ne servent qu'à hâter les réactions.

— Toute résolution dont on diffère l'exécution est avortée, répondit Lélia. Quand il s'agit de vouloir, il faut de la réflexion ; quand il faut agir, il faut de l'audace et de la promptitude.

— Où allons-nous ? dit Valmarina.

— Nous fuyons le passé ! répondit Lélia avec une gaieté sombre. »

Le jour se levait ; ils entrèrent dans une vallée couverte de riches forêts. Les plus belles eaux serpentaient en silence à l'ombre des myrtes et des figuiers. De vastes clairières, où paissaient des troupeaux demi-sauvages, entrecoupaient des lisières d'un vert tendre des masses d'un ton vigoureux. Ce pays était riche et désert. On n'y voyait d'habitations que des métairies éparses cachées dans le feuillage. On y pouvait donc jouir à la fois de toutes les grâces, de tous les bienfaits de la nature féconde, et de toutes les grandeurs, de toute la poésie de la nature inculte.

A mi-côte de la colline, Lélia s'arrêta saisie d'admiration.

« Heureux, s'écria-t-elle, les pasteurs insouciants et rudes qui dorment à l'ombre de ces bois silencieux, sans autre souci que le soin de leurs troupeaux, sans autre étude que le lever et le coucher des étoiles ! Plus heureux encore les poulains échevelés qui bondissent légèrement dans ces broussailles, et les chèvres farouches qui gravissent sans effort les roches escarpées ! Heureuses toutes les créatures qui jouissent de la vie sans fatigue et sans excès. »

Comme ils tournaient un des angles du chemin, Lélia aperçut dans le crépuscule une vaste ligne blanche sur le flanc de la montagne, qui ceignait la vallée d'un cirque majestueux et vaste.

« Qu'est-ce que cela ? dit-elle à son ami. Est-ce une ligne d'architecture splendide, ou bien une muraille de craie comme il s'en trouve dans ces rochers ? Est-ce une immense cascade, une carrière, ou un palais ?

— C'est un monastère de femmes, répondit Valmarina, c'est le couvent de Camaldules.

— On m'en a vanté la richesse et l'élégance, dit Lélia. Allons le visiter.

— Comme il vous plaira, répondit Valmarina : les hommes n'y entrent pas, mais je vous attendrai dans la cour.

Cette cour frappa Lélia de surprise et d'admiration : d'abord ce fut une longue galerie, dont la voûte de marbre blanc était soutenue par des colonnes corinthiennes d'un marbre rose veiné de bleu, séparées l'une de l'autre par un vase de malachite où s'alcès dressait ses grandes arêtes épineuses ; et puis d'immenses cours qui se succédaient dans une profondeur vraiment féerique, et que remplissaient, comme des tapis étendus, de riches parterres bigarrés des plus belles fleurs. La rosée dont toutes ces plantes étaient fraîchement inondées semblait les revêtir encore d'une gaze d'argent. Au centre des ornements symétriques que ces parterres dessinaient sur le sol, des fontaines, jaillissant dans des bassins de jaspe, élevaient leurs jets transparents dans l'air bleu du matin, et le premier rayon du soleil qui commençait à dépasser le sommet de l'édifice, tombant sur cette pluie fine et bondissante, couronnait chaque jet d'une aigrette de diamants. De superbes faisans de Chine, qui se dérangeaient à peine sous les pieds de Lélia, promenaient parmi les fleurs leurs panaches de filigrane et leurs flancs de velours. Le paon étalait sur les gazons sa robe de pierreries, et le canard musqué, au poitrail d'émeraude, poursuivait, dans les bassins, les mouches d'or qui tracent sur la surface de l'eau des cercles insaisissables.

Au cri moqueur ou plaintif de ces oiseaux captifs, à leurs allures mélancoliques et fières, se mêlaient les mille voix joyeuses et bruyantes, les mille familiarités curieuses des libres oiseaux du ciel. Le tarin espiègle et confiant venait se poser au front immobile des statues. Le moineau insolent et peureux allait dérober la pâture aux oiseaux domestiques et s'envolait épouvanté au moindre gloussement des couveuses ; le chardonneret s'en prenait aux aigrettes des fleurs que le vent lui disputait. Les insectes s'éveillaient aussi et commençaient à bruire sous l'herbe échauffée et fumante aux premiers feux du jour. Les plus beaux papillons de la vallée arrivaient par troupe pour s'abreuver du suc de ces belles plantes exotiques, dont la saveur les enivrait tellement qu'ils se laissaient prendre à la main. Toutes les voix de l'air, tous les parfums du matin montaient au ciel comme un pur encens, comme un naïf cantique, pour remercier Dieu des bienfaits de la création et du travail de l'homme.

Mais parmi toutes ces existences animales et végétales, parmi ces œuvres de l'art et ces splendeurs de la richesse, l'homme seul manquait. Le râteau s'était récemment promené sur le sable de toutes les allées, comme pour effacer le souvenir des pas humains. Lélia eut une sorte de frayeur superstitieuse en y imprimant les siens. Il lui sembla qu'elle allait détruire l'harmonie de cette scène magique, et faire tomber sur elle les murailles enchantées de son rêve.

Car, dans la confusion de ses idées de poëte, elle ne voulait point croire à la réalité des choses qu'elle voyait. En apercevant au loin, derrière les colonnades transparentes du cloître, les profondeurs désertes de la vallée, elle s'imagina volontiers qu'au sein des bois elle s'était

endormie sous l'arbre favori d'une fée, et qu'à son réveil la coquette reine des prestiges l'avait environnée
des merveilles impalpables de son palais pour la retenir
en son pouvoir.

Comme elle se laissait mollement aller à cette fantaisie, enivrée des suaves odeurs du jasmin et du datura,
contente d'être dans ces beaux lieux et s'y croyant presque reine, elle se rapprocha d'une haute et longue croisée dont le vitrage colorié, étincelant au soleil, ressemblait au rideau de soie nuancé d'un harem. Elle s'était
assise sur les marches d'un bassin rempli de poissons,
et s'amusait à suivre, au travers de l'eau limpide, la
truite qui porte une souple armure d'argent parsemée de
rubis, et la tanche revêtue d'un or pâle nuancé de vert.
Elle admirait la mollesse de leurs jeux, l'éclat de leurs
yeux métalliques, l'agilité inconcevable de leur fuite
peureuse lorsqu'elle dessinait son ombre mobile sur les
eaux. Tout à coup des chants tels que les anges doivent
les faire entendre au pied du trône de Jéhovah parti-
rent du fond de l'édifice mystérieux, et, se mêlant aux
vibrations de l'orgue, emplirent toute l'enceinte du monastère. Tout sembla faire silence pour écouter, et Lélia,
frappée d'admiration, s'agenouilla instinctivement comme
aux jours de son enfance.

Des voix de femmes pures et harmonieuses montaient
vers Dieu comme une prière fervente et pleine d'espoir,
et des voix d'enfants pénétrantes et argentines répondaient à celle-ci comme les promesses lointaines du ciel
exprimées par l'organe des anges.

Les religieuses disaient :

« Ange du Seigneur, étends sur nous tes ailes protec-
trices. Abrite-nous de ta bonté vigilante et de ta conso-
lante pitié. Dieu t'a fait indulgent et doux entre toutes
les Vertus, entre toutes les Puissances du ciel ; car il t'a
destiné à secourir, à consoler les âmes, à recueillir dans
un vase sans souillure les larmes qui sont versées aux
pieds du Christ, et à les présenter en expiation devant
la justice éternelle, ô Très-Saint ! »

Et les petites filles répondirent du haut de la nef sonore :

« Espérez dans le Seigneur, ô vous qui travaillez dans
les larmes! car l'ange gardien étend ses grandes ailes
d'or entre la faiblesse de l'homme et la colère du Seigneur. Louez Dieu. »

Puis les vierges reprirent :

« O le plus jeune et le plus pur des anges ! c'est toi
que Dieu créa le dernier, car il te créa après l'homme,
et te mit dans le paradis pour être son compagnon et son
ami. Mais le serpent vint et fut plus puissant que toi sur
l'esprit de l'homme. L'ange de la colère descendit pour
punir ; toi, tu suivis l'homme dans l'exil et tu pris soin
des enfants qu'Ève mit au jour, ô Très-Saint ! »

Les enfants répondirent encore :

« Remerciez à genoux, vous tous qui aimez Dieu,
remerciez l'ange gardien ; car de son aile puissante il
monte et redescend incessamment de la terre aux cieux,
des cieux à la terre, pour porter d'en bas les prières,
pour rapporter d'en haut les bienfaits. Louez Dieu. »

La voix fraîche et pleine d'une jeune novice récita ce
couplet :

« C'est toi qui d'une chaude haleine réchauffes, au
matin, les plantes engourdies par le froid; c'est toi qui
couvres de ta robe virginale les moissons de l'homme
menacées de la grêle; c'est toi qui d'une main protec-
trice soutiens la cabane du pêcheur ébranlée par les
vents de la mer; c'est toi qui éveilles les mères endormies, et, les appelant d'une voix douce au milieu des
rêves de la nuit, les avertis d'allaiter les enfants nou-
veau-nés ; c'est toi qui gardes la pudeur des vierges, et
poses à leur chevet le rameau d'oranger, invisible talisman qui détourne les mauvais pensers et les songes impurs ; c'est toi qui t'assieds, au soleil du midi, dans le
sillon où dort l'enfant du moissonneur, et qui détournes
de leur chemin la couleuvre et le scorpion, prêts à ramper sur son berceau ; c'est toi qui ouvres les feuillets du
missel quand nous cherchons dans le texte sacré un remède à nos maux ; c'est toi qui nous fais rencontrer alors

le verset qui convient à notre misère, et qui mets sous
nos yeux les lignes saintes qui repoussent la tentation. »

« Invoquez l'ange gardien, dirent les voix enfantines,
car c'est le plus puissant parmi les anges du Seigneur.
Le Seigneur, quand il l'envoya sur la terre, lui promit
que chaque fois qu'il remonterait vers lui il lui accorderait la grâce d'un pécheur. Louez Dieu. »

Lélia, charmée de cette douce poésie et de ces voix
mélodieuses, s'était avancée insensiblement jusque sur
le seuil d'une porte latérale qu'elle trouva entr'ouverte.
Arrêtée sur le palier d'un escalier de mosaïque d'où
l'œil plongeait dans la nef, elle voyait au-dessous d'elle
les vierges prosternées. Saisie d'enthousiasme, elle étendit les bras et s'écria : « Louez Dieu ! » d'un ton si
passionné, que toute la communauté leva les yeux sur
elle par un mouvement spontané. Sa haute taille, sa
robe blanche, ses cheveux flottants, et le son grave de
cette voix qu'on pouvait prendre pour celle d'un jeune
homme, firent tant d'impression sur les nonnes exaltées
et timides, qu'elles crurent voir apparaître l'ange gardien. Un seul cri s'éleva de toutes les stalles, les jeunes
filles tombèrent le visage contre terre, et Lélia descendit
lentement l'escalier pour aller s'agenouiller parmi elles.
En même temps la lourde porte qu'elle avait franchie
retomba entre elle et Valmarina.

Il l'attendit plusieurs heures avec patience, et la chaleur de midi se faisant sentir, il se retira sous la galerie
dans un endroit frais et bien aéré, où il rêva et demeura
pour son propre compte assez longtemps encore. Quand
ces heures brûlantes commencèrent à faire place au vent
de mer qui s'élève et augmente avec le déclin du soleil,
il se décida à sonner à la grille du cloître intérieur et à
faire demander Lélia par une tourière. Au bout de
quelques instants, on lui rapporta de la part de l'étrangère (c'est ainsi qu'on la désigna) une fleur qui, dans la
langue symbolique des Salams, signifiait adieu. Valmarina, qui avait enseigné la science de ces emblèmes
orientaux à Lélia, comprit que c'était un adieu irrévocable, et reprit seul le chemin de la ville.

XLIV.

Vous savez quels liens mystérieux m'attachent à des
luttes funestes et à de pâles espérances. Rappelé par mes
frères d'infortune, je vais offrir un adversaire ou une
victime de plus aux bourreaux et aux assassins de la
vérité. Je pars peut-être pour ne plus revenir, et, puisque vous l'exigez, je ne vous verrai pas. Je vous avoue
que je m'étonne un peu d'une retraite de votre part dans
un couvent catholique. Je sais quel empire ces croyances
ont exercé sur vos premières années ; mais je ne saurais
croire qu'elles puissent le ressaisir pour longtemps. Il
faut pourtant qu'il s'agisse ici pour vous d'autre chose
que d'un besoin momentané de solitude et de repos ; car
ni votre solitude ni votre repos n'ont coutume d'être
interrompus et troublés par ma présence. Vous m'avez
habitué à me regarder comme un autre vous-même ;
et d'ailleurs ce n'est point un adieu fraternel, une
étreinte des mains à travers une grille, qui eussent pu
vous distraire de vos rêveries et porter le bruit du monde
dans votre méditation. Vous semblez vous être imposé
cette retraite comme une pratique de dévotion, un tel
effort pour vous rattacher à des idées devenues trop
étroites pour vous me paraît assez triste. Il y a dans les
déterminations puériles quelque chose de maladif qui
atteste l'impuissance de l'âme. Plus vous vous efforcez
de nier par votre conduite l'amour que vous avez pour
Sténio, plus il me semble que cet amour malheureux
s'obstine à vous tourmenter. Songez-y, ma sœur, il faut
pourtant que cet amour se développe ou se brise. Les
demi-sentiments ne conviennent qu'aux natures faibles.
Les tentatives inutiles sont déplorables : elles usent nos
forces en pure perte. Me laisserez-vous partir sous le
poids de ces inquiétudes?

XLV.

Il est des situations heureusement bien rares où l'amitié ne peut rien pour nous. Quiconque ne peut être à soi-même son unique médecin, ne mérite pas que Dieu lui donne la force de guérir. Il est possible que je souffre plus que vous ne pensez; mais il est certain que je ne souffre pas lâchement, et qu'il n'y a rien de puéril ni de présomptueux dans la détermination que j'ai prise. Je veux simplement rester ici comme un malade dans un hospice, pour y suivre un régime nouveau. On se donne bien de la peine et on s'impose bien des privations pour guérir le corps; on peut bien, je pense, en faire autant pour guérir l'âme lorsqu'elle est menacée de maladie mortelle. Il y a longtemps que je m'égare dans un dédale plein de bruits confus et d'ombres trompeuses. Il faut que je m'enferme dans une cellule, que je me cherche sous des ombrages mystérieux, jusqu'à ce que je me sois retrouvée; et alors, dans un jour de puissance et de santé, je prendrai un parti. C'est alors que je vous consulterai avec la déférence qu'on doit à l'amitié; c'est alors que vous pourrez juger ma situation et prononcer avec sagesse sur mon avenir. Aujourd'hui, votre sollicitude ne vous servirait qu'à m'égarer. Que pouvez-vous savoir de moi, puisque je n'en sais rien moi-même, sinon que j'ai la volonté de m'étudier et de me connaître? Quand un nuage sombre traverse un jour pur, vous pouvez prévoir de quel côté éclatera l'orage; mais quand des vents contraires croisent les nuées dans les ténèbres, vous êtes forcé, pour vous diriger, d'attendre que le soleil se lève.

Il m'est cruel de ne pas vous serrer la main au moment où vous allez affronter les dangers que j'envie; mais il me serait plus cruel encore de vous voir sans vous parler avec abandon; je ne sais même pas si cela me serait possible, et j'ai la certitude que je sortirais brisée d'un entretien où votre prudence, peut-être trop éclairée, détruirait le faible espoir que j'ai conçu. Vous êtes un homme d'action, Valmarina, bien plus qu'un homme de délibération. Vous vous êtes fait à grands coups de hache un large chemin, et vous ne comprenez pas toujours les obstacles qui arrêtent les autres dans des sentiers inextricables. Vous avez un but dans la vie; si j'étais homme, j'en aurais un aussi, et, quelque périlleux qu'il fût, j'y marcherais avec calme. Mais vous ne vous souvenez pas assez que je suis femme et que ma carrière est limitée à de certains termes infranchissables. Il fallait me contenter de ce qui fait l'orgueil et la joie des autres femmes; je l'eusse fait si je n'avais pas eu le malheur d'avoir un esprit sérieux et d'aspirer à des affections que je n'ai pas trouvées. J'ai jugé trop sagement les hommes et les choses de mon temps : je n'ai pu m'y attacher. J'ai senti le besoin d'aimer, car mon cœur s'était développé en raison de mon esprit, mais ma raison et ma fierté m'ont défendu de céder à ce besoin. Il eût fallu rencontrer un homme d'exception qui m'acceptât pour son égale en même temps que pour sa compagne, pour son amie en même temps que pour son amante. Ce bonheur ne m'est point échu; et, si j'y aspirais de nouveau, il faudrait le chercher. Chercher, en amour, veut dire essayer; vous savez que cela est impossible pour une femme qui ne veut pas courir la chance de s'avilir; c'est déjà trop de deux amours malheureux dans sa vie. Quand le second n'a pas réparé les mécomptes du premier, il faut bien qu'elle sache renoncer à l'amour, il faut bien qu'elle sache trouver sa gloire et son repos dans l'abstinence. Or l'abstinence lui sera difficile et douloureuse dans le monde. La société lui refuse les grandes occupations de l'esprit et l'exercice des passions politiques. L'éducation première, dont elle est victime, la rend presque toujours impropre aux travaux de la science, et le préjugé en outre lui rend toute action publique impossible ou ridicule. On lui permet de cultiver les arts; mais les émotions qu'ils excitent

ne sont pas sans danger, l'austérité des mœurs est peut-être plus difficile à un caractère ascétique qu'à tout autre. L'amour, considéré sous ses rapports grossiers, n'est qu'une tentation dont on est à moitié délivré quand on rougit de l'éprouver; on peut le surmonter sans souffrance morale. L'amour, considéré comme l'idéal de la vie, ne laisse point de repos à ceux qui en sont privés. C'est l'âme qui est attaquée dans son plus divin sanctuaire par de nobles instincts, par de magnifiques désirs. Elle ne pourra chercher à les satisfaire qu'en se donnant le change, en se laissant abuser par de fausses apparences et de menteuses promesses; sous chacun de ses pas s'ouvrira un abîme. Lente à sortir du premier, attachée par sa nature même à de funestes illusions, elle retombera dans un second, dans un troisième, jusqu'à ce que, brisée dans ses chutes, épuisée par ses combats, elle succombe et s'anéantisse. Parmi les femmes corrompues, j'en ai vu peu qui le fussent par besoin des sens (à celles-là un époux jeune et stupide peut suffire); beaucoup, au contraire, avaient cédé à des besoins de cœur que l'esprit ne dirigeait pas et que la volonté ne savait pas vaincre. Si Pulchérie est devenue une courtisane, c'est qu'elle est ma sœur, c'est qu'elle a malgré elle ressenti l'influence du spiritualisme, c'est qu'elle a cherché un amant parmi les hommes avant d'avoir tous les hommes pour amants.

En réduisant les femmes à l'esclavage pour se les conserver chastes et fidèles, les hommes se sont étrangement trompés. Nulle vertu ne demande plus de force que la chasteté, et l'esclavage énerve. Les hommes le savent si bien qu'ils ne croient à la force d'aucune femme. Je n'ai pu vivre parmi eux, vous le savez, sans être soupçonnée et calomniée, de préférence à toute autre. Je ne pourrais me placer sous la protection de votre amitié fraternelle sans que la calomnie dénaturât la nature de nos relations. Je suis lasse de lutter en public et de supporter les outrages à visage découvert. La pitié m'offenserait plus encore que l'aversion; c'est pourquoi je ne chercherai jamais à me faire connaître, et je boirai mon calice dans le secret de mes nuits mélancoliques. Il est temps que je me repose, et que je cherche Dieu dans ses mystiques sanctuaires pour lui demander s'il n'a fait pour les femmes rien de plus que les hommes. J'ai déjà essayé la solitude, et j'ai été forcée d'y renoncer. Dans les ruines du monastère de ***, j'ai failli perdre la raison; dans le désert des montagnes, j'ai craint de perdre la sensibilité. Entre l'aliénation et l'idiotisme, j'ai dû chercher le tumulte et la distraction. La coupe où j'essayais de m'enivrer s'est brisée sur mes lèvres. Je crois que l'heure du désabusement et de la résignation est enfin venue. J'étais trop jeune pour rester au Monte-Verdor il y a quelques jours; aujourd'hui je serais trop vieille pour y retourner. J'avais encore trop d'espérance : je n'en ai plus assez. Il faut que je trouve une solitude où rien du dehors ne parle plus à mon cœur, mais où le son de la voix humaine frappe de temps en temps mon oreille. L'homme peut s'affranchir des passions; mais il ne rompt pas impunément toute sympathie avec son semblable. La vie physique est un fardeau qu'il doit maintenir dans son équilibre, s'il veut conserver dans un équilibre égal les facultés de son intelligence. La solitude absolue détruit promptement la santé. Elle est contraire à la nature, car l'homme primitif est éminemment sociable, et les animaux intelligents ne subsistent que par l'association des besoins et des travaux qui les soulagent. Ainsi, en ne me croyant point propre à la retraite, je faisais injure à mon esprit; je ne comprenais pas que mon corps seul se révoltait contre les privations exagérées, contre les intempéries du climat, contre la diète exténuante, contre l'absence du spectacle de la vie extérieure. Le mouvement des êtres animés, l'échange de la parole, la seule audition de certains sons humains, la régularité et la communauté des habitudes les plus vulgaires, sont peut-être une nécessité pour la conservation de la vie animale, dans notre siècle surtout, au sortir des habitudes d'un bien-être et d'un mouvement excessifs.

La société chrétienne me paraît avoir admirablement compris ces nécessités en créant les communautés religieuses. Jésus, en transmettant les ardeurs du mysticisme à des imaginations ardentes sous des climats salubres, put envoyer les anachorètes au Liban. Ses pères, les Esséniens et les Thérapeutes, avaient peuplé les solitudes du monde. Le cénobitisme de nos générations, plus faibles de chair et d'esprit, a été forcé de créer les couvents et de remplacer la société qu'il abandonnait par une société recrutée parmi les âmes d'exception. Ici même, le luxe et ses douceurs se sont introduits jusque dans le cloître. Il y aurait peut-être beaucoup à dire à cela s'il s'agissait de juger la question au point de vue de la morale chrétienne. Pour moi qui ne suis qu'un transfuge échappé tout saignant à un monde ennemi, cherchant le premier abri venu pour y reposer ma tête, faible et endolorie comme je suis, je me sens charmée de la beauté de cet asile où la tempête me jette. La transition du monde au couvent me paraît moins sensible à travers la magnificence de ces lambris. Les arts qu'on y cultive, les chants mélodieux qui les emplissent, les parfums qu'on y respire, tout, jusqu'au nombre imposant et au riche costume des religieuses, sert de spectacle à mes sens exaltés, et de distraction à mes lugubres ennuis. Je n'en demande pas davantage pour le présent, et, quant à l'avenir, je ne m'en explique pas encore avec moi-même. Chaque instant que je passe ici me fait pressentir une existence nouvelle.

Et cependant, si l'amant de Pulchérie réalisait les romanesques espérances qu'en d'autres jours nous avions conçues... je vous l'ai promis, je reviendrais à lui, et mon amour pourrait effacer la tache de son égarement : mais comment espérez-vous qu'avec tant de penchant à la volupté il soit véritablement sensible à la grande poésie à laquelle vous vouliez l'initier? Ne vous y trompez pas; les poètes de profession ont le privilége de vanter tout ce qui est beau, sans que leur cœur en soit ému et sans que leur bras soit au service de la cause qu'ils exaltent. Vous savez bien qu'il a repoussé l'idée d'ennoblir sa vie en allant l'offrir à la cause que vous servez. Il n'ignore pas ce qui vous occupe : quelque saintement gardé que soit votre secret, il y a dans le cœur des hommes à cette heure des inquiétudes, des besoins et des sympathies qui ne peuvent se défendre de vous deviner. Eh bien, ces sympathies dont Sténio m'entretenait si souvent, ce n'était chez lui qu'une parole légère, une affectation de grandeur. Il me disait alors que, pour vous voir un instant, pour presser votre main, il sacrifierait son laurier de poëte; et, quand j'ai voulu le pousser dans vos bras, il a préféré retourner à ceux de Pulchérie. Direz-vous que la douleur ferme momentanément l'âme aux émotions nobles, aux idées généreuses? Eh quoi! l'âme d'un poëte se laisse ainsi abattre, et pourtant elle conserve toute sa puissance pour l'ivresse du plaisir! Honte à de telles souffrances!

Faites cependant pour lui ce que votre cœur vous dicte. Mais, si vous l'attirez dans vos rangs, souvenez-vous de ma volonté, Valmarina; je ne veux pas être l'appât qui le fera sortir de son bourbier. Je ne veux pas que la promesse de mon amour serve à de si vils usages que de retirer du vice un être que l'honneur n'a pu sauver... Et quel mérite aurait son dévouement pour vous, si l'espoir de m'obtenir en était le seul motif? Qui sait, d'ailleurs, si maintenant une conquête ne serait pas pour la vanité blessée de Sténio un acte de dépit, et s'il n'y porterait pas quelque sentiment de vengeance? Pour redevenir digne de moi, il faut qu'il fasse plus que je n'aurais songé à lui demander avant sa faute. Il faut qu'il engendre de son propre fonds le désir et l'exécution des grandes choses. Alors je reconnaîtrai que je m'étais trompée, que je l'avais trop sévèrement jugé, et qu'il méritait mieux... Et alors, véritablement, il méritera que je le récompense...

Mais, croyez-moi, hélas! j'ai des instincts profonds de divination. J'ai une pénétration qui a fait de tout temps mon supplice. On me croit sévère parce que je suis clairvoyante... on me croit injuste parce qu'un très-

petit fait suffit pour m'éclairer... Sténio est perdu; ou plutôt, comme je le disais, Sténio n'a jamais existé. C'est nous qui l'avions créé dans nos rêves. C'est un jeune homme éloquent... rien de plus.

Je vous renouvelle la promesse de ne prendre aucune résolution irrévocable avant de lui avoir donné le temps de se faire réellement connaître de vous. Je sais que vous veillerez sur lui comme la Providence. N'oubliez pas que de votre côté vous m'avez promis qu'il ignorerait ma retraite, que tous l'ignoreraient. Je désire que le monde m'oublie; je ne veux pas que Sténio vienne, dans un jour d'ivresse, troubler mon repos par quelque folle tentative.

Partez! allez arroser encore d'un peu de sang pur ce laurier stérile qui croît sur la tombe des martyrs inconnus! ne craignez pas que je vous plaigne! Vous allez agir; et moi, je vais imiter Alfieri, qui se faisait lier sur une chaise pour résister à la tentation de rejoindre l'objet d'une indigne passion. O vie de l'âme! ô amour! ô le plus sublime bienfait de Dieu! il faut que je me fasse clouer aux piliers d'un cloître pour m'abstenir de toi comme d'un poison! Malheur! malheur à cette farouche moitié du genre humain, qui, pour s'approprier l'autre, ne lui a laissé que le choix de l'esclavage ou du suicide!

CINQUIÈME PARTIE.

XLVI

Un homme vêtu de noir entra un matin dans la ville et alla frapper au palais de la Zinzolina.

Les laquais lui dirent qu'il ne pouvait parler à la dame; il insista. On tenta de le chasser; il leva son bâton blanc d'un air impassible. Sa figure froide et son obstination firent peur à cette valetaille superstitieuse, qui le prit pour un spectre et se dispersa devant lui.

Un petit page entra tout effaré dans la salle où Zinzolina traitait ses convives.

Un *abbatone*, un *abbataccio*, disait-il, venait d'entrer de force dans la maison, frappant de son bâton ferré les gens de la signora, les porcelaines du Japon, les statues d'albâtre, les pavés de mosaïque, faisant un affreux dégât et proférant de terribles malédictions.

Aussitôt tous les convives se levèrent (excepté un qui dormait), et voulurent courir au-devant de l'*abbate* pour le chasser. Mais la Zinzolina, au lieu de partager leur indignation, se renversa sur sa chaise en éclatant de rire; puis elle se leva à son tour, mais pour leur imposer silence et leur enjoindre de se rasseoir.

«Place, place à l'abbé! dit-elle; j'aime les prêtres intolérants et colères : ce sont les plus damnables. Qu'on fasse entrer sa seigneurie apostolique, qu'on ouvre la porte à deux battants et qu'on apporte du vin de Chypre!

Le page obéit; et, quand la porte fut ouverte, on vit venir au fond de la galerie la majestueuse figure de Trenmor. Mais le seul convive qui eût pu le reconnaître et le présenter dormait si profondément, que les explosions de surprise, de colère et de gaieté ne l'avaient pas seulement fait tressaillir.»

En voyant de plus près le prétendu ecclésiastique, les joyeux compagnons de la Zinzolina reconnurent que son vêtement étranger n'était pas celui d'un prêtre; mais la courtisane, persistant dans son erreur, lui dit en allant à sa rencontre, et en se faisant aussi belle et aussi douce qu'une madone :

«Abbé, cardinal ou pape, sois le bienvenu et donne-moi un baiser.»

Trenmor donna un baiser à la courtisane, mais d'un air si indifférent et avec des lèvres si froides, qu'elle recula de trois pas en s'écriant à moitié colère, à moitié épouvantée :

«Par les cheveux dorés de la Vierge! c'est le baiser d'un spectre.»

Mais elle reprit bientôt son effronterie, et, voyant que Trenmor promenait un sombre regard d'anxiété sur les convives, elle l'attira vers un siége placé auprès du sien.

« Allons, mon bel abbé, dit-elle en lui présentant sa coupe d'argent ciselée par Benvenuto et couronnée de roses à la manière des voluptueuses orgies de la Grèce, réchauffe tes lèvres engourdies avec ce lacryma-christi. »

Et elle se signa d'un air hypocrite en prononçant le nom du Rédempteur.

« Dis-moi ce qui t'amène vers nous, continua-t-elle, ou plutôt ne me le dis pas, laisse-moi le deviner. Veux-tu qu'on te donne une robe de soie et qu'on parfume tes cheveux? Tu es le plus bel abbé que j'aie jamais vu. Mais pourquoi votre Miséricorde fronce-t-elle le sourcil sans me répondre?

— Je vous demande pardon, Madame, répondit Trenmor, si je réponds mal à votre hospitalité; quoique je sois entré ici à pied, comme un colporteur, vous me recevez comme un prince. Je ne m'arroge point le droit de mépriser vos avances; mais je n'ai pas le temps de m'occuper de vous : ma visite a un autre objet, Pulchérie...

— Pulchérie! dit la Zinzolina en tressaillant. Qui êtes-vous, pour savoir le nom que ma mère m'a donné? De quel pays venez-vous?

— Je viens du pays où est maintenant Lélia, répondit Trenmor en baissant la voix.

— Béni soit le nom de ma sœur! reprit la courtisane d'un air grave et recueilli. »

Puis elle ajouta d'un ton cavalier :

« Quoiqu'elle m'ait légué la dépouille mortelle de son amant.

— Que dites-vous? reprit Trenmor avec épouvante, avez-vous déjà épuisé tant de jeunesse et de séve? Avez-vous déjà donné la mort à cet enfant qui n'avait pas encore vécu?

— Si c'est de Sténio que vous parlez, répondit-elle, rassurez-vous, il est encore vivant.

— Il a bien encore un mois ou deux à vivre, ajouta un des convives en jetant un regard insouciant et vague sur le sofa où dormait un homme dont le visage était enfoncé dans les coussins. »

Les yeux de Trenmor suivirent la même direction. Il vit un homme de la taille de Sténio, mais beaucoup plus fluet, et dont les membres grêles reposaient dans un affaissement qui annonçait moins l'ivresse que la fièvre. Sa chevelure fine et rare tombait en boucles déroulées sur un cou lisse et blanc comme celui d'une femme, mais dont les contours sans rondeur trahissaient une virilité maladive et forcée.

« Est-ce donc là Sténio? dit Trenmor en attirant Pulchérie dans une embrasure de croisée et en fixant sur la courtisane un regard qui la fit involontairement pâlir et trembler. Un jour viendra peut-être, Pulchérie, où Dieu vous demandera compte du plus pur et du plus beau de ses ouvrages. Ne craignez-vous pas d'y songer?

— Est-ce donc ma faute si Sténio est déjà usé, quand nous tous qui sommes ici et qui menons la même vie, nous sommes jeunes et vigoureux? Pensez-vous qu'il n'ait pas d'autres maîtresses que moi? Croyez-vous qu'il ne s'enivre qu'à ma table? Et vous, Monseigneur, car je vous connais à vos discours et sais maintenant qui vous êtes, n'avez-vous pas connu la vie joyeuse, et n'êtes-vous pas sorti des bras du plaisir riche de force et d'avenir? D'ailleurs, la joyeuse femme est coupable de sa perte, c'est Lélia, qui devait garder ce jeune poëte auprès d'elle. Dieu l'avait destiné à aimer religieusement une seule femme, à faire de beaux sonnets et à rêver au fond d'une vie solitaire et paisible les orages des destinées plus actives. Nos orgies, nos ardentes voluptés, nos veilles bruyantes, il devait les voir de loin, dans le mirage de son génie, et les raconter dans ses poëmes, mais non pas y prendre part, mais non pas y jouer un rôle. En l'invitant au plaisir, est-ce que je lui ai conseillé de quitter tout le reste? Est-ce que j'ai dit à Lélia de le bannir et de l'abandonner? Ne savais-je pas bien

que, dans la vie des hommes comme lui, l'ivresse des sens devait être un délassement et ne pouvait pas être une occupation? Venez-vous ici pour le chercher, pour l'enlever à nos fêtes, pour le ramener à une vie de réflexion et de repos? Aucun de nous ne s'y opposera. Moi qui l'aime encore, je serai reconnaissante si vous le sauvez de lui-même, si vous le rendez à Lélia et à Dieu.

— Elle a raison, s'écria un des compagnons de Pulchérie, qui avait saisi ses dernières paroles. Emmenez-le, emmenez-le! Sa présence nous attriste. Il n'est pas des nôtres, il a toujours été seul parmi nous, et en partageant nos joies il semblait les mépriser. Allons, Sténio, éveille-toi, rajuste ton vêtement et laisse-nous. »

Mais Sténio, sourd à leurs clameurs, restait immobile sous le poids de ces vœux insultants, et l'abrutissement de son sommeil le plaçait dans une situation dont Trenmor sentit la honte à sa place. Il s'approcha de lui pour le réveiller.

« Prenez garde à ce que vous allez faire, lui dit-on; Sténio a le réveil tragique, personne ne le touche impunément quand il dort. L'autre jour il a tué un chien qu'il aime, parce qu'en sautant sur ses genoux le pauvre animal avait interrompu un rêve où Sténio se plaisait. Hier, comme il s'était assoupi les coudes sur la table, la Emerenciana ayant voulu lui donner un baiser, il lui brisa son verre sur la figure, et lui fit une blessure dont la marque, je crois, ne s'effacera jamais. Quand ses valets ne l'éveillent pas à l'heure qu'il indique, il les chasse; mais, quand ils l'éveillent, il les bat. Prenez garde, en vérité; il tient son couteau de table, il serait capable de vous l'enfoncer dans la poitrine.

— O mon Dieu! pensa Trenmor, il est donc bien changé! Son sommeil était pur comme celui d'un enfant; et quand la main d'un ami l'éveillait, son premier regard était un sourire, sa première parole une bénédiction. Pauvre Sténio! quelles souffrances ont donc aigri ton âme, quelles fatigues ruiné ton corps, pour que je te retrouve ainsi? »

Immobile et debout derrière le sofa, plongé dans de sombres réflexions, Trenmor regardait Sténio, dont la respiration courte et le rêve convulsif trahissaient les agitations intérieures. Tout à coup le jeune homme s'éveilla de lui-même et bondit en criant d'une voix rauque et sauvage. Mais en voyant la table et les convives qui le regardaient d'un air d'étonnement et de dédain, il se rassit sur le sofa, et, croisant ses bras, il promena sur eux son œil hébété, dont le vin et l'insomnie avaient altéré la forme et arrondi le contour.

« Eh bien! Jacob, lui cria par ironie le jeune Marino, as-tu terrassé l'esprit de Dieu?

— J'étais aux prises avec lui, répondit Sténio, dont le visage prit aussitôt une expression de causticité haineuse, plus étrangère encore à celle que Trenmor lui connaissait; mais maintenant j'ai affaire à un plus rude champion, puisque me voici en lutte avec l'esprit de Marino.

— Le meilleur esprit, répliqua Marino, est celui qui tient un homme au niveau de sa situation. Nous nous sommes rassemblés ici pour lutter, le verre à la main, de présence d'esprit, de gaieté soutenue, d'égalité de caractère. Les roses qui couronnent la coupe de Zinzolina ont été renouvelées trois fois depuis que nous sommes ici, et le front de notre belle hôtesse n'a pas encore fait un pli de mécontentement ou d'ennui; car la bonne humeur de ses convives ne s'est pas ralentie un instant. Un seul aurait troublé la fête s'il n'était pas bien convenu que, triste ou gai, malade ou en santé, endormi ou debout parmi les amis du plaisir, Sténio ne compte pas; car l'astre de Sténio s'est couché dès la première heure.

— Qu'avez-vous à reprocher à cet enfant? dit Pulchérie. Il est malade et chétif : il a dormi toute la nuit dans ce coin...

— Toute la nuit! dit Sténio en bâillant. Ne sommes-nous encore qu'au matin? J'espérais, en voyant les flambeaux allumés, que nous avions enterré le jour. Quoi! il n'y a que six heures que vous êtes réunis, et

Sténio tomba par terre... (Page 82.)

vous vous étonnez de n'être pas encore ennuyés les uns des autres! En effet, cela est merveilleux, vu le choix et l'assortiment de vos seigneuries. Pour moi, j'y tiendrais bien huit jours, mais à condition que j'y dormirais tout le temps.

— Et pourquoi n'allez-vous pas dormir ailleurs, dit Zamarelli. Feu l'excellent prince de Bambucci, qui mourut l'an passé plein de gloire et d'années, et qui fut certes le premier buveur de son siècle, aurait condamné à l'eau à perpétuité, ou tout au moins aux galères, l'ingrat qui se serait endormi à sa table. Il soutenait avec raison qu'un véritable épicurien doit réparer ses forces par une vie bien réglée, et qu'il y avait autant d'impiété à dormir devant les flacons qu'à boire seul et triste dans une alcôve. Quel mépris cet homme aurait eu pour toi, Sténio, s'il t'eût vu occupé à chercher le plaisir dans la fatigue, faisant tout à contre-mesure, veillant et composant des poëmes quand les autres dorment, tombant épuisé de lassitude à côté des coupes pleines et des femmes aux pieds nus ! »

Soit affectation, soit épuisement, Sténio ne sembla pas avoir entendu un mot du discours de Zamarelli;

seulement, au dernier mot, il souleva un peu sa tête appesantie en disant :

« Et où sont-elles?

— Elles ont été changer de toilette, afin de nous paraître au matin belles et rajeunies, répondit Antonio. Veux-tu que je te cède ma place tout à l'heure auprès de la Torquata? Elle était venue ici sur ta demande; mais comme au lieu de lui parler, tu as dormi toute la nuit...

— Peu m'importe, tu as bien fait, répondit Sténio, insensible en apparence à tous ces sarcasmes. D'ailleurs je ne me soucie plus que de la maîtresse de Marino. Zinzolina, faites-la venir ici.

— Si tu avais fait une pareille demande avant minuit, dit Marino, j'aurais pu te faire avaler les morceaux de ton verre; mais il est six heures, et ma maîtresse a passé tout ce temps ici. Prends-la donc maintenant si elle veut. »

Zinzolina se pencha à l'oreille de Sténio.

« La princesse Claudia, qui est malade d'amour pour toi, Sténio, sera ici dans une demi-heure. Elle entrera sans être vue dans le pavillon du jardin. Je t'ai

M. SAND   N. DELAVILLE

Ils arrivèrent au pied d'un antique donjon... (Page 83.)

entendu hier louer sa pudeur et sa beauté. Je savais son secret, j'ai voulu qu'elle fût heureuse et que Sténio fût le rival des rois.

— Bonne Zinzolina ! dit Sténio avec affection. » Puis reprenant son indolence : « Il est vrai que je l'ai trouvée belle ; mais c'était hier.... Et puis il ne faut pas posséder ce qu'on admire, parce qu'on le souillerait et qu'on n'aurait plus rien à désirer.

— Vous pouvez aimer Claudia comme vous l'entendrez, reprit Zinzolina, vous mettre à genoux, baiser sa main, la comparer aux anges, et vous retirer l'âme remplie de cet amour idéal qui convenait jadis à la mélancolie de vos pensées.

— Non, ne me parlez plus d'elle, répondit Sténio avec impatience ; faites-lui dire que je suis mort. Je sens que, dans la disposition où je suis, elle me déplairait, et je lui dirais qu'elle est bien effrontée d'oublier ainsi son rang et son honneur pour se livrer à un bachelier libertin. Page, prends ma bourse, et va me chercher la bohémienne qui chantait hier matin sous ma fenêtre.

— Elle chante fort bien, répondit le page dans un calme respectueux ; mais Votre Seigneurie ne l'a pas vue...

— Et que t'importe ! dit Sténio en colère.

— C'est, Votre Excellence, qu'elle est affreuse, dit le page.

— Tant mieux, répondit Sténio.

— Noire comme la nuit, dit le page.

— En ce cas, je la veux tout de suite. Obéis, ou je te jette par la fenêtre. »

Le page obéit ; mais à peine fut-il à la porte que Sténio le rappela.

« Non, je ne veux pas de femmes, dit-il ; je veux de l'air, je veux du jour. Pourquoi sommes nous enfermés ainsi dans les ténèbres quand le soleil monte dans les cieux ? Cela ressemble à une malédiction.

— Êtes-vous encore endormi, que vous ne voyez pas l'éclat des bougies ? dit Antonio.

— Qu'on les éloigne et qu'on ouvre les persiennes, dit Sténio, dont le visage pâlissait. Pourquoi nous priver de l'air pur, du chant des oiseaux qui s'éveillent, du parfum des fleurs qui s'entr'ouvrent ? Quel crime avons-nous commis pour perdre en plein jour la vue du ciel ?

— Voici le poëte qui reparaît, dit Marino en levant

les épaules. Ne savez-vous pas qu'on ne peut boire à la lumière du jour, à moins d'être un Allemand ou un cuistre? Un repas sans bougies est comme un bal sans femmes. Et d'ailleurs un convive qui sait vivre doit ignorer le cours des heures et ne pas s'inquiéter s'il fait jour ou nuit dans la rue, si les bourgeois se couchent ou si les cardinaux s'éveillent.

— Zinzolina, dit Sténio d'un ton d'insulte et de mépris, l'air qu'on respire ici est infect. Ce vin, ces viandes, ces liqueurs fumantes, tout cela ressemble à une taverne flamande. Donnez-moi de l'air, ou je renverse vos flambeaux, ou je brise les glaces de vos croisées.

— C'est vous qui sortirez d'ici et qui allez prendre l'air dehors ! s'écrièrent les convives en se levant avec indignation.

— Eh ! ne voyez-vous pas qu'il en est incapable? » dit la Zinzolina en courant à Sténio qui tombait évanoui sur le sofa.

Trenmor l'aida à le secourir, les autres se rassirent.

« Quelle pitié, se disaient-ils, de voir la Zinzolina, la plus folle des filles, éprise de ce poëte phthisique et prendre au sérieux toutes ses affectations !

— Reviens à toi, mon enfant, disait Pulchérie; respire ces essences, penche-toi sur la croisée. Ne sens-tu pas l'air qui arrive à ton front et qui agite tes cheveux?

— Je sens tes mains qui m'échauffent et m'irritent, répondit Sténio; ôte-les de mon visage. Retire-toi, tu sens le musc, tu sens par trop la courtisane. Fais-moi donner du rhum, je me sens en disposition de m'enivrer.

— Sténio, vous êtes fou et cruel, reprit la Zinzolina avec une grande douceur. Voici un de vos meilleurs amis qui depuis une heure est près de vous; ne le reconnaissez-vous pas?

— Mon excellent ami, dit Sténio, daignez donc vous baisser; car vous me semblez si grand qu'il faudra que je me lève pour vous voir, et il n'est pas sûr que votre visage en vaille la peine.

— Laquelle avez-vous perdue, dit Trenmor sans se courber, de la vue ou de la mémoire? »

Sténio fit un geste de surprise en reconnaissant cette voix, et se retournant brusquement :

« Ce n'est donc pas un rêve cette fois? dit-il. Comment puis-je distinguer la réalité de l'illusion quand ma vie se passe à dormir ou à divaguer? Tout à l'heure je rêvais que vous étiez ici, que vous chantiez les vers les plus bouffons, les plus graveleux... Cela m'étonnait; mais, après tout, n'ai-je pas étonné de même ceux qui m'ont connu jadis ! Et puis il m'a semblé que je m'éveillais, que je me querellais, et que vous étiez encore là. Du moins je croyais voir votre ombre flotter sur la muraille, et je ne savais plus si j'étais endormi ou éveillé. A présent, dites-moi, êtes-vous bien Trenmor, ou êtes-vous, comme moi, une ombre vaine, un songe effacé, le fantôme et le nom de ce qui fut un homme?

— Du moins je ne suis pas le fantôme d'un ami, répondit Trenmor; et, si je n'hésite point à vous reconnaître, je ne mérite pas d'être méconnu de vous. »

Sténio essaya de lui serrer la main et de lui sourire tristement; mais ses traits avaient perdu leur mobilité naïve, et jusque dans l'expression de sa reconnaissance il y avait désormais quelque chose de hautain et de préoccupé. Ses yeux, dépourvus de cils, n'avaient plus cette lenteur voilée qui sied si bien à la jeunesse. Son regard vous arrivait au visage, brusque, fixe et presque arrogant. Puis le jeune homme, craignant de s'abandonner au souvenir des anciens jours, se leva, entraîna Trenmor vers la table, et, avec un singulier mélange de honte intérieure et de vanité audacieuse, il le défia de boire autant que lui.

« Eh quoi! dit la Zinzolina d'un ton de reproche, vous allez encore hâter le terme de votre vie? Tout à l'heure vous étiez mourant, et vous allez dévorer ce qui vous reste de jeunesse et de force avec ces boissons embrasées. O Sténio! partez, partez avec Trenmor! Ne rendez pas votre guérison impossible...

— Partir avec Trenmor! dit Sténio; et où irais-je avec lui? Pouvons-nous habiter les mêmes lieux? Ne suis-je pas banni de la montagne d'Horeb, où Dieu se révèle? N'ai-je pas quarante ans à passer dans le désert pour que mes neveux voient un jour la terre de Chanaan? »

Sténio serra son verre d'une main convulsive. Un voile noir sembla s'abaisser sur sa figure. Puis elle s'anima soudain de cette rougeur fébrile qui se répand en nuances inégales sur les visages altérés par la débauche, et qui diffère essentiellement de la coloration fine et bien mêlée de la jeunesse.

« Non, non, dit-il, je ne partirai pas sans que Trenmor ait refait connaissance avec son ami. Si le jeune homme confiant et crédule n'existe plus, il faut qu'il voie au moins le buveur intrépide, le voluptueux élégant qui est sorti des cendres de Sténio. Zinzolina, faites remplir toutes les coupes. Je bois aux mânes de Don Juan, mon patron; je bois à la jeunesse de Trenmor ! — Mais non, ce n'est pas assez : qu'on remplisse ma coupe d'épices dévorantes, qu'on y verse le poivre qui altère, le gingembre qui ronge les entrailles, la cannelle qui précipite la circulation du sang. Allons, page effronté, prépare-moi ce mélange détestable pour qu'il me brûle la langue et m'exalte le cerveau. J'en boirai, dût-on me tenir de force pour me le faire avaler; car je veux devenir fou et me sentir jeune, ne fût-ce qu'une heure, et mourir après. Vous verrez, Trenmor, comme je suis beau dans l'ivresse, comme la divine poésie descend en moi, comme le feu du ciel embrase ma pensée alors que le feu de la fièvre circule dans mes veines. Allons, le vase fumant est sur la table. A vous tous, débiles buveurs, pâles débauchés, je porte ce défi! Vous m'avez raillé, voyons maintenant lequel de vous osera me tenir tête.

— Qui donc nous délivrera de ce fanfaron sans moustache? dit Antonio à Zamarelli. N'avons-nous point assez supporté l'insolence de ses manières?

— Laissez-le faire, répondit Zamarelli; il travaille lui-même à nous débarrasser bientôt de sa personne. »

Un instant après avoir avalé le vin épicé, Sténio fut saisi d'atroces douleurs : des marbrures d'un rouge ardent se dessinèrent sur sa peau flétrie. La sueur coula de son front, et ses yeux prirent un éclat presque féroce.

« Tu souffres, Sténio? lui cria Marino avec l'expression du triomphe.

— Non, répondit Sténio.

— En ce cas, chante-nous quelques-unes de tes rimes avinées.

— Sténio, vous ne pouvez pas chanter, dit Pulchérie, n'essayez pas.

— Je chanterai, dit Sténio. Ai-je donc perdu la voix? Ne suis-je plus celui que vous applaudissiez avec enthousiasme et dont les accents vous jetaient dans une ivresse plus douce que celle du vin?

— Il est vrai, dirent les buveurs. Chante, Sténio, chante! »

Et ils se serrèrent autour de la table; car nul d'entre eux ne pouvait contester à Sténio le don de l'inspiration, et tous se sentaient entraînés et dominés par lui lorsqu'il retrouvait une lueur de poésie au sein de l'énervement où l'avait jeté le désordre.

Il chanta ainsi d'une voix altérée, mais vibrante et accentuée :

> Que le chypre embrasé circule dans mes veines!
> Effaçons de mon cœur les espérances vaines,
> Et jusqu'au souvenir
> Des jours évanouis, dont l'importune image
> Comme au fond d'un lac pur un ténébreux nuage
> Troublerait l'avenir.
>
> Oublions! oublions! La suprême sagesse
> Est d'ignorer les jours épargnés par l'ivresse,
> Et de ne pas savoir
> Si la veille était sobre, ou si de nos amours
> Les plus belles déjà disparaissent, fanées
> Avant l'heure du soir.

— Ta voix s'affaiblit, Sténio, s'écria Marino du bout de la table. Tu sembles chercher tes vers et les tirer avec effort du fond de ton cerveau. Je me souviens du temps où tu improvisais douze strophes sans nous faire languir. Mais tu baisses, Sténio. Ta maîtresse et ta muse sont également lasses de toi. »

Sténio ne lui répondit que par un regard de mépris; puis, frappant sur la table, il reprit d'une voix plus assurée:

> Qu'on m'apporte un flacon, que ma coupe remplie
> Déborde, et que ma lèvre, en plongeant dans la lie
> De ce flot radieux,
> S'altère, se dessèche et redemande encore
> Une chaleur nouvelle à ce vin qui dévore,
> Et qui m'égale aux Dieux.
>
> Sur mes yeux éblouis qu'un voile épais descende !
> Que ce flambeau confus pâlisse ! et que j'entende,
> Au milieu de la nuit,
> Le choc retentissant de vos coupes heurtées,
> Comme sur l'Océan les vagues agitées
> Par le vent qui s'enfuit !
>
> Si mon regard se lève au milieu de l'orgie,
> Si ma lèvre tremblante et d'écume rougie
> Va cherchant un baiser,
> Que mes désirs ardents sur les épaules nues
> De ces femmes d'amour, pour mes plaisirs venues,
> Ne puissent s'apaiser.

« Sténio, tu pâlis! s'écria Marino: c'est assez chanter, ou tu rendras le dernier soupir à la dernière strophe.

— Cesse de m'interrompre, s'écria Sténio avec colère, ou je t'enfonce ton verre dans la gorge. »

Puis il essuya la sueur qui coulait de son front, et d'une voix mâle et pleine, qui contrastait avec ses traits exténués et la pâleur bleuâtre qui se répandait sur son visage enflammé, il reprit en se levant :

> Ou si Dieu me refuse une mort fortunée,
> De gloire et de bonheur à la fois couronnée;
> Si je sens mes désirs,
> D'une rage impuissante immortelle agonie,
> Comme un pâle reflet d'une flamme ternie,
> Survivre à mes plaisirs;
>
> De mon maître jaloux insultant le caprice,
> Que ce vin généreux abrège le supplice
> Du corps qui s'engourdit;
> Dans un baiser d'adieu que nos lèvres s'étreignent,
> Qu'en un sommeil glacé tous mes désirs s'éteignent,
> Et que Dieu soit maudit !

En achevant cette phrase, Sténio devint livide, sa main chancela et laissa tomber la coupe qu'il portait à ses lèvres. Il essaya de jeter un regard de triomphe sur ses compagnons étonnés de son courage et ravis des mâles accords qu'il avait su tirer encore de sa poitrine épuisée. Mais le corps ne put résister à ce combat forcené avec la volonté. Il s'affaissa, et Sténio, saisi d'une prostration nouvelle, tomba par terre sans connaissance; sa tête frappa contre la chaise de Pulchérie, dont la robe fut rougie de son sang. Aux cris de la Zinzolina, les autres courtisanes accoururent. En les voyant revenir éblouissantes de parure et de beauté, personne ne songea plus à Sténio. Pulchérie, aidée d'un page et de Trenmor, transporta Sténio sous les ombrages du jardin, près d'une fontaine qui jaillissait dans le plus beau marbre de Carrare.

« Laissez-moi seul avec lui, dit Trenmor à la courtisane; c'est à moi qu'il appartient désormais. »

La Zinzolina, bonne et insouciante créature, déposa un baiser sur les lèvres froides de Sténio, le recommanda à Dieu et à Trenmor, soupira profondément en s'éloignant, et retourna au banquet, où la joie régnait désormais plus vive et plus bruyante.

« Une autre fois, dit Marino à la Zinzolina en lui rendant la coupe, tu ne prêteras plus, j'espère, cette belle coupe à ton ivrogne de Sténio. C'est un ouvrage de Cellini: elle a failli être gâtée dans sa chute. »

XLVII.

CLAUDIA.

Lorsque Sténio reprit connaissance, il reçut avec dédain les soins empressés de son ami.

« Pourquoi sommes-nous seuls ici? lui dit-il. Pourquoi nous a-t-on mis dehors comme des lépreux?

— Vous ne devez pas retourner parmi les compagnons de l'orgie, lui dit Trenmor, car ceux-là même vous méprisent et vous rejettent. Vous avez tout perdu, tout gâté; vous avez abandonné Dieu, et vous avez mené à bout toutes les choses humaines. Il ne vous reste plus que l'amitié dans le sein de laquelle un refuge vous est toujours ouvert.

— Et que fera pour moi l'amitié? dit Sténio avec amertume; n'est-ce pas elle qui, la première, s'est lassée de moi et s'est déclarée impuissante pour mon bonheur?

— C'est vous qui l'avez repoussée, c'est vous qui avez méconnu et renié ses bienfaits. Malheureux enfant! revenez à nous, revenez à vous-même. Lélia vous rappelle; si vous abjurez vos erreurs, Lélia les oubliera...

— Laissez-moi, dit Sténio avec colère, ne prononcez jamais devant moi le nom de cette femme. C'est son influence maudite qui a corrompu ma confiante jeunesse; c'est son infernale ironie qui m'a ouvert les yeux et m'a montré la vie dans sa nudité, dans sa laideur. Ne me parlez pas de cette Lélia; je ne la connais plus, j'ai oublié ses traits. Je sais à peine si je l'ai aimée jadis. Cent ans se sont écoulés depuis que je l'ai quittée. Si je la voyais maintenant, je rirais de pitié en songeant que j'ai possédé cent femmes plus belles, plus jeunes, plus naïves, plus ardentes, et qui m'ont rassasié de plaisir. Pourquoi irais-je désormais plier le genou devant cette idole aux flancs de marbre? Quand j'aurais le regard embrasé de Pygmalion et le bon vouloir des dieux pour l'animer, qu'en ferais-je? Que me donnerait-elle de plus que les autres? Il fut un temps où je croyais à des joies infinies, à des ravissements célestes. C'est dans ses bras que je rêvais la béatitude suprême, l'extase des anges aux pieds du Très-Saint. Mais aujourd'hui, je ne crois plus ni aux cieux, ni aux anges, ni à Dieu, ni à Lélia. Je connais les joies humaines; je ne peux plus m'en exagérer la valeur. C'est Lélia elle-même qui a pris soin de m'éclairer. J'en sais assez désormais; j'en sais plus qu'elle! Qu'elle ne me rappelle donc pas, car je lui rendrais tout le mal qu'elle m'a fait, et je serais trop vengé!

— Ton amertume me rassure, ta colère me plaît, dit Trenmor, je craignais de te trouver insensible au souvenir du passé. Je vois qu'il t'irrite profondément, et que la résistance de Lélia est restée dans ta mémoire comme une incurable blessure. Dieu soit béni! Sténio n'a perdu que la santé physique; son âme est encore pleine d'énergie et d'avenir.

— Philosophe superbe, railleur stoïque, s'écria Sténio avec fureur, êtes-vous venu ici pour insulter à mon agonie, ou prenez-vous un plaisir imbécile à déployer votre calme impassible devant mes tourments? Retournez d'où vous venez, et laissez-moi mourir au sein du bruit et de l'ivresse. Ne venez pas mépriser les derniers efforts d'une âme flétrie peut-être par ses égarements, mais non pas avilie par la compassion d'autrui. »

Trenmor baissa la tête et garda le silence. Il cherchait des mots qui pussent adoucir l'aigreur de cette fierté sauvage, et son cœur était abreuvé de tristesse. Son austère visage perdit sa sérénité habituelle, et des larmes vinrent mouiller ses paupières.

Sténio s'en aperçut, et, malgré lui, se sentit ému. Leurs regards se rencontrèrent; ceux de Trenmor exprimaient tant de douleur, que Sténio vaincu s'abandonna à un sentiment de pitié envers lui-même. La raillerie et l'indifférence de ses disciples il vivait depuis longtemps l'avaient habitué à rougir de ses souffrances. Quand il sentit l'amitié amollir son cœur, il fut comme surpris et subjugué un instant, et il se jeta dans les bras de Trenmor avec effusion. Mais bientôt il eut honte de ce mouvement, et, se levant tout à coup, il aperçut une femme enveloppée d'une longue mante vénitienne qui s'enfonçait dans l'ombre des berceaux. C'était la princesse Claudia, suivie de sa gouvernante affidée, qui se dirigeait vers un des pavillons du jardin.

« Décidément, dit Sténio en rajustant le col de sa chemise de batiste et en l'attachant avec son agrafe de diamant, je ne puis pas laisser cette pauvre enfant languir pour moi sans prendre pitié d'elle. La Zinzolina a probablement oublié qu'elle devait venir. Il y va de mon honneur d'être le premier au rendez-vous. »

En même temps Sténio tourna la tête vers le côté où marchait Claudia. Un éclair de jeunesse brilla sur son front dévasté. Sa poitrine sembla se gonfler de désirs. Il retira sa main de la main de son ami, et se mit à courir légèrement vers le pavillon pour y devancer Claudia; mais, au bout de quelques pas, il se ralentit et gagna le but avec nonchalance.

Il arriva en même temps qu'elle à l'entrée du casino, et, tout haletant de fatigue, il s'appuya contre la rampe du perron. La jeune duchesse, rouge de honte et palpitante de joie, crut que le poète, objet de son amour, était saisi d'émotion et de trouble comme elle. Mais Sténio, un peu ravivé par l'éclat de ses yeux noirs, lui offrit la main pour monter, avec l'assurance d'un héraut d'armes et la grâce obséquieuse d'un chambellan.

Lorsqu'ils furent seuls et qu'elle se fut assise tremblante et le visage en feu, Sténio la contempla quelque temps en silence. La princesse Claudia était à peine sortie de l'enfance; sa taille, déjà formée, n'avait pas encore acquis tout son développement; la longueur excessive de ses paupières noires, le ton bilieux de sa peau prématurément lisse et satinée, de légères teintes bleues répandues autour de ses yeux languissants, son attitude maladive et brisée, tout annonçait en elle une puberté précoce, une imagination dévorante. Malgré ces indices d'une constitution fougueuse et d'un avenir plein d'orages, Claudia devait à son extrême jeunesse d'être encore revêtue de tout le charme de la pudeur. Ses agitations se trahissaient et ne se révélaient pas. Sa bouche frémissante semblait appeler le baiser; mais ses yeux étaient humides de larmes; sa voix mal assurée semblait demander grâce et protection; le désir et l'effroi bouleversaient tout cet être fragile, toute cette virginité brûlante et timide.

Sténio, saisi d'admiration, s'étonna d'abord intérieurement d'avoir à sa disposition un si riche trésor. C'était la première fois qu'il voyait la princesse d'aussi près et qu'il lui accordait autant d'attention. Elle était beaucoup plus belle et plus désirable qu'il ne se l'était imaginé. Mais ses sens éteints et blasés ne donnaient plus le change à son esprit désormais sceptique et froid. Dans un seul coup d'œil, il examina et posséda Claudia tout entière, depuis sa riche chevelure enfermée dans une résille de perles, jusqu'à son petit pied serré dans le satin. Dans une pensée, il prévit et contempla toute sa vie future, depuis cette première folie qui l'amenait dans les bras du pauvre poète jusqu'aux hideuses galanteries d'une vieillesse princière et débauchée. Attristé, effrayé, dégoûté surtout, Sténio la regardait d'un air étrange et sans lui parler. Lorsqu'il s'aperçut de la situation ridicule où le plaçait sa préoccupation, il essaya de s'approcher d'elle et de lui adresser la parole. Mais il ne put jamais feindre l'amour qu'il n'éprouvait pas, et il lui dit d'un ton de curiosité presque sévère en lui prenant la main d'une façon toute paternelle :

« Quel âge avez-vous donc?

— Quatorze ans, répondit la jeune princesse éperdue et presque égarée de surprise, de chagrin, de colère et de peur.

— Eh bien! mon enfant, dit Sténio, allez dire à votre confesseur qu'il vous donne l'absolution pour être venue ici, et remerciez bien Dieu, surtout, de vous avoir envoyée un an, c'est-à-dire un siècle, trop tard dans la destinée de Sténio. »

Comme il achevait cette phrase, la gouvernante de la princesse, qui était restée dans l'embrasure d'une croisée pour observer la conduite des deux amants, s'élança vers eux, et, recevant dans ses bras la pauvre Claudia toute en pleurs, elle interpella Sténio avec indignation.

« Insolent! lui dit-elle, est-ce ainsi que vous reconnaissez la grâce que vous accorde votre illustre souveraine, en descendant jusqu'à vous honorer de ses regards? À genoux, vassal, à genoux! Si votre âme brutale n'est pas touchée de la plus excellente beauté de l'univers, que votre audace ploie du moins devant le respect que vous devez à la fille des Bambucci.

— Si la fille des Bambucci a daigné descendre jusqu'à moi, répond Sténio, elle a dû se résigner d'avance à être traitée par moi comme une égale. Si elle s'en repent à cette heure, tant mieux pour elle. C'est d'ailleurs le seul châtiment qu'elle recevra de son imprudence; mais elle pourra se vanter d'être protégée par la Vierge, qui l'a conduite ici le lendemain et non la veille d'une orgie. Écoutez, vous deux, femmes, écoutez la voix d'un homme que les approches de la mort rendent sage. Écoutez, vous, vieille duègne à l'âme sordide, aux voies infâmes; et vous, jeune fille aux passions précoces, à la beauté fatale et dangereuse, écoutez. Vous d'abord, courtisane titrée, marquise dont le cœur recèle autant de vices que le visage montre de rides, vous pouvez rendre grâce à l'insouciance qui effacera de la mémoire de Sténio le souvenir de cette aventure avant qu'une heure se soit écoulée; sans cela, vous seriez démasquée aux yeux de cette cour, et chassée, comme vous le méritez, d'une famille dont vous voulez flétrir le frêle rejeton. Sortez d'ici, vice et cupidité, courtisanerie, servilité, trahison, lèpre des nations, lie et opprobre de la race humaine! — Et toi, ma pauvre enfant, ajouta-t-il en arrachant Claudia des bras de sa gouvernante et en l'attirant au grand jour, toute vermeille et toute désolée qu'elle était, écoute bien, et si, un jour, emportée au gré du destin et des passions, tu viens à jeter avec effroi un regard en arrière sur tes belles années perdues, sur ta pureté ternie, souviens-toi de Sténio, et arrête-toi au bord de l'abîme. Regarde-moi, Claudia, regarde en face, sans crainte et sans trouble, cet homme dont tu te crois éprise et que tu n'as sans doute jamais regardé. A ton âge, le cœur s'agite et s'impatiente. Il appelle un cœur qui lui réponde, il se hasarde, il se confie, il se livre. Mais malheur à ceux qui abusent de l'ignorance et de la candeur! Pour toi, Claudia, tu as entendu chanter les poésies d'un homme que tu as cru jeune, beau, passionné; regarde-le donc, pauvre Claudia, et vois quel fantôme tu as aimé; vois sa tête chauve, ses mains décharnées, ses yeux éteints, ses lèvres flétries. Mets ta main sur son cœur épuisé, compte les pulsations lentes et moribondes de ce vieillard de vingt ans. Regarde ces cheveux qui grisonnent autour d'un visage où le duvet viril n'a pas encore poussé; et dis-moi, est-ce là le Sténio que tu avais rêvé? est-ce le poète naïf, est-ce le sylphe embrasé que tu as cru voir passer dans tes visions célestes, lorsque tu chantais ses hymnes sur ta harpe au coucher du soleil? Si tu avais jeté alors un coup d'œil vers les marches de ton palais, tu aurais pu voir le pâle spectre qui te parle maintenant assis sur un des lions de marbre qui gardent ta porte. Tu l'aurais vu, comme aujourd'hui, flétri, exténué, indifférent à ta beauté d'ange, à ta voix mélodieuse, curieux seulement d'entendre comment une princesse de quinze ans phrasait les mélodies inspirées par l'ivresse, écrites dans la débauche. Mais tu ne le voyais pas, Claudia; heureusement pour toi, tes yeux le cherchaient dans le ciel où il n'était pas. Ta foi lui prêtait des ailes lorsqu'il rampait sous tes pieds, parmi les lazzaroni qui dorment au seuil de la villa. Eh bien! jeune fille, il en sera ainsi de toutes tes illusions, de tous tes amours. Retiens le souvenir de cette déception si tu veux conserver ta jeunesse, ta beauté et la puissance de ton âme; ou bien, si tu peux encore après ceci espérer et croire, ne te hâte pas de réaliser ton impatience, conserve et refrène le désir de ton âme ardente, prolonge de tout ton pouvoir cet aveuglement de l'espoir, cette enfance du cœur qui n'a qu'un jour et qui ne revient plus. Gouverne sagement, garde avec vigilance, dépense avec parcimonie le trésor de tes illusions; car le jour où tu voudras obéir à la fougue de ta pensée, à la souffrance inquiète de tes sens, tu verras ton idole d'or et de diamant se changer en argile grossière; tu ne presseras plus dans tes bras

qu'un fantôme sans chaleur et sans vie. Tu poursuivras
en vain le rêve de ta jeunesse; dans ta course haletante
et funeste, tu n'atteindras jamais qu'une ombre, et tu
tomberas bientôt épuisée, seule au milieu de la foule de
tes remords, affamée au sein de la satiété, décrépite et
morte comme Sténio, sans avoir vécu tout un jour. »

Après avoir parlé ainsi, il sortit du casino et s'apprêta
à rejoindre Trenmor. Mais celui-ci lui prit le bras comme
il atteignait le bas du perron. Il avait tout vu, tout entendu par la fenêtre entr'ouverte.

« Sténio, lui dit-il, les larmes que je répandais tout
à l'heure étaient une insulte, ma douleur était un blasphème. Vous êtes malheureux et désolé, mais vous êtes,
mon fils, encore jeune et pur.

— Trenmor, dit Sténio avec un dédain profond et un
rire amer, je vois bien que vous êtes fou. Ne voyez-vous
pas que toute cette moralité dont je viens de faire étalage
n'est que la misérable comédie d'un vieux soldat tombé
en enfance, qui construit des forteresses avec des grains
de sable, et se croit retranché contre des ennemis imaginaires? Ne comprenez-vous pas que j'aime la vertu
comme les vieillards libertins aiment les jeunes vierges,
et que je vante les attraits dont j'ai perdu la jouissance?
Croyez-vous, homme puéril, rêveur niaisement vertueux, que j'eusse respecté cette fille si l'abus du plaisir
ne m'eût rendu impuissant? »

En achevant ces mots d'un ton amer et cynique, Sténio tomba dans une profonde rêverie, et Trenmor l'entraîna loin de la villa, sans qu'il parût s'inquiéter du lieu
où on le conduisait.

XLVIII.

LA VENTA.

Trenmor, qui aimait à voyager à pied, se procura
néanmoins une voiture pour transporter Sténio, qui
n'aurait pas eu la force de marcher. Ils s'en allèrent à
petites journées, contemplant à loisir les lieux magnifiques qu'ils traversaient. Sténio était taciturne et paisible. Il ne demanda pas une seule fois quel était le terme
et le but de ce voyage. Il se laissait emmener avec l'a-
pathie d'un prisonnier de guerre, et son indifférence
pour l'avenir semblait lui rendre la jouissance du présent. Il regardait souvent avec admiration les beaux sites
de ce pays enchanté, et priait Trenmor de faire arrêter
les chevaux pour qu'il pût gravir une montagne ou s'asseoir au bord d'un fleuve. Alors il retrouvait des lueurs
d'enthousiasme, des élans de poésie, pour comprendre
la nature et pour la célébrer.

Mais, malgré ces instants de réveil et de renaissance,
Trenmor put observer dans son jeune ami les irrépara-
bles ravages de la débauche. Autrefois sa pensée active
et vigilante s'emparait de toutes choses et donnait la
couleur, la forme et la vie à tous les objets extérieurs;
maintenant Sténio végétait, à l'ordinaire, dans un voluptueux et funeste abrutissement. Il semblait dédaigner de faire emploi de son intelligence; mais, en réalité, il n'était plus le maître de la dédaigner. Souvent
il l'appelait en vain, elle n'obéissait plus. Il affectait
alors de mépriser les facultés qu'il avait perdues, mais
l'amertume de sa gaieté trahissait sa colère et sa douleur. Il gourmandait en secret sa mémoire rebelle, il
fustigeait son imagination paresseuse, il enfonçait l'épe-
ron au flanc de son génie insensible et fatigué; mais
c'était en vain, il retombait épuisé dans un chaos de
rêves sans but et sans ordre. Ses idées passaient dans
son cerveau incohérentes, fantasques, insaisissables,
comme les étincelles imaginaires que l'œil croit voir
danser dans les ténèbres, et qui se suivent et se multi-
plient pour s'effacer à jamais dans l'éternelle nuit du
néant.

Un matin, en s'éveillant dans une ferme où ils avaient
passé la nuit, Sténio se trouva seul. Son compagnon de
voyage avait disparu. A sa place il avait laissé le jeune
Edméo, que Sténio accueillit cette fois bien autrement
qu'à leur dernière rencontre vers le Monte-Rosa. Une

amère raillerie avait succédé dans les paroles et dans
les idées du poëte à l'ancienne candeur de l'amitié.
Pourtant le cœur de Sténio n'était pas corrompu, et,
en voyant la peine qu'il causait à son ami, il s'efforça de
redevenir sérieux; mais alors il tomba dans une sombre
rêverie, et suivit Edméo sans insister pour savoir où on
le conduisait. Le soir même, après avoir parcouru un
pays inhabité, couvert d'épaisses forêts, ils arrivèrent
au pied d'un antique donjon féodal qui depuis longtemps
semblait n'avoir servi d'asile qu'à l'effraie et à la couleuvre. C'était un lieu sauvage et pittoresque. L'âpreté
de l'architecture à demi ruinée était en harmonie avec
les contours escarpés des roches arides qui l'entouraient.
La lune était pâle, et les nuages, chassés sur son front
livide par un vent d'automne, prenaient des formes
bizarres, comme le paysage sinistre qu'ils traversaient
de leurs grandes ombres fuyantes. La voix sèche et
saccadée du torrent parmi les galets ressemblait à un
rire diabolique. Sténio fut ému, et, sortant tout d'un
coup de son apathie, il arrêta brusquement Edméo au
moment où ils passaient la herse.

« L'aspect de ces lieux me fait souffrir, lui dit-il, je
crois entrer dans une prison. Où sommes-nous?

— Chez Valmarina, répondit Edméo en l'entraînant. »

Sténio tressaillit à ce nom, qu'il n'avait jamais entendu sans émotion; mais aussitôt, rougissant de ce
reste de naïveté :

« Cela m'eût fait un grand plaisir l'année dernière,
dit-il à son ami; mais aujourd'hui cela me paraît passa-
blement ridicule.

— Peut-être changeras-tu d'avis tout à l'heure, « reprit Edméo avec calme; et il le conduisit à travers de
vastes cours sombres et silencieuses jusqu'à une galerie
profonde où tout était encore silence et ténèbres. Puis,
après avoir erré quelque temps dans le dédale des
grandes salles froides et délabrées qu'éclairait à peine
un rayon égaré de la lune, ils s'arrêtèrent devant une
porte chargée d'antiques écussons armoriés, qui brillaient faiblement dans l'ombre. Edméo frappa plusieurs
coups dans un ordre méthodique. Un mot de passe fut
échangé avec précaution à travers un guichet, et, tout
à coup les deux battants s'ouvrirent avec solennité, Sténio et son ami pénétrèrent dans un immense salon décoré dans le goût des temps chevaleresques, avec un
luxe sur lequel l'action du temps avait jeté une teinte
sévère, et que l'éclat de mille bougies rendait plus austère encore. . . . .

. . . .
Il y avait là une assemblée d'hommes que Sténio prit
d'abord pour des spectres, parce qu'ils étaient immobiles et muets, et puis pour des fous; car ils accompli-
rent d'étranges solennités, mythes profonds d'un dogme
à la fois sublime et terrible que Sténio ne comprenait
pas. Il entra dans le chambre des initiations accompagné
d'Edméo. Ce qui lui fut révélé, il ne l'a jamais trahi.
Frappé dans la partie de son imagination qui était restée poétique, et dans celle de son cœur qui n'était pas
encore fermée aux grands instincts de dévouement, de
justice et de loyauté, il se montra digne en cet instant,
et par la spontanéité généreuse des engagements qu'il
prit, et par l'enthousiasme sincère qu'il éprouva, de la
confiance extraordinaire qu'on lui accordait.

Pourtant, lorsqu'il fut question de l'admettre, séance
tenante, au rang des initiés, quelques voix s'élevèrent
contre lui, et ces voix ne furent pas celles des jeunes
étrangers que se faisaient remarquer dans l'assemblée
par leur parole mystique et leur opinion exaltée. Ce furent les voix de ceux que Sténio aurait crus plus disposés à l'indulgence envers lui; car ils étaient riches et
prodigues, ils avaient de grands noms et menaient un
grand train. C'étaient des princes, des hommes du
monde, la fleur de la jeunesse dorée du pays. Mais s'ils
avaient connu comme Sténio une vie dissipée et des
plaisirs dangereux, si plusieurs d'entre eux portaient
sous leur armure sainte quelque tache de cette lèpre fatale qui s'attache aux heureux du siècle, du moins ils
avaient souvent lavé ces souillures par de généreux sa-

crifices, et Sténio ne pouvait produire aucune preuve de son jeune héroïsme. Ces hommes, qu'il avait rencontrés souvent dans les fêtes, au théâtre, et peut-être jusque dans le boudoir de la Zinzolina, puisqu'ils avaient été ses maîtres et ses exemples dans l'art funeste de se perdre, devaient être, selon lui, ses protecteurs et ses répondants lorsqu'il s'agissait de se sauver. Leur méfiance fut un châtiment austère pour lui, et son orgueil souffrit de voir qu'en se proposant leurs travers pour modèles, il n'avait saisi que leur mauvais côté, sans se douter qu'ils en eussent un vraiment grand. Ils le lui firent sentir, et son front fut un instant chargé d'une honte salutaire. Il faillit même s'irriter contre eux et se retirer en les provoquant, lorsqu'on lui demanda qui était son *parrain*, et qu'il se vit seul au milieu d'eux. La jeunesse d'Edméo s'opposait à ce rôle supérieur. Alors un homme qui cachait son visage à tous les autres s'approcha et se fit reconnaître de lui seul : c'était Trenmor; il se présentait pour l'appuyer et pour répondre de lui, fortune pour fortune, vie pour vie, honneur pour honneur.

En présence de tant d'illustres personnages, élite de plusieurs nations réunies dans un sentiment de haute fraternité, Sténio, ému d'une secrète vanité hautaine et lâche, eut envie de renier le patronage de Trenmor. Il se tenait déjà pour offensé des doutes émis sur son compte : quelle serait sa confusion, si une seule voix allait s'élever pour repousser, pour dévoiler le galérien, son unique appui? Il hésita, pâlit, regarda autour de lui d'un air ombrageux ; mais alors il vit tous les fronts s'incliner et toutes les mains s'étendre en signe d'assentiment ; Trenmor avait laissé voir ses traits. Il demandait que le néophyte fût dispensé de toutes les épreuves vulgaires; et qu'en raison de la prochaine *issue de l'entreprise* on l'admît sur sa simple parole.

À l'instant même Sténio fut admis à prêter serment et à prendre ses grades. On dérogeait en sa faveur à tous les usages, on forçait la lettre des statuts, on l'accueillait, lui obscur et sans mérites, sur la caution d'un homme auquel on n'avait rien à objecter, rien à refuser. « Quel est donc le pouvoir de cet homme sur l'esprit des autres? dit Sténio en s'adressant, après la cérémonie du serment, à un jeune homme qui se trouvait près de lui. Quelle influence extraordinaire exerce-t-il dans cette assemblée? de quelle dignité l'a-t-elle revêtu? »

Le jeune homme regarda Sténio avec la plus grande surprise, et le tournant vers ses compagnons : « Par le ciel! dit-il, voilà qui est étrange, le filleul de Valmarina ne connaît pas Valmarina!

— Valmarina? lui, Trenmor? s'écria Sténio.

— Oh! *Trenmor, Anselme, Mario*, qui vous voudrez, répondirent les nouveaux frères de Sténio. Vous savez bien qu'il va changeant de nom dans tous ses voyages; car l'œil de nos ennemis est ouvert sur lui. Mais il sait leur échapper avec une prudence et une adresse merveilleuses. Souvent il traverse inaperçu les lignes les plus dangereuses, et, au moment où on croit le saisir sur un point, il reparaît sur un point éloigné, et se montre alors qu'on ne peut plus l'atteindre. Nulle part il n'est connu sous son véritable nom, pas même ici. Valmarina est celui qui le donne parmi nous; mais un mystère impénétrable enveloppe sa naissance, sa patrie et les années de sa jeunesse. Nous ne savons de lui que ce qu'il ne peut nous cacher : c'est qu'il est le plus zélé, le plus libéral, le plus dévoué, le plus brave et le plus modeste d'entre nous.

— Et le plus capable ! s'écrièrent plusieurs voix. La Providence veille sur lui; car elle le tire de tous les dangers, et le rend invulnérable à toutes les fatigues d'esprit et de corps. C'est lui qui, des premiers, s'est fait ici l'apôtre et le propagandiste de la foi que vous venez d'embrasser, et c'est lui qui a rendu les plus importants services à notre cause sacrée. Raconter ce qu'il a fait pour elle est impossible; on ne pourrait en dire la moitié, car il cache ses sacrifices avec autant de soin et de jalousie qu'un autre en mettrait à les proclamer. Honneur à toi, poëte Sténio, puisque, sans être connu de

toi, Valmarina t'a jugé digne d'une telle confiance et revêtu d'une telle estime ! »

Ces entretiens furent interrompus par la voix des chefs. Tous les initiés furent invités à donner leurs votes pour l'élection d'un chef suprême. Le casque d'airain d'un ancien preux, détaché d'un des trophées qui ornaient la muraille, servit d'urne pour recueillir les billets; et, après toutes les épreuves accomplies avec la plus religieuse gravité, le nom de Valmarina fut proclamé avec enthousiasme.

Alors Valmarina se leva et dit :

« Grâces vous soient rendues pour ces marques de confiance et d'affection; mais je n'ai pas droit à tant d'estime. Pour vous commander, il faut un homme dont toute la vie soit sans reproche, et ma jeunesse n'a pas été pure. J'ai déjà refusé dans trois assemblées l'honneur que vous me faites. Je refuse encore. Mes fautes ne sont point expiées. »

Le plus éminent et le plus respectable parmi ceux qui portaient dans l'assemblée le titre de pères et de tuteurs se leva aussitôt et répondit :

« Valmarina, mes cheveux blancs et les cicatrices qui sillonnent mon front me donnent le droit de te reprendre. Ton refus obstiné est une plus grande faute que toutes celles dont tu peux t'accuser. Quoique nous ignorions à quelle race et à quel culte tu appartiens, quoique tu fasses la guerre avec nous aux princes des prêtres et aux pharisiens, nous te voyons exercer les vertus chrétiennes avec une persévérance qui nous frappe de respect, et nul d'entre nous ne s'est jamais arrogé le droit de t'interroger sur les principes qui sont la source de tes vertus. Cependant aujourd'hui je me crois autorisé à te dire que ton humilité approche du fanatisme. Tu nous as montré le cœur d'un guerrier, ne baisse donc pas le front comme un moine. Tu as déjà souffert le martyre pour notre cause, tu as langui dans l'exil, tu as subi la torture des cachots, tu as sacrifié tous tes biens, tu as sans doute immolé toutes tes affections; car tu vis seul et austère comme un saint des anciens jours. Ne te suicide donc pas comme un pénitent. Si ta jeunesse a été souillée de quelque faute, sans doute il n'est ici personne qui ne soit prêt à l'excuser; car aucun de nous n'est sans péché, et aucun de nous ne peut se vanter d'avoir racheté les siens par des actions aussi grandes que les tiennes. Au nom de cette assemblée et en vertu des pouvoirs que me donnent mon âge et le rang dont on m'a honoré dans cette enceinte, j'exige que tu acceptes le commandement que nos voix viennent de te décerner. »

Des acclamations passionnées accueillirent ce discours. Valmarina resta sombre, pâle et morne.

« Père, tu me fais souffrir gratuitement, dit-il quand l'agitation eut cessé; je ne puis me soumettre à ce pouvoir que je révère en toi. Je ne puis céder à cette sympathie qui m'honore de la part de mes frères... Je me retirerai du sein de cette assemblée, j'irai combattre isolément pour notre cause plutôt que d'accepter un commandement, un titre, une distinction quelconque. Je ne suis pas catholique ; car j'ai fait un vœu tel qu'aucun successeur du Christ ne peut m'en délier.

— Eh bien ! nous le trancherons avec l'épée, reprit le vieux prince, et tu rompras ton vœu. L'homme ne peut pas être juge de ses devoirs pour l'avenir. Tel engagement lui paraît saint et méritoire aujourd'hui, qui demain peut être puéril ou coupable. Souvent il y a piété et sagesse à se rétracter, tandis qu'il y aurait démence ou lâcheté à persévérer dans une résolution insensée. Tu nous as prouvé que tu nous étais nécessaire : tu ne peux plus nous manquer sans nous être nuisible. Songes-y..... Si nous n'étions sûrs de ta vertu comme de la clarté du soleil, si tu ne nous étais cher comme l'enfant de nos entrailles, ta conduite aujourd'hui pourrait ressembler à une défection pour notre cause ou à de l'antipathie pour nos personnes.

— Eh bien ! prenez-le comme vous voudrez ! » répondit Trenmor d'un ton farouche et sans se lever. Chacun se regarda avec surprise. Jamais son front calme n'avait été chargé de ce sombre nuage, jamais son sourcil ne s'était contracté ainsi dans la colère, jamais cette sueur froide n'avait baigné ses tempes, et jamais sa bouche n'avait pâli et tremblé dans l'angoisse d'une si douloureuse émotion.

De véhémentes discussions s'élevèrent ; les uns accusaient le prince de *** d'avoir manifesté un soupçon outrageant pour Trenmor ; d'autres défendaient l'intention du vieux prince et appuyaient son avis. Plusieurs insistaient pour qu'on respectât les répugnances de Valmarina ; la plupart, pour qu'on s'obstinât à les vaincre. Valmarina fit cesser ces divisions en se levant pour demander la parole. Aussitôt le silence se rétablit.

« Vous m'y contraignez, dit-il d'un air sombre ; j'obéis à la volonté implacable du destin qui vient de parler par la bouche de ce vieillard. Dieu m'est témoin pourtant que j'avais acheté par de grands travaux et de terribles expiations le droit de cacher mon secret, et d'échapper à la honte que vous m'infligez. Mais il en est ainsi dans cette société impitoyable. Il n'est pas de refuge contre les arrêts que les hommes ont une fois prononcés. Il n'est pas de repentir efficace, pas de réparation admissible. Vous avez rêvé la justice et vous avez inventé le châtiment : vous avez oublié la réhabilitation, car vous n'avez pas cru l'homme corrigible. Vous avez prononcé sur lui une condamnation que Dieu dans sa perfection et sa toute-puissance n'aurait pas le droit de prononcer sur la faiblesse humaine !...

— Maudis la société qui protége les tyrans et asservit les hommes libres, interrompit vivement un des anciens ; mais n'outrage pas les réformateurs que toi-même as convoqués ici pour détruire le mal et ramener la vertu sur la terre. Il est possible que, produits par cette société corrompue, nous ayons gardé malgré nous quelques-uns de ces mêmes préjugés que nous venons combattre. Mais sache que nous avons la force de les vaincre quand il s'agit de reconnaître un mérite éclatant comme le tien. Garde ton secret, nous ne voulons pas l'entendre. » Les applaudissements recommencèrent.

« Et pourtant, reprit le pénitent, le doute s'est glissé parmi vous ; et, si je garde mon secret, le ver rongeur du doute peut faire ici de larges trouées. Hélas ! non, nul homme n'a le droit d'avoir un secret, et le moment est venu de confesser le mien. J'avais cru que l'amertume de ce calice pourrait être détournée ; je m'étais abusé. Je dois à la cause que nous servons de prouver que je ne suis pas digne de la servir avec éclat ; autrement, ceux d'entre vous qui m'estiment le plus s'imaginent que je me crois au-dessus de cette cause, et que, dans un sentiment d'orgueil fanatique, je méprise les gloires humaines. Non ! je ne les méprise pas, je n'ai pas le droit de les mépriser. Je les regarde comme la sainte et désirable couronne des héros et des martyrs. Mais ma main est impure et ne peut soutenir une palme. Je n'attendrai pas que les hommes portent sur moi cet arrêt. Je dois le prononcer moi-même ! Ce n'est pas que je craigne les hommes ; le jugement des plus grands et des plus purs d'entre vous ne m'épouvante pas, car mon cœur est sincère et mon crime est expié. Mais je respecte la cause, et ce que je crains, c'est de lui faire tort en me laissant proclamer son représentant. Ma destinée n'est pas de travailler pour une récompense terrestre. Vous pouvez bien admettre qu'il est des fautes que le ciel seul peut absoudre, des infortunes dont la mort seule peut délivrer.... Au reste, vous allez en juger,. Un soir d'hiver, il y a dix ans environ, le seigneur de ce château accorda l'hospitalité à un misérable,..

— A un infortuné qui se traînait seul et fatigué parmi nos forêts, interrompit Edméo, qui se leva d'un air inspiré, et qui, imposant son enthousiasme à l'assemblée, fut écouté à la place de Valmarina. Le seigneur de ce château était mon oncle, dont vous savez tous, un des seigneurs les plus riches de ces contrées. C'était un philosophe, un cœur généreux, passionné pour les grandes choses, ami de jeunesse d'Alfieri, disciple de Rousseau, partisan de la liberté, et ne nourrissant qu'une pensée, qu'un espoir, celui de voir sa patrie recouvrer

son indépendance et son unité. Il passait parmi le vulgaire pour un exalté, pour un fou. Il accueillit le proscrit qui frappait à sa porte, il le fit asseoir à sa table, il l'écouta sous le manteau du foyer domestique, antique sanctuaire de la famille, symbole de l'inviolable hospitalité. Il apprit tous ses secrets... (ces secrets que l'on veut vous révéler et que vous ne voudrez pas entendre), et les ensevelit dans son cœur. Il s'entretint avec lui des principes sacrés de la morale et de la justice humaine, en remontant jusqu'aux grandes causes, à l'essence de la justice et de la bonté divines ; et le soleil pâle et tardif des matinées d'hiver les surprit devant l'âtre, parlant encore et ne songeant point à se séparer. Alors le proscrit voulut partir, son hôte le retint ce jour-là et les jours suivants ; et le proscrit, malgré sa tristesse et sa retenue, ne partit point. Mon oncle s'y opposa avec des prières irrésistibles.

« Trois mois après, le seigneur mourut et légua ses châteaux, ses terres, toute son immense fortune au proscrit ; déshéritant son neveu, frivole enfant qui jouissait d'ailleurs d'une assez grande aisance, et qui ne pouvait faire un noble usage des biens considérables placés en de meilleures mains. L'étranger accepta ce legs, et le préserva des rapines et des intrigues qui veillent toujours au chevet des moribonds. Mais trois mois après, il vint rapporter au neveu dépouillé les titres des propriétés et la clef des trésors de son oncle. — Enfant, lui dit-il, je trahis la volonté d'un mourant, et je remets peut-être en de mauvaises mains la précieuse subsistance de mille familles. Peut-être, si j'avais toujours vécu dans le sentiment du devoir, aurais-je le droit et le courage aujourd'hui de faire de cette fortune le seul noble usage auquel elle puisse être attribuée. Mais, comme toi, j'ai usé ma jeunesse dans le désordre ; et, puisque Dieu m'en a retiré, je puis croire que son intention est de t'en retirer aussi et de t'éclairer sur tes vrais devoirs. En tous cas, je ne puis remplir envers toi le rôle de la Providence, je ne suis ni ton parent ni ton ami, mais seulement ton débiteur.

« Et, disant ainsi, cet homme disparut, se dérobant à mes remercîments et à mes instances. Je ne le revis que l'année suivante. Il me pria de secourir de nobles infortunes qui n'étaient pas les siennes, et, quoiqu'il vécût dans l'indulgence, il ne voulut jamais accepter rien pour lui-même...

— Puisque vous avez dit mon histoire, je dirai la vôtre, interrompit Valmarina. Mais, qui ne la sait point ici ? Toi, Sténio, nouvel adepte, apprends la source des richesses qu'on ne voit répandre pour féconder le sillon sacré. C'est la vertu de ce jeune homme, à peine plus âgé que toi de quelques années, de ce jeune homme qui jusqu'à seize ans vécut dans l'ignorance du rôle sublime que le ciel lui réservait, et dont l'instinct dormait au fond de son cœur. Tu n'as vu en lui qu'un rêveur ordinaire. C'est ici que les grandes vertus et les grandes actions, cachées aux yeux d'un monde qui ne les comprendrait pas, éclatent sans faste et sans ostentation, au sein d'une famille d'élus dont la suffrage console et n'enivre pas comme la louange banale du vulgaire. C'est qu'ici nul n'a rien à envier à la gloire d'autrui. Chacun a fourni ses titres et subi son épreuve...

— De toi seul nous ne savons rien, enfant, dit le vieillard à Sténio ; mais de toi, à cause du parrain qui vient de te présenter au baptême, nous attendons beaucoup ; sois attentif aux dernières révélations qui vont t'être faites ainsi qu'à tes jeunes frères. Cette assemblée va décider de grandes choses. . . . .

. . . . »

L'assemblée se sépara après avoir reçu et enregistré tous les serments. La tâche fut distribuée à chacun suivant ses moyens et ses forces. Sténio demanda et obtint la permission d'agir conjointement avec Edméo, sous la direction de Valmarina. Celui-ci accepta un emploi périlleux, mais secondaire ; son refus du commandement suprême fut irrévocable.

Chaque seigneur alla brider lui-même, dans les vastes écuries du vieux manoir, son destrier encore fumant de

Tous marchaient par de différents chemins... (Page 88.)

la course qui l'y avait amené. Aucun ne s'était fait es-
corter, crainte d'imprudence ou de trahison. Les plé-
béiens échangèrent d'affectueux embrassements avec
ceux qui abjuraient tout souvenir de supériorité fictive,
pour cimenter la nouvelle alliance. Les jeunes gens traversèrent à pied la forêt; Sténio suivit Edméo et Trenmor. La lune s'abaissait vers l'horizon, et le jour ne
paraissait pas encore. Chacun se pressait, afin de sortir
de ces parages à la faveur de l'obscurité. Tous marchaient
par des chemins différents, dans le plus profond silence.
De temps à autre seulement, on entendait le pied d'un
cheval heurtant un caillou, ou le retentissement de sa
marche sur les ponts de bois du torrent. Aucun rayon ne
scintillait plus aux vitraux du vieux manoir; aucun hôte
n'y reposa ses membres fatigués. Les oiseaux de nuit,
un instant écartés et silencieux, reprirent possession de
leur domaine; et les portraits des aïeux, un instant
éclairés d'une vive lumière, rentrèrent dans les ténèbres,
muets témoins du pacte étrange que leurs neveux
venaient de contracter avec les neveux de leurs vas-
saux.

XLIX.

Le temps que vous avez fixé vous-même est écoulé, et
je vais vous rejoindre. Vous avez peut-être besoin de
moi, et pour le moment je n'ai rien à faire ici. Dieu
veuille qu'à vous aussi je sois inutile, mais non pas
pour la même raison! J'espère être témoin de votre
résurrection; ici je n'ai trouvé que la mort.

Oui, Lélia, tout est mort sur cette terre maudite. La
douleur est entrée cette fois bien avant dans mon cœur.
Je frémis, je vous l'avoue, devant le spectacle du monde.
J'ai besoin d'y échapper pendant quelque temps et d'aller
retremper mon âme dans le sein de la nature. Elle seule
ne vieillit pas; mais les races humaines arrivent en peu
de temps à la décrépitude, et, quand l'heure de leur
trépas est sonnée, les médecins de l'humanité sont réduits
à se croiser les bras et à les voir expirer en silence.

Et pourtant, ô mon Dieu! il y a encore des éléments
de grandeur, il y a encore des âmes fortes, des jeunesses
ardentes et pures. Le phénix est encore prêt à étendre
ses ailes sur le bûcher; mais il sait que sa cendre est devenue stérile, que le principe divin va s'éteindre avec

Arrêtez, mon fils! lui dit l'ermite... (Page 90.)

lui, et il meurt en jetant un dernier cri d'amour et de détresse sur ce monde qui regarde avec indifférence sa sublime agonie. J'ai vu périr des héros : les peuples aussi les ont vus, et ils se sont assis comme à un spectacle, au lieu de se lever pour les venger!

La génération qui a fait un homme puissant, au lieu de faire des nations fortes, ne pourra se relever de son abjection. Le faible espoir qui reste est tout entier dans la jeunesse qui s'élève. Des idées de gloire lui ont donné la bravoure; des idées philosophiques lui ont donné l'esprit d'indépendance. Mais, vous le dirai-je? cette jeunesse m'épouvante; déréglée, bouffie d'orgueil, dépourvue de vénération, elle ne cherche, dans l'œuvre qu'elle veut accomplir, que des émotions guerrières et des triomphes bruyants. Elle méconnaît tout ordre et toute justice dès qu'elle raisonne sur les choses du lendemain. Elle s'approprie l'avenir et y porte déjà toutes les erreurs et toutes les iniquités du passé. Que va-t-elle faire si elle triomphe? et que va devenir l'humanité si elle succombe? Ô triste temps que celui où la victoire effraie autant que la défaite!

En attendant qu'un nouvel effort augmente ou dimi-nue nos forces, je vais vous voir. Puissé-je vous trouver moins résignée que moi! Il n'y a rien de plus triste que cette soumission à une implacable destinée. Hélas! que deviendrait-on alors, si on n'avait la conscience d'avoir fait son devoir!

L.

MALÉDICTION.

Un jour Sténio redescendit seul les défilés rapides du Monteverdor. Sa santé s'était améliorée; des émotions terribles, de grands chagrins, une blessure assez grave, c'étaient là pourtant les événements qui l'avaient retenu éloigné de sa résidence accoutumée. Mais il est des douleurs nobles, des souffrances glorieuses qui fortifient au lieu d'abattre, et Sténio en avait ressenti l'austère et maternelle influence.

Toutefois Sténio n'était pas guéri, son âme avait succombé plus que son corps dans le défi insensé qu'il avait voulu porter à la vie. La jeunesse physique refleurit aisément; mais la jeunesse intellectuelle, plus délicate et plus précieuse, ne recouvre jamais entièrement son parfum et sa grâce. La vertu peut rendre à l'esprit une sorte de virginité, mais lentement et à force de soins et d'expiations.

Sténio était brave, il l'avait prouvé; mais son cœur, un instant ranimé, retombait dans une mortelle langueur aussitôt que les émotions du danger ne le soutenaient plus. Le besoin d'amusements frivoles et d'excitations factices était devenu si impérieux chez lui, que le calme lui était une sorte de supplice. Tandis qu'il traversait seul et d'un pas rapide ces lieux remplis du souvenir poétique de sa passion, il cherchait à échapper à ses propres pensées; mais, entre les spectacles tragiques dont il venait d'être témoin et la mémoire pénible de ses transports dédaignés, il ne savait où se réfugier, et la vie que Pulchérie lui avait faite, vide d'émotions profondes et de sentiments vrais, était la seule où il pût se reposer. Repos fatal, semblable à celui que le voyageur trouve dans les forêts de l'Inde, sous l'ombrage enivrant qui donne la mort.

Tout à coup, au détour d'un des angles escarpés du chemin, il se trouva face à face avec un homme qu'il prit d'abord pour un spectre.

« Que vois-je? s'écria-t-il en reculant de surprise et presque de terreur. Les morts sortent-ils du tombeau? Les martyrs quittent-ils le ciel pour errer sur la terre?

— J'ai échappé à la mort, répondit Valmarina; je sais que, grâce au ciel, tu as échappé à la proscription; mais ma tête est mise à prix, et je ne dois pas m'arrêter un instant près de toi; tu ne dois pas avoir l'air de me connaître, car, si j'étais découvert, les dangers qui m'environnent pourraient t'atteindre aussi... Va, continue ta route, et que le ciel t'accompagne!

— Votre tête est mise à prix, s'écria Sténio, sans faire attention à la fin du discours de Trenmor, et, au lieu de quitter cette contrée, vous revenez affronter la persécution dans un lieu où vous êtes connu?

— Dieu m'assistera aussi longtemps qu'il me jugera propre à accomplir quelque bien sur la terre, répondit le proscrit. Ma mission n'est pas remplie; j'ai ici quelqu'un à voir encore avant de m'éloigner tout à fait. Adieu, mon enfant; puisse la semence de vie fructifier dans ton âme! Éloigne-toi; car, bien que ce chemin paraisse peu fréquenté, chaque rocher, chaque buisson peut receler un délateur. »

Et Trenmor, coupant droit à travers la montagne, voulut quitter le sentier où Sténio devait passer. Mais Sténio s'attacha à ses pas.

« Non, je ne vous quitterai pas ainsi, lui dit-il. Vous avez besoin d'aide, vous êtes accablé de fatigue; vos blessures sont à peine fermées, vos joues sont creusées par la souffrance. D'ailleurs vous êtes sans asile, et je puis vous en offrir un. Venez, venez avec moi. C'est m'outrager que de me croire capable de prudence et de crainte en un tel moment.

— J'ai un asile tout près d'ici, répondit Trenmor. J'ai assez de force pour m'y rendre; ne crains donc rien pour moi, mon ami, et songe à toi-même. Je n'ai jamais douté de toi. J'ai été te chercher au sein des voluptés où tu étais endormi, et je n'ai pas épargné ton généreux sang lorsqu'il a dû couler pour une cause sainte. Mais ce qui nous en reste est précieux aujourd'hui, et ne doit pas être exposé sans nécessité. L'ami qui me cache en ce moment court assez de risques. C'est déjà trop d'un dévouement que je puis rendre funeste! »

Malgré les refus et la résistance du proscrit, Sténio s'obstina à l'accompagner jusqu'à la cellule de l'ermite. Cette cellule, creusée dans le granit de la montagne, loin de tout sentier tracé par les hommes, était cachée à tous les regards par l'ombrage épais des cèdres, et par un réseau de nopals bras rugueux, étroitement entrelacés. La cellule, située sur l'escarpement du roc, était déserte. Le versant de ce précipice présentait un ravin nu et sablonneux, au fond duquel un petit lac dormait dans un morne repos. Il ne semblait pas possible de descendre sur ses bords, à cause de la mobilité des sables inclinés qui l'entouraient et de l'absence totale de point d'appui. Aucune roche n'avait trouvé moyen de s'arrêter sur cette pente rapide, aucun arbre n'avait pu enfoncer ses racines dans ce sol friable. En attendant que les avalanches qui l'avaient creusé vinssent le combler, ce précipice nourrissait, au sein de ses ondes immobiles, une riche végétation. Des lotus gigantesques, des polypiers d'eau douce, longs de vingt brasses, apportaient leurs larges feuilles et leurs fleurs variées à la surface de cette eau que ne sillonnait jamais la rame du pêcheur. Sur leurs tiges entrelacées, sous l'abri de leurs berceaux multipliés, les vipères à la robe d'émeraude, les salamandres à l'œil jaune et doucereux, dormaient, hantées au soleil, sûres de n'être pas tourmentées par les filets et les pièges de l'homme. La surface du lac était si touffue et si verte, qu'on l'eût prise d'en haut pour une prairie. Des forêts de roseaux y reflétaient leurs tiges élancées et leurs plumets de velours que le vent courbait comme une moisson des plaines. Sténio, charmé de l'aspect sauvage de ce ravin, voulait essayer d'y descendre et de poser le pied sur ce perfide réseau de feuillage.

« Arrêtez, mon fils, lui dit l'ermite, qui parut alors avec son capuchon abaissé sur le visage; ce lac couvert de fleurs est l'image des plaisirs du monde. Il est environné de séductions, mais il recèle des abîmes sans fond.

— Et qu'en savez-vous, mon père? dit Sténio en souriant. Avez-vous sondé cet abîme? Avez-vous marché sur les flots orageux des passions?

— Quand Pierre essaya de suivre Jésus sur les ondes du Génézareth, répondit l'ermite, il sentit au bout de quelques pas que la foi lui manquait et qu'il s'était trop hasardé en voulant, comme le fils de l'homme, marcher sur la tempête. Il s'écria : « Seigneur, nous périssons! » Et le Seigneur, l'attirant à lui, le sauva.

— Pierre était un mauvais ami et un lâche disciple, reprit Sténio, N'est-ce pas lui qui renia son maître dans la crainte de partager son sort? Ceux qui ont peur du danger et qui s'en retirent ressemblent à Pierre : ils ne sont ni hommes ni chrétiens. »

L'ermite baissa la tête et ne répondit rien.

« Mais dites-moi, mon père, pourquoi vous vous donnez la peine de me cacher votre visage? Je connais fort bien le son de votre voix; nous nous sommes déjà vus dans des jours meilleurs.

— Meilleurs, dit Magnus en laissant tomber lentement son capuchon et en appuyant son front déjà chauve sur sa main desséchée, dans une attitude mélancolique.

— Oui, meilleurs pour vous et pour moi, dit Sténio, à cette époque où les roses de la jeunesse s'épanouissaient sur mon visage; et, bien que vous eussiez l'air égaré et le pouls fébrile la dernière fois que je vous rencontrai sur la montagne, votre barbe était noire, mon père, et vos cheveux touffus.

— Vous attachez donc un grand prix à cette vaine et funeste jeunesse du corps, à cette dévorante énergie du sang qui colore le visage et qui brûle le crâne? dit le moine chagrin.

— Vous en voulez à la jeunesse, mon père, dit Sténio; vous avez pourtant quelques années seulement de plus que moi. Eh bien! je gagerais qu'il y a encore plus de jeunesse dans votre imagination qu'il n'y en a maintenant dans tout mon être. »

Le prêtre pâlit, puis il posa sa main jaune et calleuse sur la main pâle et bleuâtre de Sténio.

« Mon enfant, lui dit-il, vous avez donc été malheureux aussi, puisque vous êtes si cruel?

— La souffrance qu'on a subie, dit Trenmor d'un ton sévère et triste, devrait rendre compatissant et bon. C'est le fait des âmes faibles de se corrompre dans l'adversité; les âmes fortes s'y épurent.

— Et ne le sais-je pas bien! dit Sténio, que la rencontre inattendue de Magnus ramenait au souvenir amer de son amour repoussé; ne sais-je pas que je suis une âme sans grandeur et sans énergie, une nature infirme et misérable? En serais-je où j'en suis si j'étais Trenmor ou Magnus? Mais, hélas, ajouta-t-il en s'asseyant avec un mouvement de sombre colère sur le bord de l'abîme, pourquoi tenter sur moi de vains efforts, pourquoi me donner des conseils dont je ne puis profiter et des exemples qui sont au-dessus de mes forces? Quel plaisir trouvez-vous à m'étaler vos richesses, à me montrer de quelle puissance vous êtes doués, de quels efforts vous êtes capables? Hommes forts; hommes héroïques! vases d'élection! saints qui êtes sortis d'un galérien et d'un prêtre! vous, forçat, qui avez assumé sur votre tête tous les châtiments de la vie sociale; vous, moine, qui avez résumé dans quelques années de votre vie intérieure toutes les tortures de l'âme; vous deux, qui avez souffert tout ce que les hommes peuvent souffrir, la satiété et la privation; l'un brisé par les coups, l'autre par le jeûne; vous voici pourtant debout et le front levé vers le ciel, tandis que moi je rampe comme l'enfant prodigue au milieu des animaux immondes, c'est-à-dire des appétits grossiers et des vices impurs! Eh bien, laissez-moi mourir dans ma fange, et ne venez pas tourmenter mon agonie par le spectacle de votre ascension glorieuse vers les cieux. C'est ainsi que les amis de Job venaient vanter leur prospérité à la victime étendue sur le fumier. Laissez-moi, laissez-moi! Gardez bien vos trésors, de peur que votre orgueil ne les dépense. Que la sagesse et l'humilité veillent à la garde de vos conquêtes! Préservez-vous du désir puéril de les montrer à ceux qui n'ont rien; car, dans sa colère, le pauvre haineux et jaloux pourrait cracher sur ces richesses et les ternir. Trenmor, votre gloire n'est peut-être pas aussi réelle, aussi éclatante que vous l'imaginez. Ma raison amère pourrait peut-être trouver une explication triviale au triomphe de la volonté sur des passions amorties, sur des désirs effacés ou repus. Magnus, prenez garde, votre foi n'est peut-être pas si affermie que je ne puisse l'ébranler d'un regard moqueur ou d'un doute audacieux. La victoire remportée par l'esprit sur les tentations de la chair n'est peut-être pas si complète, que je ne puisse vous faire rougir et pâlir encore en prononçant un nom de femme... Allez, allez prier; allumez l'encens devant l'autel de la Vierge, et baissez la tête sur le pavé de vos églises. Allez composer des traités sur la mortification et la résignation, mais laissez-moi jouir des derniers jours qui me restent. Dieu, qui ne m'a pas, comme vous, favorisé d'une organisation supérieure, n'a mis à ma portée que des réalités communes, que des plaisirs vulgaires: j'en veux user jusqu'au bout. N'ai-je pas, moi aussi, fait un pas immense dans le chemin de la raison depuis que nous nous sommes quittés? En voyant que je ne pouvais atteindre au ciel, ne me suis-je pas mis à marcher sur la terre sans humeur et sans dédain? N'ai-je pas accepté la vie telle qu'elle m'était destinée? Et, lorsque j'ai senti au dedans de moi une ardeur inquiète et rebelle, des ambitions vagues et fantasques, des désirs irréalisables, n'ai-je pas tout fait pour les éteindre et les dompter? J'ai pris un autre moyen que vous, mes frères, voilà tout. Je me suis calmé par l'abus, tandis que vous vous êtes guéris par le cilice et l'abstinence. Il fallait à d'aussi grandes âmes que les vôtres des moyens violents, ces expiations austères; l'usage des choses humaines n'eût pas suffi à rompre vos caractères d'airain, à épuiser vos forces surnaturelles. Mais toutes ces choses étaient à la taille de Sténio. Il s'y est livré sans rougir, il s'en est assoupi sans ingratitude; et maintenant, si son corps s'est trouvé trop faible pour ses appétits, si la phthisie s'est emparée de ce chétif enfant du plaisir, c'est que Dieu ne l'avait pas destiné à compter de longs jours sur la terre, c'est qu'il n'était propre à faire ni un soldat, ni un prêtre, ni un joueur, ni un savant, ni un poëte. Il y a des plantes réservées à mourir aussitôt après avoir fleuri, des hommes que Dieu ne condamne pas à un long exil parmi les autres hommes. Voyez, mon père, vous voici chauve comme moi; vos mains sont desséchées, votre poitrine rétrécie, vos genoux débiles, votre respiration courte; voici votre barbe qui grisonne, et vous n'avez pas trente ans. Votre agonie sera peut-être un peu plus lente que la mienne; peut-être me survivrez-vous toute une année. Eh bien! n'avons-nous pas réussi tous deux

à vaincre nos passions, à refroidir nos sens? Nous voici sortis du creuset épurés et réduits, n'est-ce pas, mon père? Je suis plus amoindri que vous encore: c'est que l'épreuve a été plus forte et plus sûre, c'est que je touche au but, c'est que j'ai fini de terrasser l'ennemi. Peut-être eussiez-vous aussi bien fait de prendre les mêmes moyens que moi: c'étaient les plus courts. Mais n'importe, vous n'en arriverez pas moins à la souffrance et à la mort. Donnons-nous la main, nous sommes frères. Vous étiez grand, j'étais misérable; vous étiez une nature vigoureuse, moi une nature pauvre; mais les tombes, qui bientôt vont s'ouvrir pour nous, n'en hériteront pas moins l'une ou l'autre d'un peu de poussière. »

Magnus, qui pendant les paroles de Sténio s'était troublé plusieurs fois et avait levé les yeux vers le ciel avec une expression d'effroi et de détresse, prit en cet instant une attitude plus calme et plus assurée.

« Jeune homme, lui dit-il, nous ne finirons pas avec cette chétive enveloppe, et notre âme ne sera pas donnée en pâture aux vers du tombeau. Pensez-vous que Dieu tienne un compte égal entre nous? N'y aura-t-il pas au jour du jugement des miséricordes plus grandes pour celui qui aura mortifié sa chair et prié dans les larmes, une justice plus sévère pour celui qui aura plié le genou devant les idoles et bu aux sources empoisonnées du péché?

— Qu'en savez-vous, mon père? dit Sténio. Tout ce qui est contraire aux lois de la nature est peut-être abominable devant le Seigneur. Quelques-uns ont osé le dire dans ce siècle d'examen philosophique, et je suis de ceux-là. Mais je vous épargnerai ces lieux communs. Je me bornerai à vous faire une question. La voici: si demain, au lever du jour, après vous être endormi dans les larmes et la prière, vous veniez à vous réveiller dans les bras d'une femme apportée à votre chevet par la malice des esprits de ténèbres; après la surprise, la frayeur, la lutte, la victoire, l'exorcisme, tout ce que vous éprouveriez et feriez (je n'en doute pas), dites-moi, iriez-vous bien dire la messe un instant après et toucher le corps du Christ sans la moindre terreur?

— Avec la grâce de Dieu, répondit Magnus, peut-être mes mains seraient-elles restées assez pures pour toucher l'hostie sainte. Néanmoins, je ne voudrais pas l'oser sans m'être auparavant purifié par la pénitence.

— Fort bien, mon père. Vous voyez bien que vous êtes moins purifié que moi; car je pourrais à présent dormir toute une nuit à côté de la plus belle femme du monde sans éprouver autre chose pour elle que du dégoût et de l'aversion. En vérité, vous avez perdu votre temps à jeûner et à prier; vous n'avez rien fait, puisque la chair peut encore épouvanter l'esprit, et que le vieil homme peut encore troubler la conscience de l'homme nouveau. Vous avez bien réussi à creuser votre estomac, à irriter votre cerveau, à déranger la combinaison harmonieuse de vos organes; mais vous n'avez pas réduit comme moi votre corps à un rôle passif, vous n'en êtes pas venu au point de subir l'épreuve dont je parle et d'aller immédiatement communier sans confession. Vous n'avez obtenu pour résultat qu'un lent suicide physique, c'est-à-dire une action que votre religion condamne comme un crime affreux, et vous êtes sous l'empire des mauvais désirs comme aux premiers jours de votre pénitence. Dieu ne vous a pas bien secondé, mon père! »

L'ermite se leva, et, se redressant de toute la hauteur de sa grande taille affaissée, il regarda le ciel encore une fois; puis, posant ses deux mains sur son front dans une affreuse anxiété, il s'écria:

« Serait-il vrai, ô mon Dieu! m'aurais-tu refusé les secours et le pardon? M'aurais-tu abandonné à l'esprit du mal? Te serais-tu retiré de moi sans vouloir prêter l'oreille à mes sanglots, à mes cris suppliants? Aurais-je souffert en vain, et toute cette vie de combats et de torture serait-elle perdue? Non, s'écria-t-il encore avec enthousiasme en élevant ses longs bras grêles hors de ses manches de bure, je ne le croirai pas, je ne me laisserai pas décourager par les paroles impies de cet enfant du siècle. J'irai jusqu'au bout, j'accomplirai mon sacrifice ; et, si l'Église a menti, si les prophètes ont été inspirés par l'esprit de ténèbres, si la parole divine a été détournée de son vrai sens, si mon zèle a été plus loin que ton exigence, du moins tu me tiendras compte du désir opiniâtre, de la volonté féroce qui m'a séparé de la terre pour me faire conquérir le ciel ; tu liras au fond de mon cœur cette passion ardente qui me dévorait pour toi, mon Dieu, et qui parle si haut dans une âme dévorée d'autres passions terribles. Tu me pardonneras d'avoir manqué de lumière et de sapience, tu ne pèseras que mes sacrifices et mes intentions, et, si j'ai porté cette croix jusqu'à ma mort, tu me donneras ma part dans la mansuétude de ton éternel repos !

— Est-ce que le repos est dans le système de l'univers ? dit Sténio. Espérez-vous être assez grand pour mériter que Dieu crée pour vous seul un univers nouveau ? Croyez-vous qu'il y ait aux cieux des anges oisifs et des vertus inertes ? Savez-vous que toutes les puissances sont actives, et qu'à moins d'être Dieu vous n'arriverez jamais à l'existence immuable et infinie ? Oui, Dieu vous bénira, Magnus, et les saints chanteront vos louanges là-haut sur des harpes d'or. Mais quand vous aurez apporté, vierge et intacte, au pied du maître, l'âme d'élite qu'il vous a confiée ici-bas ; quand vous lui direz : « Seigneur, vous m'aviez donné la force ; je l'ai conservée, la voici ; je vous la rends, donnez-moi la paix éternelle pour récompense ; » Dieu répondra à cette âme prosternée : « C'est bien, ma fille, entre dans ma gloire et prends place dans mes phalanges étincelantes. Tu accompliras désormais de nobles travaux ; tu conduiras le char de la lune dans les plaines de l'éther ; tu rouleras la foudre dans les nuées ; tu enchaîneras le cours des fleuves ; tu monteras la tempête, tu la feras bondir sous toi comme une cavale hennissante ; tu commanderas aux étoiles. Substance divine, tu seras dans les éléments ; tu auras commerce avec les âmes des hommes ; tu accompliras, entre moi et tes anciens frères, des missions sublimes ; tu rempliras la terre et les cieux ; tu verras ma face et tu converseras avec moi. » Cela est beau, Magnus, et la poésie trouve son compte à ces sublimes aberrations. Mais, quand il en serait ainsi, je n'en voudrais pas. Je ne suis pas assez grand pour être ambitieux, pas assez fort pour vouloir un rôle, soit ici, soit là-haut. Il convient à votre orgueil gigantesque de soupirer après les gloires d'une autre vie ; moi je ne voudrais pas même d'un trône élevé sur toutes les nations de la terre. Si je doutais de la bonté divine au point d'espérer autre chose que le néant, pour lequel je suis fait, je lui demanderais d'être l'herbe des champs que le pied foule et qui ne rougit pas, le marbre que le ciseau façonne et qui ne saigne pas, l'arbre que le vent fatigue et qui ne le sent pas. Je lui demanderais la plus inerte, la plus obscure, la plus facile des existences ; je le trouverais trop exigeant encore s'il me condamnait à revivre dans la substance gélatineuse d'un mollusque. C'est pourquoi je ne travaille pas à mériter le ciel ; je n'en veux pas, j'en crains les joies, les concerts, les extases, les triomphes. Je crains tout ce dont je puis concevoir l'idée ; comment désirerais-je autre chose que d'en finir avec tout ? Eh bien ! je suis plus content que vous, mon père, je m'en vais sans inquiétude et sans effroi vers l'éternelle nuit, tandis que vous approchez, éperdu, tremblant, du tribunal suprême où le bail de vos souffrances et de vos fatigues va se renouveler pour l'éternité. Je ne suis pas jaloux ; j'admire votre destinée, mais je préfère la mienne. »

Magnus, effrayé des choses qu'il entendait, et ne se sentant pas la force d'y répondre, se pencha vers Trenmor ; et de ses deux mains serrant avec force la main de l'homme sage, ses yeux, pleins d'anxiété, semblèrent lui demander l'appui de sa force.

« Ne vous troublez point, ô mon frère ! reprit Trenmor, et que les souffrances de cette âme blessée n'altèrent point la confiance de la vôtre. Ne vous lassez point de travailler, et que la tentation du néant s'émousse comme une caresse menteuse. Vous auriez plus de peine à devenir incrédule qu'à garder le trésor de la foi. Ne l'écoutez point ; car il se ment à lui-même et craint les choses qu'il affirme, bien loin de les désirer. Et toi, Sténio, tu travailles vainement à éteindre en toi le flambeau sacré de l'intelligence. Sa flamme se ranime plus vive et puis belle à chacun de tes efforts pour l'étouffer. Tu aspires au ciel malgré toi, et ton âme de poëte ne peut chasser le souvenir douloureux de sa patrie. Quand Dieu, la rappelant de l'exil, l'aura purifiée de ses souillures et guérie de ses maux, elle se prosternera avec amour, et le remerciera d'avoir fait luire pour elle son éternelle lumière. Elle regardera derrière elle s'effacer comme un nuage ce rêve effrayant et sombre de la vie humaine, et s'étonnera d'avoir traversé ces ténèbres sans songer à Dieu, sans espérer le réveil. « Où étais-tu donc, ô mon Dieu ? dira-t-elle, et que suis-je devenue dans ce tourbillon rapide qui m'a entraînée un instant ? » Mais Dieu la consolera et la soumettra peut-être à d'autres épreuves, car elle les redemandera avec instance. Heureuse et fière d'avoir retrouvé la volonté, elle voudra en faire usage ; elle sentira que l'activité est l'élément des forts ; elle s'étonnera d'avoir abdiqué sa couronne d'étoiles ; elle demandera son rôle parmi les essences célestes et le reprendra avec éclat ; car Dieu est bon et n'envoie peut-être les rudes épreuves du désespoir qu'à ses élus, pour leur rendre plus précieux ensuite l'emploi de la puissance. Va, la plus divine faculté de l'âme, le désir, n'est qu'endormie en toi, Sténio. Laisse reprendre à ton corps quelque vigueur, donne à ton sang quelques jours de repos, et tu sentiras se réveiller cette ardeur sainte du cœur, cette aspiration infinie de l'intelligence qui font qu'un homme est un homme, et qu'il est digne de commander ici-bas aux orages de sa propre vie.

— Un homme est un homme, dit Sténio, tant qu'il peut gouverner son cheval et résister à sa maîtresse. Quel plus bel emploi de la force voyez-vous que le ciel ait départi à moi et à d'aussi chétives créatures que nous ? Si l'homme est susceptible d'une certaine grandeur morale, elle consiste à ne rien croire, à ne rien craindre. Celui qui s'agenouille à toute heure devant le courroux d'un Dieu vengeur n'est qu'un esclave servile qui craint les châtiments d'une autre vie. Celui qui se fait une idole de je ne sais quelle chimère de volonté, devant laquelle s'éteignent tous ses appétits et se brisent tous ses caprices, n'est qu'un poltron qui craint d'être entraîné par ses fantaisies et de trouver la souffrance dans ses plaisirs. L'homme fort ne craint ni Dieu, ni les hommes, ni lui-même. Il accepte toutes les conséquences de ses penchants, bons ou mauvais. Le mépris du vulgaire, la méfiance des sots, le blâme des rigoristes, la fatigue, la misère, n'ont pas plus d'empire sur son âme que la fièvre et les dettes. Le vin l'exalte et ne l'enivre pas ; les femmes l'amusent et ne le gouvernent pas ; la gloire le chatouille au talon quelquefois, mais il la traite comme les autres prostituées et la met à la porte après l'avoir étreinte et possédée : car il méprise tout ce que les autres craignent ou vénèrent. Il peut traverser la flamme sans y laisser ses ailes comme un phalène aveugle, et sans tomber en cendres devant le flambeau de la raison. Éphémère et chétif comme lui, il se laisse comme lui emporter à toutes les brises, allécher à toutes les fleurs, réjouir par toutes les lumières. Mais l'incrédulité le préserve de tout, le vent de l'inconstance l'entraîne et le sauve : aujourd'hui de vains météores, illusions menteuses de la nuit ; demain de l'éclatant soleil, triste délateur de toutes les misères, de toutes les laideurs humaines. L'homme fort ne prend aucune sûreté pour son avenir, et ne recule devant aucun des dangers du présent. Il sait que toutes ses espérances sont enregistrées dans un livre dont le vent se charge de tourner les feuillets ; que tous les projets de la sagesse sont écrits sur le sable, et qu'il n'y a au monde qu'une vertu, qu'une sagesse, qu'une force, c'est d'attendre le flot et de rester ferme tandis qu'il vous inonde, c'est de nager quand il vous entraîne, c'est de croiser ses bras et de mourir avec insouciance quand il vous submerge. L'homme fort, selon moi, est donc aussi l'homme sage, car il simplifie le système de ses joies. Il les resserre ; il les dépouille de leur entourage d'erreurs, de vanités, de préjugés. Sa jouissance est toute positive, toute réelle, toute personnelle ; c'est sa divinité naïve et belle, cynique et chaste. Il la met toute nue et foule aux pieds les vains ornements qui la lui dérobaient : mais, plus fidèle et plus sincère que les hypocrites docteurs de son temple, à toutes les heures de sa vie il plie le genou devant elle, au mépris des vains anathèmes d'un monde stupide. Il est martyr de sa foi. Il vit et souffre pour elle. Il meurt pour elle et par elle, en niant ou en bravant cet autre Dieu absurde et méchant que vous adorez. L'homme qui tire son épée pour combattre la tempête est impie et téméraire, mais il est plus courageux et plus grand que le Dieu qui remue la foudre. Moi, je l'oserais ; et vous, Magnus, vous ne l'oseriez pas. Trenmor, qui nous entend, Trenmor qui est, ne vous y trompez pas, mon père, plus philosophe que chrétien, plus stoïque que religieux, et qui estime la force plus que la foi, la persévérance plus que le repentir ; Trenmor, en un mot, qui peut et qui doit s'estimer plus que vous, mon père, peut être juge entre nous et voir lequel de nous deux a le mieux défendu et conservé la boîte de ses facultés, l'énergie.

— Je ne serai pas juge entre vous, dit Trenmor ; le ciel vous a départi des qualités diverses, mais chacun de vous reçut une belle part. Magnus fut doué d'une plus grande persistance dans les idées ; et si vous voulez faire abstraction des vôtres, Sténio, pour contempler sérieusement le beau spectacle d'une volonté victorieuse, vous serez frappé d'admiration à la vue de ce moine qui fut impie, amoureux et fou, et qui est ici maintenant calme, fervent et soumis à la rigueur des habitudes cénobitiques. Où a-t-il pris la force de résister si longtemps à ces luttes épouvantables et de se relever après avoir été maudit et brisé ? Est-ce le même homme que vous avez entendu nier Dieu au chevet de Lélia mourante ? Est-ce le même que vous avez vu courir égaré sur la montagne ? C'est un homme nouveau, et pourtant c'est la même âme orageuse, ardente ; les mêmes sens fougueux, terribles, toujours neufs et toujours vierges ; le même désir toujours intense, mais jamais assouvi ; s'égarant malgré lui à la poursuite des choses humaines, mais revenant toujours à Dieu par la réaction d'une inconcevable vigueur et d'un foyer d'espérance sublime. O mon père ! il est vrai que nous n'avons pas le même culte et que nous invoquons Dieu dans des rites différents ; vous n'en êtes pas moins à mes yeux trois fois saint, trois fois grand ! Car vous avez combattu, vous vous êtes relevé de dessous le pied de votre ennemi, et vous combattez encore, vaillant, infatigable, sillonné de blessures, épuisé de sueur et de sang, mais décidé à mourir les armes à la main. Continuez, au nom de Jésus, au nom de Socrate. Les martyrs de toutes les religions, les héros de tous les temps vous regardent, et du haut des cieux applaudissent à vos efforts. — Mais toi, Sténio, enfant qui naquis une étoile au front, toi dont la beauté faisait concevoir la forme des anges, toi dont la voix était plus mélodieuse que les voix de la nuit qui soupirent sur les harpes éoliennes, toi dont le génie promettait au monde une jeunesse nouvelle, toute d'amour et de poésie, car les chanteurs et les poëtes sont des prophètes envoyés aux hommes pour ranimer leurs esprits énervés, pour rafraîchir leurs fronts brûlants ; toi, Sténio, qui, dans tes jeunes années, marchais revêtu de grâce et de pureté comme d'une robe sans tache et d'une auréole lumineuse, je ne saurais m'effrayer de tes destins ; je ne puis pas désespérer de ton avenir. Comme Magnus, tu subis la grande épreuve, la terrible agonie réservée aux puissants ; mais dès cette vie tu t'en relèveras comme lui. Tu luttes encore, tout saignant de la torture, tu méconnais la main qui t'essaie ; mais bientôt nous te verrons, étoile obscurcie, briller plus blanche et plus belle à la voûte des cieux.

— Et que faudra-t-il faire pour cela, Trenmor ? demanda Sténio.

— Il faudra te reposer seulement, répondit Trenmor ;

car la nature est bonne à ceux qui te ressemblent. Il faudra laisser à tes nerfs le temps de se calmer, à ton cerveau le loisir de recevoir des impressions nouvelles. Éteindre ses désirs par la fatigue, ce peut être une bonne chose ; mais exciter ses désirs éteints, les gourmander comme des chevaux fourbus, s'imposer la souffrance au lieu de l'accepter, chercher au delà de ses forces des joies plus intenses, des plaisirs que la réalité ne le permet, remuer dans une heure les sensations d'une vie entière, c'est le moyen de perdre le passé et l'avenir : l'un par le mépris de ses timides jouissances, l'autre par l'impossibilité d'y surpasser le présent. »

La sagesse et la conviction de Trenmor ne pouvaient rien sur la blessure profonde qui saignait au cœur du jeune poëte. Lui aussi avait sucé en s'ouvrant à la vie le lait empoisonné, le scepticisme, dont cette génération est abreuvée. Aveugle et présomptueux, il s'était cru, au sortir de l'adolescence, investi d'une puissance céleste ; et, parce que son intelligence savait donner des formes charmantes à toutes ses impressions, il s'était flatté de traverser la vie sans combat et sans chute. Il n'avait pas compris, il n'avait pas pu comprendre Lélia, et là était la cause de tous les revers où il devait se laisser entraîner. Le ciel, qui ne les avait pas faits l'un pour l'autre, avait donné à Lélia trop d'orgueil pour se révéler, à Sténio trop d'amour-propre pour la deviner. Il n'avait pas voulu entendre qu'il fallait mériter le dévouement d'une telle femme par de nobles actions, par de pieux sacrifices, et surtout par la patience, qui est la plus grande preuve d'estime, le plus honorable hommage auquel ait droit une âme fière. Sténio n'avait pu se refuser à reconnaître la supériorité de Lélia entre toutes les femmes qu'il avait rencontrées ; mais il n'avait jamais réfléchi à l'égalité de l'homme et de la femme dans les desseins de Dieu. Et comme il voyait seulement l'état des jours présents, comme il ne pouvait admettre que la femme eût déjà un droit suffisant à cette égalité sociale, il voulait pas admettre non plus que quelques femmes, nobles et douloureuses exceptions, eussent un droit d'exception au sein de la société existante. Peut-être l'eût-il compris, si Lélia eût pu le lui expliquer. Mais Lélia ne le pouvait pas. Elle n'avait pas trouvé le mot de sa propre destinée. Malgré tout son orgueil, elle avait un fonds de modestie naïve qui l'empêchait de comprendre la nécessité de son isolement. Quand même elle eût eu assez de foi en elle-même pour se dire qu'elle avait mission de marcher seule et de n'obéir à personne, le cri d'indignation et de haine soulevé autour d'elle par cette prétention hardie eût peut-être glacé son courage. C'est ce qui lui arriva, lorsque Sténio, ne voulant pas comprendre la sublime pudeur de ce sentiment d'indépendance à la fois héroïque et timide, et prenant la réserve de Lélia pour du mépris, l'abandonna en la maudissant. Alors Lélia s'applaudit de n'avoir pas dévoilé le mystère de son orgueil, et de n'avoir pas livré à la risée d'un enfant l'instinct prophétique qui fermentait dans son sein. Elle se replia sur elle-même, et chercha dans son orgueil une légitime, mais amère consolation. Profondément blessée de n'avoir pas été devinée, et voyant par la conduite ultérieure de Sténio qu'il ne comprendrait de l'amour que le plaisir facile de la possession, elle prononça à son tour un anathème irrévocable sur l'orgueil insensé de l'homme, et prit le parti de se suicider socialement, en se vouant à un célibat éternel.

Trenmor lui-même ne pouvait pas bien comprendre l'infortune sans remède de cette femme née cent ans trop tôt peut-être. Des préoccupations personnelles et non moins graves avaient rempli sa vie. Comme Lélia avait été poussée à la révélation de l'avenir de la femme par le sentiment de son malheur individuel, Trenmor avait été poussé à la révélation de l'avenir de l'homme par sa propre misère. Ses regards embrassaient une partie du vaste horizon, ils ne pouvaient l'embrasser tout entier. Il disait souvent à Lélia, et non sans raison, qu'avant d'affranchir la femme, il fallait songer à affranchir l'homme ; que des esclaves ne pouvaient délivrer et réhabiliter des esclaves; qu'il était impossible de faire comprendre la dignité d'autrui à qui ne comprenait pas la sienne propre. Trenmor travaillait avec espoir. Ses fautes passées lui donnaient l'humble patience et la foi persévérante du martyr. Lélia, innocente des maux qu'elle subissait, ne pouvait avoir la même abnégation. Victime désolée, elle pleurait, comme la fille de Jephté, sa jeunesse, sa beauté et son amour sacrifiés à un vœu barbare, à une force insensée.

Quand la nuit fut descendue sur la vallée, Trenmor guida Sténio à travers les ravins jusqu'à la route qui devait le ramener à la ville. Chemin faisant, il essaya de sonder de nouveau sa blessure et de la soulager en y versant le baume de l'espérance. Il avait fait promettre à Lélia qu'elle accorderait par vertu ce qu'elle ne pouvait plus accorder par inclination, pardon au repentir, récompense à l'expiation. Il s'efforça donc de faire comprendre à Sténio qu'il pouvait encore mériter et obtenir celle qu'il avait tant aimée. Mais il était trop tard. Malheureusement pour Sténio, Trenmor, enchaîné aux devoirs de sa mission austère, n'avait pu l'arracher assez tôt à l'entraînement funeste des passions brutales. Eût-il pu le faire à temps, Sténio était peut-être condamné à retomber dans cet abîme. Il était le fils de son siècle. Aucun principe arrêté, aucune foi profonde n'avait pu pénétrer son âme. Fleur épanouie au souffle des vents capricieux, elle s'était tournée à l'orient et à l'occident, suivant la brise, cherchant partout le soleil et la vie, incapable de résister au froid ni de lutter contre l'orage. Avide de l'idéal, mais n'en connaissant pas les chemins, Sténio avait aspiré la poésie et s'était imaginé avoir une religion, une morale, une philosophie. Il ne s'était pas dit que la poésie n'est qu'une forme, une expression de la vie en nous; et que là où elle n'exprime ni vœux ni convictions, elle n'est qu'un ornement frivole, un ornement sonore. Il avait longtemps plié le genou devant les autels du Christ, parce qu'il y trouvait du charme dans les rites institués par ses pères; mais, quand les boudoirs lui furent ouverts, les parfums voluptueux du luxe lui firent oublier l'encens du lieu saint, et la beauté profane de Laïs lui parut mériter son hommage et ses vers tout aussi bien que la beauté idéale de Marie. L'intelligence de Lélia avait donné à l'enthousiasme de Sténio le caractère de la passion, et alors, dans une enivrement de vanité, il flétrissait d'e ses mépris exagérés les hommes infortunés qui cherchent à s'étourdir dans le vice. Mais, quand il vit cette intelligence mesurer la sienne avec plus de tendresse que d'enthousiasme et refuser de s'y soumettre aveuglément, il ne lui resta pour Lélia que de la haine, et il se jeta dans le vice avec plus de facilité que tous ceux qu'il avait blâmés.

Trenmor, voyant avec quelle amertume il repoussait le souvenir de Lélia, fut effrayé du ravage que l'impiété avait fait en lui : car l'amour est le dernier reflet de la vie divine qui s'éteigne en nous. La pensée de toute la vie de Trenmor était une pensée d'expiation et de réhabilitation pour la race humaine. Trop fort pour croire à la sincérité du désespoir ou à la réalité de l'épuisement, il s'indignait profondément de ses manifestations. Il accusait le siècle d'avoir encouragé cette mode impie, et regardait comme criminels envers l'humanité ceux qui proclamaient le découragement et s'abandonnaient à l'incrédulité.

« Honte et misère! s'écria-t-il, transporté à la fin d'une colère généreuse; est-ce un de nos frères, est-ce un martyr de la vérité, est-ce un serviteur de la sainte cause que j'entends parler ainsi? Comment parleront donc nos persécuteurs et nos bourreaux, si nous abjurons toute idée de grandeur, tout espoir de salut? O jeunesse, que je me plaisais à nommer sainte, toi que je croyais fille de la Providence et mère de la liberté! ne sais-tu donc que verser ton sang sur une arène, comme faisaient les lutteurs aux jeux olympiques, pour remporter une couronne inutile et recueillir de vains applaudissements? N'as-tu donc pour vertu que l'insouciance de la vie, pour courage que l'audace naturelle à la force? N'es-tu bonne qu'à fournir d'intrépides soldats?

Ne produiras-tu pas des hommes persévérants et vraiment forts? Auras-tu traversé la nuit des temps comme un météore rapide, et la postérité écrira-t-elle sur ta tombe : — Ils suront mourir, ils n'auraient pas su vivre? N'es-tu donc qu'un instrument aveugle de la destinée, et ne comprends-tu ni les causes ni les fins de ton œuvre? Eh quoi! Sténio, tu as pu accomplir une grande action, et tu n'es plus capable d'une grande pensée ou d'un grand sentiment! Tu ne crois à rien, et tu as pu faire quelque chose! Et tous ces dangers affrontés, et toutes ces souffrances acceptées, et tout ce sang versé, celui de tes frères, le tien propre, tout cela est sans moralité, sans enseignement pour toi! Oh! alors, je le comprends, tu dois tout rejeter, tout nier, tout mépriser, tout flétrir. Notre œuvre n'est qu'une tentative avortée; nos frères immolés ne sont que les victimes de l'aveugle fatalité, leur sang a coulé sur la terre aride, et nous n'avons plus qu'à nous enivrer chaque soir pour endormir des souvenirs poignants et chasser des rêves affreux...

— Valmarina, dit Sténio d'un air sombre, vous avez tort de me faire des reproches. Vous m'avez imposé un secret, je l'ai gardé; vous m'avez demandé un serment, je l'ai prêté; vous m'avez commandé une action, je l'ai accomplie. Qu'avez-vous de plus à me demander? Vous convenez que je suis fidèle à ma parole, que je sais me battre, que je ne recule pas devant les fatigues et les dangers; que voulez-vous davantage de moi? Vous savez que je vous ai donné le droit de m'employer à votre œuvre autant que vous le jugerez convenable; que, d'un bout du monde à l'autre, je suis soumis à votre vouloir et prêt à marcher à votre voix. Vous avez en moi un bon serviteur; servez-vous-en, et que l'ardeur du prosélytisme ne vous égare pas jusqu'à vouloir en faire un disciple. Quel droit avez-vous de m'imposer vos croyances et votre espoir? Ai-je cherché vos prédicateurs? ai-je brigué la faveur d'être admis à la Table-Ronde de vos chevaliers? Me suis-je présenté à vous comme un héros, comme un libérateur, comme un adepte seulement? Non! je vous ai dit que je ne croyais plus à rien, et vous m'avez répondu : — Il n'importe, suis-moi, et agis : vous avez fait un appel à mon honneur, à mon courage, et je n'ai pas dû reculer. Je n'ai pas voulu mériter la quenouille que vous envoyez aux poltrons... ou aux indifférents, car vous ne souffrez pas l'indifférence. Vous la traduisez à votre barre redoutable, et vous la condamnez à être réputée lâcheté. Je n'ai pas eu assez de philosophie pour accepter cet arrêt. J'ai vu marcher toute la jeunesse, tous les hommes braves de mon pays; je me suis levé, tout malade et brisé que j'étais; je me suis traîné sur une arène ensanglantée. Et quel spectacle m'avez-vous montré, grand Dieu! pour me guérir et me consoler, pour m'enseigner la confiance et la foi à vos théories? L'élite des hommes de mon temps moissonnés par la vengeance brutale du plus fort; les cachots ouvrant leur gueule immonde pour engloutir ceux que le canon ou le glaive n'avait pu atteindre; les arrêts de proscriptions poursuivant tout ce qui était sympathique à notre entreprise; partant, tous les dévouements paralysés, toutes les intelligences étouffées, tous les courages brisés, toutes les volontés écrasées! Et vous appelez cela une œuvre régénératrice, un salutaire enseignement, une semence jetée sur la terre promise! Moi, j'ai vu une œuvre de mort, un exemple d'impuissance, et les derniers grains d'une semence précieuse jetés aux vents, sur les rochers, parmi les épines! Et vous me faites un crime d'être abattu et dégoûté le lendemain de cette catastrophe! Vous ne voulez pas que je pleure les victimes, et que je m'asseye consterné au bord de la fosse où je voudrais être étendu, pour dormir de l'éternel sommeil, à côté du pâle Edméo...

— Tu n'es pas digne de prononcer ce nom, s'écria Trenmor dont le visage fut à l'instant inondé de larmes. Malheureux déclamateur, tu le prononces avec des yeux secs! Tu ne songes qu'à justifier ton doute impie, et tu ne vois dans ce cadavre étendu dans le cercueil qu'un objet d'horreur au souvenir duquel tu voudrais échapper! Ah! tu n'as pas compris cette âme sublime, puisque tu veux la déshériter de son immortel héritage; et tu n'as pas compris non plus son rôle angélique sur la terre, puisque tu doutes des fruits qu'un tel exemple doit produire. O justice de Dieu, n'écoute pas ces blasphèmes! O habitant du ciel, ô mon fils Edméo, tu es heureux, toi, de ne pas les entendre!... »

Valmarina se laissa tomber sur la terre, et, ramené au souvenir d'Edméo de la manière la plus douloureuse, il croisa ses mains avec force sur sa large poitrine pour y refouler ses sanglots. On eût dit qu'il voulait retenir dans son cœur sa foi ébranlée par le blasphème. Il soutenait une agonie terrible comme le Christ à l'heure du calice empoisonné.

Sténio pleurait aussi, car il était bon et sensible; mais il attachait à ses larmes plus de prix qu'elles ne valaient. C'étaient des larmes de poëte qui coulaient aisément et qui lavaient mollement la trace de ses douleurs. Il ne comprenait pas les larmes de cet homme fort et généreux, qui ne pouvaient pas le soulager et qui retombaient sur le cœur comme une pluie de feu. Il ne savait pas que les douleurs combattues et comprimées de la force sont plus vives et plus dévorantes que celles auxquelles on donne un libre cours. La destinée de Sténio était de nier ce qu'il ne connaissait pas. Il crut que Trenmor rougissait d'un instant de pitié, et que, dans son héroïsme farouche, il immolait le souvenir d'Edméo dans son cœur comme il avait immolé sa vie dans le combat. Il s'éloigna triste, mécontent, malheureux aussi, car il avait de nobles instincts, et son âme était faite pour de nobles croyances... Il entra vers minuit dans le salon de Pulchérie. Elle était seule devant sa toilette, rêveuse et mélancolique. En voyant Sténio, qu'elle avait cru mort, apparaître derrière elle dans sa glace, elle crut voir un spectre, poussa un cri perçant, et tomba évanouie sur le parquet.

«Digne accueil! dit Sténio.»

Et, se jetant sur un sofa sans songer à la relever, il s'endormit accablé de fatigue, tandis que les femmes de Pulchérie s'empressaient à la secourir.

LI.

« Tu dis, ma chère enfant, que ta sœur est morte? Quelle sœur? est-ce que tu as une sœur? toi?

— Sténio, répondit Pulchérie, est-il possible que tu accueilles avec tant d'indifférence une telle nouvelle! Je te dis que Lélia n'est plus, et tu feins de ne pas me comprendre!

— Lélia n'est pas morte, dit Sténio en secouant la tête. Est-ce que les morts peuvent mourir?

— Cesse, malheureux, d'augmenter ma douleur par ton air de raillerie, répondit la Zinzolina. Ma sœur n'est plus, je le crois... tout porte à le croire, et quoiqu'elle fût hautaine et froide, comme tu l'es souvent à son exemple, Sténio, c'était un grand cœur et un esprit généreux. Elle avait manqué d'indulgence pour moi jadis; mais lorsque je la retrouvai, l'an dernier, au bal de Bambucci, elle semblait voir la vie plus sagement, elle s'ennuyait de sa solitude, et ne s'étonnait plus que j'eusse pris une route opposée à la sienne.

— Je vous fais mon compliment à l'une et à l'autre, dit Sténio avec un sérieux ironique. Vos cœurs étaient faits pour s'entendre, et il est fâcheux qu'une si touchante harmonie n'ait pu durer davantage. Or donc la belle Lélia est morte. Console-toi, ma charmante, il n'en est rien. J'ai vu hier quelqu'un qui est toujours bien informé à son égard, et Lélia a, je crois, plus envie de vivre à l'heure qu'il est qu'il ne convient à une personne d'un si grand caractère.

— Que veux-tu dire? s'écria Pulchérie, tu as des nouvelles de Lélia? tu sais où elle est, ce qu'elle est devenue?...

— Oui, j'ai de ses nouvelles vraiment intéressantes, répondit Sténio avec une nonchalance superbe. D'abord je ne sais pas où elle est, on n'a pas daigné me le dire, peut-être parce que je n'ai pas songé à le demander... Quant à ce qu'elle est devenue, je crois qu'elle est de-

venue de plus en plus ennuyée de son rôle majestueux, et qu'elle ne serait pas fâchée si j'étais assez sot pour m'en soucier...

— Tais-toi, Sténio: s'écria Pulchérie, tu es un fat... Elle ne t'a jamais aimé... Et pourtant, ajouta-t-elle après un instant de silence, je ne répondrais pas que ses dédains ne cachassent une sorte d'amour à sa manière. Rien ne m'ôtera de l'esprit que mon triomphe sur elle, à ton égard, l'ait profondément blessée; car pourquoi serait-elle partie sans me dire adieu? Comment, depuis plus d'un an qu'elle est absente, ne m'aurait-elle pas envoyé un souvenir, elle qui avait semblé heureuse de me retrouver? Tiens, Sténio, maintenant que tu me rassures et me consoles en m'apprenant qu'elle vit, je puis te dire ce que j'ai pensé lorsqu'elle a disparu si étrangement de cette ville.

— Étrangement, pourquoi étrangement? Rien de ce que fait Lélia n'a droit d'étonner; ses actes diffèrent de ceux des autres, mais son âme n'en diffère-t-elle pas aussi? Elle part tout à coup, et sans dire adieu à personne, sans voir sa sœur, sans adresser un mot d'affection à celui qu'elle disait chérir comme son fils: quoi de plus simple? Son généreux cœur ne se soucie de personne; sa grande âme ne connaît ni l'amitié, ni les liens du sang, ni l'indulgence, ni la justice...

— Ah! Sténio, comme vous l'aimez encore, cette femme dont vous dites tant de mal !... Comme vous brûlez d'aller la rejoindre!... »

Sténio haussa les épaules, et sans daigner repousser le soupçon de Pulchérie: « Voyons votre idée, ma respectable dame, lui dit-il; vous aviez tout à l'heure une idée...

— Eh bien, dit Pulchérie, j'ai pensé, et d'autres que moi l'ont pensé aussi, que, saisie d'un accès de désespoir, et quittant tout à coup les fêtes de la villa Bambucci, elle avait été......

— Se jeter à la mer, comme une nouvelle Sapho! s'écria Sténio avec un rire méprisant. Eh bien, je le voudrais pour elle; elle aurait été femme un instant dans sa vie.

— Avec quel sang-froid vous accueillez cette idée! dit Pulchérie effrayée. Êtes-vous bien sûr que Lélia est vivante? Celui qui vous l'a dit en était-il bien sûr lui-même? Écoutez, vous ne savez pas les détails de sa fuite. On ne les a pas sus pendant longtemps, parce que, dans la maison de Lélia, tout est muet, grave et méfiant comme elle. Mais enfin, à force de l'attendre, ses serviteurs effrayés ont commencé à la chercher, à la demander, à confier enfin leurs inquiétudes, et à raconter ce qui s'était passé... Écoute et juge! La troisième nuit des fêtes du prince Bambucci, il soupa chez moi... tu te souviens, et, pendant ce temps, elle parut au bal, plus belle, plus calme, plus parée que jamais, dit-on... Elle comptait te trouver là sans doute, et elle ne t'y trouva pas. Eh bien, cette nuit-là, Lélia ne rentra pas chez elle, et depuis cette nuit-là personne ne l'a revue.

— Quoi! elle partit toute seule, et ainsi parée, à travers les champs? dit Sténio; votre récit n'est pas vraisemblable, ma chère dame. Il a bien dû se trouver dans le bal quelque cavalier assez galant pour la reconduire.

— Non, Sténio, non! personne ne l'a reconduite, et elle n'a pas donné signe de vie depuis cette nuit-là. Ses serviteurs l'attendent, son palais est ouvert à toute heure, et sa camériste veille auprès du foyer. Ses chevaux frappent du pied dans ses écuries, et c'est le seul bruit qui interrompe le morne silence de cette maison consternée. Son majordome touche ses revenus et entasse l'or dans les caisses, sans que personne lui en demande compte ou lui en dicte l'emploi. Les chiens hurlent, dit-on, dans les cours, comme s'ils voyaient errer des spectres. Et quand un étranger se présente à la porte pour visiter cette riche demeure, les gardiens épouvantés accourent à sa rencontre, et l'interrogent comme un messager de mort.

— Tout cela est fort romantique, dit Sténio; vous possédez vraiment le style moderne, ma chère. Fi! Pui-

Un spectre ! un spectre !.. (Page 99.)

chérie, est-ce que tu deviens bas-bleu? A l'heure qu'il est, Lélia fait fureur dans quelque concert à Londres, ou bien elle joue nonchalamment de l'éventail dans quelque tertullia à Madrid; mais je suis sûr qu'elle ne possède pas mieux que toi la grimace inspirée et le jargon byronien.

— Sais-tu où l'on a retrouvé ce bracelet? dit Pulchérie en montrant à Sténio un cercle d'or ciselé qu'il avait longtemps vu au bras de Lélia.

—Dans l'estomac d'un poisson? dit Sténio en poursuivant sa raillerie.

— A la Punta-di-Oro : un chasseur le rapporta le lendemain de la disparition de Lélia, et la cameriste assure le lui avoir attaché elle-même au bras lorsqu'elle partait pour la dernière fête de la villa Bambucci. »

Sténio jeta les yeux sur le bracelet : il s'était brisé dans un mouvement impétueux de Lélia, la nuit qu'elle avait passé à discuter ardemment avec Trenmor sur une des cimes de la montagne. Cette fracture fit quelque impression sur Sténio. Lélia pouvait, dans une de ses courses capricieuses à travers le désert, avoir été assassinée. Ce bijou s'était échappé peut-être de la ceinture

d'un bandit. Des conjectures sinistres s'emparèrent de l'esprit de Sténio, et, par une de ces réactions inattendue auxquelles sont sujettes les organisations troublées, il tomba dans une profonde tristesse, et passa machinalement à son bras l'anneau d'or rompu. Puis il se promena dans les jardins d'un air sombre, et revint au bout d'un quart d'heure réciter à Pulchérie le sonnet suivant qu'il venait de composer :

A UN BRACELET ROMPU.

« Restons unis, ne nous quittons pas, nous deux qui avons partagé le même sort; toi, cercle d'or, qui fus l'emblème de l'éternité; moi, cœur de poëte, qui fus un reflet de l'infini.

« Nous avons subi le même sort, et tous deux nous demeurons brisés. Te voilà devenu l'emblème de la fidélité de la femme; me voici devenu un exemple du bonheur de l'homme.

« Nous n'étions tous deux que des jouets pour celle qui mettait l'anneau d'or à son bras, le cœur du poëte sous ses pieds.

La Camaldule et le prélat se regardèrent fixement. (Page 103.)

« Ta pureté est ternie, ma jeunesse a fui loin de moi. Restons unis, débris que nous sommes; nous avons été brisés le même jour! »

Zinzolina donna au sonnet des éloges exagérés. Elle savait que c'était le vrai moyen de consoler Sténio; et cette fille légère, qui s'attristait toujours la première, et qui toujours aussi se lassait la première de voir régner la tristesse, commençait à trouver que Sténio s'était affligé assez longtemps.

« Sais-tu, lui dit-elle à la fin du souper, la grande nouvelle du pays? La princesse Claudia s'est retirée aux Camaldules.

— Quoi! la petite Bambucci? Est-ce qu'elle va faire sa première communion?

— Oh! reprit Pulchérie, la petite Bambucci a reçu tous ses sacrements; tu le sais mieux que personne, Sténio. N'est-ce pas toi qu'elle a pris pour confesseur à la saison dernière?

— Je sais qu'elle a sali ses petits pieds à traverser ton jardin et à monter l'escalier de ton casino. Mais elle en aura été quitte pour changer de souliers; car je jure par l'âme de sa mère (je ne voudrais pas jurer par celle

de la mienne à cette table) qu'elle n'a pas reçu d'autre souillure ce jour-là. Or, comme je ne l'avais jamais regardée auparavant, comme je ne l'ai jamais revue depuis, si elle a commis quelque faute qui nécessite une retraite aux Camaldules, je me récuse. Je n'ai pas même dérobé une feuille à l'arbre généalogique des Bambucci.

— Il n'est pas question de faute, dit Pulchérie; il est question de désespoir d'amour, ou d'inclination contrariée, comme tu voudras. Les uns disent qu'elle a tourné subitement à une dévotion exaltée; d'autres, qu'elle a pris ce prétexte pour échapper aux poursuites d'un vieux duc qu'on voulait lui faire épouser. Moi seule je sais de qui la jeune princesse eût voulu être aimée... et s'il faut tout te dire, comme elle est entrée aux Camaldules le jour même de ton départ, c'est-à-dire le jour même de son rendez-vous avec toi, je crains bien que son escapade n'ait été découverte, et que les grands-parents, par prudence ou par sévérité, ne l'aient mise en sûreté derrière les grilles du cloître.

— S'il en est ainsi, s'écria Sténio en frappant sur la table, je l'enlève! ou plutôt je ne l'enlève pas, mais je la séduis! Que ce malheur retombe sur la tête des grands-parents! J'avais respecté l'innocence de la petite Claudia, je ne saurais respecter l'orgueil de la famille... Oui, je suis capable de l'épouser, afin de les faire rougir de l'alliance d'un poëte... Mais avec quoi la ferais-je vivre? Non, le ciel lui réserve un noble époux! Il est dans ses destins, quoi qu'il arrive, d'être princesse, à la grande édification de la cour et de la ville. Eh bien, puisque cette condition suprême lui est assurée, qu'elle profite donc de sa jeunesse et des avantages attachés à son rang! Cette fleur se conservera-t-elle intacte à l'ombre d'un cloître, pour aller orner l'écusson rouillé d'un vieux chevalier et se flétrir sous ses laides caresses? Ne faudra-t-il pas que, tôt ou tard, quelque page discret ou quelque habile confesseur... Déjà peut-être! Oh! l'ermite Magnus a choisi sa thébaïde bien près du couvent des Camaldules!... Si je le croyais, à l'instant même... Pardon, Pulchérie, mille idées folles se croisent dans mon cerveau. Peut-être m'as-tu versé trop de malvoisie ce soir; mais cette nuit ne se passera pas sans que j'aie accompli ou tenté du moins quelque joyeuse aventure. Voyons! tu vas me déguiser en femme, et nous invoquerons le comte Ory, de glorieuse mémoire. Ne sommes-nous pas en carnaval?

— Gardez-vous de songer à une telle folie, dit la Zinzolina effrayée; la moindre imprudence peut vous rendre suspect, et les Bambucci sont tout-puissants sur ce petit coin de terre qu'ils appellent leur *État*. Le prince, bien loin de marcher sur les traces de l'aimable épicurien son père, est un dévot farouche qui fait sa cour au pape au lieu de la faire aux femmes. S'il te croyait assez audacieux pour songer seulement à sa sœur, sois sûr qu'à l'instant même il te ferait arrêter. Tu n'es pas en sûreté ici, Sténio; tu n'es en sûreté nulle part maintenant sous notre beau ciel. Je te l'ai dit, il faut aller vers le nord pour échapper aux soupçons qu'a éveillés ton absence.

— Laisse-moi tranquille, Zinzolina, dit Sténio avec humeur, et garde les considérations politiques pour un jour où le vin me portera au sommeil. Aujourd'hui je me porte aux grandes entreprises, et je veux être un héros de roman, tout comme un autre, une fois dans ma vie.

— Sténio! Sténio! dit Pulchérie en s'efforçant de le retenir, penses-tu qu'on ignore longtemps les motifs qui t'ont fait partir subitement il y a trois mois! Tu vois bien que tu ne peux me les cacher à moi-même; ne sais-je pas que tu as été te joindre à ces insensés qui ont voulu...

— Assez, Madame, assez! dit Sténio brusquement, vous m'avez assez fatigué de vos questions.

— Je ne t'en ai fait aucune, Sténio; cette cicatrice encore fraîche à ton front, cette autre à ta main... Ah! malheureux enfant, tu ne cherchais que l'occasion de mourir. Le ciel ne l'a pas voulu, respecte ses arrêts, et ne va pas maintenant de gaieté de cœur... »

Sténio ne l'entendait pas, il était déjà sous le péristyle du palais, ne songeant qu'au projet téméraire qui s'était emparé de son imagination.

« Je t'en demande bien pardon, ô morale! s'écriat-il en s'élançant dans les avenues sombres qui bordent les remparts de la cité; ô vertu! ô piété! ô grands principes exploités par les intrigants au détriment des niais! je vous demande pardon si je vais affronter vos anathèmes. Vous avez fait le vice aimable, vous avez travaillé par vos rigueurs à réveiller nos sens blasés, à aiguillonner, par l'attrait du mystère et du danger, nos passions amorties. O intrigue! ô hypocrisie! ô vénalité! vous voulez trafiquer de la jeunesse et de la beauté, et, comme vous régnez sur l'univers, vous êtes sûres d'en venir à vos fins. Vous nous déclarez la guerre et vous nous forcez au crime, nous autres qui avons des droits naturels sur les trésors que vous nous ravissez! Eh bien! qu'il en soit de la morale comme d'une chance de la guerre. A vous seules n'appartiendra pas le pouvoir de flétrir l'innocence et de ravir le bonheur. Nous mettons notre enjeu dans la balance, et la beauté doit choisir entre nous... Et comme la beauté prend le parti de nous

accepter les uns et les autres, de connaître avec nous le plaisir, avec vous la richesse... ô société! que le crime retombe sur toi, sur toi seule qui nous places entre le mépris de tes lois, l'oppression de tes privilégiés et l'avilissement de tes victimes! »

Pulchérie, inquiète, s'était avancée sur le balcon. Elle suivit de l'œil pendant longtemps le feu de son cigare, qui s'éloignait rapide et décrivant des lignes capricieuses dans les ténèbres. Enfin la rouge étincelle s'éteignit dans la nuit profonde, et le bruit des pas sur le pavé se perdit dans l'éloignement, et Pulchérie resta sous l'impression d'un pressentiment sinistre. Il lui sembla qu'elle ne devait jamais revoir Sténio. Elle regarda longtemps son poignard qu'il avait oublié sur la table, et tout à coup elle le cacha précipitamment. Ce poignard était revêtu d'emblèmes mystérieux, signes de ralliement pour ceux qui le portaient. On venait de sonner à la porte de son boudoir, et Pulchérie avait, à l'ébranlement timide de la cloche, ainsi qu'au frôlement discret d'une robe de moire, la visite clandestine d'un prélat.

LII.

LE SPECTRE.

Une nuit a suffi à Sténio pour explorer et se rendre familiers les alentours du monastère, le sentier escarpé qui communique de la terrasse au sommet de la montagne, sentier périlleux qu'un amant passionné ou un froid libertin peut seul franchir sans trembler, et l'autre sentier, non moins dangereux, qui du cimetière s'enfonce dans les sables mobiles du ravin. Déjà Sténio a corrompu une des tourières, et déjà la jeune Claudia sait que, la nuit suivante, Sténio l'attendra sous les cyprès du cimetière.

La petite princesse n'a jamais compris le sens moral et sérieux de ces coutumes dévotes dont elle se montre depuis quelque temps rigide observatrice. Blessée de la froide raison de Sténio, elle s'est jetée d'elle-même au couvent, et se plaît à publier sa résolution d'y prendre le voile. Peut-être, au fond de son âme exaltée, ce désir a-t-il quelque chose de sincère; mais il est bien loin d'y être contemplé par elle-même avec le même courage que la jeune fille en met à le proclamer. Il y a dans ces âmes tendres et faibles deux consciences : l'une qui appelle les résolutions fortes, l'autre qui les repousse et qui, après les avoir accueillies en tremblant, espère que la destinée viendra en détourner l'accomplissement. Un peu de vanité satisfaite par les regrets et les prières adulatrices de son entourage, beaucoup de dépit contre Sténio, et le désir, après avoir eu à rougir de sa faiblesse, de faire croire à sa force, tels étaient les éléments de sa vocation. Mais cette fierté n'était pas bien robuste : l'exaltation religieuse était, chez elle comme chez Sténio, une poésie plutôt qu'un sentiment, et son frère, élevé par des jésuites, savait fort bien que le plus sûr moyen de mettre fin à ce caprice, c'était de ne pas le contrarier.

Le billet de Sténio surprit Claudia dans un premier jour d'ennui. Déjà le parti pris par la fille de Bambucci, de se consacrer à Dieu, avait produit tout son effet et jeté tout son éclat. On n'en parlait presque plus dans la ville, et par conséquent à la grille du parloir. Les religieuses semblaient compter sur la réalisation de ce projet. Le confesseur, bien averti par le prince, y poussait sa pénitente avec une ardeur qui commençait à l'épouvanter. L'audace de Sténio excita donc plus de joie que de colère, et l'on refusa le rendez-vous, certaine que Sténio ne s'y rendrait pas moins... et quand l'heure fut venue, on résolut d'y aller pour l'accabler de mépris et humilier son insolence. Le cœur était palpitant, la joue brûlante, la marche incertaine et pourtant rapide... La nuit était sombre.

Le cimetière des Camaldules était d'une grande beauté. Des cyprès et des ifs monstrueux dont la main de l'homme n'avait jamais tenté de diriger la croissance couvraient les tombes d'un rideau si sombre qu'on y distinguait à peine, en plein jour, le marbre des figures couchées sur les cercueils, de la pâleur des vierges agenouillées parmi les sépultures. Un silence terrible planait sur cet asile des morts. Le vent ne pouvait pénétrer l'épaisseur mystérieuse des arbres ; la lune n'y dardait pas un seul rayon ; la lumière et la vie semblaient s'être arrêtées aux portes de ce sanctuaire, et, si on essayait de le traverser, c'était pour rentrer dans le cloître ou pour s'arrêter au bord d'un ravin plus silencieux et plus désolé encore.

« A la bonne heure, dit Sténio en s'asseyant sur une tombe et en posant à terre sa lanterne sourde, ce cimetière me convient mieux que ce que j'ai aperçu de l'intérieur lambrissé et parfumé du couvent. J'aime chaque chose en son lieu : je luxe et la mollesse chez les courtisanes ; l'austérité, la mortification chez les religieuses.»

Et il attendit avec patience l'arrivée de Claudia, tout aussi certain qu'elle l'avait été à son égard de son exactitude au rendez-vous.

L'entreprise de Sténio n'était pas sans danger ; il le savait fort bien. Brave avec sang-froid, mais sentant que, pour goûter sans mélange le plaisir de cette aventure, il fallait être brave jusqu'à la témérité, il avait souvent vidé durant le souper la coupe d'or où la belle main de Pulchérie faisait pétiller pour lui un vin capiteux. Agité d'une demi-ivresse, il avait achevé de s'exalter dans une course rapide et pénible à travers les obstacles et les précipices de la route. Appuyé sur le marbre glacé du tombeau, il sentait la terre se dérober sous ses pieds et ses pensées tourbillonner dans son cerveau comme dans un songe. Tout à coup une forme blanche qu'il avait prise pour une statue, et qui était agenouillée de l'autre côté du cénotaphe, se leva lentement ; et comme elle semblait s'appuyer sur le marbre pour s'aider, une main, plus froide encore que ce marbre, se posa sur celle de Sténio et lui arracha un cri involontaire. Alors l'ombre se dressa tout entière devant lui.

« Claudia ! » s'écria-t-il imprudemment. Mais aussitôt cette ombre lui paraissait plus grande que Claudia ; il se hâta de diriger sur elle la clarté de sa lanterne ; et, au lieu de celle qu'il attendait, il vit Lélia pâle comme la mort, et tout enveloppée de voiles blancs comme d'un linceul. Sténio s'égara.

— Un spectre ! un spectre !... » murmura-t-il d'une voix étouffée, et, laissant tomber son flambeau, il s'enfuit au hasard dans les ténèbres.

A l'heure où l'horizon blanchit, il revint un peu à lui-même, et regarda avec un effroi mêlé de honte en quel lieu il se trouvait. Il reconnut le petit lac à l'autre rive duquel la cellule de l'anachorète Magnus s'ouvrait sur les flancs abrupts du rocher. Les vêtements de Sténio étaient souillés par le sable et l'humidité, ses mains ensanglantées par les ronces et les agaves. Son épée brisée était dans sa main ; et, ses cheveux se hérissaient encore sur son front ; car il restait sous l'impression d'une vision terrible. A cette fièvre délirante Sténio sentit succéder un accablement profond. Le souvenir confus d'une fuite pleine d'épouvante et d'une lutte désespérée avec des êtres inconnus, insaisissables, flottait dans sa pensée, tantôt comme un rêve, tantôt comme un fait si récemment accompli que sa terreur et son angoisse n'étaient pas encore dissipées. Les premières lueurs de l'aube montaient lentement et semblaient ramper sur les escarpements du ravin ; elles jouaient avec la brume qui s'exhalait du marécage en flocons blancs et diaphanes. On eût dit une troupe de cygnes géants qui s'élevaient avec majesté au-dessus des eaux. Ce beau spectacle ne produisait qu'une impression pénible sur les sens bouleversés de Sténio ; l'incertitude de la lumière matinale prêtait aux objets des formes vagues et trompeuses. Le vent, qui dispersait et chassait les vapeurs, donnait l'apparence du mouvement aux objets inanimés. Longtemps Sténio resta l'œil hagard et fixé sur un bloc de rochers qu'il avait pris toute la nuit pour un monstre fantastique vomi à ses pieds par les ondes. Il n'osait détourner la tête de peur de retrouver au-dessus de lui le squelette gigantesque qui, toute la nuit, avait étendu ses bras décharnés pour le saisir. Quand il l'osa, il vit un sapin desséché et déraciné qui pendait sur le lac, et aux branches mortes duquel la brise balançait une flottante chevelure de pampre.

Quand le jour fut tout à fait venu, Sténio, humilié de son égarement, s'avoua qu'il ne pouvait plus supporter l'excitation du vin, et se promit de ne plus s'exposer à perdre la raison. « Tant que l'homme, pensa-t-il, conserve assez de sens pour se faire sauter la tête, ou pour avaler une forte dose d'opium, il n'a rien à craindre de la souffrance ou de l'épuisement ; mais il peut perdre, dans la folie, l'instinct du suicide, et faire longtemps horreur et pitié aux autres hommes. Si je croyais qu'un tel sort pût m'être réservé, je me plongerais à l'instant même ce reste d'épée dans la poitrine...»

Il se calma par l'idée qu'on ne pouvait survivre au retour d'un accès semblable à celui qu'il venait de subir. Il ne se souvenait pas d'avoir éprouvé de telles angoisses. Il avait vu naguère ses amis et ses compagnons expirer sur un champ de carnage. Il était tombé sous leurs cadavres palpitants, et le sang d'Edméo avait coulé sur lui. Rien dans la réalité n'avait été aussi affreux que ce cauchemar durant lequel il venait de perdre le sentiment de sa puissance et la conscience de sa volonté.

Il chercha les fragments de son épée et les ensevelit dans les flots du lac ; puis, réparant son désordre, il se traîna à l'ermitage. Les hôtes étaient absents. Sténio se jeta sur la natte du cénobite, et s'endormit vaincu par la fatigue.

Quand il s'éveilla, l'ermite était près de lui. La vue de cet homme infortuné qui avait aimé Lélia, et dont l'amour avait toujours été repoussé par elle avec aversion, excitait chez Sténio je ne sais quelle satisfaction maligne et cruelle, qu'il ne pouvait se défendre de manifester.

« Mon père, dit-il, j'en demande pardon à votre sainte retraite ; mais, tout en dormant sur cette couche virginale, j'ai rêvé d'une femme... et précisément d'une femme qui ne nous a été indifférente ni à l'un ni à l'autre...»

L'angoisse se peignit sur les traits de Magnus.

« Mon fils, dit-il avec une grande douceur, ne réveillons pas des souvenirs que la mort a rendus plus graves encore qu'ils n'étaient.

— La mort! Quelle mort? s'écria Sténio, dont la pensée se reporta aussitôt sur la vision qu'il avait eue la veille dans le cimetière des Camaldules.

— Lélia est morte, vous le savez bien, dit l'ermite d'un air d'égarement qui démentait son calme affecté.

— Oh ! oui, *Lélia est morte!* reprit Sténio, qui brûlait d'apprendre la vérité, mais qui ne voulait interroger le prêtre que par des sarcasmes ; *bien morte! tout à fait morte!* C'est un vieux refrain, à nous deux bien connu ; mais, si elle n'est pas mieux morte cette fois que l'autre, nous courons risque, vous, mon père, de dire encore des *oremus* à cause d'elle ; moi peut-être, de lui adresser encore quelque madrigal.

— *Lélia est morte*, dit Trenmor d'un ton ferme et incisif qui fit pâlir Sténio.

Debout au seuil de la grotte, il avait entendu les âcres plaisanteries du jeune homme. Il ne put les supporter, et prit la première occasion venue de les faire cesser.

— Elle est morte, continua-t-il, et peut-être aucun de nous ici n'est parfaitement pur de ce meurtre devant Dieu, car aucun de nous n'a connu ni compris Lélia... »

Il parlait ainsi dans un sens symbolique : Sténio le prit à la lettre. Il baissa la tête pour cacher son trouble et, changeant brusquement de conversation, il ne tarda pas à prendre congé de ses hôtes. Il se hâta de retourner en plein jour à la ville, craignant l'approche de la nuit, et sentant qu'il ne pouvait pas gouverner son imagination mortellement frappée. Il fit allumer cent bougies, et envoya chercher tous ses anciens compagnons de débauche, afin de passer la nuit dans l'étourdissement de la joie. Ce remède ne lui réussit pas. Cent fois il crut voir apparaître le spectre au fond des glaces qui resplendissaient aux panneaux de la salle. La voix de Pulchérie le faisait tressaillir, et, quoiqu'il ne perdît pas une seul fois le vin à ses lèvres, ses amis le crurent ivre, car ses yeux étaient effarés et ses paroles incohérentes. Depuis ce moment, la raison de Sténio ne fut jamais bien saine, et ses manières devinrent si étranges, ses habitudes si fantasques, que la solitude se fit autour de lui.

LIII.

SUPER FLUMINA BABYLONIS.

« Prends ta couronne d'épines, ô martyre! et revêts ta robe de lin, ô prêtresse! car tu vas mourir au monde et descendre dans le cercueil. Prends ta couronne d'étoiles, ô bienheureuse! et revêts ta robe de noces, ô fiancée! car tu vas vivre pour le ciel et devenir l'épouse du Christ. »

Ainsi chantent en chœur les saintes filles du monastère lorsqu'une sœur nouvelle leur est adjointe par les liens d'un hymen mystique avec le Fils de Dieu.

L'église est parée comme aux plus beaux jours de fête. Les cours sont jonchées de roses effeuillées, les chandeliers d'or étincellent au tabernacle, la myrrhe et le benjoin pétillent et montent en fumée sous la blanche main des jeunes diacres. Les tapis d'Orient se déroulent en lames métalliques et en moelleuses arabesques sur les marbres du parvis. Les colonnes disparaissent sous les draperies de soie que la chaude haleine de midi soulève lentement, et de temps à autre, parmi les guirlandes de fleurs, les franges d'argent et les lampes ciselées, on aperçoit la face ailée d'un jeune séraphin de mosaïque, qui se détache sur un fond d'or étincelant, et semble se disposer à prendre sa volée sous les voûtes arrondies de la nef.

C'est ainsi qu'on pare et qu'on parfume l'église de l'abbaye lorsqu'une novice est admise à prendre le voile et l'anneau sacré. En approchant du couvent des Camaldules, Trenmor vit la route et les abords encombrés d'équipages, de chevaux et de valets. Le baptistère, grande tour isolée qui s'élevait au centre de l'édifice, remplissait l'air du bruit de ses grosses cloches, dont la voix austère ne retentit qu'aux solennités de la vie monacale. Les portes des cours et celles de l'église étaient ouvertes à deux battants, et la foule se pressait dans le parvis. Les femmes riches ou nobles de la contrée, toutes parées et bruyantes, et les silencieux enfants d'Albion, toujours et partout assidus à ce qui est spectacle, occupaient les tribunes et les places réservées. Trenmor pensa bien que ce n'était pas le moment de demander à voir Lélia. Il y avait trop d'agitation et de trouble dans le couvent pour qu'il fût possible de pénétrer jusqu'à elle. D'ailleurs, toutes les portes des cloîtres intérieurs étaient sourdes; les chaînes des sonnettes avaient été supprimées; des rideaux de tapisserie couvraient toutes les fenêtres. Le silence et le mystère qui régnaient sur cette partie de l'édifice contrastaient avec le bruit et le mouvement de la partie extérieure abandonnée au public.

Le proscrit, forcé de se dérober aux regards, profita de la préoccupation de la foule pour se glisser inaperçu dans un enfoncement pratiqué entre deux colonnes. Il était près de la grille qui séparait la nef en deux, et sur laquelle une magnifique tenture de Smyrne abaissait un voile impénétrable.

Forcé d'attendre le commencement de la cérémonie, il fut forcé aussi d'entendre les propos qui se croisaient autour de lui.

« Ne sait-on point le nom de la professe? dit une femme.

— Non, répondit une autre. Jamais on ne le sait avant que les vœux soient prononcés. Autant les camaldultes sont libres à partir de ce moment, autant leur règle est austère et effrayante durant le noviciat. La présence du public à leurs ordinations ne soulève pas le plus léger coin du mystère qui les enveloppe. Vous allez voir une novice qui changera de costume sous vos yeux, et vous n'apercevrez pas ses traits. Vous entendrez prononcer des vœux, et vous ne saurez pas qui les ratifie. Vous

verrez signer un engagement, et vous ne connaîtrez pas le nom de la personne qui le trace. Vous assisterez à un acte public, et cependant nul dans cette foule ne pourra rendre compte de ce qui s'est passé, ni protester en faveur de la victime si jamais elle invoque son témoignage. Il y a ici, au milieu de cette vie si belle et si suave en apparence, quelque chose de terrible et d'implacable. L'inquisition a toujours un pied dans ces sanctuaires superbes de l'orgueil et de la douleur.

— Mais enfin, objecta une autre personne, on sait toujours à peu près d'avance dans le public quelle est la novice qui va prononcer ses vœux. Du moins on le découvre, pour peu qu'on s'y intéresse.

— Ne le croyez pas, lui répondit-on; le chapitre met en œuvre toute la diplomatie ecclésiastique pour faire prendre le change aux personnes intéressées à empêcher la consécration. Le secret est facile à garder derrière ces grilles impénétrables. Il y a certain amant ou certain frère qui a usé ses genoux à invoquer les gardiennes de ces murs, et qui a perdu ses nuits à errer à l'entour un an encore après que l'objet de sa sollicitude avait pris le voile, ou avait été transféré secrètement dans un autre monastère. Cette fois, il paraît qu'on a redoublé de précautions pour empêcher le nom de la professe d'arriver à l'oreille du public. Les uns disent qu'elle a fait un noviciat de cinq ans, et d'autres pensent (à cause de ce bruit précisément) qu'elle n'a porté le voile de lin que pendant quelques mois. La seule chose certaine, c'est que le clergé s'intéresse beaucoup à elle, que le chapitre de l'abbaye compte sur des dons magnifiques, et qu'il y aurait beaucoup d'obstacles à sa profession religieuse si on ne les avait habilement écartés.

— Il court à cet égard des bruits extraordinaires, dit la première interlocutrice: tantôt on dit que c'est une princesse de sang royal, tantôt on dit que ce n'est qu'une courtisane convertie. Il y en a qui pensent que c'est la fameuse Zinzolina, qui fit tant de bruit l'an passé à la fête de Bambucci. Mais la version qui mérite le plus de foi, c'est que la professe d'aujourd'hui n'est autre que la princesse Claudia Bambucci elle-même.

— On assure, reprit une autre en baissant la voix, que c'est un acte de désespoir. Elle était éprise du beau prince grec Paolaggi, qui a dédaigné son amour pour suivre la riche Lélia au Mexique.

— Je sais de bonne part, dit un nouvel interlocuteur, que la belle Lélia est dans les cachots de l'inquisition. Elle était affiliée aux carbonari.

— Eh! non, dit un autre, elle a été assassinée à la Punta-di-Oro. »

Les premières fanfares de l'orgue interrompirent cette conversation. Aux accords d'un majestueux introït, le vaste rideau de la nef se sépara lentement et découvrit les profondeurs mystérieuses du chapitre.

La communauté des Camaldules arriva par le fond de l'église et défila lentement sur deux lignes, se divisant vers le milieu de l'enceinte et allant par ordre prendre place à la double rangée de stalles du chapitre. Les religieuses proprement dites parurent les premières. Leur costume était simple et superbe; sur leur robe, d'une blancheur éclatante, tombait du sein jusqu'aux pieds le scapulaire d'étoffe écarlate, emblème du sang du Christ; le voile blanc enveloppait la tête; le voile de cérémonie, également blanc et fin, couvrait tout le corps d'un manteau diaphane et traînait majestueusement jusqu'à terre.

Après celles-ci marchaient les novices, troupeau svelte et blanc, sans pourpre et sans manteau. Leurs vêtements moins traînants laissaient voir le bout de leurs pieds nus chaussés de sandales, et l'on assurait que la beauté des pieds n'était pas dédaignée parmi elles; c'était le seul endroit par où elles pussent briller, le visage même étant couvert d'un voile impénétrable.

Quand elles furent toutes agenouillées, l'abbesse entra avec la dépositaire à sa droite et la doyenne à sa gauche. Tout le chapitre se leva et la salua profondément, tandis qu'elle prenait place dans la grande stalle du milieu. L'abbesse était courbée par l'âge. Pour marque de distinction, elle avait une croix d'or sur la poitrine; et sa main soutenait une crosse d'argent légère et bien travaillée.

Alors on entonna l'hymne *Veni Creator*, et la professe entra par la porte du fond. Cette porte était double. Le battant qui s'était ouvert pour la communauté s'était refermé ; celui qui s'ouvrit pour la professe était précédé d'une galerie étroite et profonde qu'éclairait faiblement une rangée de lampes d'un aspect vraiment sépulcral. Elle avança comme une ombre, escortée de deux jeunes filles adolescentes couronnées de roses blanches, qui portaient chacune un cierge, et de deux beaux enfants en costume d'ange du moyen âge, corset d'or, ailes effilées, tunique d'argent, chevelure blonde et bouclée. Ces enfants portaient des corbeilles pleines de feuilles de roses ; la professe, un lis de filigramme d'argent. C'était une femme très-grande, et, quoiqu'elle fût entièrement voilée, on jugeait à sa démarche qu'elle devait être belle. Elle s'avança avec assurance et s'agenouilla au milieu du chapitre sur un riche coussin. Ses quatre acolytes s'agenouillèrent dans un ordre quadrangulaire autour d'elle, et la cérémonie commença. Trenmor entendit murmurer autour de lui que c'était à coup sûr Pulchérie, dite la Zinzolina.

A l'autre extrémité de l'église, un autre spectacle commença. Le clergé vint au maître-autel étaler l'apparat de son cortége.

Des prélats s'assirent sur de riches fauteuils de velours, quelques capucins s'agenouillèrent humblement sur le pavé, de simples prêtres se tinrent debout derrière les Éminences, et le clergé officiant se montra le dernier en grand costume. Un cardinal, renommé par son esprit, célébra la messe. Un patriarche, réputé saint, prononça l'exhortation. Trenmor fut frappé du passage suivant :

« Il est des temps où l'Église semble se dépeupler, parce que le siècle est peu croyant, parce que les événements politiques entraînent la génération dans une voie de tumulte et d'ivresse. Mais, dans ce temps-là même l'Église remporte d'éclatantes victoires. Les esprits vraiment forts, les intelligences vraiment grandes, les cœurs vraiment tendres, viennent chercher dans son sein et sous son ombre, l'amour, la paix et la liberté que le monde leur a déniés. Il semble alors que l'ère des grands dévoûments et des grands actes de foi soit prête à renaître. L'Église tressaille de joie ; elle se rappelle saint Augustin, qui, à lui seul, résuma et personnifia tout un siècle. Elle sait que le génie de l'homme viendra toujours s'humilier devant elle, parce qu'elle seule lui donnera sa véritable direction et son véritable aliment. »

Ces paroles, qui furent vivement approuvées par l'auditoire, firent froncer le sourcil de Trenmor. Il reporta ses regards sur la professe. Il eût voulu avoir l'œil du magnétisme pour percer le voile mystérieux. Aucune émotion ne soulevait le moindre pli de ce triple rempart de lin. On eût dit de la statue d'Isis, toute d'albâtre ou d'ivoire.

Au moment solennel où, traversant la foule pressée sur son passage, la professe, sortant du chapitre, entra dans l'église, un murmure inexprimable d'émotion et de curiosité s'éleva de toutes parts. Un mouvement d'oscillation tumultueuse fut imprimé à la multitude, et toutes ces têtes, que Trenmor dominait de ses regards, roulèrent comme les flots. Des archers aux ordres du prélat qui présidait à la cérémonie, rangés sur deux files, protégeaient la marche lente de la professe. Elle s'avançait, accompagnée d'un vieux prêtre chargé du rôle de tuteur, et d'une matrone laïque, symbole de mère conduisant sa fille au céleste hyménée.

Elle monta majestueusement les degrés de l'autel. Le patriarche, revêtu de ses habits pontificaux, l'attendait, assis sur une sorte de trône adossé au maître-autel. Les parents putatifs restèrent debout dans une attitude craintive, et la professe, ensevelie sous ses voiles blancs, s'agenouilla devant le prince de l'Église.

« Vous qui vous présentez devant le ministre du Très-Haut, quel est votre nom ? dit le pontife d'une voix grave et sonore, comme pour inviter la professe à répondre du même ton, et à proclamer son nom devant l'auditoire palpitant.

La professe se leva, et, détachant l'agrafe d'or qui retenait son voile sur son front, tous les voiles tombèrent à ses pieds, et sous l'éclatant costume d'une princesse de la terre, parée pour un jour de noces, sous les flots noirs d'une magnifique chevelure tressée de perles et nouée de diamants, sous les plis nombreux d'une gaze d'argent semée de blancs camélias, on vit rayonner le front et se dresser la taille superbe de la femme la plus belle et la plus riche de la contrée. Ceux qui, placés derrière elle, ne la reconnaissaient encore qu'à ses larges épaules de neige et à son port impérial, doutaient et se regardaient avec surprise ; et, dans cette avide attente, un tel silence planait sur l'assemblée qu'on eût entendu l'imperceptible travail de la flamme consumant la cire odorante des flambeaux.

« Je suis Lélia d'Almovar, dit la professe d'une voix forte et vibrante, qui semblait vouloir tirer de leur sommeil éternel les morts ensevelis dans l'église.

— Êtes-vous fille, femme ou veuve ? demanda le pontife.

— Je ne suis ni fille ni femme selon les expressions adoptées par les lois instituées par les hommes, répondit-elle d'une voix encore plus ferme. Devant Dieu, je suis veuve. »

A cet aveu sincère et hardi, les prêtres se troublèrent, et dans le fond du chœur on eût pu voir les nonnes éperdues se voiler la face ou s'interroger l'une l'autre, espérant avoir mal entendu.

Mais le pontife, plus calme et plus prudent que son timide troupeau, conserva un visage impassible, comme s'il se fût attendu à cette réponse audacieuse.

La foule resta muette. Un sourire ironique avait circulé à l'interrogation consacrée, car on savait que Lélia n'avait jamais été mariée et qu'Ermolao avait vécu trois ans avec elle. Si la réponse de Lélia offensa quelques esprits austères, du moins elle ne fit rire personne.

« Que demandez-vous, ma fille ? reprit le cardinal, et pourquoi vous présentez-vous devant le ministre du Seigneur ?

— Je suis la fiancée de Jésus-Christ, répondit-elle d'une voix douce et calme, et je demande que mon hymen avec le Seigneur de mon âme soit indissolublement consacré aujourd'hui.

— Croyez-vous en un seul Dieu en trois personnes, en son fils Jésus-Christ, Dieu fait homme et mort sur la croix pour...

— Je jure, répondit Lélia en l'interrompant, d'observer tous les préceptes de la foi chrétienne, catholique et romaine. »

Cette réponse, qui n'était pas conforme au rituel, ne fut remarquée que d'un petit nombre d'auditeurs ; et durant tout le reste de l'interrogatoire, la professe prononça plusieurs formules qui semblaient renfermer de mystérieuses restrictions, et qui firent tressaillir de surprise, d'épouvante ou d'inquiétude une partie du clergé présent à la cérémonie.

Mais le cardinal restait calme, et son regard impérieux semblait prescrire à ses inférieurs d'accepter les promesses de Lélia, quelles qu'elles fussent.

Après l'interrogatoire, le pontife, se retournant vers l'autel, adressa au ciel une fervente prière pour la fiancée du Christ. Puis il prit l'ostensoir étincelant qui renferme l'hostie consacrée, et reconduisit la fiancée jusqu'à la grille du chapitre. Là, on avait dressé un élégant autel portatif en forme de prie-Dieu, sur lequel on plaça l'ostensoir. La professe s'agenouilla devant cet autel, la face découverte et tournée pour la dernière fois vers cette foule avide de la contempler encore.

En ce moment, un jeune homme qui, debout dans le coin d'une tribune, le dos appuyé à la colonne et les bras croisés sur la poitrine, ne semblait prendre aucune part à ce qui se passait, se pencha brusquement sur la balustrade ; et, comme s'il sortait d'un lourd sommeil, il promena des regards hébétés sur la foule. Au premier instant, Trenmor seul le remarqua et le reconnut, mais bientôt tous les regards se portèrent sur lui ; car, lorsque ses yeux eurent rencontré, comme par hasard, les traits de la professe, il montra une agitation singulière, et parut faire des efforts inouïs pour se tenir éveillé.

« Regardez donc le poëte Sténio, dit un critique qui le haïssait. Il est ivre, toujours ivre!

— Dites qu'il est fou, reprit un autre.

— Il est malheureux, dit une femme; ne savez-vous pas qu'il a aimé Lélia? »

La professe disparut un instant, et revint bientôt dépouillée de tous ses ornements, vêtue d'une tunique de laine blanche, ceinte d'une corde. Ses beaux cheveux déroulés étaient répandus en flots noirs sur sa robe de pénitente. Elle s'agenouilla devant l'abbesse, et en un clin d'œil cette magnifique chevelure, orgueil de la femme, tomba sous les ciseaux et joncha le pavé. La professe était impassible; il y avait un sourire de satisfaction sur les traits flétris des vieilles nonnes, comme si la perte des dons de la beauté eût été une consolation et un triomphe pour elles.

Le bandeau fut attaché, le front altier de Lélia fut à jamais enseveli. « *Reçois ceci comme un joug*, chanta l'abbesse d'une voix sèche et cassée, *et ceci comme un suaire*, ajouta-t-elle en l'enveloppant du voile.

La camaldule disparut alors sous un drap mortuaire. Couchée sur le pavé entre deux rangées de cierges, elle reçut l'aspersion d'hysope, et entendit chanter sur sa tête le *De profundis*.

Trenmor regardait Sténio. Sténio regardait ce linceul noir étendu sur un être plein de force et de vie, d'intelligence et beauté. Il ne comprenait pas ce qu'il voyait, et ne donnait plus aucun signe d'émotion.

Mais quand la camaldule se releva et, sortant des livrées de la mort, vint, le regard serein et le sourire sur les lèvres, recevoir de l'abbesse la couronne de roses blanches, l'anneau d'argent et le baiser de paix, tandis que le chœur entonnait l'hymne *Veni sponsa Christi*, Sténio, saisi d'une terreur incompréhensible, s'écria à plusieurs reprises d'une voix étouffée : *Le spectre! le spectre!...* et il tomba sans connaissance.

Pour la première fois la professe fut troublée; elle avait reconnu cette voix altérée, et ce cri retentit dans son cœur comme un dernier effort, comme un dernier adieu de la vie. On emporta Sténio qui se tordait dans un accès d'épilepsie. Les spectateurs avides, voyant chanceler Lélia, se pressèrent tumultueusement vers la grille, espérant assister à quelque scandale. L'abbesse, effrayée, donna aussitôt l'ordre de tirer le rideau; mais la nouvelle camaldule, d'un ton de commandement qui pétrifia et domina toute la communauté, démentit cet ordre et fit continuer la cérémonie. « Madame, dit-elle tout bas à la supérieure qui voulait insister, je ne suis point une enfant; je vous prie de croire que je sais garder ma dignité moi-même. Vous avez voulu me donner en spectacle; laissez-moi achever mon rôle. »

Elle s'avança au milieu du chœur, où elle devait chanter une prière adoptée par le rituel. Quatre jeunes filles se préparèrent à l'accompagner avec des harpes. Mais, au moment d'entonner cet hymne, soit que sa mémoire vint à la trahir, soit qu'elle cédât à l'inspiration, Lélia ôta l'instrument des mains d'une des joueuses de harpe, et, s'accompagnant elle-même, improvisa un chant sublime sur ces paroles du cantique de la Captivité :

« Nous nous sommes assises auprès des fleuves de Babylone, et nous y avons pleuré, nous souvenant de Sion.

« Et nous avons suspendu nos harpes aux saules du rivage.

« Quand ceux qui nous avaient emmenées en captivité nous ont demandé des paroles de cantique, et de les réjouir du son de nos harpes, en nous disant : « Chantez-nous quelque chose des cantiques de Sion, » nous leur avons répondu:

« Comment chanterions-nous le cantique de l'Éternel sur une terre étrangère? »

« Si je t'oublie, Jérusalem, que ma droite s'oublie elle-même!

« Que ma langue soit attachée à mon palais, si je ne me souviens de toi à jamais, et si je ne fais de Jérusalem l'unique sujet de ma réjouissance.

« O Éternel! tes filles se souviendront de leurs autels et de leurs bocages auprès des arbres verts sur les hautes collines!

« Babylone, qui vas être détruite, puisses-tu ne pas souffrir le mal que tu nous as fait!

« C'est pourquoi, vous, femmes, écoutez la parole de l'Éternel, et que votre cœur reçoive la parole de sa bouche. Enseignez vos filles à se lamenter, et que chacune apprenne à sa compagne à faire des complaintes... Car la mort est montée par nos fenêtres, elle s'est logée dans nos demeures... Qu'elles se hâtent, qu'elles prononcent à haute voix une lamentation sur nous, et que nos yeux se fondent en pleurs, et que nos paupières fassent ruisseler des larmes! »

Ce fut la dernière fois que Lélia fit entendre aux hommes cette voix magnifique à laquelle son génie donnait une puissance invincible. A demi agenouillée devant sa harpe, les yeux humides, l'air inspiré, plus belle que jamais sous le voile blanc et la couronne d'hyménée, elle fit une impression profonde sur tous ceux qui la virent. Chacun songea à sainte Cécile et à Corinne. Mais, parmi tous ceux-là, il n'y eut que Trenmor qui, du premier coup, comprit le sens douloureux et profond des versets sacrés que Lélia avait choisis et arrangés au gré de son inspiration, pour prendre congé de la société humaine, et lui signifier la cause de son divorce avec elle.

SIXIÈME PARTIE.

LIV.

LE CARDINAL.

« Eh bien, Madame, vos désirs seront réalisés plus tôt que nous ne l'aurions imaginé. La douloureuse maladie qui va vous enlever votre vénérable abbesse apportera ici de grands changements. Au milieu de toutes les mutations d'emplois et de dignités qui vont avoir lieu, il est difficile que vous ne rencontriez pas l'occupation que vous désirez, et qui convient à votre belle intelligence.

— Monseigneur, répondit Lélia, je ne réclame que les moyens de me rendre utile; mais ces moyens ne sont pas aussi simples que nous le pensions. Toute bonne intention rencontre certainement ici de nobles sympathies; mais elle y rencontre aussi des méfiances obstinées et une opposition funeste. Quiconque n'est pas la première n'est rien; et ce que j'ai à vous demander, Monseigneur, j'y ai bien réfléchi, c'est de n'être rien ou d'être la première.

— Vous parlez comme une reine, ma sœur, dit le cardinal en souriant; je voudrais pouvoir vous placer sur un trône; mais dans notre système électif, je ne puis que vous faire franchir le plus rapidement possible les divers degrés de la hiérarchie.

— Ce n'est pas ainsi que je l'entends, Monseigneur. Je ne consentirai jamais à entrer en lutte avec de petits intérêts ou de petites passions. Vous m'accorderez bien que je ne suis nullement propre à un tel rôle.

— Je le comprends, Madame. Pour mon compte, je sais ce que j'ai eu à souffrir dans une carrière beaucoup plus large, et je conçois que vous reculiez devant des tracasseries d'intérieur. Mais êtes-vous bien dans la voie du devoir, chère sœur Annunziata, quand vous refusez le service de votre intelligence à la communauté dont vous faites partie? Vous ne le refusez pas absolument, j'entends bien; mais vous servirez les intérêts de l'Église, à condition que l'Église vous donnera la place la plus éminente dont elle puisse disposer en faveur d'une femme. Abbesse des Camaldules! mais, quelle que soit votre fierté, quelle qu'ait été votre position dans le monde, songez, Madame, que ce que vous demandez est quelque chose!

— C'est quelque chose si je suis capable de quelque bien; sinon, ce n'est rien du tout, Monseigneur. Est-ce donc la pourpre de votre vêtement qui vous élève au-dess us du commun des prêtres? Que voulez-vous que je fasse d'une croix d'or ou d'une crosse d'argent, si aucun moyen d'élever mon âme n'est attaché à ces frivoles joyaux? N'en ai-je pas possédé de plus riches, et, comme la plupart des femmes, ne pouvais-je pas me contenter de cette vanité?

— Il est vrai, Madame: aussi vous serez abbesse.

— Dites-moi que je le suis, Monseigneur; autrement je vous répondrai que je ne le serai jamais.

— Sœur Annunziata, vous êtes étrangement impérieuse!...

— Oui, Monseigneur, parce que j'ai pour le côté puéril et mesquin de ces choses tout le mépris que vous en avez eu vous-même. Je ne crains pas d'exiger ce qui peut m'être refusé; car aucun regret, aucune déception ne seront attachés pour moi à ce refus. Je ne suis pas venue ici pour ouvrir une carrière quelconque à mon ambition. J'y suis venue pour fuir le monde et vivre dans le recueillement. Je ne suis propre à aucun détail de ménage, à aucune occupation subalterne; je n'en veux pas, parce que je m'y conduirais mal, soit que j'y portasse un amour de l'ordre qui me rendrait toute contradiction insupportable, soit que je fusse capable de m'y endormir dans une nonchalance qui rétrécirait mes idées et abaisserait mon caractère. Vous ne voulez ni l'un ni l'autre, n'est-ce pas?

— Non, certes! répondit le prélat avec émotion. Cette grande intelligence et ce grand caractère me sont sacrés. Peut-être suis-je le seul à les comprendre. J'ai du moins la vanité de les avoir devinés le premier, et je surveille ces dons du ciel avec la jalousie d'un père ou d'un frère. Ce sont là les trésors dont le Seigneur m'a rendu, pour ainsi dire, dépositaire, et dont il me demandera compte un jour. Je veillerai donc à ce qu'ils soient dépensés pour sa gloire. O Lélia! vous pouvez beaucoup; je le sais, aussi je ferai beaucoup pour vous, n'en doutez pas!

— Eh bien, quoi? dit Lélia.

— Vous serez aujourd'hui la seconde ici, et demain vous serez la première.

— C'est-à-dire que je serai le ministre d'une volonté étrangère jusqu'à ce que la mort ait éteint cette volonté? Non, Monseigneur.

— Eh quoi! vous serez la dispensatrice des aumônes, la mère des pauvres, le refuge des affligés; vous pourrez répandre l'or à pleines mains sur les objets de votre sollicitude!...

— N'étais-je pas libre de le faire avant d'apporter ici mes richesses? N'ai-je pas fait tout le bien qu'on peut faire avec de l'argent? N'est-ce pas un plaisir sur lequel je suis blasée? D'ailleurs, quand même ce mode d'action charitable me conviendrait, l'emploi des richesses de ce couvent peut-il être jamais soumis à la décision de celle qui porte le titre de trésorière?

— L'abbesse elle-même ne peut disposer de rien sans l'aveu d'un conseil supérieur.

— Ce n'est donc pas là ce que je veux, Monseigneur, vous le savez bien. Je ne veux pas seulement donner du pain aux pauvres, je veux donner de l'instruction aux riches; je veux que leurs enfants reçoivent le pain de vie, c'est-à-dire des idées et des principes comme on ne s'est jamais avisé de les leur donner. Vous avez ouvert à leurs fils des écoles libérales, vous avez encouragé le développement de leur intelligence et poursuivi avec ardeur la moralisation de leurs travaux. Vous savez que je pourrais et que je saurais en faire autant pour leurs filles. Vous m'en avez donné l'idée; vous avez exigé de moi la promesse de m'y employer avec courage, dévoûment et persévérance. Mais vous savez mes conditions: point d'emploi intermédiaire, point de postulat entre le doux repos du rang le plus obscur et les soucis honorables du rang le plus élevé.

— Eh bien, Madame, vous serez abbesse, mais songez

que nous jouons gros jeu; songez qu'à nous deux, ma sœur, nous faisons secrètement un schisme dans l'Église. L'Église, nous ne pouvons pas nous le dissimuler, ne comprend pas très-bien sa mission. Les clefs de saint Pierre ne sont pas toujours dans les mains les plus habiles. Je ne sais si elles ouvrent les portes du ciel, mais je crois qu'elles ferment les portes de l'Église, et qu'elles repoussent du catholicisme toute grandeur, toute lumière, toute distinction intellectuelle. Préoccupé du soin frivole et dangereux de garder dans leur intégrité la lettre des derniers conciles, on a oublié l'esprit du christianisme, qui était d'enseigner l'idéal aux hommes et d'ouvrir le temple à deux battants à toutes les âmes, en ayant soin de placer l'élite dans le chœur. On a, tout au contraire, agi de telle sorte que la plèbe grossière est assise au pied de l'autel, et que le patriciat intellectuel est debout à la porte, si bien qu'à la porte qu'il se retire et ne veut plus rentrer. Nous deux, ma sœur, qui voulons replacer chacun à son rang, et subordonner l'ignorance aux conseils de la raison, la superstition aux enseignements de la vraie piété, pensez-vous que nous l'emporterons sur un corps aussi étroitement uni que cette coterie de malheur qu'il leur plaît d'appeler une Église?

— Je l'ignore absolument, Monseigneur; si je l'ai cru un instant, c'est que vous avez travaillé à me le faire croire.

— Eh quoi! vous ne me rassurez pas autrement, Madame? Je suis effrayé. Quelquefois mon âme succombe sous le poids des ennuis et de la crainte. Peut-être après une vie de travaux assidus et de fatigues desséchantes, me chasseront-ils comme un serviteur inutile, ou me tiendront-ils à l'écart comme un allié dangereux! Ne trouverai-je dans votre âme comme dans la mienne, à ces heures de triste pressentiment, que doute et langueur? Une grande et sainte amitié ne me consolera-t-elle pas des maux auxquels mon cœur est en proie?

La camaldule et le prélat se regardèrent fixement avec un calme qui jeta secrètement un peu d'effroi dans l'âme de l'un et de l'autre. Puis, comme deux aigles qui, avant de s'attaquer, ont hérissé leurs plumes et mesuré leurs forces, chacun resta sur la défensive. Lélia s'abstint de faire sentir au prince de l'Église qu'il s'agissait entre eux de relations plus sérieuses qu'il ne l'imaginait peut-être, et le cardinal comprit de reste que ni l'ambition de commander à ses compagnes ni l'admiration qu'il était, à plusieurs égards, en droit d'espérer d'elle, ne donnerait le change aux idées austères et aux froides résolutions de la religieuse. Il battit donc en retraite sur-le-champ, avec toute la prudence et la dignité d'un général habile; et, en vainqueur sage et courtois, Lélia feignit de n'avoir pas compris son attaque. Ce regard, échangé entre eux, avait suffi pour asseoir à tout jamais leur position relative. C'était le premier regard que, depuis un an de trouble et d'incertitude, le prince avait osé attacher sur les yeux noirs de Lélia. Jusque-là, il avait craint de perdre sa confiance et de la voir quitter le couvent. Désormais enchaînée, peut-être ambitieuse, elle lui avait semblé moins redoutable. Mais, au premier choc, il vit qu'à l'exemple des grands vaincus son orgueil augmentait dans les fers.

Monseigneur Annibal n'était point un homme ordinaire. S'il avait de fortes passions, il avait une grande âme pour les y loger. Les objets de sa convoitise pouvaient devenir, en tombant sous sa puissance, les objets de son mépris; mais ils pouvaient, en se refusant à ses atteintes, n'avoir point à craindre un lâche dépit. C'était l'homme de son temps, et nullement celui du passé; homme plein de vices et de grandeur, de faiblesses et d'héroïsme. Attaché aux biens et aux jouissances terrestres par l'éducation et par l'habitude, il avait pourtant l'instinct et le culte de l'idéal. Il n'y marchait pas par les droits chemins, cela n'était pas en son pouvoir; mais, au milieu d'une carrière désordonnée, le sentiment de l'avenir était venu comme une révélation prophétique s'emparer de lui et le pousser aux grandes choses. Les mauvaises ternissaient encore l'éclat de sa vie, mais elles ne l'entravaient pas. Quiconque ne voyait

Magnus.

qu'une de ses faces pouvait le mépriser; mais Lélia, qui du premier coup d'œil avait vu les deux, se méfiait de lui sans le craindre et l'estimait sans l'approuver.

« Monseigneur, reprit-elle après une assez longue pause, je ne vois pas ce que nous aurions à redouter dans une entreprise aussi franchement désintéressée. Je ne sais si je m'abuse, mais, je le répète, je ne vois rien dans le côté extérieur de notre rôle dont la possession puisse nous enivrer, et dont la perte ait droit à nos regrets. Il s'agit de mettre en pratique une foi qui est en nous. L'espérance vous soutient, vous qui depuis plusieurs années travaillez sans relâche. Moi qui n'ai rien essayé, je ne puis connaître encore ni la crainte ni la confiance. Je suis prête à marcher dans la voie que vous m'ouvrirez; et, si je ne réussis pas, il me semble que ma douleur n'aura rien à faire avec la conduite du clergé à mon égard. Il nous faudra, Monseigneur, chercher plus haut la source de nos larmes, si nous ne trouvons pas dans les sympathies sociales de quoi nous dédommager des anathèmes ecclésiastiques.

— Lélia! dit le prélat en lui tendant la main avec une dignité franche et loyale, vous avez raison, vous êtes plus forte que moi, et, chaque fois que je vous ai vue, j'ai senti mon âme s'élever au contact de la vôtre. Je vaux peut-être beaucoup moins que vous ne pensez dans un sens. Je crains d'être moins détaché des ambitions humaines que vous ne me faites l'honneur de le croire; mais je sens que je puis m'en détacher encore, et je ne rougirai pas de devoir ce grand exemple à la haute sagesse d'une femme. Comptez sur moi, vous serez abbesse.

— Comme il vous plaira, Monseigneur, ceci est la chose qui m'occupe le moins, et je n'aurais pas pris la liberté de vous demander cet entretien si je n'avais eu une grâce plus importante à implorer de Votre Éminence.

— Encore! pensa le cardinal, et malgré lui un reste d'espoir fit scintiller son œil profond. Ma sœur, dit-il, vous avez, je le vois, grande confiance en moi, et je vous en remercie.

— Oui, j'ai grande confiance en vous, dit Lélia d'un air grave; car il s'agit d'être grand, généreux, hardi: vous le serez.

— Quoi donc? dit le cardinal, dont l'œil devint plus

J'ai frémi d'être forcée de me retourner. (Page 114.)

brillant encore à l'idée d'une occasion de satisfaire sa noble vanité.

— Il s'agit de sauver Valmarina, répondit Lélia. Vous le pouvez! vous le voulez!

— Je le veux, dit Annibal vivement. Savez-vous, Madame, qu'il y va cette fois de ma vie? Si j'échoue, je ne suis plus seulement un prince disgracié, je suis un citoyen condamné, ou, pour parler plus simplement, ajouta-t-il en riant, un homme pendu.

— C'est vrai, Monseigneur, j'y ai songé.

— Lélia! Lélia! s'écria le cardinal en marchant avec agitation, vous m'estimez beaucoup, j'ai droit d'être fier! »

Il prononça ces mots avec tristesse; mais c'était l'expression d'un regret naïf, respectueux et sans arrière-pensée.

« Où est Valmarina? ajouta-t-il d'un ton décidé.

— De l'autre côté de ce ravin, lui dit Lélia en lui montrant du doigt la direction de la fenêtre.

— On n'est pas sur sa trace... pourtant il n'y a pas de temps à perdre... Il faut qu'il passe la frontière.

— Par la forêt, Monseigneur, vous n'avez que quatre lieues

— Oui! mais il lui faut un passe-port!...

— Mais dans votre voiture, avec vous, Monseigneur, il n'en a pas besoin. »

Le cardinal fit un geste de surprise, puis il sourit. Il était confondu de la manière dont Lélia traitait avec lui de puissance à puissance, tout en lui ôtant le plus léger espoir. Mais cette audace lui plaisait; elle le jetait dans un monde nouveau, et l'élevait à ses propres yeux.

— Et à quelle heure dois-je être au rendez-vous? demanda-t-il d'un air joyeux et attendri.

— Il est une personne à qui Votre Éminence peut se fier, répondit Lélia; cette personne m'a fait savoir ce matin que le proscrit, ne trouvant plus de sûreté dans son asile, se rendrait chez elle ce soir...

— Et quelle est cette personne?

— Voici son billet. »

Le cardinal prit le billet. « Ma chère sainte, celui que « tu appelles Trenmor m'a fait demander un asile pour « cette nuit. Il est en danger à l'ermitage, mais il ne sera « pas en sûreté chez moi; tu sais qu'il y vient des per- « sonnages qui peuvent le rencontrer et le reconnaître. « Je crains surtout... »

Le cardinal lut d'un seul regard et le nom de ce personnage redouté, et la signature de la lettre... Il résista au mouvement convulsif qui le portait à la froisser dans ses mains, et regardant Lélia avec une indignation mêlée de terreur :

— Tout ceci est-il un jeu, Madame? lui dit-il d'une voix tremblante.

— Monseigneur, répondit Lélia, l'occasion serait mal choisie. Valmarina est en danger, et je vous le livre. Cette femme est ma sœur, ma propre sœur, et je vous la livre également.

— Votre sœur, elle!... C'est impossible!

— Abjecte et grande à la fois, elle a la générosité de le cacher; mais moi, qui n'ai jamais eu aucun souci de plaire au monde, je ne le cache pas. Je ne puis parler d'elle sans souffrir, car je l'ai aimée; mais je pleure sur elle sans rougir d'elle.

— Eh bien! vous l'emportez encore, dit le cardinal en rendant à Lélia le billet qu'elle brûla sur-le-champ; vous avez du courage et vous ne désavouez aucune vérité. Vous êtes tranchante et froide comme le glaive de la justice, sœur Annunziata; mais qui pourrait se révolter contre vous?

— Annibal, dit Lélia en lui tendant la main à son tour, estimez-moi comme je vous estime.

— Oui, ma sœur, répondit-il en serrant sa main avec force, je serai à minuit chez la... chez votre sœur. Ma voiture et mes gens nous attendront aux portes de la ville. Demain dans la journée je viendrai vous rendre compte de mon expédition... si je n'y succombe pas!...

— Dieu le permettra pas, dit Lélia.

— Mais, dit le cardinal en revenant sur ses pas au moment de sortir, vous me devez la vérité tout entière... Je suis un homme qui peut, qui doit tout savoir, Lélia... Si vous me ménagez, si vous me tuez à demi... je semble que je pourrai vous haïr... Confessez-vous volontairement, puisque vous venez de me confesser malgré moi. Valmarina était ici pour vous?

— Oui, Monseigneur.

— Il vous aime?

— Comme un frère.

— Comme je vous aime, par exemple? »

Lélia hésita et répondit :

— Comme je vous aime, Monseigneur.

— Et vous l'avez aimé, cependant?

— Jamais autrement que je ne l'aime aujourd'hui. »

Le cardinal garda le silence un instant, puis il ajouta :

— En conscience, sœur Annonciade, dites-moi ce que vous pensez des questions que je vous fais?

— Je pense que vous cherchez une nouvelle occasion d'être généreux et magnifique. Vous êtes vain, Monseigneur.

— Avec vous, il est vrai, dit Annibal.»

Il la regarda quelques instants en silence; son visage exprimait une passion ardente, mais sans espoir et sans prière.

« Ah! ajouta-t-il par une transition d'idées facile à comprendre, mais d'un ton qui ne pouvait que satisfaire la fierté de Lélia, j'allais oublier que vous voulez être abbesse. J'y vais travailler sur-le-champ. »

Et il sortit précipitamment.

LV.

Ma sœur, je ne puis vous porter cette bonne nouvelle moi-même, mais réjouissez-vous, votre ami est sauvé, et désormais vous aurez facilement de ses nouvelles. Vous pourrez aussi me remettre vos lettres pour lui. Je pense qu'il vous sera doux de correspondre du fond de votre retraite avec cet homme respectable.

Oui, Lélia, il m'a frappé de tristesse et de respect, cet infortuné qui travaille pour la vertu et qui fuit la gloire avec autant de soin que les autres en mettent à la chercher. Il a voulu me dire son secret, me raconter sa jeunesse, son crime et son malheur. Admirable délicatesse d'un cœur qui ne veut point accepter l'intérêt d'autrui sans l'éprouver par d'austères aveux! Étrange et magnifique destinée d'un pénitent qui confesse ce que tout autre voudrait tenir caché, et qui, au contraire de tous les hommes dégradés par la société, fait de tels aveux que nul ne se sent porté à les trahir! Oui, cet homme cherche la honte, la souffrance, l'expiation avec une effrayante persévérance. Il n'est point chrétien, et il a toute la ferveur, toute l'abnégation, tout l'enthousiasme des premiers chrétiens. Il est un exemple vivant de la profonde et inépuisable source de divinité qui jaillit des profondeurs de l'âme humaine. Il est une énergique protestation contre la faiblesse et la grossièreté des jugements humains. Il a abdiqué sa propre vie, et il ne respire plus que dans l'humanité. Toutes ses pensées sont pour la grande famille des malheureux. Il lui consacre ses travaux, ses souffrances, ses veilles, ses désirs, tous les élans de son intelligence, toutes les pulsations de son cœur; et le plus simple récompense l'effraie, la plus légitime marque d'approbation ou d'estime le trouble! Au premier abord, on pourrait croire que c'est une manière habile d'opérer sa réhabilitation sociale; quand on descend au fond de ses pensées, on voit que l'excès de son humilité est un excès d'orgueil. Mais quel orgueil noble et pieux! Il connaît les hommes; brisé cruellement par eux, il ne peut plus estimer leur suffrage, ni désirer leurs sympathies. Il les mépriserait s'il n'avait en lui un profond sentiment d'amour et de pitié qui le porte à les plaindre. Alors il se dévoue à les servir, parce qu'il trouve dans leur conduite à son égard la preuve de leur égarement et de leur ignorance; et ce qu'ils ne peuvent plus faire pour lui, il voudrait qu'ils apprissent à le faire les uns pour les autres. — Eh bien! me disait-il tandis que nous traversions rapidement les bois à la faveur des ténèbres, quand même tout le travail de ma vie ne servirait qu'à amener dans quelques siècles la réconciliation complète d'un criminel avec Dieu et la famille humaine, ne serais-je pas bien assez récompensé? Dieu pèse dans une balance équitable les actions des hommes; mais comme, dans les lois de sa perfection, l'idée de justice implique celle de pitié et de générosité, il a fait pour nos crimes un plateau infiniment plus léger que celui qui doit porter nos expiations. Un grain de blé pur jeté dans celui-là l'emporte donc sur des montagnes d'iniquités jetées dans l'autre, et ce grain béni, je l'ai semé. C'est peu de chose sur la terre, c'est beaucoup dans les cieux, parce que là est la source de vie qui fera germer, fructifier et centupler ce grain.

O Lélia! l'exemple de cet homme m'a fait faire un singulier retour sur moi-même; et moi, prince de la terre, moi qui bénis les hommes prosternés sur mon passage, moi qui élève l'hostie sur la tête inclinée des rois, moi qui vais par des chemins semés de fleurs, traînant l'or et la pourpre comme si j'étais d'un sang plus pur et d'une race plus excellente que le commun des hommes, je me suis trouvé bien petit, bien frivole et bien ridicule auprès de ce proscrit qui se traîne la nuit par les chemins, poursuivi, traqué comme un animal dangereux, toujours suspendu entre l'échafaud et le poignard stipendié du premier assassin qui reconnaîtra son visage. Et cet homme porte l'idéal dans son âme, l'humanité dans ses entrailles! Et moi, je ne porte en mon sein que des sentiments d'orgueil, le tourment d'une ambition vulgaire et la souillure de mes vices!

O Lélia! vous m'avez confessé. Vous avez bien fait, je vous en remercie. Il me semble que je serai purifié de mes taches si je puis vous ouvrir mon âme tout entière. Voyez : nous nous mettons à genoux devant un simple prêtre, et nous lui racontons nos péchés; mais nous ne nous confessons pas pour cela. Nous ne pouvons oublier, nous puissants, que si nous sommes là pliés sur nos genoux devant ce subalterne, il est, lui, prosterné en esprit devant l'éclat de nos titres. Il écoute en tremblant ce que nous lui disons avec arrogance; il a peur d'entendre l'aveu de nos fautes, car il craint d'être forcé par son ministère à nous réprimander; si bien que c'est le juge qui se trouble et s'effraie, tandis que le pénitent, souriant de son angoisse, est le véritable juge et le contempteur superbe de l'humaine faiblesse. Ou bien, si nous nous confessons à nos égaux, nous ne sommes occupés qu'à écarter de nos aveux toute circonstance particulière qui pourrait servir d'aliment à l'intrigue ou d'arme à la jalousie. Au milieu de ces préoccupations étroites, quelle âme assez pieuse, quel repentir assez fervent peurraient s'élever vers Dieu, dégagés de toute pensée terrestre? Non, Lélia, je ne me suis jamais confessé en esprit et en vérité; et pourtant, nul plus que moi n'est pénétré de la grandeur et de la sublimité de ce sacrement, qui eût sauvé Trenmor de l'horreur du bagne si l'esprit de la pénitence chrétienne et la sainteté de l'absolution religieuse eussent porté quelque lumière dans les lois sociales. Oh! oui, je comprenais l'importance et le bienfait de cette auguste institution! J'eusse voulu pouvoir y retremper mes forces affaiblies, et renouveler mon âme dans les eaux salutaires de ce nouveau baptême! Mais je ne le pouvais pas, car il m'eût fallu un confesseur digne de mon repentir, et je ne l'ai pas trouvé. J'ai toujours rencontré dans le clergé l'intelligence unie à l'orgueil ou à l'intrigue, la candeur jointe à la superstition ou à l'ignorance. Quand le pénitent est à la hauteur du sacrement, le confesseur n'y est pas; et réciproquement, quand le confesseur est digne de délier l'âme de ces chaînes intimes, le captif ne mérite pas sa délivrance. C'est que, pour consacrer le mystère sublime de l'absolution, il faudrait l'association de deux âmes également croyantes, également remplies du sentiment divin. Eh bien, Lélia, il me semble qu'à défaut d'un prêtre, à défaut d'un homme saint, je puis invoquer une sœur, une mère, si vous voulez; car, quoique vous soyez la plus jeune de beaucoup d'années, vous êtes la plus forte et la plus sage de nous deux, et je me sens, moi dont le front commence à se dévaster, tremblant et soumis comme un enfant devant vous. Confessez-moi. Puisque vous n'avez pas craint de me dire en face que j'étais un pécheur, consentez à descendre au fond de ma conscience, et si vous y trouvez une douleur et des remords sentis, absolvez-moi! Il me semble que le ciel ratifiera votre sentence, et que pour la première fois mon âme sera purifiée.

Dites-moi toute votre pensée, et condamnez-moi suivant la rigueur de votre justice. Parce que je cède à des entraînements dont je rougis comme homme, et que, comme prêtre, je suis forcé de cacher, suis-je donc un hypocrite? Si je le croyais, je me ferais horreur à moi-même; mais, en vérité, il ne me semble pas que ce rôle odieux puisse m'être attribué. Au temps où nous vivons, cette conduite que je tiens et que je suis loin de vouloir justifier en elle-même, est-elle celle de Tartufe au dix-septième siècle? Non, je ne puis le croire! Le faux dévot des siècles passés était un athée, et moi je ne le suis pas. Il se raillait de Dieu et des hommes: moi, pour n'avoir peur ni de l'un, ni des autres; je n'en révère pas moins l'Éternel, je n'en aime pas moins mes semblables. Seulement, j'ai examiné le fond, j'ai analysé l'essence de la religion chrétienne, et je crois l'avoir mieux comprise que tous ceux qui s'en disent les apôtres. Je la crois progressive, perfectible, par la permission, par la volonté même de son divin auteur; et, quoique je sache bien que je suis hérétique au point de vue de l'Église actuelle, je suis pénétré, dans ma conscience, de la pureté de ma foi et de l'orthodoxie de mes principes. Je ne suis donc pas athée quand je viole les commandements de l'Église; car ces commandements me paraissent insuffisants pour les temps où nous vivons, et l'Église a le droit et le pouvoir de les réformer. Elle a mission de conformer ses institutions aux droits et aux besoins progressifs des hommes. Elle l'a fait de siècle en siècle depuis qu'elle s'est constituée; pourquoi s'est-elle arrêtée dans sa marche providentielle? Pourquoi, elle qui fut l'expression des perfectionnements successifs de l'humanité, et qui marcha si glorieusement à la tête de la civilisation, s'est-elle endormie à la fin de sa journée, sans songer qu'elle avait un lendemain? Se croit-elle donc finie? Est-ce le vertige de l'orgueil ou l'épuisement de la lassitude qui l'entrave ainsi? Ah! je vous l'ai dit sou-

vent, je songe à son réveil, je le pressens, j'y crois, j'y travaille, je l'attends avec impatience, je l'appelle de tous mes vœux! Aussi, je ne veux pas sortir de son sein, je ne veux pas être exclu de sa communion, parce que je ne pense pas qu'un schisme sorti d'elle et arborant un nouvel étendard puisse être dans la véritable voie du progrès religieux. Pour faire schisme ouvertement, il faut se séparer du corps de l'Église, faire scission avec son passé comme avec son présent, conséquemment perdre tous les bénéfices, tous les avantages, tous les fruits de ce passé riche, glorieux et puissant. L'humanité, habituée à marcher dans la voie large et droite de l'Église, ne peut se détourner dans les sentiers que par fractions et par intervalles. Toujours elle sentira, dans ses institutions religieuses comme dans ses institutions civiles, le besoin irrésistible de l'unité. Il faut un culte à la société, un seul et indivisible culte. L'Église catholique est le seul temple assez vaste, assez antique, assez solide pour contenir et protéger l'humanité. Pour toutes ces nations éparses sur la face de la terre, qui n'ont encore qu'une foi incertaine et des rites grossiers, le catholicisme est la seule morale assez nettement rédigée et assez simplement formulée dans sa sublimité, pour adoucir des mœurs farouches et illuminer les ténèbres de l'entendement. Aucune philosophie moderne, que je sache, ne s'est constituée au point où est l'Église, et n'est en droit de porter sur l'enfance des nations une lumière aussi pure. Je crois donc à l'avenir et à l'éternelle vie de l'Église catholique, et je ne veux pas me séparer des conciles (quoique je regarde ce qu'ils ont fait comme insuffisant et inachevé), parce que nulle autorité nouvelle ne pourra jamais revêtir un caractère aussi sacré. Malgré mon admiration pour Luther et ma sympathie pour les idées de réforme, je ne me serais point enrôlé sous cette bannière, eussé-je vécu à la grande époque de cette insurrection généreuse. Il me semble que j'aurais compris dès lors qu'en consommant son divorce avec ces grands pouvoirs consacrés par les siècles, le protestantisme signait son arrêt de mort dès le jour de sa naissance. Oui, je crois que l'Église, décrépite et agonisante en apparence, cache sous ses cendres attiédies une étincelle d'éternelle vie, et je veux que tous les travaux et tous les efforts de la foi et de l'intelligence tendent à ranimer cette étincelle et à faire de nouveau éclater la flamme sur l'autel. Je veux conserver l'omnipotence du pape et l'infaillibilité du concile, afin que de nouveaux conciles se rassemblent, revisent l'œuvre des conciles précédents et rajustent le vêtement du culte à la taille des hommes grandis et fortifiés.

Entre autres réformes que je voudrais voir discuter et consacrer, je vous citerai une de celles qui m'a le plus occupé depuis que je suis prêtre: c'est l'abolition du célibat pour le clergé. Et ne croyez pas, Lélia, que j'aie été influencé par mes passions individuelles, ou par les sourdes réclamations du jeune clergé. Nous ne gardons pas assez fidèlement notre vœu, nous autres, qui le trouvons difficile et terrible, pour que nous ayons absolument besoin d'une sanction publique à nos infidélités. J'ai cherché plus haut les dangers et les inconvénients funestes attachés au célibat des prêtres, et je l'ai trouvée dans l'histoire. J'ai vu la puissance, l'intelligence et les lumières se conserver dans les castes sacerdotales des antiques religions, à cause du mariage des prêtres et de l'éducation particulière qui créait aux pères de dignes successeurs dans la personne de leurs fils. J'ai vu l'Église chrétienne garder la royauté intellectuelle au-dessus de celle des monarques de la terre, tant qu'elle s'est recrutée dans son propre sein; mais, en prononçant l'arrêt du célibat pour ses membres, elle a mis son existence en un danger où il est merveilleux qu'elle n'ait pas déjà succombé, mais où elle succombera si elle ne se hâte de retirer cette loi fatale. Elle le fera, je n'en doute pas; elle comprendra qu'en recrutant ses lévites indistinctement dans toutes les classes, elle introduit dans son sein les éléments les plus divers, les plus hétérogènes, les plus inconciliables; partant, plus d'esprit de corps, plus d'unité, plus d'Église. L'Église n'est

plus une patrie où l'héritage enchaîne les âmes et bap-
tise les initiations ; c'est un atelier où chaque mercenaire
vient recevoir le paiement de son travail, sauf à mépriser secrètement ses engagements. Et de là, l'hypocrisie,
ce vice abominable dont la seule idée répugne à toute
âme honnête, mais sans lequel le clergé n'eût pu se
maintenir jusqu'ici comme il l'a fait tant bien que mal,
à travers mille désordres, mille mensonges et mille bas-
sesses dont l'Église a été forcée de garder le secret, au
lieu de rechercher et de punir : grand témoignage de
faiblesse et de dissolution !

J'ai dû vous donner ces explications pour me justifier
sous un certain rapport. Je ne crois pas à la sainteté
absolue du célibat. Notre Seigneur le Christ en a prêché
l'excellence, sans en consacrer l'obligation ; et il en a
prêché l'excellence aux hommes abrutis par l'abus des
jouissances grossières, aux hommes qu'il est venu in-
struire et civiliser. S'il a investi les apôtres d'une éternelle autorité, c'est que, dans les prévisions de sa sagesse infinie, il savait qu'un jour viendrait où le célibat
serait dangereux à son œuvre divine, et où les successeurs des apôtres auraient mission de l'abolir. Ce jour
est venu, j'en suis certain, et l'Église ne tardera pas à le
proclamer. En attendant, nous manquons à nos vœux.
Sommes-nous excusables ? Non, sans doute ; car notre
doctrine sainte est la doctrine d'une perfection idéale
vers laquelle nous devons tendre sans cesse, quoi qu'il
nous en coûte ; et ici la vertu, la perfection consiste-
raient, dans la position difficile où nous sommes, à sacrifier nos penchants et à vivre irréprochables dans l'attente d'une sanction à nos instincts légitimes. Cette
faiblesse misérable qui m'empêche d'agir ainsi, je la réprouve, je m'en accuse. Condamnez-la, ma sainte! mais,
ô mon Dieu! ne me confondez pas avec ces impudents
vulgaires qui s'en vantent, ou avec ces lâches menteurs
qui s'en défendent. Cette sorte de fourberie n'est plus
possible aujourd'hui qu'aux derniers des hommes. Pour
peu que nous nous sentions quelque chose dans l'âme,
nous savons bien que la partie importante de notre
œuvre en ce monde n'est pas de promener par les rues
une face pâle et des regards abaissés vers la terre, afin
de frapper les hommes de terreur et de respect, comme
les fanatiques de l'Inde ou les moines du moyen âge.
Nous faisons bon marché de ces austérités, et surtout
de la crédule vénération dont elles étaient jadis l'objet.
Nous avons d'autres travaux à accomplir, d'autres enseignements à donner, un nouveau développement à imprimer. Nous sommes, ou du moins nous devons être les
instigateurs à la vie, et non les gardiens de la tombe.

Et cependant nous taisons nos faiblesses, direz-vous!
Nous n'avons pas le courage de proclamer ce droit que
nous nous arrogeons individuellement et dont l'exercice
hardi serait un énergique appel à de nouvelles institutions. Mais cela, nous ne pouvons pas le faire, puisque
nous ne voulons pas nous séparer du corps de l'Église, et
perdre nos droits de citoyens dans les assemblées de la
cité sainte. Nous subissons la souffrance et la gêne de
cette position fausse où nous place l'obstination ou l'incurie de notre législation. Et nous ne sommes pas des
fourbes pour cela ; car nous trouverions aujourd'hui plus
d'encouragement à nos désordres que nous ne rencon-
trions jadis d'antipathie et d'intolérance pour nos faiblesses. Oui, je vous l'assure, moi qui connais bien le
monde et les hommes dispensateurs des arrêts de l'opinion, on aime mieux chez nous les mœurs faciles, disso-
lues même, que l'austérité farouche ; parce que nos
égarements marquent l'ivresse du progrès, tandis que
leur vertu ne témoigne qu'une opiniâtreté rétrograde.

Ne m'accusez donc pas de lâcheté, au nom du ciel!
ma sœur, car il faut plus de courage aujourd'hui pour se
taire que pour se dévoiler. Accusez-moi de faiblesse sous
d'autres rapports, j'y consens. Oh! oui, blâmez-moi de
n'être pas le disciple pratique de l'idéal, et de vivre ainsi
en contradiction avec moi-même. Il me semble que vous
pouvez me ramener à la vertu ; car vous me la faites
chérir chaque jour davantage, ô noble pécheresse, retirée
à la thébaïde pour contempler et pour prophétiser !

Hélas! parlez-moi, donnez-moi du courage et priez pour
moi, vous que Dieu chérit!

Adieu! Je reçois à l'instant même l'autorisation de
vous proposer pour abbesse à votre communauté. Cette
proposition équivaut à un ordre. Vous voilà donc princesse de l'Église, Madame. Il faut maintenant servir
l'Église. Vous le pouvez, vous le devez. Tout votre sexe
a les yeux sur vous!

LVI.

Dieu vous récompensera de ce que vous avez fait. Il
enverra le calme à vos nuits et la force à vos jours. Je ne
vous remercie pas. Loin de moi la pensée d'attribuer à
une condescendance de l'amitié ce que vos nobles instincts
vous prescrivaient de faire, Monseigneur. Vous avez une
belle renommée parmi les hommes, mais vous avez une
gloire plus grande dans les cieux, et c'est devant celle-là
que je m'incline.

Vous voulez que je réponde à des questions délicates,
et que je me prononce sur des choses qui dépassent
peut-être la portée de mon intelligence. J'essaierai pourtant de le faire ; non que j'accepte le rôle imposant de
confesseur dont vous voulez m'investir, mais parce que
je dois à l'admiration que votre caractère m'inspire, d'é-
pancher mon cœur dans le vôtre avec une entière sincérité.

Je ne me permets pas de vous blâmer sous certains
rapports que vous m'appelez à juger; mais je m'afflige,
parce que là je vous vois en contradiction avec vous-
même. Vous le sentez bien, puisque vous ne cherchez
pas à vous défendre, mais seulement à vous excuser.
Oui, sans doute, vous êtes excusable. Dieu nous préserve de méconnaître la liberté sacrée de notre conscience
et le droit de réviser les institutions religieuses que Jésus
nous a léguées comme une tâche incessante, pour les
agrandir et non pour les immobiliser ; mais ce droit de la
conscience a ses limites dans l'application individuelle ;
et peut-être, si vous songiez sérieusement à poser ces
limites, la contradiction dont vous souffrez cesserait
d'elle-même et sans effort. Il me semble que, quand nos
actions se trouvent en désaccord avec nos principes, on
peut en conclure que ces principes sont encore chance-
lants. Du moins, pour les hommes de votre trempe, la
certitude des idées doit gouverner les instincts si impérieusement que, le principe du devoir une fois établi, la
pratique de ce devoir devienne facile, nécessaire même,
qu'on n'aperçoive plus la possibilité d'y manquer. Voyons
ensemble, Monseigneur, si ce n'est pas un grand mal
d'user d'avance d'une liberté que l'Église n'a pas sanc-
tionnée, quand on persiste à se tenir dans le sein de
l'Église, et si les hommes qui ne se jugent que sur les faits
ne seraient pas en droit de vous adresser ce reproche de
duplicité que vous craignez tant, et que vous méritez
cependant si peu quand on sait le fond de votre âme.

Vous êtes beaucoup moins catholique que moi dans
un sens, Monseigneur, et vous l'êtes beaucoup plus dans
l'autre. Je me suis rattachée à la foi romaine par système
et par une sorte de conviction qui ne peut jamais être
taxée d'hypocrisie, puisque je suis résolue à me conformer strictement à toutes ses institutions. Vous vous en
détachez par ce côté : vous violez ses commandements,
et pourtant vous êtes de cœur à l'Église, vous l'avez
épousée, si je puis parler ainsi, par inclination, tandis
que moi j'ai contracté avec elle un mariage de raison.
Vous croyez à son avenir, et vous ne concevez le progrès
de l'humanité qu'en elle et par elle. Elle vous blesse,
vous contrarie et vous irrite, vous voyez ses taches,
vous signalez ses torts, vous constatez ses erreurs ; mais
vous ne l'en aimez pas moins pour cela, et vous préférez
sacrifier à son obstination le repos, et (pardonnez-moi ma
franchise) la dignité de votre conscience, plutôt que de
rompre avec cette épouse impérieuse que vous chérissez.

Il n'en est pas ainsi de moi. Permettez-moi de continuer ce parallèle entre vous et moi, Monseigneur ; il
m'est nécessaire pour me bien expliquer. Je suis rentrée
sans ferveur et sans transport dans le giron de cette

Église, que j'aie servie jadis avec une candeur enthousiaste. Ce parfum de mes jeunes années, cette aveugle confiance, cette foi exaltée, ne peuvent plus rentrer dans mon âme; je n'y songe pas, et je suis calme, parce que je crois avoir trouvé, sinon la vraie sagesse, du moins la droit chemin vers mon progrès individuel, en embrassant, faute de mieux, cette forme particulière de la religion universelle. J'ai cherché l'expression la mieux formulée de cette religion de l'idéal dont j'avais besoin. Je ne l'ai pas trouvée parfaite ici, mais je l'ai trouvée supérieure à toutes les autres, et je me suis réfugiée dans son sein sans me soucier beaucoup de son avenir. Elle durera toujours plus que nous, Monseigneur, et l'existence morale de l'humanité se soutiendra par des secours providentiels qu'il ne nous est peut-être pas donné de prévoir aussi facilement que vous l'imaginez. Je n'ose me fier à mes instincts; j'ai trop souffert du doute pour vouloir porter sur les générations futures un regard investigateur. Je craindrais de m'épouvanter encore, et je m'agenouille humblement dans le présent, priant Dieu de m'éclairer sur les devoirs de ma tâche éphémère. Je ferai ce que je pourrai; ce sera peu, mais, comme dit Trenmor, Dieu fera fructifier le grain s'il le juge digne de sa bénédiction. Je ne puis pas me dissimuler que nous traversons des temps de transition entre un jour qui s'éteint, et une aube qui s'allume incertaine encore et si pâle, que nous marchons presque dans les ténèbres. J'ai eu de grandes ambitions de certitude que la fatigue et la douleur ont refroidies. J'attends en silence et le cœur brisé, résolue du moins de m'abstenir du mal et abdiquant l'espoir de toute joie personnelle, parce que la corruption des temps et l'incertitude des doctrines ont rendu tous nos droits illégitimes et tous nos désirs irréalisables. Il y a quelques années, n'ayant pas de conviction arrêtée sur les devoirs civils et religieux, voyant bien les défauts de ces deux législations et ne sachant où en trouver le remède, j'osai chercher ma lumière dans l'expérience, et je m'abandonnai au plus noble instinct qui fût en mon âme, à l'amour. Ce fut une expérience funeste. J'y sacrifiai mon repos en ce monde, ma force sociale, c'est-à-dire la pureté de ma réputation. Que m'importait l'opinion des hommes? Je voulais marcher vers l'idéal, et je me croyais sur le chemin; car je sentais tressaillir dans mon cœur mes plus nobles facultés, le dévoûment, la fidélité, la confiance, l'abnégation. Je ne fus point secondée. Je ne pouvais pas l'être. Les hommes de mon temps pensaient, sentaient et agissaient d'après leur ancienne loi, et ma loi nouvelle, toute d'instinct et de divination, ne pouvait pas être comprise et développée. Je succombai à la peine, et, trainée par le désespoir, j'errai trop longtemps dans un labyrinthe de vœux et d'espérances contraires, jusqu'au jour où, sur le point de succomber à la tentation d'un nouvel essai, je fus ramenée à la force et à la lumière par le spectacle de la faiblesse et de l'aveuglement. Alors j'ai dû croire que j'avais marché plus vite que l'humanité, et que je devais porter la peine de mon impatience. L'hyménée tel que je le conçois, tel que je l'eusse exigé, n'existait pas encore sur la terre. J'ai dû me retirer au désert et attendre que les desseins de Dieu fussent arrivés à leur maturité. J'avais sous les yeux le déplorable exemple d'une sœur, douée comme moi d'un grand instinct d'indépendance et d'un immense besoin d'affection, tombée dans les abîmes du vice pour avoir osé chercher la réalisation d'un rêve. Je n'avais pas le choix entre son sort et celui que je viens d'embrasser. J'ai choisi le cloître; mais c'est le cloître et non pas l'Église qui m'a adoptée, ne vous y trompez pas, Monseigneur. Ce n'est pas la gloire d'une caste qui peut faire le sujet de mes rêveries et devenir le but de mes travaux; c'est le salut d'une moitié de l'humanité qui m'occupe et me tourmente. Hélas! c'est le salut de l'humanité tout entière, car les hommes souffrent autant que les femmes de l'absence d'amour, et tout ce qu'ils essaient de mettre à la place, l'ambition, la débauche, la domination, leur crée des souffrances et des ennuis profonds, dont ils cherchent et méconnaissent la cause. Ils croient qu'en resserrant nos liens ils rani-

meront nos feux, ils les voient s'éteindre chaque jour davantage, sans se douter qu'il ne s'agirait que de nous délier du joug brutal pour nous ramener au joug volontaire et sacré. Puisqu'ils ne veulent pas le faire, c'est à nous de les y forcer. Mais comment y parviendrons-nous? Sera-ce en nous précipitant chaque jour dans les bras d'une idole que nous briserons le lendemain? Non! car, à ce compte, nous nous briserions bientôt nous-mêmes. Sera-ce en engageant une lutte scandaleuse au sein de l'hyménée? Non! car les lois nous refusent leur protection, et nos enfants sont souvent immolés dans ces luttes. Sera-ce enfin en nous livrant au désordre, en trompant nos maîtres, en trahissant sans cesse les objets de notre désir éphémère? Non! car nous éteindrions de plus en plus la flamme sacrée; elle disparaîtrait de la face de la terre. Nous deviendrions aussi athées en amour que les hommes; et alors de quel droit nous plaindrions-nous d'être soumises à l'empire de la force?

Eh bien, il est un seul moyen de travailler à notre délivrance: c'est de nous renfermer dans une juste fierté; c'est de suspendre, comme les filles de Sion, nos harpes aux saules de Babylone, et de refuser le cantique de l'amour aux étrangers nos oppresseurs. Nous vivrons dans le deuil et dans les larmes, il est vrai, nous nous enseveliron vivantes, nous renoncerons aux saintes joies de la famille aussi bien qu'aux enivrements de la volupté; mais nous garderons la mémoire de Jérusalem, le culte de l'idéal. Par là, nous protesterons contre l'impudeur et la grossièreté du siècle, et nous forcerons ces hommes, bientôt las de leurs abjects plaisirs, à nous faire une place nouvelle à leurs côtés, et à nous apporter en dot la même pureté dans le passé, la même fidélité dans l'avenir qu'ils exigent de nous.

Voilà ma pensée, Monseigneur. J'ai voulu, la première dans ce but, suspendre ma harpe désormais muette pour les enfants des hommes; et je crois qu'à mon exemple d'autres femmes sages viendront pleurer avec moi sur les collines. J'ai voulu avoir autorité parmi ces femmes, afin de leur faire comprendre l'importance et la solennité de leur vœu. En ceci, Monseigneur, je suis dans l'esprit du plus pur christianisme, et je ramène l'esprit monastique à celui de sa première institution. Rappelez-vous ces âges troublés et malheureux qui précédèrent et suivirent la révélation encore peu répandue et mal formulée de l'Évangile; souvenez-vous de ces Esséniens que Pline nous dépeint rassemblés aux bords de la mer Caspienne: *nation féconde où personne ne naît et où personne ne meurt, race solitaire, compagne des palmiers!* Songez à ces pères du désert, à ces saintes femmes cénobites, à saint Jean le poëte inspiré, à saint Augustin rassasié des joies de la terre et affamé de la vie céleste! Le dégoût qui poussa tous ces disciples de l'idéal au fond des thébaïdes, l'inquiétude qui les faisait errer dans les jardins solitaires, l'ascétisme qui les retenait confinés dans leurs cellules, n'était-ce pas l'impossibilité de vivre de la même vie que ces générations funestes au sein desquelles ils avaient été jetés? Voulaient-ils poser un principe absolu, universel, éternel, l'excellence de la virginité, la nécessité du renoncement? Non, sans doute; ils savaient bien que l'humanité ne peut ni ne doit vouloir son suicide; mais ils s'immolaient en holocaustes devant le Seigneur, afin que les hommes, témoins de leur mémorable agonie, rentrassent en eux-mêmes et sentissent la nécessité de se convertir.

Le cloître me paraît donc, aujourd'hui comme alors, un refuge contre l'orage, un asile contre les loups dévorants. Le cloître, placé sous la protection de l'Église, doit reconnaître l'autorité et pratiquer la discipline de l'Église. Il peut et doit se recruter, non plus parmi les filles disgraciées de la nature ou de la fortune, mais parmi l'élite des vierges et des veuves. Il a une autre mission encore, c'est de donner une éducation pieuse à un plus grand nombre, sans les enchaîner à jamais. Là, il me semble qu'elles devraient recevoir de tels enseignements qu'elles ne les missent jamais en oubli, et qu'elles pussent y puiser la force et la dignité dont elles auront besoin dans le cours de la vie. Peut-être est-il des principes mieux développés à leur donner que ceux qu'elles ont reçus jusqu'ici, et dont elles paraissent retirer si peu de fruit ou garder si peu le souvenir. Je suis sûre que, sans s'écarter de la doctrine apostolique, on peut obtenir de meilleurs résultats qu'on ne l'a fait depuis longtemps. Le monastère dont vous me faites supérieure fut fondé par une sainte fille, dont la vie est pour moi une source de méditations pleines de charmes et féconde en instructions. Fille et sœur de roi, elle laissa ses brodequins d'or et de soie au seuil de son palais; elle vint pieds nus, parmi les rochers, vivre de racines au bord des fontaines. Ravie en extase vers le ciel, elle dédaigna les splendeurs de la fortune et l'éclat de la puissance. Elle fit servir sa dot à réunir ses compagnes autour d'elle, et les dons de son intelligence à leur enseigner le mépris des hommes perfides et l'abstinence des plaisirs sans idéal. Oh! sans doute, pour savoir ces choses, il fallait qu'elle aussi eût essayé d'aimer.

Eh bien, je voudrais, à l'exemple de cette princesse vraiment auguste, enseigner aux femmes trompées à se consoler et à se relever sous l'abri du Seigneur; aux filles ignorantes et crédules, à se conserver chastes et fières au sein de l'hyménée. On leur parle trop d'un bonheur possible et sanctionné par la société; on les trompe! On leur fait accroire qu'à force de soumission et de dévoûment elles obtiendront de leurs époux une réciprocité d'amour et de fidélité; on les abuse! Il faut qu'on ne leur parle plus de bonheur, mais de vertu; il faut qu'on leur enseigne la fierté dans la douceur, la fermeté dans la patience, la sagesse et la prudence dans le dévoûment. Il faut surtout qu'on leur fasse aimer Dieu si ardemment, qu'elles se consolent en lui de toutes les déceptions qui les attendent; afin que, trahies dans leur confiance, brisées dans leur amour, elles n'aillent pas chercher dans le désordre le seul bonheur qu'on leur ait fait comprendre, et pour lequel on les ait façonnées. Il faut enfin qu'elles soient prêtes à souffrir et à renoncer à tout espoir ici-bas; car tout espoir est fragile, et toute promesse est menteuse, hormis l'espoir et la promesse de Dieu. Ceci, j'espère, est bien dans l'esprit de l'Église; d'où vient que de tels préceptes ne portent plus leurs fruits?

Vous voyez, Monseigneur, que, sans être aussi dévouée que vous aux intérêts de l'Église, je suis entraînée par ma logique même à la servir plus fidèlement que vous. D'où vient cette différence? À Dieu ne plaise que je veuille m'élever au-dessus de vous! Vous possédez des moyens que je n'ai pas au même degré, l'énergie du caractère, la puissance de la volonté, la lumière de la science, l'ardeur du prosélytisme, la force immense de la conviction; mais vous voulez concilier deux choses inconciliables, la protection de l'Église et votre indépendance. Je crains que l'Église ne soit dans une voie peu favorable aux droits que vous voulez rétablir. Il ne m'est pas permis de juger vos réclamations contre le célibat ecclésiastique; je ne serais pas disposée pour ma part à les approuver; et cela, parce que je ne vois pas clairement que l'avenir du monde soit dans l'Église, mais parce que je vois seulement l'Église servir à l'avenir du monde. Dans ce sens, il me semble qu'elle hâterait sa perte en relâchant une austérité, seul appui des âmes que le torrent du siècle n'entraîne pas du côté de l'abîme. Trenmor croit à l'avénement d'une religion nouvelle, sortant des ruines de celle-ci, conservant ce qu'elle a fait d'immortel, et s'ouvrant sur des horizons nouveaux. Il croit que cette religion investira tous ses membres de l'autorité pontificale, c'est-à-dire du droit d'examen et de prédication. Chaque homme serait citoyen, c'est-à-dire époux et père, en même temps que prêtre et docteur de la loi religieuse. Cela est possible; mais alors, Monseigneur, ce ne sera plus le catholicisme, et il n'y aura plus d'Église. Si l'Église arrive à ne plus être nécessaire, elle sera bientôt dangereuse; et en ce cas, qui pourrait la regretter? Noble prélat, vous êtes trop préoccupé de sa gloire, parce que votre grande intelligence a besoin de gloire elle-même et veut faire rejaillir sur soi celle de l'Église; mais séparez un instant par la pensée votre gloire personnelle de celle du corps, et vous verrez que vous n'avez pas d'autre chemin à prendre que celui de l'insurrection contre ses décrets. Ainsi, vous êtes un mauvais prêtre, mais vous êtes un grand homme.

Mais vous ne voulez pas vous séparer du corps? Pourtant vous ne pouvez réprimer vos passions, et vous acceptez un rôle hypocrite, vous encourez un reproche qui vous est amèrement sensible, plutôt que d'abandonner la caste sacerdotale. Alors vous êtes un grand prélat, mais vous n'êtes plus qu'un homme ordinaire. Sacrifiez vos passions, Monseigneur, et vous redevenez d'emblée ce que le ciel et la société vous ont fait, un grand homme et un grand prélat.

LVII.

LES MORTS.

Chaque jour, éveillée longtemps d'avance, je me promène, avant la fin de la nuit, sur ces longues dalles qui toutes portent une épitaphe et abritent un sommeil sans fin. Je me surprends à descendre en idée dans ces caveaux, et à m'y étendre paisiblement pour me reposer de la vie. Tantôt je m'abandonne au rêve du néant, rêve si doux à l'abnégation de l'intelligence et à la fatigue du cœur; et, ne voyant plus dans ces ossements que je foule que des reliques chères et sacrées, je me cherche une place au milieu d'eux, je mesure de l'œil la toise de marbre qui recouvre la couche muette et tranquille où je serai bientôt, et mon esprit en prend possession avec charme.

Tantôt je me laisse séduire par les superstitions de la poésie chrétienne. Il me semble que mon spectre viendra encore marcher lentement sous ces voûtes, qui ont pris l'habitude de répéter l'écho de mes pas. Je m'imagine quelquefois n'être déjà plus qu'un fantôme qui doit rentrer dans le marbre au crépuscule, et je regarde dans le passé, dans le présent même, comme dans une vie dont la pierre du sépulcre me sépare déjà.

Il y a un endroit que j'aime particulièrement sous ces belles arcades byzantines du cloître. C'est à la lisière du préau, là où le pavé sépulcral se perd sous l'herbe aromatique des allées, où la rose toujours pâle des prisons se penche sur le crâne humain dont l'effigie est gravée à chaque angle de la pierre. Un des grands lauriers-roses du parterre a envahi l'arc léger de la dernière porte. Il arrondit ses branches en touffe splendide sous la voûte de la galerie. Les dalles sont semées de ces belles fleurs, qui, au moindre souffle du vent, se détachent de leur étroit calice et jonchent le lit mortuaire de Francesca.

Francesca était abbesse avant l'abbesse qui m'a précédée. Elle est morte centenaire, avec toute la puissance de sa vertu et de son génie. C'était, dit-on, une sainte et une savante. Elle apparut à Maria del Fiore quelques jours après sa mort, au moment où cette novice craintive venait prier sur sa tombe. L'enfant en eut une telle frayeur, qu'elle mourut huit jours après, moitié souriante, moitié consternée, disant que l'abbesse l'avait appelée et lui avait ordonné de se préparer à mourir. On l'enterra aux pieds de Francesca, sous les lauriers-roses.

C'est là que je veux être enterrée aussi. Il y a là une dalle sans inscription et sans cercueil qui sera levée pour moi et scellée sur moi, entre la femme religieuse et forte qui a supporté cent ans le poids de la vie, et la femme dévote et timide qui a succombé au moindre souffle du vent de la mort; entre ces deux types tant aimés de moi, la force et la grâce, entre une sœur de Trenmor et une sœur de Sténio.

Francesca avait un amour prononcé pour l'astronomie. Elle avait fait des études profondes, et raillait un peu la passion de Maria pour les fleurs. On dit que, lorsque la novice lui montrait le soir les embellissements qu'elle avait faits au préau durant le jour, la vieille abbesse, levant sa main décharnée vers les étoiles, disait d'une voix toujours forte et assurée: *Voilà mon parterre!*

Je me suis plu à questionner les doyennes du couvent

sur ce couple endormi, et à recueillir ces détails sur deux existences qui vont bientôt rentrer dans la nuit de l'oubli.

C'est une chose triste que cet effacement complet des morts. Le christianisme corrompu a inspiré pour eux une sorte de terreur mêlée de haine. Ce sentiment est fondé peut-être sur le procédé hideux de nos sépultures, et sur cette nécessité de se séparer brusquement et à jamais de la dépouille de ceux qu'on a aimés. Les anciens n'avaient pas cette frayeur puérile. J'aime à leur voir porter dans leurs bras l'urne qui contient le parent ou l'ami; je les vois contempler souvent; je les entends invoquer dans les grandes occasions, et servir de consécration à tous les actes énergiques. Elle fait partie de leur héritage. La cérémonie des funérailles n'est point confiée à des mercenaires; le fils ne se détourne pas avec horreur du cadavre dont les flancs l'ont porté. Il ne le laisse point toucher à des mains impures. Il accomplit lui-même le dernier office, et les parfums, emblème d'amour, sont versés par ses propres mains sur la dépouille de sa mère vénérée.

Dans les communautés religieuses, j'ai retrouvé un peu de ce respect et de cette antique affection pour les morts. Des mains fraternelles y roulent le linceul, des fleurs parent le front exposé tout un jour aux regards d'adieux. Le sarcophage a place au milieu de la demeure, au sein des habitudes de la vie. Le cadavre doit dormir à jamais parmi des êtres qui dormiront plus tard à ses côtés, et tous ceux qui passent sur sa tombe le saluent comme un vivant. Le règlement protège son souvenir, et perpétue l'hommage qu'on lui doit. La règle, chose si excellente, si nécessaire à la créature humaine, image de la Divinité sur la terre, religieuse préservatrice des abus, généreuse gardienne des bons sentiments et des vieilles affections, se fait ici l'amie de ceux qui n'ont plus d'amis. Elle rappelle chaque jour, dans les prières, une longue liste de morts qui ne possèdent plus sur la terre que ce nom écrit sur une dalle, et prononcé dans le memento du soir. J'ai trouvé cet usage si beau, que j'ai rétabli beaucoup d'anciens noms qu'on avait retranchés pour abréger la prière; j'en exige la stricte observance, et je veille à ce que l'essaim des jeunes novices, lorsqu'il rentre avec bruit de la promenade, traverse le cloître en silence et dans le plus grand recueillement.

Quant à l'oubli des faits de la vie, il arrive pour les morts plus vite ici qu'ailleurs. L'absence de postérité en est cause. Toute une génération de religieuses s'éteint presque en même temps; car l'absence d'événements et les habitudes uniformes prolongent en général la vie dans des proportions à peu près égales pour tous les individus. Les longévités sont remarquables, mais la vie finit tout entière. Les intérêts ou l'orgueil de la famille ne font ressortir aucun nom de préférence, et la rivalité du rang n'existant pas, l'égalité de la tombe est solennelle, complète. Cette égalité efface vite les biographies. La règle défend d'en écrire aucune sans une canonisation en forme, et cette prescription est encore une pensée de force et de sagesse. Elle met un frein à l'orgueil, qui est le vice favori des âmes vertueuses; elle empêche l'humilité des vivants d'aspirer à la vanité de la tombe. Au bout de cinquante ans, il est donc bien rare que la tradition ait gardé quelque fait particulier sur une religieuse, et ces faits sont d'autant plus précieux.

Comme la prohibition d'écrire ne s'étend pas jusqu'à moi, je veux vous faire mention d'Agnès de Catane, dont on raconte ici la romanesque histoire. Novice pleine de ferveur, à la veille d'être unie à l'époux céleste, elle fut rappelée au monde par l'inflexible volonté de son père. Mariée à un vieux seigneur français, elle fut traînée à la cour de Louis XV, et y garda son vœu de vierge selon la chair et selon l'esprit, quoique sa grande beauté lui attirât les plus brillants hommages. Enfin, après dix ans d'exil sur la terre de Chanaan, elle recouvra sa liberté par la mort de son père et de son époux, et revint se consacrer à Jésus-Christ. Lorsqu'elle arriva par le chemin de la montagne, elle était richement

vêtue, et une suite nombreuse l'escortait. Une foule de curieux se pressait pour la voir entrer. La communauté sortit du cloître et vint en procession jusqu'à la dernière grille, les bannières déployées et l'abbesse en tête, en chantant le psaume : *In exitu Israel de Ægypto*. La grille s'ouvrit pour la recevoir. Alors la belle Agnès, détachant son bouquet de son corsage, le jeta en souriant par-dessus son épaule, comme le premier et le dernier gage que le monde eût à recevoir d'elle; et, arrachant avec vivacité la queue de son manteau des mains du petit Maure qui la lui portait, elle franchit rapidement la grille, qui se referma à jamais sur elle, tandis que l'abbesse la recevait dans ses bras et que toutes les sœurs lui apportaient au front le baiser d'alliance. Elle fit le lendemain une confession générale des dix années qu'elle avait passées dans le monde, et le saint directeur trouva tout ce passé si pur et si beau, qu'il lui permit de reprendre le temps de son noviciat où elle l'avait laissé, comme si ces dix ans d'interruption n'eussent duré qu'un jour; jour si chaste et si fervent, qu'il n'avait pas altéré l'état de perfection où était son âme, lorsqu'à la veille de prendre le voile elle avait été traînée à d'autres autels.

Elle fut une des plus simples et des plus humbles religieuses qu'on eût jamais vues dans le couvent. C'était une piété douce, enjouée, tolérante, une sérénité inaltérable, avec des habitudes élégantes. On dit que sa toilette de nonne était toujours très-recherchée, et qu'ayant été reprise de cette vanité en confession, elle répondit naïvement, dans le style de son temps, qu'elle n'en savait rien, et qu'elle se *faisait brave* malgré elle et par l'habitude qu'elle en avait prise dans le monde pour obéir à ses parents; qu'au reste, elle n'était pas fâchée qu'on lui trouvât *bon air*, parce que le sacrifice d'une jeunesse encore brillante et d'une beauté toujours vantée faisait plus d'honneur au céleste époux de son âme, que celui d'une beauté flétrie et d'une vie prête à s'éteindre. J'ai trouvé une grâce bien suave dans cette histoire.

Sachez, Trenmor, quel est le charme de l'habitude, quelles sont les joies d'une contemplation que rien ne trouble. Cette créature errante que vous avez connue n'ayant pas et ne voulant pas de patrie, vendant et revendant sans cesse ses châteaux et ses terres, dans l'impuissance de s'attacher à aucun lieu; cette âme voyageuse, qui ne trouvait pas d'asile assez vaste, et qui choisissait pour son tombeau, tantôt la cime des Alpes, tantôt le cratère du Vésuve, et tantôt le sein de l'Océan, s'est enfin prise d'une telle affection pour quelques toises de terrain et pour quelques pierres jointes ensemble, que l'idée d'être ensevelie ailleurs lui serait douloureuse. Elle a conçu pour les morts une si douce sympathie, qu'elle leur tend quelquefois les bras et s'écrie au milieu des nuits :

« O mânes amis! âmes sympathiques! vierges qui avez, comme moi, marché dans le silence sur les tombes de vos sœurs! vous qui avez respiré ces parfums que je respire, et salué cette lune qui me sourit! vous qui avez peut-être connu aussi les orages de la vie et le tumulte du monde! vous qui avez aspiré au repos éternel et qui en avez senti l'avant-goût ici-bas, à l'abri de ces voûtes sacrées, sous la protection de cette prison volontaire! ô vous surtout, qui avez ceint l'auréole de la foi, et qui avez passé des bras d'un ange invisible à ceux d'un époux immortel, chastes amantes de l'Espoir, fortes épouses de la Volonté! me bénissez-vous, dites-moi, et priez-vous sans cesse pour celle qui se plaît avec vous plus qu'avec les vivants? Est-ce vous dont les encensoirs d'or répandent ces parfums dans la nuit? Est-ce vous qui chantez doucement dans ces mélodies de l'air? Est-ce vous qui, par une sainte magie, rendez si beau, si attrayant, si consolant, ce coin de terre, de marbre et de fleurs où nous reposons vous et moi? Par quel pouvoir l'avez-vous fait si précieux et si désirable, que toutes les fibres de mon être s'y attachent, que tout le sang de mon cœur s'y élance, que ma vie me semble trop courte pour en jouir, et que j'y veuille une petite place pour mes os, quand le souffle divin les aura délaissés! »

Et il montrait le couvent... (Page 118.)

Alors, en songeant aux troubles passés et à la sérénité du présent, je les prends à témoin de ma soumission. Ô mânes sanctifiés! leur dis-je, ô vierges sœurs!
ô Agnès la belle! ô douce Maria del Fiore! ô docte
Franscesca! venez voir comme mon cœur abjure son
ancien fiel, et comme il se résigne à vivre dans le temps
et dans l'espace que Dieu lui assigne! Voyez! et allez
dire à celui que vous contemplez sans voile : — Lélia ne
maudit plus le jour que vous lui avez ordonné de remplir; elle marche vers sa nuit avec l'esprit de sagesse
que vous aimez. Elle ne se passionne plus pour aucun de
ces instants qui passent. Elle ne s'attache plus à en retenir quelques-uns, elle ne se hâte plus pour en abréger
d'autres. La voilà dans une marche régulière et continue,
comme la terre qui accomplit sa rotation sans secousses,
et qui voit changer du soir au matin la constellation céleste, sans s'arrêter sous aucun signe, sans vouloir s'enlacer aux bras des belles Pléiades, sans fuir sous le dard
brûlant du Sagittaire, sans reculer devant le spectre
échevelé de Bérénice. Elle s'est soumise, elle vit! Elle
accomplit la loi. Elle ne craint ni ne désire de mourir:
elle ne résiste pas à l'ordre universel. Elle mêlera sa

poussière à la nôtre sans regret, elle touche déjà sans
frayeur nos mains glacées. Voulez-vous, ô Dieu bon! que
son épreuve finisse, et qu'avec le lever du jour elle nous
suive où nous allons?

Alors il me semble que, dans la brise qui lutte avec
l'aube, il y a des voix faibles, confuses, mystérieuses,
qui s'élèvent et qui retombent, qui s'efforcent de m'appeler de dessous la pierre, mais qui ne peuvent pas encore vaincre l'obstacle de ma vie. Je m'arrête un instant,
je regarde si ma dalle blanche ne se soulève pas, et si la
centenaire, debout à côté de moi, ne me montre pas
Maria del Fiore doucement endormie sur la première
marche de notre caveau. En ce moment-là, il y a, certes,
des bruits étranges au sein de la terre, et comme des soupirs sous mes pieds. Mais tout fuit, tout se tait, dès que
l'étoile du pôle a disparu. L'ombre grêle des cyprès, que
la lune dessinait sur les murs, et qui, balancée par la
brise, semblait donner le mouvement et la vie aux figures
de la fresque, s'efface peu à peu. La peinture redevient immobile; la voix des plantes fait place à celle des oiseaux.
L'alouette s'éveille dans sa cage, et l'air est coupé par des
sons pleins et distincts, tandis que les grands lis blancs

Elle entra vêtue de velours noir... (Page 119.)

du parterre se dessinent dans le crépuscule et se dressent immobiles de plaisir sous la rosée abondante. Dans l'attente du soleil, toutes les inquiètes oscillations s'arrêtent, tous les reflets incertains se dégagent du voile fantastique. C'est alors que réellement les spectres s'évanouissent dans l'air blanchi, et que les bruits inexplicables font place à des harmonies pures. Quelquefois un dernier souffle de la nuit secoue le laurier-rose, froisse convulsivement ses branches, plane en tournoyant sur sa tête fleurie, et retombe avec un faible soupir, comme si Maria del Fiore, arrachée à son parterre par la main de Francesca, se détachait avec effort de l'arbre chéri et rentrait dans le domaine des morts avec un léger mouvement de dépit et de regret. Toute illusion cesse enfin; les coupoles de métal rougissent aux premiers feux du matin. La cloche creuse dans l'air un large sillon où se précipitent tous les bruits épars et flottants; les paons descendent de la corniche et secouent longtemps leurs plumes humides sur le sable brillant des allées; la porte des dortoirs roule avec bruit sur ses gonds, et l'*Ave Maria*, chanté par les novices, descend sous la voûte sonore des grands escaliers. Il n'est rien de plus solennel pour moi

que ce premier son de la voix humaine au commencement de la journée. Tout ici a de la grandeur et de l'effet, parce que les moindres actes de la vie domestique ont de l'ensemble et de l'unité. Ce cantique matinal, après toutes les divagations, tous les enthousiasmes de mon insomnie, fait passer dans mes veines un tressaillement d'effroi et de plaisir. La règle, cette grande loi dont mon intelligence approfondit à chaque instant l'excellence, mais dont mon imagination poétise quelquefois un peu trop la rigidité, reprend aussitôt sur moi son empire oublié durant les heures romanesques de la nuit. Alors, quittant la dalle de Francesca, où je suis restée immobile et attentive durant tout ce travail du renouvellement de la lumière et du réveil de la nature, je m'ébranle comme l'antique statue qui s'animait et qui trouvait dans son sein une voix au premier rayon du soleil. Comme elle, j'entonne l'hymne de joie et je marche au-devant de mon troupeau en chantant avec force et transport, tandis que les vierges descendent en deux files régulières le vaste escalier qui conduit à l'église. J'ai toujours remarqué en elles un mouvement de terreur lorsqu'elles me voient sortir de la galerie des sépultures pour me mettre à leur tête les bras entr'ouverts et le regard levé vers le ciel. A l'heure où leurs esprits sont encore appesantis par le sommeil, et où le sentiment du devoir lutte en elles contre la faiblesse de la nature, elles sont étonnées de me trouver si pleine de force et de vie, et, malgré tous mes efforts pour les dissuader, elles s'obstinent à penser que j'ai des entretiens avec les morts du préau sous les lauriers-roses. Je les vois pâlir lorsque, croisant leurs blanches mains sur la pourpre de leurs scapulaires, elles s'inclinent en pliant le genou devant moi, et frissonner involontairement lorsque, après s'être relevées, elles sont forcées l'une après l'autre d'effleurer mon voile pour tourner l'angle du mur.

LVIII.

CONTEMPLATION.

Une porte de mon appartement donne sur les rochers. Des gradins rongés par le temps et la mousse font le tour du bloc escarpé qui soutient cette partie de l'édifice, et, après plusieurs rampes rapides, établissent une communication entre le couvent et la montagne. C'est le seul endroit abordable de notre forteresse; mais il est effrayant, et, depuis la sainte, personne n'a osé s'y hasarder. Les degrés, creusés inégalement dans le roc, présentent mille difficultés, et l'escarpement qu'ils côtoient, sans offrir aucune espèce de point d'appui, donne des vertiges.

J'ai voulu savoir si, dans la retraite et l'inaction, je n'avais rien perdu de mon courage et de ma force physique. Je me suis aventurée au milieu de la nuit, par un beau clair de lune, à descendre ces degrés. Je suis parvenue sans peine jusqu'à un endroit où la montagne, en s'écroulant, semblait avoir emporté le travail des cénobites. Un instant suspendue entre le ciel et les abîmes, j'ai frémi d'être forcée de me retourner pour revenir sur mes pas. J'étais sur une plate-forme où mes pieds avaient à peine l'espace nécessaire pour tenir tous les deux. Je suis restée longtemps immobile afin d'habituer mes yeux à supporter cette situation, et je songeais à l'empire de la volonté d'une part, de l'autre à celui de l'imagination sur les sens. Si j'eusse cédé à l'imagination, je me serais élancée au fond du gouffre qui semblait m'attirer par un aimant; mais la froide volonté dominait mes terreurs, et me maintenait ferme sur mon étroit piédestal.

Ne pourrait-on proposer cet exemple à ceux qui disent que les tentations sont irrésistibles, que toute contrainte imposée à l'homme est contraire au vœu de la nature et criminelle envers Dieu? O Pulchérie! je pensai à toi en cet instant. Je comparai ces vains plaisirs qui t'ont perdue à cette erreur des sens que je subissais sur le bord du précipice, et qui me poussait à abréger mon angoisse en m'abandonnant au sentiment de ma faiblesse. Je comparai aussi la vertu qui t'eût préservée à cet instinct conservateur de l'être, à cette force de raisonnement qui, chez l'homme, sait lutter victorieusement contre la mollesse et la peur. Oh! vous outragez la bonté de Dieu et vous méprisez profondément ses dons, vous qui prenez pour le plus noble et la plus saine partie de votre être cette faiblesse qu'il vous a infligée comme correctif de la force dont vous eussiez été trop fiers.

En observant d'un œil attentif tous les objets environnants, j'aperçus la continuation de l'escalier sur le roc détaché au-dessous de la plate-forme. J'atteignis sans peine cette nouvelle rampe. Ce qui, au premier coup d'œil, était impossible, devint facile avec la réflexion. Je me trouvai bientôt hors de danger sur les terrasses naturelles de la montagne. Je connaissais de l'œil ces sites inabordables. Il y a cinq ans que, dans mes rêveries, je m'y promène des yeux sans songer à y porter mes pas. Mais cette énorme croûte qui forme le couronnement du mont, et dont les dents aiguës déchirent les nuées, je n'en avais jamais aperçu que les parois extérieures. Quelle fut ma surprise, lorsqu'en la côtoyant je vis la possibilité de pénétrer dans leurs flancs par des fissures dont le

lointain aspect offrait à peine l'espace nécessaire pour le passage d'un oiseau? Je n'hésitai point à m'y glisser, et, à travers les éboulements du basalte, le réseau des plantes pariétaires et les aspérités d'un trajet incertain, je suis parvenue à des régions que nul regard humain n'a contemplées, que nul pied n'a parcourues, depuis le temps où la sainte y venait chercher le recueillement de la prière, loin de tout bruit extérieur et de toute obsession humaine.

On croit, dans le pays, que chaque nuit l'esprit de Dieu la ravissait sur ces sommets sublimes, qu'un ange invisible la portait sur ces escarpements, et aucun habitant n'a osé depuis approfondir le miracle que la foi seule opéra : la foi, que les petits esprits appellent faiblesse, superstition, ineptie! la foi, qui est la volonté jointe à la confiance, magnifique faculté donnée à l'homme pour dépasser les bornes de la vie animale, et pour reculer jusqu'à l'infini celles de l'entendement.

La montagne, tronquée vers sa cime par l'éruption d'un volcan éteint dans les premiers âges du globe, offrait à mes regards une vaste enceinte de ruines volcaniques, fermée par les inégaux remparts de ses dents et de ses déchirures. Une cendre noire, poussière de métaux vomis par l'éruption; des amas de scories fragiles, que la vitrification préserve de l'action des éléments, mais qui craquent sous le pied comme des ossements épars; un gouffre comblé par les atterrissements et recouvert de mousse, des murailles naturelles d'une lave rouge qu'on prendrait pour de la brique, les gigantesques cristallisations du basalte, et partout sur les minéraux les étincelles et les lames d'une pluie de métaux en fusion que fouetta jadis une tempête sortie des entrailles de la terre; de grands lichens rudes et flétris comme la pierre dont ils sont nourris, des eaux qu'on ne voit pas et que l'on entend bouillonner sous les roches, tel est le lieu sauvage où aucun être animé n'a laissé ses traces. Il y avait si longtemps que je ne m'étais retrouvée au désert, que j'eus un instant d'effroi à l'aspect de ces débris d'un monde antérieur à l'homme. Un malaise inexprimable s'empara de moi, et je ne pus me résoudre à m'asseoir au sein de ce chaos. Il me semblait que c'était la demeure de quelque puissance infernale ennemie de la paix de l'homme. Je continuai donc à marcher et à gravir jusqu'à ce que j'eusse atteint les dernières crêtes qui forment, autour de ce large cratère, une orgueilleuse couronne aux fleurons bizarres.

De là, je revis les espaces des cieux et des mers, la ville, les campagnes fertiles qui l'entourent, le fleuve, les forêts, les promontoires et les belles îles, et le volcan, seul bouche à la tête dépassât la mienne, seule bouche vivante du canal souterrain où se sont précipités tous les torrents de feu qui bouillonnèrent dans les flancs de cette contrée. Les terres cultivées, les hameaux et les maisons de plaisance qui couvrent les croupes amènes des mamelons, se perdaient dans la distance et se confondaient dans les vapeurs du crépuscule. Mais à mesure que le jour grandit à l'horizon maritime, les objets devinrent plus distincts, et bientôt je pus m'assurer que le sol était encore fécond, que l'humanité existait encore. Assise sur ce trône aérien, que la sainte elle-même ne s'est peut-être jamais souciée d'atteindre, il me semblait que je venais de prendre possession d'une région rebelle à l'homme. L'immonde cyclope qui entassa ces blocs pour se précipiter sur la vallée, et qui tira le feu d'enfer de ses réservoirs inconnus pour consumer les jeunes productions de la terre, était tombé sous la colère du Dieu vengeur. Il me sembla que je venais de lui imposer le dernier sceau du vasselage en mettant le pied sur sa tête foudroyée. Ce n'était pas assez que l'Éternel eût permis à une race privilégiée de couvrir de ses triomphes et de ses travaux tout ce sol disputé aux éléments; il fallait qu'une femme gravît jusqu'à cette dernière cime, autel désert et silencieux du Titan renversé. Il fallait qu'au haut de cet autel audacieux la pensée humaine, cet aigle dont le vol embrasse l'infini et possède le trésor des mondes, vînt se poser et replier ses ailes pour se pencher vers la terre et la bénir dans un élan fraternel, créant ainsi, pour la première fois, un rapport sympathique de l'homme à l'homme, au milieu des abîmes de l'espace.

Me retournant alors vers la région désolée que je venais de parcourir, j'essayai de me rendre compte du changement qui s'est opéré dans mes goûts en même temps que dans mes habitudes. Pourquoi donc jadis n'étais-je jamais assez loin à mon gré des lieux habitables? Pourquoi aujourd'hui aimé-je à m'en rapprocher? Je n'ai pas découvert dans l'homme des vertus nouvelles, des qualités ignorées jusqu'ici. La société ne m'apparaît pas meilleure depuis que je l'ai quittée. De loin comme de près j'y vois toujours les mêmes vices, toujours la même lenteur à se reconstituer suivant ses besoins nobles et réels. Et quant aux beautés brutes de la nature, je n'ai pas perdu la faculté de les apprécier. Rien n'éteint dans les âmes poétiques le sentiment du beau, et ce qui leur semble mortel au premier abord développe en elles des facultés ignorées, des ressources inépuisables. Cependant autrefois il n'était pas de caverne assez inaccessible, pas de lande assez inculte, pas de plage assez stérile pour exercer la force de mes pieds et l'avidité de mon cerveau. Les Alpes étaient trop basses et la mer trop étroite à mon gré. Les immuables lois de l'équilibre universel fatiguaient mon œil et lassaient ma patience. Je guettais l'avalanche et ne trouvais jamais qu'elle eût assez labouré de neiges, assez balayé de sapins, assez retenti sur les échos effrayés des glaciers. L'orage ne venait jamais assez vite et ne grondait jamais assez haut. J'eusse voulu pousser de la main les sombres nuées et les déchirer avec fracas. J'aurais voulu assister à quelque déluge nouveau, à la chute d'une étoile, à un cataclysme universel. J'aurais crié de joie en m'abîmant avec les ruines du monde, et alors seulement j'aurais proclamé Dieu aussi fort que ma pensée l'avait conçu.

C'est le souvenir de ces jours impétueux et de ces désirs insensés qui me fait frémir maintenant à l'aspect des lieux qui retracent les antiques bouleversements du globe. Cet amour de l'ordre, révélé à moi depuis que j'ai quitté le monde, proscrit les joies que j'éprouvais jadis à entendre gronder le volcan et à voir rouler l'avalanche. Quand je me sentais faible par ma souffrance, je ne cherchais dans les attributs de Dieu que la colère et la force. A présent que je suis apaisée, je réaliserai que la force, c'est le calme et la douceur. O bonté incréée! comme tu t'es révélée à moi! comme je te bénis dans le moindre sillon vert que ton courage féconde! comme je m'identifie à cette bonne terre où ton grain fructifie! comme je comprends ton infatigable mansuétude! O terre, fille du ciel! comme ton père t'a enseigné la clémence, toi qui ne te dessèches pas sous les pas de l'impie, toi qui te laisses posséder par le riche et qui sembles attendre avec sécurité le jour qui te rendra à tous tes enfants! Sans doute alors tu te pareras d'attraits nouveaux; plus riante et plus féconde, tu réaliseras peut-être ces beaux rêves poétiques que l'on entend annoncer par les sectes nouvelles, et qui montent comme des parfums mystérieux sur cet âge de doute, composé étrange de hautaines négations et de tendres espérances.

Ravie dans la contemplation de cette nuit sublime, j'en suivis le cours, le déclin et la fin. A minuit, la lune s'était couchée. La retraite me devenait impossible; privée de son flambeau, je ne pouvais plus me guider dans ce labyrinthe de débris, et, quoique le ciel fût étincelant d'étoiles, les profondeurs du cratère étaient ensevelies dans les ténèbres. J'attendis qu'une faible lueur blanchît l'horizon. Mais quand elle parut, la terre devint si belle que je ne pus m'arracher au spectacle que chaque instant variait et embellissait sous mes yeux.

Les pâles étoiles du Scorpion se plongèrent une à une dans la mer à ma droite. Nymphes sublimes, inséparables sœurs, elles semblaient s'enlacer l'une à l'autre et s'entraîner en s'invitant aux chastes voluptés du bain. Les soleils innombrables qui sèment l'éther étaient alors plus rares et plus brillants; le jour ne se montrait pas encore, et cependant le firmament avait pris une teinte plus blanche, comme si un voile d'argent se fût étendu sur l'azur profond de son sein. L'air fraîchissait, et l'éclat

des astres semblait ranimé par cette brise, comme une flamme que le vent agite avant de l'éteindre. L'étoile de la Chèvre monta rouge et brillante à ma gauche, au-dessus des grandes forêts, et la Voie lactée s'effaça sur ma tête comme une vapeur qui remonte aux cieux.

Alors l'empyrée devint comme un dôme qui se détachait obliquement de la terre, et l'aube monta chassant devant elle les étoiles paresseuses. Tandis que le vent de ses ailes les soufflait une à une, celles qui s'obstinaient à rester paraissaient toujours plus claires et plus belles. Hesper blanchissait et s'avançait avec tant de majesté qu'il semblait impossible de le détrôner; l'Ourse abaissait sa courbe gigantesque vers le nord. La terre n'était qu'une masse noire, dont quelques sommets de montagne coupaient, çà et là, l'âpre contour à l'horizon. Les lacs et les ruisseaux se montrèrent successivement comme des taches et des lignes sinueuses d'argent mat sur le linceul de la terre. A mesure que l'aurore remplaça l'aube, toutes ces eaux prirent alternativement des reflets changeants de la nacre. Longtemps l'azur, dont les teintes infinies effaçaient la transition du blanc au noir, fut la seule couleur que l'œil pût saisir sur la terre et dans les cieux. L'orient rougit longtemps avant que la couleur et la forme fussent éveillées dans le paysage. Enfin la forme sortit la première du chaos. Les contours des plans avancés se détachèrent, puis tous les autres successivement jusqu'aux plus lointains; et, quand tout le dessin fut appréciable, la couleur s'alluma sur le feuillage, et la végétation passa lentement par toutes les teintes qui lui sont propres, depuis le bleu sombre de la nuit jusqu'au vert étincelant du jour.

Le moment le plus suave fut celui qui précéda immédiatement l'apparition du disque du soleil. La forme avait atteint toute la grâce de son développement. La couleur encore pâle avait un indéfinissable charme; les rayons montaient comme des flammes derrière de grands rideaux de peupliers qui n'en recevaient rien encore et qui se dessinaient en noir sur cette fournaise. Mais, dans la région située entre l'orient et le sud, la lumière répandait de préférence ses prestiges toujours croissants. L'oblique clarté se glissait entre chaque zone de coteaux, de forêts et de jardins. Les masses, éclairées à tous leurs bords, s'enlevaient légères et diaphanes, tandis que leur milieu encore sombre accusait l'épaisseur. Que les arbres étaient beaux ainsi! Quelle délicatesse avaient les sveltes peupliers, quelle rondeur les caroubiers robustes, quelle mollesse les myrtes et les cytises! La verdure n'offrait qu'une teinte uniforme, mais la transparence suppléait à la richesse des tons; de seconde en seconde, l'intensité du rayon pénétrait dans toutes les sinuosités, dans toutes les profondeurs. Derrière chaque rideau de feuillage, un voile semblait tomber, et d'autres rideaux, plus gracieux et plus frais, surgissaient comme par enchantement; des angles de prairie, des buissons, des massifs d'arbustes, des clairières pleines de mousses et de roseaux se révélaient. Et cependant, dans les fonds des terrains, et vers les entrelacements des tiges, il y avait encore de doux mystères, moins profonds que ceux de la nuit, plus chastes que ceux du jour. Derrière les troncs blanchissants des vieux figuiers, ce n'étaient que des antres des faunes perfides qui s'ouvraient dans les fourrés, c'étaient les pudiques retraites des silencieuses hamadryades. Les oiseaux à peine éveillés ne faisaient entendre que des chants rares et timides. La brise cessa; à la plus haute cime des trembles il n'y avait pas une feuille qui ne fût immobile. Les fleurs, chargées de rosée, retenaient encore leurs parfums. Ce moment a toujours été celui que j'ai préféré dans la journée : il offre l'image de la jeunesse de l'homme. Tout y est candeur, modestie, suavité... O Sténio! c'est le moment où ta pâle beauté et tes yeux limpides m'apparaissaient tels qu'autrefois!

Mais tout à coup les feuilles s'émurent, et de grands vols d'oiseaux traversèrent l'espace. Il y eut comme un tressaillement de joie; le vent soufflait de l'ouest, et la cime des forêts semblait s'incliner devant le dieu.

De même qu'un roi, précédé d'un brillant cortége,

efface bientôt par sa présence l'éclat des pompes qui l'ont annoncé, le soleil, en montant sur l'horizon, fit pâlir la pourpre répandue sur sa route. Il s'élança dans la carrière avec cette rapidité qui nous surprend toujours, parce que c'est le seul instant où notre vue saisisse clairement le mouvement qui nous entraîne et qui semble nous lancer sous les roues ardentes du char céleste. Un moment baigné dans les vapeurs embrasées de l'atmosphère, il flotta et bondit inégal dans sa forme et dans son élan, comme un spectre de feu prêt à s'évanouir et à retomber dans la nuit; mais ce fut une hésitation rapidement dissipée. Il s'arrondit, et son sein sembla éclater pour projeter au loin la gloire de ses rayons. Ainsi, antique Hélios, au sortir de la mer, il secouait sa brûlante chevelure sur la plage, et couvrait les flots d'une pluie de feu; ainsi, sublime création du Dieu unique, il apporte la vie aux mondes prosternés.

Avec le soleil, la couleur jusque-là incomplète et vague, prit toute sa splendeur. Les bords argentés des masses de feuillage se teignirent en vert sombre d'un côté et en émeraude étincelante de l'autre. Le point du paysage que j'examinais de préférence changea d'aspect, et chaque objet eut deux faces : une obscure, et l'autre éblouissante. Chaque feuille devint une goutte de la pluie d'or; puis des reflets de pourpre marquèrent la transition de la clarté à la chaleur. Les sables blancs des sentiers jaunirent, et, dans les masses grises des rochers, le brun, le jaune, le fauve et le rouge montrèrent leurs mélanges pittoresques. Les prairies absorbèrent la rosée qui les blanchissait et se firent voir si fraîches et si vertes que toute autre verdure sembla effacée. Il y eut partout des nuances au lieu de teintes; partout sur les plantes, de l'or au lieu d'argent, des rubis au lieu de pourpre, des diamants au lieu de perles. La forêt perdit peu à peu ses mystères; le dieu vainqueur pénétra dans les plus humbles retraites, dans les ombrages les plus épais. Je vis les fleurs s'ouvrir autour de moi, et lui livrer tous les parfums de leur sein.... Je quittai cette scène qui convenait moins que l'autre à la disposition de mon âme et au caprice de ma destinée. C'était l'image de la jeunesse ardente, non plus celle de l'adolescence paisible; c'était l'excitation fougueuse à une vie que je n'ai pas vécue et que je ne dois pas vivre. Je saluai la création, et je détournai mes regards sans amertume et sans ingratitude.

J'avais passé là plusieurs heures de délices; n'était-ce pas de quoi remercier humblement le Dieu qui a fait la beauté de la terre infinie, afin que chaque être y puisât le bonheur qui lui est propre? Certains êtres ne vivent que pendant quelques instants; d'autres s'éveillent quand tout le reste s'endort; d'autres encore n'existent qu'une partie de l'année. Eh quoi! une créature humaine condamnée à la solitude sans colère renoncerait à quelques instants de l'ivresse universelle, quand elle participe à toutes les délices du calme! Non, je ne me plaignis pas, et je redescendis la montagne, m'arrêtant pour regarder de temps en temps les cieux embrasés et m'étonner du peu d'instants qui s'étaient écoulés depuis que j'y avais vu régner l'humide pâleur de la lune.

Nulle langue humaine ne saurait raconter la variété magique de cette course où le temps entraîne l'univers. L'homme ne peut ni définir ni décrire le mouvement. Toutes les phases de ce mouvement qu'il appelle le temps portent le même nom dans ses idiomes, et chaque minute en demanderait un différent, puisque aucune n'est celle qui vient de s'écouler. Chacun de ces instants que nous essayons de marquer par les nombres transfigure la création et opère sur des mondes innombrables d'innombrables révolutions. De même qu'aucun jour ne ressemble à un autre jour, aucune nuit à une autre nuit, aucun moment du jour ou de la nuit ne ressemble à celui qui précède et à celui qui suit. Les éléments du grand tout ont dans leur ensemble l'ordre et la règle pour invariables conditions d'existence, et en même temps l'inépuisable variété, image d'un pouvoir infini et d'une activité infatigable, préside à tous les détails de la vie. Depuis la physionomie des constellations jusqu'à celle des traits humains, depuis les flots de la mer jusqu'aux brins d'herbe de la prairie, depuis l'immémorial incendie qui dévore les soleils jusqu'aux inénarrables variations de l'atmosphère qui enveloppe les mondes, il n'est pas de chose qui n'ait son existence propre à elle seule, et qui ne reçoive de chaque période de sa durée une modification sensible ou insensible aux perceptions de l'homme.

Qui donc a vu deux levers de soleil identiquement beaux? L'homme qui se préoccupe de tant d'événements misérables, et qui se récrée à tant de spectacles indignes de lui, ne devrait-il pas trouver ses vrais plaisirs dans la contemplation de ce qu'il y a de grand et d'impérissable? Il n'en est pas un parmi nous qui n'ait gardé un souvenir bien marqué de quelque fait puéril, et nul ne compte parmi ses joies un instant où la nature s'est fait aimer de lui pour elle-même; où le soleil l'a trouvé transporté hors du cercle d'une égoïste individualité, et perdu dans ce fluide d'amour et de bonheur qui enivre tous les êtres au retour de la lumière. Nous goûtons comme malgré nous ces ineffables biens que Dieu nous prodigue; nous les voyons passer sans les accueillir autrement que par des paroles banales. Nous n'en étudions pas le caractère; nous confondons dans une même appréciation, froide et confuse, toutes les nuances de nos jours radieux. Nous ne marquons pas comme un événement heureux le loisir d'une nuit de contemplation, la splendeur d'un matin sans nuage. Il y a eu pour chacun de nous un jour où le soleil lui est apparu plus beau qu'en aucun autre jour de sa vie. Il s'en est à peine aperçu, et il ne s'en souvient pas. O *mouvement!* vieux Saturne, père de tous les pouvoirs! c'est toi que les hommes eussent dû adorer sous la figure d'une roue; mais ils ont donné tes attributs à la Fortune, parce qu'elle seule préside à leurs instants; elle seule retourne le sablier de leur vie. Ce n'est pas le cours des astres qui règle leurs pensées et leurs besoins, ce n'est pas l'ordre admirable de l'univers qui fait fléchir leurs genoux et palpiter leurs cœurs; ce sont les jouets fragiles dont la corne est remplie. Tu les secoues sur leurs pas, et ils se baissent pour chercher quelque chose dans la fange, tandis qu'une source inépuisable de bonheur et de calme ruisselle autour d'eux, abondante et limpide, par tous les pores de la création.

LIX.

Lélia, j'ai lu avidement le résumé des nobles et touchantes émotions de votre âme depuis les jours qui nous séparent. Vous êtes calme, Dieu soit loué! Moi aussi je suis calme, mais triste; car depuis longtemps je suis inutile. Je vous l'ai caché pour ne pas altérer votre précieuse sérénité; mais maintenant je puis vous le dire, j'ai passé tout ce temps dans les fers; et cela sur une terre étrangère aux querelles politiques qui m'ont expulsé du pays où vous êtes, sur une terre de refuge et de prétendue liberté. J'ai été trouvé suspect, et le soupçon a suffi pour que l'hospitalité se changeât pour moi en tyrannie. Enfin j'échappe à la prison, et je vais reprendre ma tâche. Ici, comme ailleurs sans doute, je trouverai des sympathies; car ici, plus qu'ailleurs peut-être, il y a de grandes souffrances, de grands besoins et de grandes iniquités.

Vos récits et vos peintures de la vie monastique m'ont apporté au sein de ma misère des heures charmantes et de poétiques rêveries. Moi aussi, Lélia, j'ai eu dans le cachot mes jours de bonheur en dépit du sort et des hommes. Jadis j'avais souvent désiré la solitude. Aux jours des angoisses et des remords sans fruit, j'avais essayé de fuir la présence de l'homme; mais en vain avais-je parcouru une partie du monde. La solitude me fuyait; l'homme, ou ses influences inévitables ou son despotique pouvoir sur toute la création, m'avaient poursuivi jusqu'au sein du désert. Dans la prison j'ai trouvé cette solitude si salutaire et si vainement cherchée. Dans ce calme mon cœur s'est rouvert aux charmes de la nature. Jadis à mon admiration blasée les plus belles contrées qu'éclaire le soleil n'avaient pas suffi ; maintenant un pâle rayon entre deux nuages, une plainte mélodieuse du vent sur la grève, le bruissement des vagues, le cri mélancolique des mouettes, le chant lointain d'une jeune fille, le parfum d'une fleur élevée à grand'peine dans la fente d'un mur, ce sont là pour moi de vives jouissances, des trésors dont je sais le prix. Combien de fois ai-je contemplé avec délices, à travers l'étroit grillage d'une meurtrière, la scène immense et grandiose de la mer agitée sa houle convulsive et ses longues lames d'écume d'un horizon à l'autre ! Qu'elle était belle alors, cette mer encadrée dans une fente d'airain ! Comme mon œil, collé à cette ouverture jalouse, étreignait avec transport l'immensité déployée devant moi ! Eh ! ne m'appartenait-elle pas tout entière, cette grande mer que mon regard pouvait embrasser, où ma pensée errait libre et vagabonde, plus rapide, plus souple , plus capricieuse, dans son vol céleste, que les hirondelles aux grandes ailes noires, qui rasaient l'écume et se laissaient bercer endormies dans le vent? Que m'importaient alors la prison et les chaînes? Mon imagination chevauchait la tempête comme les ombres évoquées par la harpe d'Ossian. Depuis je l'ai franchie sur un léger navire, cette mer où mon âme s'était promenée tant de fois. Eh bien ! alors elle m'a semblé moins belle peut-être. Les vents étaient lourds et paresseux à mon gré ; les flots avaient des reflets moins étincelants, des ondulations moins gracieuses; le soleil s'y levait moins pur, il s'y couchait moins sublime. Cette mer qui me portait, ce n'était plus la mer qui avait bercé mes rêves, la mer qui n'appartenait qu'à moi, et dont j'avais joui tout seul au milieu des esclaves enchaînés.

Maintenant je vis languissamment et sans efforts , comme le convalescent à la suite d'une maladie violente. Avez-vous éprouvé ce délicieux engourdissement de l'âme et du corps après les jours de délire et de cauchemar, jours à la fois longs et rapides, où, dévoré de rêves, fatigué de sensations incohérentes et brusques , on ne s'aperçoit point du temps qui marche et des nuits qui succèdent aux jours? Alors, si vous êtes sortie de ce drame fantastique où vous jette la fièvre pour rentrer dans la vie calme et paresseuse, dans l'idylle et les douces promenades, sous le soleil tiède, parmi les plantes que vous avez laissées en germe et que vous retrouvez en fleurs ; si vous avez lentement marché, faible encore, le long du ruisseau nonchalant et paisible comme vous ; si vous avez écouté vaguement tous ces bruits de la nature longtemps perdus et presque oubliés sur un lit de douleur ; si vous avez enfin repris à la vie, doucement , et par tous les pores, et par toutes les sensations une à une, vous pouvez comprendre ce que c'est que le repos après les tempêtes de ma vie.

Mais nous n'avons pas le droit de nous arrêter plus d'un jour au bord de notre route. Le ciel nous condamne au travail. Moi, plus qu'un autre, je suis condamné à accomplir un dur pèlerinage. Il est dans le repos des délices infinies ; mais nous ne pouvons pas nous endormir dans ces voluptés, car elles nous donneraient la mort. Elles nous sont envoyées en passant comme des oasis dans le désert, comme un avant-goût du ciel; mais notre patrie ici-bas est une terre inculte que nous sommes destinés à conquérir, à civiliser, à affranchir de la servitude. Je ne l'oublie pas, Lélia, et déjà je me remets en marche, souhaitant que la paix des cieux reste avec vous!

LX.

LE CHANT DE PULCHÉRIE.

Quand je quitte ma couche voluptueuse pour regarder les étoiles qui blanchissent avec l'azur céleste, mes genoux frissonnent au froid de cette matinée d'hiver. D'affreux nuages pèsent sur l'horizon comme des masses d'airain, et l'aube fait de vains efforts pour se dégager de leurs flancs livides. L'astre du Bouvier darde un dernier rayon

rougeâtre aux pieds de l'Ourse boréale, dont le jour éteint un à un les sept flambeaux pâlissants. La lune continue sa course et s'abaisse lentement, froide et sinistre, des hauteurs du zénith vers les créneaux des mornes édifices. La terre commence à montrer des pentes labourées par la pluie, luisantes d'un reflet terne comme l'étain. Les coqs chantent d'une voix aigre, et l'angelus, qui salue cette aurore glacée, semble annoncer le réveil des morts dans leurs suaires, et non celui des vivants dans leurs demeures.

Pourquoi quitter ton grabat à peine échauffé par quelques heures d'un mauvais sommeil, ô laboureur plus pâle que l'aube d'hiver, plus triste que la terre inondée, plus desséché que l'arbre dépouillé de ses feuilles? Par quelle misérable habitude signes-tu ton front étroit, ridé avant l'âge, au commandement de la cloche catholique? Par quelle imbécile faiblesse acceptes-tu pour ton seul espoir et ta seule consolation les rites d'une religion qui consacre ta misère et perpétue ta servitude? Tu restes sourd à la voix de ton cœur qui te crie : Courage et vengeance! et tu courbes la tête à cette vibration lugubre qui proclame dans les airs ton arrêt éternel : Lâcheté, abaissement, terreur! Brute indigne de vivre! regarde comme la nature est ingrate et rechignée, comme le ciel te verse à regret la lumière, comme la nuit s'arrache lentement de ton hémisphère désolé! Ton estomac vide et inquiet est le seul mobile qui te gouverne encore, et qui te pousse à chercher une chétive pâture , sans discernement et sans force, sur un sol épuisé par tes ignares labeurs, par tes bras lourds et malhabiles, que la faim seule met encore en mouvement comme les marteaux d'une machine. Va broyer la pierre des chemins, moins endurcie que ton cerveau, pour que mes nobles chevaux ne s'écorchent pas les pieds dans leur course orgueilleuse ! Va ensemencer le sillon limoneux, afin qu'un pur froment nourrisse mes chiens, et que leurs restes soient mendiés avec convoitise par tes enfants affamés! Va, race infirme et dégradée, chéris la vermine qui te ronge! végète comme l'herbe infecte des marécages! traîne-toi sur le ventre comme le ver dans la fange! Et toi, soleil, ne te montre pas à ces reptiles indignes de te contempler! Nuages de sang qui vous déchirez à son approche, roulez vos plis comme un linceul sur sa face rayonnante et répandez-vous sur la terre d'Égypte jusqu'à ce que ce peuple abject ait fait pénitence et lavé la souillure de son esclavage.

Mon jeune amant, tu ne me réponds pas, tu ne m'écoutes pas? Ton front repose enfoncé dans un chevet moelleux? Crains-tu de me montrer des larmes généreuses? Pleures-tu sur cette hideuse journée qui commence, sur cette race avilie qui s'éveille? Rêves-tu de carnage et de délivrance? Gémis-tu de douleur et de colère? — Tu dors? Ta chevelure est mouillée de sueur, tes épaules mollissent sous les fatigues de l'amour. Une langueur ineffable accable tes membres et ta pensée... N'as-tu donc d'ardeur et de force que pour le plaisir? — Quoi! tu dors? La volupté suffit donc à ta jeunesse, et tu n'as pas d'autre passion que celle des femmes? Étrange jeunesse, qui ne sait ni dans quel monde, ni dans quel siècle le destin t'a jetée! Tout ton passé est ambition, tout ton présent jouissance, tout ton avenir impunité. Eh bien, si tu as tant d'insouciance et de mépris pour le malheur d'autrui, donne-moi donc un peu de cette lâcheté froide. Que toute la force de nos âmes, que toute l'ardeur de notre sang tourne à l'âpreté de nos délires. Allons, ouvrons nos bras et fermons nos cœurs! abaissons les rideaux entre le jour et notre joie honteuse! Rêvons sous l'influence d'une lascive chaleur le doux climat de la Grèce, et les voluptés antiques, et la débauche païenne! Que le faible, le pauvre, l'opprimé, le simple suent et souffrent pour manger un pain noir trempé de larmes; nous, nous vivrons dans l'orgie, et le bruit de nos plaisirs étouffera leurs plaintes! Que les saints crient dans le désert, que les prophètes reviennent se faire lapider, que les Juifs remettent le Christ en croix, vivons!

Ou bien, veux-tu? mourons, asphyxions-nous; quittons la vie par lassitude, comme tant d'autres couples l'ont quittée par fanatisme amoureux. Il faut que notre âme périsse sous le poids de la matière, ou que notre corps, dévoré par l'esprit, se soustraie à l'horreur de la condition humaine.

Il dort toujours! et moi, je ne saurais retrouver un instant de calme quand le contraste de la misère d'autrui et de ma richesse infâme vient livrer mon sein aux remords! O ciel! quelle brute est donc ce jeune homme qu'hier je trouvais si beau? Regardez-le, étoiles vacillantes qui fuyez dans l'immensité, et voilez-vous à jamais pour lui! Soleil, ne pénètre pas dans cette chambre, n'éclaire pas ce front flétri par la débauche, qui n'a jamais eu ni une pensée de reproche, ni une malédiction pour la Providence oublieuse!

Et toi vassal, victime, porteur de haillons; toi esclave, toi travailleur, regarde-le... regarde-moi, pâle, échevelée, désolée à cette fenêtre... regarde-nous bien tous les deux : un jeune homme riche et beau qui paie l'amour d'une femme, et une femme perdue qui méprise cet homme et son argent! Voilà les êtres que tu sers, que tu crains, que tu respectes... Ramasse donc les outils de ton travail, ces boulets de ton bagne éternel, et frappe! écrase ces êtres parasites qui mangent ton pain et te volent jusqu'à ta place au soleil! Tue cet homme qui dort bercé par l'égoïsme, tue aussi cette femme qui pleure, impuissante à sortir du vice!

LXI.

L'ermite vit entrer un soir dans sa cellule un jeune homme qu'il reconnut à peine; car ses vêtements, ses manières, sa démarche, sa voix et jusqu'à ses traits, tout en lui était changé, tout s'était pour ainsi dire dénationalisé, pour prendre le reflet d'une civilisation étrangère.

Quand Sténio eut partagé le frugal souper de Magnus, il prit son bras et descendit avec lui au bord du lac. Il aimait à revoir ce lieu inculte, ces grands cèdres penchés sur le précipice, ces sables argentés par la lune, et cette eau immobile où les étoiles se reflétaient calmes comme dans un autre éther. Il aimait le faible bruissement des insectes dans les joncs, et le vol silencieux des chauves-souris décrivant des cercles mystérieux sur sa tête. Dans la cellule de l'ermite, au bord du ravin, au fond du lac sans rivages, son âme cherchait une pensée d'espoir, un sourire de la destinée. Comme son front était calme et sa bouche muette depuis longtemps, Magnus crut que Dieu avait eu pitié de lui et qu'il avait ouvert enfin à ce cœur souffrant le trésor des espérances divines; mais tout à coup Sténio, l'arrêtant sous le rayon pur et blanc de la lune, lui dit, en le pénétrant de son regard cynique :

« Moine, raconte-moi donc ton amour pour Lélia, et comment, après t'avoir rendu athée et renégat, elle te fit devenir fou?

— Mon Dieu! s'écria le pâle cénobite avec égarement, faites que ce calice s'éloigne de moi! »

Sténio éclata d'un rire amer, et ôtant son chapeau d'une manière ironique :

« Je vous salue, ermite plein de grâce, dit-il; la concupiscence est toujours avec vous, à ce que je vois; car on ne peut vous faire la moindre question sans vous enfoncer mille poignards dans le cœur. N'en parlons donc plus. Je croyais que madame l'abbesse des Camaldules était devenue un personnage assez grave pour ne pas troubler l'imagination même d'un prêtre. Dites-moi, Magnus, l'avez-vous revue depuis qu'elle est là? Et il montrait le couvent des Camaldules, dont les dômes, argentés par la lune, dépassaient un peu les cyprès du cimetière. »

Magnus fit un signe de tête négatif.

« Et que faites-vous si près du camp ennemi? dit Sténio; comment êtes-vous venu dresser votre tente sous ses batteries?

— Il y avait déjà une année que j'étais ici, dit Magnus, lorsque j'ai appris qu'elle était au couvent.

— Et depuis ce temps vous avez résisté au désir de franchir ce ravin et d'aller regarder, par le trou de quelque serrure, si l'abbesse est encore belle? Eh bien, je vous admire et je vous approuve. Restez avec votre illusion et avec votre amour, mon père. Il ne vous faudrait peut-être pour guérir que voir celle que vous avez tant aimée. Mais où seraient vos mérites si vous guérissiez? Allons, gagnez le ciel, puisque le ciel est fait pour les dupes. Quant à moi, ajouta-t-il d'un son de voix tout à coup effrayant et lugubre, je sais qu'il n'y a rien de vrai dans les rêves de l'homme, et qu'une fois la vérité dévoilée il n'y a plus pour lui que la patience de l'ennui ou la résolution du désespoir; et quand j'ai dit autrefois que l'homme pouvait se complaire dans sa force individuelle, j'ai menti aux autres et à moi; car celui qui est arrivé à la possession d'une force inutile, à l'exercice d'une puissance sans valeur et sans but, n'est qu'un fou dont il faut se méfier.

« Dans les rêves de ma jeunesse, dans les extases de ma plus fraîche poésie, un fantôme d'amour planait sans cesse et me montrait le ciel. Lélia, mon illusion, ma poésie, mon élysée, mon idéal, qu'êtes-vous devenue? Où a fui votre spectre léger, dans quel éther insaisissable s'est évanouie votre essence immatérielle? C'est que mes yeux se sont ouverts, c'est qu'en apprenant que vous étiez l'impossible, la vie m'est apparue toute nue, toute cynique; belle parfois, hideuse souvent, mais toujours semblable à elle-même dans ses beautés ou dans ses horreurs, toujours bornée, toujours assujettie à d'imprescriptibles lois qu'il n'appartient pas à la fantaisie de l'homme de soulever! Et à mesure que cette fantaisie s'est usée et effacée (cette fantaisie de l'irréalisable qui seule poétise les jours de l'homme et attache quelques années à ses frivoles plaisirs), à mesure que mon âme s'est lassée de chercher dans les bras d'un troupeau de femmes le baiser extatique que Lélia seule pouvait donner; dans le vin, la poésie et la louange, l'ivresse qu'une parole d'amour de Lélia devait résumer, je me suis éclairé au point de savoir... Écoutez-moi, Magnus, et que mes paroles vous profitent. Je me suis éclairé au point de savoir que Lélia elle-même est une femme comme une autre, que ses lèvres n'ont pas un baiser plus suave, que sa parole n'a pas une vertu plus puissante que le baiser et la parole des autres lèvres. Je sais aujourd'hui Lélia tout entière, comme si je l'avais possédée. Je sais ce qui la faisait si belle, si pure, si divine : c'était moi, c'était ma jeunesse. Mais à présent que mon âme s'est flétrie, l'image de Lélia s'est flétrie aussi. Aujourd'hui je la vois telle qu'elle est, pâle, la lèvre terne, la chevelure semée de ces premiers fils d'argent qui nous envahissent le crâne, comme l'herbe envahit le tombeau; le front traversé de cet ineffable pli que la vieillesse nous imprime, d'abord d'une main indulgente et légère, puis d'un ongle profond et cruel. Pauvre Lélia, vous voilà bien changée! Quand vous passez dans mes rêves, avec vos diamants et vos parures d'autrefois, je ne puis m'empêcher de rire amèrement et de vous dire : « Bien vous prend d'être abbesse, Lélia, et d'avoir beaucoup de vertu, car, sur mon honneur, vous n'êtes plus belle, et, si vous m'invitiez au céleste banquet de votre amour, je vous préférerais la jeune danseuse Torquata ou la joyeuse courtisane Elvire »

« Et après tout, Torquata, Elvire, Pulchérie, Lélia, qu'êtes-vous pour m'enivrer, pour m'attacher à ce joug de fer qui ensanglante mon front, pour me pendre à ce gibet où mes membres se sont brisés? Essaim de femmes aux blonds cheveux, aux tresses d'ébène, aux pieds d'ivoire, aux brunes épaules, filles pudiques, rieuses débauchées, vierges aux timides soupirs, Messalines au front d'airain, vous toutes que j'ai possédées ou rêvées, que viendriez-vous faire dans ma vie à présent? Quel secret auriez-vous à me révéler? Me donneriez-vous les ailes de la nuit pour faire le tour de l'univers? me diriez-vous les secrets de l'éternité? feriez-vous descendre les étoiles pour me servir de couronne? feriez-vous seulement épanouir pour moi une fleur plus belle et plus suave que celles qui jonchent la terre de l'homme?

Menteuses et impudentes que vous êtes! qu'y a-t-il donc dans vos caresses, pour que vous les mettiez à si haut prix? De quelles joies si divines avez-vous donc le secret, pour que nos désirs vous embellissent à ce point? Illusion et rêverie, c'est vous qui êtes vraiment les reines du monde! Quand votre flambeau est éteint, le monde est inhabitable.

« Pauvre Magnus! cesse de dévorer tes entrailles, cesse de te frapper la poitrine pour y faire rentrer l'élan indiscret de tes désirs! Cesse d'étouffer tes soupirs quand Lélia apparaît dans tes songes! Va, c'est toi, pauvre homme, qui la fais si belle et si désirable; indigne autel d'une flamme si sainte, elle rit en elle-même de ton supplice. Car elle sait bien, cette femme, qu'elle n'a rien à te donner en échange de tant d'amour. Plus habile que les autres, elle ne se livre pas, elle se gaze. Elle se refuse, elle se divinise. Mais se voilerait-elle ainsi, si son corps était plus beau que celui des femmes qu'on achète? Son âme se déroberait-elle aux épanchements de l'affection, si son âme était plus vaste et plus grande que la nôtre?

« O femme, tu n'es que mensonge! homme, tu n'es que vanité! philosophie, tu n'es que sophisme! dévotion, tu n'es que poltronnerie! »

LXII.

DON JUAN.

Durant ces années qui avaient dispersé comme des feuilles d'automne des êtres autrefois si unis, Sténio, par ennui de ses habitudes, ou par nécessité d'échapper à des soupçons politiques, s'était éloigné des rivages qu'enchante le soleil. Il était venu demander à nos froides contrées les merveilles de leurs inventions, le luxe de leurs plaisirs, et aussi, peut-être, les orgueilleux sophismes de leur philosophie. Sténio était riche. Le faste, le bruit, les spectacles, le jeu, la débauche, tous les moyens d'abuser de l'argent et de la vie ne lui manquèrent pas. Mais ce qui le charma le plus, ce fut de trouver un monde tout fait pour son égoïsme et une race toute semblable, et par instinct et par goût, à ce qu'il était devenu par faiblesse et par désespoir. Il fut émerveillé de voir ériger en principe, et pratiquer systématiquement, raisonnablement, ce qu'il avait fait jusqu'alors par défi et avec délire. Il entendit des professeurs justifier, du haut de leur philosophie, tous les caprices, tous les mauvais désirs, toutes les méchantes fantaisies, sous prétexte que l'homme n'a pas d'autre guide que sa raison, et pas d'autre raison que son instinct. Il apprit chez nous toutes les merveilles de la psychologie, toutes les finesses de l'éclectisme, toute la science et toute la morale du siècle : à savoir, que nous devons nous examiner nous-mêmes attentivement, sans nous soucier les uns des autres, et faire ensuite chacun ce qui nous plaît, à condition de le faire avec beaucoup d'esprit. Sténio cessa donc d'être fou, il devint spirituel, élégant et froid. Il hanta les salons et les tavernes, portant dans les tavernes les belles manières d'un grand seigneur, et dans les salons l'impertinence d'un roué. Les prostituées le trouvèrent charmant; les femmes du monde, original. Il suivit religieusement les modes. Il dépensa son génie dans les albums et fut inspiré sous le soir en chantant devant trois cents personnes; après quoi, il discutait sur la passion et sur le génie, sur la science, sur la religion, sur la politique, sur les arts, sur le magnétisme; et, à minuit, il allait souper chez les filles.

Quand il fut ruiné, il retomba malade, il eut le spleen, tout son esprit l'abandonna, et il parla de se brûler la cervelle. Un homme éminent dans les affaires de l'État crut le comprendre et lui offrit de vendre sa muse. Cette insulte rendit Sténio à lui-même. Il s'éloigna profondément blessé, et revint dans son pays, dévoré de tristesse, rapportant, pour tout fruit de ses voyages, cette grande leçon qu'un homme sans argent est méprisable aux yeux des riches, et qu'il faut cacher la pauvreté comme une honte quand on ne veut pas en sortir par l'infamie.

Il trouva qu'un grand changement s'était opéré dans sa province. Le cardinal Annibal et l'abbesse des Camaldules avaient fait dans les mœurs, et dans les habitudes une sorte de révolution. Le prélat attirait la foule par ses prédications; mais c'était surtout aux Camaldules que l'élite des hautes classes se plaisait à l'entendre. Dans cette enceinte privilégiée et devant ce public choisi, son éloquence semblait s'élever au-dessus d'elle-même. Soit la présence de l'abbesse derrière le voile du chœur, soit la confiance que lui inspirait un auditoire plus sympathique et moins nombreux que celui des basiliques, le cardinal se sentait véritablement inspiré, et il savait envelopper sous les formes mystiques les plus ingénieuses le fond incisif et pénétrant de son libéralisme éclairé. De son côté, l'abbesse avait ouvert des conférences théologiques dans l'intérieur du couvent, où étaient admises les parentes et les amies des jeunes filles élevées dans le monastère. Ces cours étaient suivis avec assiduité, et n'opéraient pas moins d'effet que les sermons du cardinal. Lélia était la première femme qu'on eût entendue parler avec clarté et élégance sur des matières abstraites, et l'intelligence des femmes qui l'écoutaient s'ouvrait à un monde nouveau. Lélia savait les amener à ses idées sans effaroucher leurs préjugés et sans mettre leur dévotion en méfiance. Elle trouvait où s'appuyer dans la morale chrétienne pour leur prêcher ce qu'elle avait tant à cœur : la pureté des pensées, l'élévation des sentiments, le mépris des vanités si funestes aux femmes, l'aspiration vers un amour infini, si peu connu ou si peu compris d'elles. Insensiblement elle s'était emparée de leurs âmes, et le catholicisme, qui jusqu'alors n'avait été pour elles qu'une affaire de forme, commençait à enfoncer de profondes racines dans leurs convictions. Il faut avouer aussi que la mode aidait au succès de ce prosélytisme; c'était le temps des dernières lueurs que jeta la foi catholique. De grandes intelligences, avides d'idéal, s'étaient dévouées à la faire revivre; mais elles ne servirent qu'à hâter la chute de l'Église; car l'Église les trahit, les repoussa, et demeura seule avec son aveuglement et l'indifférence des peuples.

Lorsque Sténio entra dans le boudoir de Pulchérie, il le trouva converti en oratoire. La statue de Léda avait fait place au marbre de la Madeleine pénitente. Un collier de perles magnifiques était devenu un rosaire terminé par une croix de diamants. Au lieu du sofa, on voyait un prie-Dieu, et la joyeuse coupe de Benvenuto, enchâssée dans une conque de lapis, s'était convertie en bénitier.

Comme Sténio se frottait les yeux, la Zinzolina revint du sermon. Elle entra, vêtue de velours noir, la tête enveloppée d'une mantille, un livre de chagrin à fermoirs d'argent sous le bras, une grande croix d'or au cou. Sténio se renversa sur le poële en éclatant de rire. « Quelle mascarade est-ce là? s'écria-t-il; depuis quand sommes-nous dévote? On dit que le diable se fit ermite lorsque... mais, Dieu me préserve de vous appliquer cet insolent proverbe, ô ma vénérable matrone romaine! Vous êtes encore belle, quoique vous ayez pris un peu d'embonpoint, et vos cheveux d'or se soient enrichis de quelques reflets d'argent... »

Il fut un temps où Pulchérie, dans tout l'éclat de la jeunesse et dans toute la certitude de ses triomphes, eût accueilli gaiement les sarcasmes de Sténio; mais, comme Sténio l'avait très-bien remarqué, l'astre de sa beauté entrait dans son déclin, et les plaisanteries amères de son jeune amant excitèrent son dépit. L'âme de Pulchérie était plus flétrie encore que ses traits; la piété eût bien difficilement rajeuni ce cœur usé par tant de désirs éphémères, par tant de faiblesses incorrigibles. Elle allait donc à l'église autant pour suivre la mode que pour expliquer extérieurement, au gré de sa vanité, la baisse de ses succès. Elle essaya de défendre la sincérité de sa dévotion; mais elle le fit si faiblement, et les railleries de Sténio furent si cruelles, qu'elle eut tout le désavantage de la lutte, et, le sentant bien, elle se mit à pleurer.

Suspendu aux barreaux de la cellule... (Page 124.)

Quand ses larmes cessèrent d'amuser Sténio, pour s'épargner le soin de la consoler, il se mit à l'endoctriner d'un ton pédant, et lui répéta tous les lieux communs du Nord, pensant qu'ils seraient tout nouveaux dans le Midi. Il lui permit d'être catholique, lui donnant à entendre, fort peu délicatement, que la religion était faite pour les intelligences bornées, que le peuple en avait besoin, et qu'il était bon de l'encourager. Il en vint à lui prouver que ce qu'elle faisait était d'un bon exemple pour sa femme de chambre, et que d'ailleurs c'était une affaire de bonne compagnie que de se conformer au ton du jour. Il termina sa dissertation en lui disant que ce qui était bienséance dans sa manière extérieure serait, dans son intimité, du dernier mauvais goût, et il l'engagea à faire de la dévotion le matin et de la galanterie le soir. A ce discours, la Zinzolina prit sa revanche et se moqua de lui, surtout lorsqu'elle apprit qu'il était ruiné. Elle fit alors la généreuse, lui offrit sa table et sa voiture; et ce fut certainement de grand cœur, car la Zinzolina était libérale à la manière de ses pareilles; mais l'air de protection qu'elle prit avec Sténio fut pour lui le dernier coup. Un homme en place avait marchandé les

chants de sa lyre; une prostituée lui promettait les dons de ses amants. Il se leva furieux, et sortit pour ne jamais la revoir.

Quand il vit la dévotion régner partout, et qu'il apprit le grand crédit de l'abbesse des Camaldules, son ironie ne connut plus de bornes. Toute l'amertume qu'il avait couvée contre Lélia se réveilla à l'idée de la voir heureuse ou puissante. Il s'était consolé de ce qu'il appelait une vengeance de sa part, en se persuadant qu'elle le paierait cher, que l'ennui dévorerait sa vie, que ses compagnes la tourmenteraient, et que, douée, comme elle l'était, d'un caractère inflexible, elle ferait bientôt un éclat qui la forcerait de quitter le cloître. Quand il vit qu'il s'était trompé, il s'imagina devoir être humilié par cette destinée florissante, et sa mélancolie maladive empira. Il comprit sa vie petitement et jalousa tout ce qui n'était pas flétri et brisé comme lui. Il envia jusqu'aux titres, jusqu'aux richesses des autres hommes. Il fut saisi d'une haine instinctive contre le cardinal, et se plut à émettre des doutes outrageants sur la pureté des relations de l'abbesse avec lui. Il oublia cette tolérance élégante et sceptique qu'il avait apprise au foyer de la civi-

Et saisit sa main glacée. (Page 131.)

lisation, et, prenant du parti qu'il avait abandonné ce que ce parti avait précisément d'étroit et d'erroné, il déclama aigrement contre la piété, accusa de jésuitisme non-seulement tout ce qui intriguait dans l'État, mais encore tout ce qui cherchait le progrès par les voies religieuses. Il avait conservé la dignité de sa poésie en repoussant les viles séductions de la cupidité; il perdit cette dignité en forçant son génie à produire des satires pleines de fiel et des pamphlets gonflés de haine. C'est ainsi qu'au lieu de donner la main aux esprits nobles et sincères qui rêvaient la liberté et la servaient de tous leurs moyens, la jeunesse contemporaine de Sténio, croyant sauver la liberté, accusa de perfidie et repoussa brutalement ceux qui auraient aidé au triomphe de la vérité, s'il était possible que la lumière et la justice présidassent aux contestations humaines.

Un jour Sténio trouva plaisant de se déguiser en femme et de s'introduire dans le couvent pour assister à une des conférences de l'abbesse des Camaldules. Placé très-loin d'elle, il ne put voir ses traits, mais il entendit ses discours.

Forcée de se renfermer dans les usages du catholi-cisme, Lélia avait conservé à cet enseignement religieux la forme naïve d'une discussion où l'avocat de la mauvaise cause établit des prétentions que le défenseur de la vérité réfute toujours victorieusement. Dans le principe, le rôle de l'agresseur avait été rempli par une jeune fille exposant des doutes timides, ou par une religieuse feignant de regretter le monde. Mais, peu à peu, des femmes d'esprit qui assistaient à ces exhortations prièrent l'abbesse de leur permettre d'élever la voix librement contre elle, afin de lui soumettre leurs incertitudes ou de lui exposer leurs chagrins. A elle, de les redresser et de les consoler. Elle se rendit à leur désir, et, consultée à l'improviste sur plusieurs sujets ingénieux et délicats, elle leur répondit toujours avec une sagesse et les exhorta avec une onction qui les remplit d'admiration et d'attendrissement.

Sténio, témoin de ce gracieux échange d'épanchements nobles et pieux, moitié ravi de l'éloquence de Lélia, moitié irrité de ses faciles victoires sur toutes ces argumentations qui lui semblaient faibles et frivoles, eut la fantaisie de demander la parole à son tour. Il y avait longtemps qu'il ne s'était montré dans le pays; on avait oublié ses traits; d'ailleurs il était déguisé habilement; sa beauté avait conservé un caractère féminin, et sa voix une douceur presque enfantine. Personne ne se douta de la supercherie, et, au premier moment, Lélia elle-même y fut trompée.

« O ma mère, dit-il d'un ton doucereux et triste, vous me prescrivez toujours la prudence, vous me recommandez toujours la sagesse! Vous me dites de consulter, dans le choix d'un époux, non les dons brillants de l'esprit et de la figure, mais les qualités du cœur et la droiture de l'intelligence. Je comprends qu'avec ces précautions je pourrai échapper aux déceptions et aux souffrances; mais les fins de l'âme chrétienne en cette vie sont-elles donc de fuir la douleur et de se conserver tranquille au sein de l'égoïsme? Je pensais qu'au contraire le premier de nos devoirs était le dévoûment, et que, si la jeunesse et la beauté ont été investies par le ciel d'une puissance irrésistible, c'était dans le but de révéler l'idéal aux hommes et de le leur faire aimer. Ces dons que vous croyez sans doute funestes, vous, Madame, qui les possédiez et qui les avez ensevelis sous le cilice, n'ont pourtant pas été départis inutilement; car le Tout-Puissant ne créa rien de nuisible à l'être qui reçoit la vie et qui n'a pas le pouvoir de la refuser. Moi, je crois que, plus nous sommes faites pour inspirer l'amour, plus nous devons obéir aux desseins du ciel en ouvrant notre âme à l'amour, à un amour généreux, fidèle et plein d'abnégation. La miséricorde est le plus bel attribut de Dieu; d'où vient que vous fermez notre cœur à la miséricorde, en nous prescrivant d'aimer seulement ceux qui n'en ont pas besoin et qui ne nous donneront jamais l'occasion de l'exercer? Quel mérite aurais-je d'être la compagne du juste? Le juste assurera ma paix en ce monde; mais en quoi me rendra-t-il digne d'un monde meilleur? Et quand j'irai me présenter devant le tribunal de Dieu sans lui apporter le trésor de mes larmes pour laver mes faiblesses, ne me sera-t-il pas répondu ce que Jésus disait aux Pharisiens superbes : *Vous avez reçu votre récompense.*

« Écoutez, madame l'abbesse : les hommes sages et forts n'ont que faire de la tendresse des femmes. Ceux à qui Dieu la destinait pour soulager et fortifier leurs cœurs, ce sont les pécheurs, ce sont les faibles, ce sont les hommes égarés. Vous ne voulez donc pas qu'ils reviennent à la vertu et au bonheur, ces infortunés que le Christ est venu racheter au prix de son sang? N'est-ce pas pour eux qu'il s'est immolé, et ne devons-nous pas nous proposer la compassion et la charité du Christ pour modèle dans l'emploi de nos plus grandes facultés? O ma mère, au lieu de haïr les méchants, il faudrait songer à les convertir. Et comme ils ne peuvent rien les uns pour les autres; comme, dans le commerce des femmes avilies auquel vous les reléguez, ils ne peuvent que se corrompre et se damner de plus en plus, Dieu nous commande peut-être de nous abaisser jusqu'à eux pour les élever ensuite jusqu'à lui. Sans doute, ils nous feront souffrir par leurs emportements, par leurs infidélités, par tous les défauts et tous les vices qu'ils ont contractés dans l'habitude d'une méchante vie; mais nous souffrirons ces maux en vue de leur salut et du nôtre; car il est écrit qu'il y aura plus de joie dans le ciel pour un pécheur converti que pour cent justes persévérants.

« Permettez, Madame, je raconte ici une légende que vous connaissez sans doute, car elle est originaire de votre pays, et les poëtes l'ont traduite dans toutes les langues. Il y avait un débauché qui s'appelait don Juan... Que ce nom n'effarouche pas la pudeur, mon récit n'aura rien que d'édifiant. Il avait commis tous les crimes, toutes des victimes innombrables. Il avait enlevé une fille vertueuse, et puis il avait tué le père outragé de cette infortunée; il avait abandonné les plus belles et les plus pures d'entre les femmes; il avait même, dit-on, séduit et trahi une religieuse... Dieu l'avait condamné, il avait permis aux esprits de ténèbres de s'emparer de lui; mais don Juan avait aux cieux la protection ineffable de son ange gardien. Ce bel ange se prosterna

devant le trône de l'Éternel, et lui demanda la grâce de changer son existence immuable et divine pour l'humble et douloureuse condition de la femme. Dieu le permit. Et savez-vous, mes sœurs, ce que fit l'ange quand il fut métamorphosé en femme? Il aima don Juan et s'en fit aimer, afin de le purifier et de le convertir. »

Sténio se tut. Son discours avait produit une agitation étrange. Sa vieille légende était toute neuve pour les jeunes filles et pour la plupart des nonnes qui l'écoutaient. Plusieurs regardaient l'étrangère qui venait de parler, avec une curiosité pleine d'émotion. Le son de sa voix les avait troublées, et le feu de son regard attirait involontairement le leur. Quelques-unes se tournèrent, effrayées, vers l'abbesse, et attendirent sa réponse avec anxiété.

Lélia demeura quelques instants confondue de l'audace de Sténio, et se demanda si elle ne le ferait pas chasser immédiatement de l'enceinte sacrée. Mais, songeant que cet éclat serait pire encore que le discours qu'on venait d'entendre, elle prit le parti de lui répondre.

« Mes sœurs, dit-elle, et vous, mes enfants, vous ne savez pas la fin de la légende, et je vais vous la raconter. Don Juan aima l'ange et ne fut pas converti. Il tua son propre frère et reprit le cours de ses iniquités. Lâche et méchant, il avait peur de l'enfer quand il était ivre. A jeun, il blasphémait Dieu, profanait ses autels et foulait aux pieds les plus belles œuvres de ses mains. L'ange devenu femme perdit la raison, c'est-à-dire la mémoire du ciel sa patrie, la conscience de sa nature divine, l'espérance de l'immortalité. Don Juan mourut dans l'impénitence finale, tourmenté par les démons, c'est-à-dire par les remords tardifs et impuissants de sa conscience. Il y eut au ciel un ange de moins, et dans l'enfer un démon de plus.

Apprenez, mes enfants, que, dans ce temps d'étranges désespoirs et d'inexplicables fantaisies, don Juan est devenu un type, un symbole, une gloire, presque une divinité. Les hommes plaisent aux femmes en ressemblant à don Juan. Les femmes s'imaginent être des anges et avoir reçu du ciel la mission et la puissance de sauver tous ces don Juan; mais, comme l'ange de la légende, elles ne les convertissent pas, et elles se perdent avec eux. Quant aux hommes, sachez que cette absurdité de revêtir de grandeur et de poésie la personnification du vice est un des plus funestes sophismes qu'ils aient accrédités. O don Juan! hideux fantôme, combien d'âmes tu as perdues sans retour! C'est leur stupide admiration pour toi qui a flétri tant de jeunesses et précipité tant de destinées dans un abîme sans fond! En marchant sur tes traces elles ont espéré s'élever au-dessus du commun des hommes. Maudit sois-tu, don Juan! On t'a pris pour la grandeur, et tu n'es que la folie. La poussière de tes pas ne vaut pas plus que la cendre balayée par le vent. Le chemin que tu as suivi ne mène qu'au désespoir et au vertige.

« Fat insolent! où donc avais-tu pris les droits insensés auxquels tu as dévoué ta vie! A quelle heure, en quel lieu Dieu t'avait-il dit : « Voici la terre, elle est à toi, tu seras le seigneur et le roi de toutes les familles. Toutes les femmes que tu auras préférées sont destinées à ta couche; tous les yeux à qui tu daigneras sourire se fondront en larmes pour implorer ta merci. Les nœuds les plus sacrés se dénoueront dès que tu auras dit : Je le veux. Si un père te réclame sa fille, tu la plongeras ton épée dans son cœur désolé, et tu souilleras ses cheveux blancs dans le sang et la boue. Si un époux furieux vient te disputer, le fer à la main, la beauté de sa fiancée, tu railleras sa colère et tu te confieras dans ta mission irrévocable. Tu l'attendras de pied ferme, sans hâter le coup qui doit le frapper. Un ange que j'enverrai obscurcira son regard et le mènera au-devant de la blessure! »

« C'est-à-dire que Dieu, n'est-ce pas, gouvernait le monde pour tes plaisirs? Il commandait au soleil de se lever pour éclairer les hameaux et les tavernes, les couvents et les palais où ta verve libertine improvisait ses aventures; et, quand la nuit était venue, quand ton orgueil insatiable s'était abreuvé de soupirs et de larmes, il allumait au ciel les silencieuses étoiles pour protéger ta retraite et guider tes nouveaux voyages?

« L'infamie, infligée par toi, était un honneur digne d'envie. La flétrissure de tes perfidies était un sceau glorieux, ineffaçable, qui marquait ton passage comme les chênes foudroyés la course des nuées ardentes. Tu ne reconnaissais à personne le droit de dire : « Don Juan est un lâche, car il abuse de la faiblesse, il trahit des femmes sans défense. » Non, tu ne reculais pas devant le danger. Si un vengeur s'armait pour les victimes de ta débauche, tu ne faisais pas fi d'un cadavre, et tu ne craignais pas de trébucher en mettant le pied sur ses membres engourdis.

« Un jour sans promesse et sans mensonge, une nuit sans adultère et sans duel, auraient été une honte irréparable. Tu marchais tête levée, et tes yeux cherchaient hardiment la proie que tu devais dévorer. Depuis la vierge timide au bruit de tes pas, jusqu'à la courtisane effrontée qui mettait au défi ton courage et ta renommée, tu ne voulais ignorer aucune des joies de l'âme ou des sens : le marbre du temple ou le fumier de l'étable servait d'oreiller à ton sommeil.

« Que voulais-tu donc, ô don Juan! que voulais-tu de ces femmes éplorées? Est-ce le bonheur que tu demandais à leurs bras? Espérais-tu faire une halte après ce laborieux pèlerinage? Croyais-tu que Dieu t'enverrait enfin, pour fixer tes inconstantes amours, une femme supérieure à toutes celles que tu avais trahies? Mais pourquoi les trahissais-tu? Est-ce qu'en les quittant tu sentais au dedans de toi-même le dépit et le découragement d'une illusion perdue? Est-ce que leur amour n'atteignait pas à la hauteur de tes rêves? Avais-tu dit dans ton orgueil solitaire et monstrueux : « Elles me doivent une félicité infinie que je ne puis leur donner : leurs soupirs et leurs gémissements sont une douce musique à mon oreille; les tortures et les angoisses de mes premières étreintes réjouissent mes yeux. Esclaves soumises et dévouées, j'aime à les voir s'embellir d'une joie menteuse pour ne pas troubler mon plaisir; mais je leur défends de planter leur espérance sur le seuil de ma pensée, je leur défends d'attendre la fidélité en échange du sacrifice! »

« Est-ce que tu tressaillais de colère chaque fois que tu devinais au fond de leur âme l'inconstance qui les faisait égales à toi, et qui peut-être allait te gagner de vitesse? Étais-tu honteux et humilié quand leurs serments te menaçaient d'un amour opiniâtre et acharné qui aurait enchaîné ton égoïsme et ta gloire? Avais-tu lu quelque part dans les conseils de Dieu que la femme est une chose faite pour le plaisir de l'homme, incapable de résistance ou de changement? Pensais-tu que cette perfection idéale de renoncement existait pour toi seul sur la terre et devait assurer l'inépuisable renouvellement de tes joies? Croyais-tu qu'un jour le délire arracherait aux lèvres de ta victime une promesse impie, et qu'elle s'écrierait : « Je t'aime parce que je souffre, je t'aime parce que tu goûtes un plaisir sans partage, je t'aime parce que je sens à tes transports qui se ralentissent, à tes bras qui s'ouvrent et m'abandonnent, que tu seras bientôt las de moi et que tu m'oublieras. Je me dévoue parce que tu me repousses, je me souviendrai parce que tu m'effaceras de ta mémoire. Je t'élèverai dans mon cœur un sanctuaire inviolable, parce que tu vas inscrire mon nom dans les archives de ton mépris! »

Si tu as nourri un seul instant cette absurde espérance, tu n'étais qu'un fou, ô don Juan! Si tu as cru un seul instant que la femme peut donner à l'homme qu'elle aime autre chose que sa beauté, son amour et sa confiance, tu n'étais qu'un sot; si tu as cru qu'elle ne s'indignerait pas lorsque ta main la repousserait comme un vêtement inutile, tu n'étais qu'un aveugle. Va! tu n'étais qu'un libertin sans cœur, une âme de courtisan effronté dans le corps d'un rustre!

« Oh! qu'ils t'ont mal compris ceux qui ont vu dans ta destinée l'emblème d'une lutte glorieuse et persévérante contre la réalité! S'ils avaient renouvelé à leurs dépens l'épreuve que tu as tentée, ils ne te feraient pas la part si belle; ils confesseraient à haute voix la misère de tes ambitions, la mesquinerie de tes espérances. S'ils avaient comme toi combattu corps à corps avec l'impureté, comme ils sauraient ce qui t'a manqué, à toi qui n'as jamais connu l'amour, et qui, au lieu de reprendre avec ton bon ange la route des cieux, l'as précipité dans l'enfer à ta suite!

« C'est pour cela, don Juan, que ta mort les effraie et les consterne, et qu'ils t'adorent à genoux. Leurs yeux ne franchissent pas l'horizon que tu avais embrassé; ils ne sont heureux, comme toi, qu'avec des grincements de dents. L'épuisement et la douleur de tes derniers jours, le duel implacable de ton cerveau égaré contre ton sang engourdi, l'agonie et le râle de tes nuits sans sommeil les frappent de terreur comme une menace prophétique. Ils ne savent pas, les insensés, que tes plaintes étaient des blasphèmes, et que ta mort est un châtiment équitable. Ils ne savent pas que Dieu punit en toi l'égoïsme et la vanité, qu'il t'a envoyé le désespoir pour venger les victimes dont la voix s'élevait contre toi.

« Mais tu n'as pas le droit de te plaindre; le châtiment qui t'a frappé n'est qu'une représaille. Tu n'étais pas sage, don Juan, si tu ignorais le dénoûment fatal de toutes les tragédies que tu avais jouées. Tu avais bien mal étudié les modèles qui t'avaient précédé dans la carrière et que tu voulais rajeunir. Tu ne savais donc pas que le crime, pour avoir quelque grandeur, pour prétendre à l'empire du monde, doit vivre dans la conscience anticipée de la peine qu'il mérite chaque jour? Alors peut-être il peut se vanter de son courage, car il n'ignore pas la fin qui lui est réservée. Mais si tu croyais échapper à la vengeance céleste, don Juan, tu n'étais donc qu'un lâche!

« Ô mes sœurs! ô mes filles! voilà ce que c'est que don Juan. Aimez-le maintenant si vous pouvez. Que votre imagination s'exalte à l'idée de livrer les trésors de votre âme au souffle empoisonné de l'impie; que les romans, les poëmes, le théâtre, vous montrent la perversité triomphante de votre grossier contempteur. Adorez-le à genoux, abjurez pour lui tous les dons du ciel, faites-en un chemin splendide où ses pieds viennent répandre le sang et la fange! Allez! courbez vos fronts, quittez le sein de Dieu, devenez anges qui vivez en lui. Faites-vous victimes, faites-vous esclaves, faites-vous femmes!

« Ou plutôt déjouez ce piège grossier que le vice vous tend. Pour se dispenser de vous obtenir par des voies meilleures, sans doute son rôle est de se rendre aimable, sa tactique est de se peindre intéressant. Il vous dira qu'il souffre, qu'il soupire après le ciel qui le repousse, qu'il n'attend que vous pour y retourner; mais il a déjà fait ces lâches mensonges et ces perfides promesses à des femmes aussi candides que vous; et, quand il vous aura profanées et brisées comme elles, comme elles vous serez délaissées et enregistrées comme une date sur la liste de ses débauches.

« Sans doute il est des circonstances, heureusement bien rares, où le pardon et la patience de la femme servent, dans les desseins de Dieu, à la conversion de tels hommes. Quand de telles circonstances se rencontrent dans notre vie, malgré nous et en dépit de toute prévision, acceptons cette épreuve. Il y a des souffrances qui nous viennent de Dieu : que le dévouement, la douceur et l'abnégation soient les ressources de la femme à qui la Providence a envoyé le fléau d'un pareil époux. Mais ce dévouement doit avoir une limite; car ce qu'il y a de pis au monde, c'est d'oublier que le vice est haïssable en lui-même et de se mettre à aimer le vice. Si, comme les hommes aiment à le proclamer, la femme est un être faible, ignorant et crédule, de quel droit nous appellent-ils pour les convertir? Nous ne le pouvons pas sans doute; et eux, nos supérieurs, nos maîtres, ils peuvent donc nous pervertir et nous perdre? Voyez quelle hypocrisie ou quelle absurdité dans leur raisonnement!

« S'il est des souffrances qui viennent de Dieu, il en est bien plus, croyez-moi, qui nous viennent de nous-mêmes et que nous avons cherchées par notre témérité. Désirer l'amour du méchant, mettre son idéal dans la société du vice!... Mais cela est-il croyable, cela est-il possible? Le mal est si contagieux que les anges mêmes y succombent. Quel orgueil insensé ira donc tenter un pareil sort? Ah! si jamais l'une de vous éprouve cette tentation, qu'elle s'examine bien elle-même, et elle verra que son prosélytisme n'est qu'un prétexte de la vanité. Il serait si beau de convertir don Juan! il serait si glorieux de l'emporter sur toutes celles qui ont échoué! Eh bien, vous êtes belle, vous êtes persuasive, vous êtes un être privilégié; peut-être marquerez-vous dans la vie de don Juan. Il n'a jamais aimé la même femme plus d'un jour; peut-être aura-t-il pour vous deux jours de fidélité. Ce sera un beau triomphe; on en parlera. Mais que deviendrez-vous le troisième jour? Oserez-vous vous présenter devant Dieu pour lui demander sa paix que vous possédiez et que vous avez aliénée pour l'honneur de posséder don Juan? Vous aviez promis au Seigneur de lui ramener cette âme égarée; et pourtant vous revenez seule, abattue, souillée. Votre âme a perdu sa virginité, votre beauté sa puissance, votre jeunesse son espoir. Le souffle de don Juan est sur vous. Faites pénitence; il faudra beaucoup prier, beaucoup pleurer avant que cette tache soit lavée et que cette blessure ait fini de saigner. Mais quoi! votre réconciliation avec Dieu vous épouvante! vous craignez les reproches de la conscience, l'horreur de la solitude! vous vous jetez dans le tumulte du monde! Vous espérez vous enivrer et oublier votre mal. Mais le monde vous raille et vous dédaigne. Le monde est cruel, impitoyable. Vos larmes, qui eussent attendri le Seigneur, ne seront pour le monde qu'un sujet de risée. Alors il vous faut vaincre l'insolence du monde, et relever votre vanité froissée en cherchant de nouveaux triomphes. Il vous faut d'autres amours, vous ne pouvez pas rester seule et abandonnée. Vous ne pouvez pas être un objet de pitié pour les autres femmes. Il faut vous obstiner à soumettre don Juan. Retournez à lui; votre persévérance l'enorgueillira, et, pendant un jour encore, vous croirez être au comble du bonheur et de la gloire. Mais avec don Juan, il est un lendemain inévitable. Un charme magique pèse sur lui, l'ennui le poursuit partout et le chasse de partout. Il le chassera de vos bras comme de ceux des autres. Suivez-le si vous l'osez!

« Mais non, faites mieux, abandonnez-vous à lacolère, à la vengeance. Oubliez don Juan, prouvez-lui que vous êtes aussi forte, aussi légère que lui, cherchez un réparateur de votre affront, un consolateur à votre peine. Un autre don Juan se présentera, car il y en a beaucoup dans le temps où nous vivons. Il en viendra un plus beau, plus élégant, plus impudent que le premier. Celui-là ne vous eût pas cherchée alors que vous étiez pure. Il n'aime que le vice effronté; et quand il saura que vous avez été profanée, il se flattera de vous trouver telle qu'il vous désire. Il vous poursuivra, il vous persuadera sans peine; car il sait que c'est le dépit et non le besoin d'aimer qui vous attire à lui. Il a trop d'expérience pour croire à un amour que vous n'éprouvez pas, et lui, qui n'en éprouve pas davantage, ne craindra pas de vous tromper par les plus absurdes promesses. Avec le premier vous aviez eu deux ou trois jours de tendresse, avec le second vous n'en aurez pas un seul.

« Je m'arrête; c'est assez mettre sous vos yeux le tableau hideux de l'égarement et du désespoir. Détournez vos regards, ô mes douces et chastes compagnes! élevez-les au ciel et voyez si les anges s'ennuient de la société de l'Éternel! voyez si la légende est vraie et si les bienheureux abjurent leurs ineffables délices pour la société des hommes corrompus! »

La belle Claudia pleurait.....

Sténio n'entendit pas la fin du discours de l'abbesse. Elle avait, comme de coutume, ramené à elle tout son auditoire, et la gloire de don Juan était renversée. Comme il vit que, malgré l'attention qu'on donnait à l'abbesse, de temps en temps des regards incertains et curieux s'attachaient sur lui, il craignit d'être reconnu s'il sortait avec la foule. Il s'échappa sans bruit et revint cette fois quitter son travestissement, tout en roulant dans son esprit mille projets de vengeance, tous plus fous les uns que les autres.

LXIII.

A force de faire des projets, Sténio sortit sans s'être arrêté à aucun. Il avait repris les habits de son sexe, et sa toilette était des plus recherchées. Quand il eut marché longtemps, il se demanda ce qu'il allait faire; il était près du couvent des Camaldules. Son instinct et sa destinée l'avaient porté là sans qu'il en eût conscience.

Autrefois, Sténio avait déjà pénétré dans ce monastère. Pendant deux nuits il avait erré sur les terrasses, dans les cloîtres, autour des dortoirs. Il retrouva sans peine la cellule de Claudia, et, grimpant le long du berceau de jasmin qui entourait la croisée, il hésita s'il ne casserait pas un carreau pour entrer.

Sténio voulait à tout prix mortifier l'orgueil de Lélia. Ne pouvant le briser, il voulait au moins le tourmenter, et il se demandait sur qui porterait sa première tentative. Serait-ce sur Claudia, cette enfant qu'il avait trouvée jadis si bien disposée à l'écouter? Elle était devenue une grande et belle personne, pleine de dignité, de raison et de piété sincère. Son éducation avait été le chef-d'œuvre de l'abbesse, car nulle âme n'avait été plus près de se corrompre, et nulle n'avait eu autant d'efforts à faire pour s'ouvrir à la droiture et à la sagesse. Claudia sentait le mal que lui avait fait sa première éducation, et, dans sa lutte avec les mauvaises influences du passé, elle avait été si effrayée de l'avenir que son caprice s'était changé en résolution inébranlable. Elle avait pris le voile. Elle était novice.

Quelle gloire pour Sténio, et quelle humiliation pour Lélia, s'il venait à bout d'arracher cette proie au prosélytisme! Comme Claudia, dédaignée par lui chez la courtisane où elle était venue le chercher, et puis attirée ensuite à un rendez-vous où elle ne l'avait pas trouvé, et enfin arrachée à des résolutions sérieuses et à une jeunesse mûrie par la réflexion, serait une belle conquête à afficher! Peut-être en ce moment la fière abbesse racontait aux vieilles nonnes qu'elle avait reconnu, dans l'orateur femelle de la conférence, un homme qui s'était plu, dans sa réponse, à persifler et à humilier! Peut-être, le lendemain, grâce au caquet des nonnes, on saurait dans toute la ville le triomphe d'éloquence que Sténio était venu procurer à Lélia. Il lui fallait une aventure scandaleuse pour mettre les rieurs de son côté. Mais serait-ce Claudia, serait-ce Lélia elle-même que Sténio attaquerait de préférence?

Suspendu aux barreaux de la cellule, il distinguait, à la faible lueur d'une lampe allumée devant l'image de la Vierge, une forme blanche élégamment jetée sur une couche étroite et basse. C'était la belle Claudia dormant sur son lit en forme de cercueil. Son sommeil n'était pas parfaitement calme. De temps en temps un soupir profond, vague réminiscence du chagrin, de la crainte ou du repentir, venait soulever sa poitrine. Son bandeau était dérangé, et ses longs cheveux noirs, dont elle devait bientôt, comme Lélia, faire le sacrifice, retombaient sur son bras d'albâtre, mal caché par une large manche de lin.

La beauté de cette fille avait tellement augmenté depuis le temps où Sténio l'avait connue, son attitude était si gracieuse, et il y avait en elle un singulier mélange de volupté instinctive luttant encore, quoique faiblement, contre la chasteté victorieuse, que Sténio, troublé, oublia ses projets et ne songea qu'à la désirer pour elle-même. Mais ce soupir, qui de temps en temps échappait à Claudia, comme une note mystérieuse exhalée vers le ciel, causait un effroi involontaire à ce débauché. Les malédictions que Lélia avait données à don Juan lui revenaient aussi en mémoire et ne semblaient plus des attaques personnelles contre lui. « Après tout, se dit-il en regardant le sommeil virginal de Claudia, cette homélie ne peut m'avoir été adressée. Je ne suis point un roué; je suis libertin, mais non pas lâche ni menteur. Je vis avec des femmes débauchées, et je n'ai pas une grande opinion de la vertu des autres; mais je ne cherche pas à m'en assurer, car il y a toujours eu dans le souvenir de ma première déception quelque chose qui m'a mis en méfiance de moi-même. J'ai peut-être les manières et l'aplomb d'un Lovelace, mais je n'en ai pas la confiance superbe. Je n'ai trompé ni séduit aucune femme, pas même celle-ci, qui est venue me trouver dans un mauvais lieu, et que je regarde dormir à cette heure dans son voile de novice, sans en écarter le moindre pli. Qu'ai-je donc de commun avec don Juan? J'ai eu quelques velléités de l'imiter; mais j'ai senti aussitôt que je ne le pouvais pas. Je vaux mieux ou moins que lui, mais je ne lui ressemble pas. Je n'ai ni assez de santé, ni assez de gaieté, ni assez d'effronterie pour me donner tant de peine, sachant que je puis trouver des plaisirs faciles. Si Lélia s'imagine avoir frappé juste sur moi en écrasant don Juan sous sa rhétorique, elle se trompe beaucoup, elle a lancé son javelot dans le vide.

Il quitta les barreaux de la cellule et se promena dans le jardin, occupé toujours des anathèmes de Lélia et sentant croître en lui, non plus le désir de s'en venger en les méritant, mais de les repousser en faisant connaître qu'il ne les méritait pas. L'âme de Sténio était foncièrement honnête et amie de la droiture. Il avait la prétention, en général, d'être plus vicieux qu'il ne l'était en effet; mais, si on le prenait au mot, sa fierté se révoltait, et son indignation prouvait que ses principes, à certains égards, étaient inébranlables.

Il marchait avec agitation sous les myrtes du préau, et toutes les paroles de l'abbesse lui revenaient à la mémoire avec une précision qui tenait du prodige. Sa colère avait fait place à une souffrance profonde. Il n'avait pu se défendre d'admirer la parole de l'abbesse; le son de sa voix était plus harmonieux que jamais, et le ton dont elle disait révélait, comme autrefois, cette conviction profonde, cette incorruptible bonne foi que Lélia avait portée dans le scepticisme comme dans la piété. Il n'avait pas bien vu son visage; mais elle lui avait semblé toujours belle, et sa taille n'avait pas, comme celle de Pulchérie, perdu son élégance et sa légèreté. Malgré lui, Sténio avait été frappé du progrès intellectuel qui s'était accompli dans cette âme déchirée à l'âge où les femmes subissent, avec la perte de leurs charmes, une sorte de décadence morale. Lélia avait donné un démenti puissant à toutes les prévisions applicables aux destinées vulgaires. Elle avait triomphé de tout, de son amant, du monde et d'elle-même. Sa force effrayait Sténio; il ne savait plus s'il devait la maudire ou se prosterner. Ce qui était bien nettement senti de lui, c'était la douleur d'être méconnu par elle, méprisé sans doute, à l'heure où il ne pouvait se défendre de la respecter ou de la craindre.

Tel est le cœur humain : l'amour est la lutte des plus hautes facultés de deux âmes qui cherchent à se fondre l'une dans l'autre par la sympathie. Quand elles n'y parviennent pas, le désir de s'égaler au moins par le mérite devient un tourment pour leur orgueil mutuellement blessé. Chacune voudrait laisser à l'autre des regrets, et celle qui croit les éprouver seule est en proie à un véritable supplice.

Sténio, de plus en plus agité, sortit du jardin et suivit au hasard une galerie étroite soutenue d'arcades élégantes. Au bout de cette galerie, un escalier tournant en spirale sur un palmier de marbre s'offrit devant lui. Il le monta, pensant que ce passage le ramènerait aux terrasses par lesquelles il était venu. Il trouva un rideau de drap noir et le souleva à tout hasard, quoique avec précaution. La chaleur avait été accablante dans la journée. Cette tenture était la seule porte qui fermât les appartements de l'abbesse. Sténio traversa une pièce qui servait d'oratoire, et se trouva dans la cellule de Lélia.

Cette cellule était simple et recherchée à la fois. Elle était toute revêtue, à la voûte et aux parois, d'un stuc blanc comme l'albâtre. Un grand Christ d'ivoire, d'un beau travail, se détachait sur un fond de velours violet, encadré dans des baguettes de bronze artistement ciselées. De grandes chaises d'ébène massives, carrées, mais d'un goût pur, relevées par des coussins de velours écarlate, un prie-Dieu et une table du même style sur laquelle étaient posés une tête de mort, un sablier, des livres et un vase de grès rempli de fleurs magnifiques, composaient tout l'ameublement. Une lampe de bronze antique, posée sur le prie-Dieu, éclairait seule cette pièce assez vaste, au fond de laquelle Sténio ne distingua Lélia qu'au bout de quelques instants. Puis, quand il la vit, il resta cloué à sa place; car il ne sut si c'était elle ou une statue d'albâtre toute semblable à elle, ou le spectre qu'il avait cru voir dans des jours de délire et d'épuisement.

Elle était assise sur sa couche, cercueil d'ébène gisant à terre. Ses pieds nus reposaient sur le pavé et se confondaient avec la blancheur du marbre. Elle était tout enveloppée de ses voiles blancs, dont la fraîcheur était incomparable. À quelque heure qu'on vît la belle abbesse des Camaldules, elle était toujours ainsi; et l'éclat de ce vêtement sans tache et sans pli avait quelque chose de fantastique qui donnait l'idée d'une existence immatérielle, d'une sérénité en dehors des lois du possible. À ce vêtement si pur, ses compagnes attachaient un respect presque superstitieux. Aucune n'eût osé le toucher; car l'abbesse était réputée sainte, et tout ce qui lui appartenait était considéré comme une relique. Peut-être elle-même attachait une idée romanesque à cette blancheur du lin qui lui servait de parure. Elle trouvait avec la poésie chrétienne les plus touchants emblèmes de la pureté de l'âme dans cette robe d'innocence si précieuse et si vantée.

Lélia ne vit pas Sténio, quoiqu'il fût debout devant elle; et Sténio ne sut pas si elle dormait ou si elle méditait, tant elle demeura immobile et absorbée malgré sa présence. Ses grands yeux noirs étaient ouverts cependant; mais leur fixité tranquille avait quelque chose d'effrayant comme la mort. Sa respiration n'était pas saisissable. Ses mains de neige posées l'une sur l'autre n'indiquaient ni la souffrance, ni la prière, ni l'abattement. On eût dit d'une statue allégorique représentant le calme.

Sténio la regarda longtemps. Elle était plus belle qu'elle n'avait jamais été; quoiqu'elle ne fût plus jeune, il était impossible d'imaginer en la voyant qu'elle eût plus de vingt-cinq ans; et cependant elle était pâle comme un lis, et aucun embonpoint ne voilait sur ses joues le ravage des années. Mais Lélia était un être à part, différent de tous les autres, passionné au fond de l'âme, impassible à l'extérieur. Le désespoir avait tellement creusé en elle qu'il était devenu la sérénité. Toute pensée de bonheur personnel avait été abjurée avec tant de puissance, que par, ses compagnes attachaient pas la moindre trace de regret ou de mélancolie sur son front. Et cependant Lélia connaissait des douleurs auxquelles rien dans la vie des autres êtres ne pouvait se comparer; mais elle était comme la mer calme, quand on la regarde du sommet des montagnes, alors qu'elle paraît si unie qu'on ne peut comprendre les orages cachés dans son sein profond.

Quand Sténio la vit ainsi, lui qui s'était toujours attendu à la retrouver déchue de toute sa puissance, un trouble, un attendrissement, un transport imprévus s'emparèrent de lui. Six années de dépit, de méfiance ou d'ironie furent oubliées en un instant devant la beauté de la femme; six années de désordres, de scepticisme ou d'impiété furent abjurées comme par magie au spectacle de la beauté de l'âme. Ce que Sténio avait adoré autrefois dans Lélia, c'était précisément cette réunion de la beauté physique et de la beauté intellectuelle. Cette force de l'intelligence qui lui avait résisté était devenue l'objet de sa haine. Il n'avait voulu garder dans sa mémoire que le souvenir d'une belle femme, et, pour consoler son amour-propre d'avoir plié le genou devant Lélia, il se plaisait à répéter que sa beauté seule l'avait ébloui et lui avait fait rêver en elle un génie qu'elle n'avait pas. En contemplant Lélia ainsi pensive, il fut impossible à Sténio de ne pas sentir qu'entre cette femme, qu'il eût pu admirer, et toutes celles qu'il prétendait comparer et égaler à elle, il y avait l'abîme de l'infini. Comme un prodigue ruiné à l'aspect d'un trésor négligé qui lui échappe, il fut pris de vertige et de désespoir, et s'appuya contre la porte pour ne pas se laisser tomber à genoux. Lélia ne vit pas son trouble. Emportée par l'esprit dans un autre monde, elle n'existait pas, à cet instant-là, de la vie des sens.

Sténio resta presque une heure devant elle, l'étudiant avec avidité, épiant le réveil du sentiment dans cette extase de la pensée, se demandant avec angoisse si elle songeait à lui en cet instant, et si c'était pour le plaindre, le regretter ou le mépriser. Enfin, elle fit un léger mouvement et parut sortir de son rêve, mais peu à peu, et sans se rendre encore bien compte de la vie extérieure. Puis elle se leva, et marcha lentement dans le fond de sa chambre. La lampe envoyait au mur pâle le reflet transparent de son ombre voilée. On eût dit d'un spectre qui marchait à côté d'elle. Enfin elle s'arrêta devant la table, et, croisant ses bras sur sa poitrine, la tête penchée en avant, et l'air mélancolique, cette fois, elle contempla longtemps le vase rempli de fleurs. Sténio la vit essuyer quelques larmes qui coulaient de ses yeux lentement et tranquillement, comme l'eau d'une source limpide et silencieuse. Il ne put résister plus longtemps à son émotion.

« Oh! lui dit-il en faisant quelques pas vers elle, voici la seconde fois que je te vois pleurer : la première fois j'étais à tes pieds; aujourd'hui j'y serai encore si tu veux me dire le secret de tes larmes. »

Lélia ne tressaillit point : elle regarda Sténio d'un air étrange, et sans montrer ni crainte ni colère de le voir pénétrer chez elle au milieu de la nuit.

« Sténio, lui dit-elle, je pensais à toi; il me semblait te voir et t'entendre; ton image était dans ma pensée. Que viens-tu faire ici, tel que te voilà?

— Ma présence vous fait horreur, Lélia? dit Sténio, effrayé de cet accueil glacial.

— Non, répondit Lélia.

— Mais, dit Sténio, elle vous offense et vous irrite?

— Non plus, répondit Lélia.

— Eh bien, elle vous afflige, peut-être?

— Je ne sais pas ce qui peut m'affliger désormais, Sténio. Mon âme vit dans la présence incessante, éternelle, des sujets de sa réflexion et des causes de sa douleur. Tu vois que ta visite ne m'émeut pas plus que ton souvenir, et ta personne pas plus que ton image.

— Vous pleuriez, Lélia, et vous dites que vous pensiez à moi!

— Regarde cette fleur, dit Lélia en lui montrant un narcisse blanc d'un parfum exquis. Elle m'a rappelé ce que tu étais dans ta jeunesse, alors que je t'aimais; tout à coup j'ai vu tes traits, j'ai entendu le son de ta voix, et mon cœur a été délicieusement ému, comme aux jours où je me croyais aimée de toi.

— Est-ce un rêve que je fais? s'écria Sténio hors de lui. Est-ce Lélia qui me parle ainsi? et si c'est elle, est-ce parce que la sœur Annonciade s'ennuie de la solitude, ou parce que l'abbesse des Camaldules veut railler amèrement mon audace? »

Lélia ne sembla pas entendre ce que disait Sténio; elle tenait le narcisse, et le regardait avec attendrissement.

« Te voilà, mon poëte, lui dit-elle, comme je t'ai souvent contemplé à ton insu. Souvent, dans nos courses rêveuses, je t'ai vu, plus faible que Trenmor et moi, céder à la fatigue et t'endormir à mes pieds sous une chaude brise de midi, parmi les fleurs de la forêt. Penchée sur toi, je protégeais ton sommeil, j'écartais de toi les insectes malfaisants. Je te couvrais de mon ombre quand le soleil perçait les branches pour jeter un baiser à ton beau front. Je me plaçais entre toi et lui. Mon âme despote et jalouse t'enveloppait de son amour. Ma lèvre tranquille effleurait quelquefois l'air chaud et parfumé qui frémissait autour de toi. J'étais heureuse alors, et je t'aimais! Je t'aimais autant que je puis aimer. Je te respirais comme un beau lis, je te souriais comme à un enfant, mais comme à un enfant plein de génie. J'aurais voulu être ta mère et pouvoir te presser dans mes bras sans éveiller en toi les sens d'un homme.

D'autres fois, j'ai surpris le secret de tes promenades solitaires. Tantôt, penché sur le bassin d'une source ou appuyé sur la mousse des rochers, tu regardais le ciel dans les eaux. Le plus souvent, tes yeux étaient à demi fermés, et tu semblais mort à toutes les impressions extérieures. Comme maintenant, tu semblais te recueillir et regarder en toi-même Dieu et les anges réfléchis dans le mystérieux miroir de ton âme. Te voilà, comme tu étais alors, encore adolescent, encore sans mauvaise passion, étranger aux ivresses et aux souffrances de la vie. Fiancé de quelque vierge aux ailes d'or, tu n'avais pas encore jeté ton anneau dans les flots orageux. Est-ce que tant de jours, tant de maux, ont été subis depuis cette matinée sereine où je t'ai rencontré comme un jeune oiseau ouvrant ses ailes tremblantes aux premières brises du ciel? Est-ce que nous avons vécu et souffert depuis cette heure où tu me demandais de t'expliquer l'amour, le bonheur, la gloire et la sagesse? Enfant qui croyais à toutes ces choses et qui cherchais en moi ces trésors imaginaires, est-il vrai que tant de larmes, tant d'épouvantes, tant de déceptions, nous séparent de cette matinée délicieuse? Est-ce que tes pas, qui n'avaient courbé que des fleurs, ont marché depuis dans la fange et sur le gravier? Est-ce que ta voix, qui chantait de si suaves harmonies, s'est enrouée à crier dans l'ivresse? Est-ce que ta poitrine, épanouie et dilatée dans l'air pur des montagnes, s'est desséchée et brûlée au feu de l'orgie? Est-ce que ta lèvre, que les anges venaient baiser dans ton sommeil, s'est souillée à des lèvres infâmes? Est-ce que tu as tant souffert, tant rougi et tant lutté, ô Sténio! ô le bien-aimé fils du ciel?

— Lélia! Lélia! ne parle pas ainsi, s'écria Sténio en tombant aux genoux de l'abbesse; tu brises mon cœur par une froide moquerie; tu ne m'aimes pas, tu ne m'as jamais aimé!... »

En sentant la main de Sténio chercher la sienne, l'abbesse recula avec un frisson douloureux.

« Oh! dit-elle, ne parlez pas ainsi vous-même. Je songeais à cette fleur au fond de laquelle je croyais voir une image qui s'est effacée. Maintenant, Sténio, adieu! »

Elle laissa tomber la fleur à ses pieds; un profond soupir s'exhala de son sein, et, levant les yeux au ciel dans un mouvement d'inexprimable tristesse, elle passa la main sur son front, comme pour chasser une illusion et revenir avec effort au sentiment de la réalité. Sténio attendait avec anxiété qu'elle s'expliquât sur le présent. Elle le regarda avec un mélange d'étonnement et de froideur.

« Vous avez voulu me voir, dit-elle; je ne vous demande pas pourquoi, car vous ne le savez pas vous-même. Maintenant que votre inquiétude est satisfaite, il faut vous retirer.

— Pas avant que vous me disiez ce que vous éprouvez vous-même en me voyant, répondit Sténio. Je veux savoir quel sentiment succède en vous à ce souvenir d'amour que vous n'avez pas craint d'exprimer devant moi.

— Aucun, répondit Lélia, pas même la colère.

— Quoi! pas même la haine?

— Pas même le mépris, répondit Lélia. Vous n'existez pas pour moi. Il me semble que je suis seule, et que je regarde un portrait de vous qui ne vous ressemble pas.

— Quoi! pas même le mépris? dit Sténio irrité; pas même la peur? ajouta-t-il en se relevant et en la suivant de près, tandis qu'elle reprenait sa promenade au fond de la cellule.

— La peur moins que toute autre chose, dit Lélia sans daigner faire attention à la fureur qui s'emparait de lui. Vous n'êtes pas encore don Juan, Sténio! Vous êtes une nature faible et non perverse. Comme vous ne croyez pas en Dieu, vous ne croyez pas non plus à Satan; vous n'avez fait aucun pacte avec l'esprit du mal, car rien n'est mal comme rien n'est bien à vos yeux. Vos instincts ne vous portent point au crime; ils repoussent l'infamie. Vous fûtes un type de candeur et de grâce, vous n'êtes aujourd'hui le type de rien : vous vous ennuyez! L'ennui n'avilit ni ne dégrade, mais il efface, il détruit.

— Vous le savez sans doute, madame l'abbesse, répondit Sténio avec aigreur; car j'ai surpris le secret de vos nuits, et je sais que vous ne lisez pas, que vous ne dormez pas, que vous ne priez pas; je sais que, vous aussi, l'ennui vous dévore!

— Le chagrin me dévore, non l'ennui! répondit Lélia avec une franchise qui brisa l'orgueil de Sténio.

— Le chagrin! dit-il avec surprise. Vous en convenez donc? Oh! oui, en vous voyant si calme, j'aurais dû comprendre que vous nourrissiez tranquillement et patiemment, comme jadis, le désespoir dans votre sein; pauvre Lélia!

— Oui, pauvre Lélia! répondit l'abbesse, je mérite d'être appelée ainsi, et pourtant j'ai de grandes richesses, de grandes espérances, de grandes consolations: la conscience d'avoir agi comme je devais, la certitude d'un Dieu ami des malheureux, et l'intelligence des joies saintes auxquelles une âme résignée peut aspirer.

— Mais vous souffrez, Lélia, dit Sténio de plus en plus étonné de la trouver si sincère; vous n'êtes donc pas résignée? Vous ne ressentez donc pas ces joies que vous comprenez? Ce Dieu, ami des infortunés, ne vous assiste donc pas? La paix de votre conscience n'est donc pas une félicité suffisante?

— Je ne m'étonne pas que vous me le demandiez, répondit Lélia; car vous ne savez plus rien de toutes ces choses, et vous devez trouver un certain attrait de curiosité à les rapprendre; je vais donc vous les dire. »

Elle lui fit signe de s'éloigner d'elle, car il marchait à ses côtés, il n'osa pas résister à ce geste dont l'autorité semblait surhumaine. Il s'éloigna aussi, et, appuyant son coude contre le bord de la fenêtre, elle lui parla debout et le regard fixé sur lui avec assurance.

« Je ne veux pas vous tromper, lui dit-elle. Je sens que ces paroles échangées à cette heure entre nous ont une solennité qu'il n'est pas en mon pouvoir de détourner. Si Dieu a permis que vous entrassiez sans obstacle dans le sanctuaire de mon repos, s'il a livré à votre curiosité malveillante ou frivole le secret douloureux de mes veilles, sa volonté est apparemment que vous connaissiez mes pensées; et vous les connaîtrez pour en faire l'usage que Dieu a prévu et ordonné. La fierté que je professe, que j'enseigne et que je pratique est, je le sais, l'objet de votre aversion et de votre ressentiment. Vous la combattez avec âpreté dans vos entretiens, dans vos écrits, dans le sein même de mon humble école; mais vous la combattez par un faible argument, Sténio. Vous dites que mon chemin ne mène point au bonheur, que je suis moi-même la première victime de cet indomptable orgueil que j'exalte. Vous vous trompez, Sténio! ce n'est pas de mon orgueil que je suis victime, c'est de l'absence des affections qui font la vie de l'âme. La vie de l'âme en Dieu est une existence sublime, mais elle ne suffit pas, parce qu'elle ne peut pas exister complète, incessante, infinie. Dieu nous aime et nous porte en lui à toute heure; nous aussi, nous l'aimons et le portons en nous; mais nous ne sentons pas, comme lui, à toute heure, cette vie universelle qui est en lui naturelle et nécessaire; en nous, accidentelle, extraordinaire, jaculatoire. L'amour infini est donc la vie de Dieu. La vie de l'homme se compose de l'amour infini, qui a Dieu et l'univers pour objet, et de l'amour fini ou terrestre, qui a pour objet les âmes humaines associées par le sentiment à l'être humain. Cette association, c'est l'amour, l'hyménée, la génération, la famille. Qu'une créature humaine s'isole et renonce à ces éléments nécessaires de son existence, elle souffre, elle languit, elle n'existe plus qu'à demi. Elle a bien l'immensité de Dieu pour refuge; mais, faible et bornée qu'elle est, elle se perd au sein de cette immensité et s'y sent absorbée, dévorée, anéantie, comme un atome dans le foyer des astres. Quelquefois cette absorption est enivrante, délicieuse, sublime; il est, dans la prière et dans la contemplation, des ravissements inouïs et dont nulle joie terrestre ne peut donner l'idée. Mais ils sont rares, ils s'évanouissent rapidement, et ne reviennent pas au premier cri de notre souffrance; ils sont rares, parce que notre âme, malgré tous nos efforts, a besoin pour les ressentir d'un état de puissance auquel la nature humaine ne peut aisément s'élever ni se soutenir; ils sont fugitifs, parce que Dieu ne nous per-

met point de passer en cette vie de l'état d'homme à l'état d'ange: il faut que nous subissions notre sévère destinée, et que notre pèlerinage s'accomplisse dans les dures conditions de la vie terrestre.

« Au milieu de sa rigueur, Dieu est bon et prodigue envers nous. Il a permis que nous eussions sur cette terre des affections tendres, fortes, exclusives; mais il a voulu, pour sanctionner ces affections, qu'elles revêtissent un caractère de grandeur, de justice et de sublimité, moyennant lesquelles elles ressemblent à l'amour divin, parce qu'elles s'y retrempent et s'y confondent; et sans lesquelles elles se matérialisent, s'avilissent et s'éteignent, parce que l'amour divin ne les inspire et ne les gouverne plus. Ainsi, quand les générations se corrompent ou s'endorment, quand le progrès de la justice est entravé sur la terre, quand les lois ne sont plus en harmonie avec les besoins de ce progrès, et que les cœurs font de vains efforts pour vivre selon la liberté, qui fait la sincérité et la fidélité des affections, Dieu retire du cœur humain ce rayon dont il l'avait éclairé. Les nobles instincts de l'homme retombent au niveau de la brute. Les mystères sacrés de l'hymen s'accomplissent dans la fange ou dans les pleurs; les passions deviennent cuisantes, jalouses, meurtrières; les appétits, grossiers, impudiques et lâches: l'amour est une orgie, le mariage un marché, la famille un bagne. Alors l'ordre est un supplice et une agonie; le désordre, un refuge, c'est-à-dire un suicide.

« Eh bien, ce désordre, nous y vivons, Sténio, vous, parce que vous vous êtes jeté dans la débauche, et moi, parce que je me suis reléguée dans le cloître; vous, parce que vous avez abusé de l'existence, et moi, parce que j'ai renoncé à exister. Nous avons transgressé tous deux les lois divines, faute d'avoir sous des lois humaines qui nous permissent de nous entendre et de nous aimer. Les préjugés de votre éducation et les habitudes de votre esprit, l'exemple de l'humanité, la sanction des lois, vous eussent donné sur moi des droits de commandement et de possession que ma volonté seule eût pu ratifier, et que ma volonté n'a pas voulu ratifier, craignant l'abus inévitable où vous entraîneraient tant de puissances réunies contre moi. A ne parler que d'un seul de vos droits exclusifs, la société ne me donnait aucune garantie contre votre infidélité, et, tout au contraire, elle vous donnait contre la mienne les garanties les plus avilissantes pour ma dignité. Ne dites pas que nous eussions pu nous élever au-dessus de cette société et braver ses institutions en contractant une union libre de formalités. J'avais fait cette expérience, et je savais qu'elle est impossible; car là, moins encore que dans le mariage, la femme peut être la compagne et l'égale de l'homme. Les intérêts sont opposés; l'homme croit les siens plus précieux et plus importants. Il faut que la femme y sacrifie les siens et s'engage dans une carrière de dévouement, sans compensation possible de la part de l'homme; car l'homme tient à la société; quoi qu'il fasse, il ne peut s'isoler, la société repousse le lien illégitime. Il faut donc que l'existence de la femme disparaisse, absorbée par celle de l'homme; et moi, je voulais exister. Je ne l'ai pas pu, j'ai préféré scinder mon existence et sacrifier ma part de vie humaine à la vie divine, que de perdre l'une et l'autre dans une lutte vaine et funeste.

Vous, Sténio, vous aviez compris instinctivement mes prétentions et mes droits; car vous m'aimiez plus que vous n'eussiez aimé une autre femme. Mais il n'était pas en votre pouvoir d'y acquiescer. Comme il y a pour les hommes deux existences, l'une sociale et l'autre individuelle, il y a en eux deux natures, deux âmes, pour ainsi dire: l'une qui veut l'adhésion de la société, l'autre qui veut les joies de l'amour. Or, quand ces deux existences sont en guerre, le cœur de l'homme est en guerre contre lui-même. Il sent que l'idéal n'est pas dans une société injuste et corrompue, mais il sent aussi que son idéal ne peut exister dans l'amour sans la sanction de la société. Qu'il rompe avec l'amour ou avec la société, il scinde également sa vie. Dieu a mis en lui des instincts de tendresse et des besoins de bonheur, voilà pour son amour; mais il a mis aussi en lui des instincts de dévoue-

Magnus les regarda d'un air égaré... (Page 133.)

ment et des sentiments de devoir, voilà pour son rôle de citoyen. Ces lois ont concilié ces besoins et ces devoirs de telle façon qu'en renonçant à son rôle de citoyen l'homme est sacrifié à la femme, et qu'en renonçant à l'amour il est sacrifié à la société.

« Nous ne pouvions ni l'un ni l'autre sortir de ce dédale. Aussi, Sténio, nous nous sommes arrêtés sur le seuil; vous avez renoncé à l'amour. Que ne puis-je dire: Vous y avez renoncé pour la société! Mais cette société qui vous gouvernait vous faisait horreur. Vous avez compris qu'on ne pouvait s'élever sur ses abus sans lâcheté. Il vous restait un grand rôle, la lutte contre ses abus.

« Ce rôle de réformateur vous a lassé trop vite, et vous vous êtes jeté dans l'écume du torrent que vous ne vouliez ni suivre ni remonter. Vous vous y laissez bercer comme un insecte qui se noie dans la lie des coupes, et qui meurt dans ce vin où l'homme puise la vie ou l'ivresse, la force généreuse ou la fureur brutale. Voilà pourquoi je vous dis que vous êtes un être faible, et que vous n'existez pas.

« Quant à moi, je souffre; si c'est là ce que vous voulez savoir et ce qui peut vous consoler de votre ennui,

sachez-le bien, ma vie est un martyre; car, si les grandes résolutions enchaînent nos instincts, elles ne les détruisent pas. J'ai résolu de ne pas vivre, je ne cède pas au désir de la vie; mais mon cœur n'en vit pas moins éternellement jeune, puissant, plein du besoin d'aimer et de l'ardeur de la vie. Ce feu sans aliment me consume; et plus mon âme s'exalte dans la vie divine, plus elle se renouvelle dans le regret et le besoin de la vie humaine. Ce cœur si froid, si altier, si insensible, selon vous, Sténio, est un incendie qui me dévore; et ces yeux que vous n'avez vus pleurer qu'une seule fois, versent, chaque nuit, devant ce crucifix, des larmes qu'ils ne sentent même plus couler, tant la source en est féconde, intarissable!...

— Et ces larmes tombent sur le marbre insensible! ah! Lélia! qu'elles tombent sur mon cœur! »

Sténio, emporté par un retour invincible de passion, se précipita aux pieds de Lélia et les couvrit de baisers.

« Tu aimes, s'écria-t-il! oh! oui, tu aimes! je le sais, je le comprends maintenant, toi que j'ai tant méconnue, tant calomniée!...

— J'aime, répondit Lélia en le repoussant avec une

Il vit l'abbesse des Camaldules agenouillée près de Sténio... (Page 134.)

fermeté mêlée de douceur; mais je n'aime personne, Sténio; car l'homme que je pourrais aimer n'est pas né, et il ne naîtra peut-être que plusieurs siècles après ma mort.

—O mon Dieu! dit Sténio en sanglotant, ne puis-je être cet homme? Toi, prophétesse qui as arraché au ciel les secrets de l'avenir, ne peux-tu faire un miracle, ne peux-tu faire que j'anticipe sur le cours des âges, et que, seul parmi les hommes, je mérite ton amour!

—Non, Sténio, répondit-elle, je ne puis t'aimer, car je ne puis faire que tu m'aimes! »

LXIV.

Sténio erra les nuits suivantes autour du monastère; mais il n'y put jamais pénétrer. Les escarpements de la montagne ne lui offrirent plus de passage, même au péril de ses jours. On avait fait sauter le bloc de laves qui joignait la montagne aux terrasses du couvent par une rampe escarpée, presque impraticable. Ce dangereux sentier, jeté comme un pont sur l'abîme, n'avait pas ef-

frayé Sténio. Il fut miné, et Sténio trouva un jour au fond du ravin les pics qui la veille baignaient leurs crêtes dans les nuages. De l'autre côté de la montagne, les murs du monastère n'offraient plus la moindre brèche où l'on pût poser le pied. Les gardiens de la porte avaient été changés: ils étaient désormais incorruptibles. Sténio chercha, imagina, essaya tous les moyens; aucun ne lui réussit. Il épuisa le reste de ses ressources d'argent et acheva de ruiner sa santé mal raffermie, sans pouvoir percer les murailles enchantées qui lui cachaient l'objet de ses rêves. L'abbesse, informée de ses tentatives, lui fit dire plus d'une fois en secret que tout était inutile, qu'elle ne pouvait consentir à le revoir, et qu'elle prendrait toutes les mesures pour déjouer son obstination. Sténio persévérait dans son dessein avec un aveuglement qui tenait de près à la folie.

Il avait cédé à l'ascendant qu'elle exerçait sur lui, la nuit où il l'avait quittée, abattu et troublé. Mais à peine s'était-il retrouvé seul avec ses pensées, qu'il s'était reproché de n'avoir pas su vaincre l'incrédulité de Lélia par une obsession plus ardente. Il avait rougi de cet instant de naïveté qui l'avait rempli de honte, de douleur et de découragement en sa présence, et il s'était promis d'être à l'avenir moins timide ou moins crédule.

Mais cet avenir n'amena rien de ce qu'il rêvait. Sous prétexte d'une retraite, pratique de dévotion usitée à de certaines occasions, l'abbesse avait fait fermer le couvent. Les conférences et les prédications étaient suspendues. Lélia ne craignait point la présence de Sténio, elle ne pouvait plus l'aimer ; mais elle voulait respecter ses vœux autant dans l'apparence que dans la réalité ; car pour un esprit aussi droit et aussi logique que le sien, la rigidité des démarches était inséparable de celle des pensées. D'ailleurs, elle n'espérait en aucune façon guérir Sténio. Elle s'était montrée au-dessus de tout préjugé et de toute crainte puérile en lui parlant comme elle avait osé le faire ; il lui semblait que tout avait été dit cette nuit-là et qu'il serait au moins inutile d'y revenir. Elle pria Dieu pour lui du fond de son âme, et demeura avec sa tristesse habituelle, se souvenant à toute heure qu'elle avait aimé Sténio, mais se rappelant rarement qu'il existait encore.

Sténio tomba dans une tristesse mortelle. La franchise et la raison de Lélia l'avaient écrasé. Son amour-propre n'osait plus lutter contre l'invincible vérité qui parlait en elle. Il ne songeait plus à la faire descendre dans son opinion ou dans celle des autres de la position élevée où elle s'était assise dans sa douleur et dans sa majesté. Chaque jour détruisait en lui la confiance du libertin ; l'invincible résistance de Lélia lui prouvait bien qu'elle regrettait l'amour d'une façon abstraite, et sans songer à aucun homme.

Sténio fut obligé de s'avouer dans le fond de son âme qu'elle avait vaincu. Cette guerre sourde et patiente qu'ils s'étaient faite l'un à l'autre en marchant avec persistance vers les deux buts les plus extrêmes de la volonté, se terminait enfin par le triomphe de Lélia. Elle était inébranlable dans sa résignation douloureuse ; elle était sans faiblesse pour Sténio, sans pitié pour elle-même. Et Sténio avait plié le genou devant elle, il l'avait implorée ; et, ce qui le consternait le plus, c'est qu'il l'aimait encore, il l'aimait plus que jamais, il l'aimait comme il ne l'avait pas encore aimée.

Mais il était trop tard pour que cet amour fût salutaire à elle ou à lui. Elle n'espérait plus rien de la part des hommes, et lui aussi avait perdu la faculté d'espérer quelque chose de lui-même. Il ne pouvait abandonner la débauche. Cette impudente maîtresse s'était emparée de sa vie, et le poursuivait jusqu'au sein des rêves les plus doux et des images les plus pures. Elle lui était nécessaire pour lui faire oublier quelques instants la perte de l'idéal. Aussi l'idéal ne pouvait-il reprendre vie dans son âme ; l'âme s'épuisait dans ce partage entre le désir exalté et la réalisation abrutissante. On le vit prendre souvent, à l'entrée de la nuit, le chemin des montagnes, et rentrer le matin, pâle, épuisé, l'air farouche et le front chargé d'ennuis. Il allait souvent s'asseoir sur le rocher de Magnus. De là il voyait les dômes du couvent, les ombrages du cimetière et les rives de ce lac où il avait promené tant de sombres rêveries et où la tentation du suicide l'avait si souvent retenu des nuits entières penché sur l'abîme.

Un jour, il reçut une lettre de Trenmor qui lui reprochait vivement sa coupable indifférence et l'invitait à venir le rejoindre. Trenmor était engagé dans de nouvelles entreprises du genre de celles où il avait déjà attiré Sténio. Il était toujours plein de foi en la sainteté de sa mission, sinon d'espoir dans le succès prochain de ses travaux. La constance de son dévoûment et l'ardeur de sa propagande irritèrent Sténio. Mécontent de son inaction et de son impuissance, il essaya de nier encore les vertus qu'il n'avait pas ; et puis, sa conscience qui était restée saine, la noblesse innée et inaltérable d'une moitié de son être réclamèrent puissamment contre ces blasphèmes. Sténio eut un dernier accès de désespoir qui ne réveilla plus aucune énergie ni pour le mal, ni pour le bien. Il alla au bord du lac et n'en revint plus.

Il était venu minuit frapper à la porte de l'ermite. Celui-ci, habitué à le voir venir à toute heure troubler ses prières ou son sommeil, commençait à ne pouvoir

plus supporter cet hôte fantasque et dangereux. Il était effrayé de ses déclamations impies et blessé surtout de l'insistance cruelle qu'il mettait à faire saigner ses blessures mal fermées. C'était un étrange plaisir pour Sténio que de tourmenter le prêtre. On eût dit qu'il était heureux de trouver dans cet homme, voué à la peur et à la souffrance, un exemple de l'inutilité de tout effort humain, une preuve de l'impuissance de la foi religieuse devant la fougue des instincts et les emportements de l'imagination. Il se vengeait avec lui de la honte que lui causait la force glorieuse de Trenmor et de Lélia, et il abusait lâchement de la faiblesse de cet adversaire, croyant qu'après avoir ébranlé sa confiance en Dieu il assurerait la sienne propre dans l'athéisme ; mais il le faisait souffrir en pure perte, et Dieu le punissait de son orgueil en augmentant son incertitude et son effroi après qu'il avait réussi à troubler cette âme tremblante et tourmentée.

Cette nuit-là, l'ermite feignit de dormir profondément et n'ouvrit point à Sténio. Mais, quand le jeune homme se fut éloigné, Magnus craignit d'avoir manqué à la patience et à l'humilité en refusant cette épreuve que lui envoyait le ciel. Il lui sembla que Sténio lui avait crié à travers la porte un adieu étrange, et qu'il nourrissait quelque projet sinistre. Il se leva pour le rappeler. Sténio était déjà loin ; il marchait avec rapidité vers le lac, en chantant d'une voix altérée le refrain d'une chanson graveleuse. Magnus se hâta de rentrer dans sa cellule et se mit en prières. Mais au bout d'une heure il sentit comme un avertissement secret se rendit au bord du lac. La lune était couchée ; on ne distinguait au fond de l'abîme qu'une vapeur morne étendue sur les roseaux comme un linceul. Un silence profond régnait partout. L'odeur des iris montait faiblement sur la brise tiède et nonchalante. L'air était si doux, la nuit si bleue et si paisible, que les pensées sinistres du moine s'effacèrent involontairement. Un rossignol se mit à chanter d'une voix si suave, que Magnus rêveur s'arrêta à l'écouter. Était-il possible qu'une horrible tragédie eût pour théâtre un lieu si calme, une si belle nuit d'été ?

Magnus reprit lentement et en silence le chemin de sa cellule. Il remonta le sentier enveloppé de ténèbres, dirigé par l'instinct et l'habitude, au travers des arbres et des rochers. Quelquefois pourtant il se heurta contre le roc, ou se trouva enveloppé et comme saisi par les branches pendantes des vieux vifs. Mais aucune voix plaintive, aucune main tiède encore ne l'arrêta. Il s'étendit sur les joncs de sa couche, et les heures de la nuit sonnèrent dans le silence.

Mais il essaya vainement de s'endormir. A peine avait-il fermé les yeux qu'il voyait se dresser devant lui je ne sais quelles images incertaines et menaçantes. Bientôt une image plus distincte, plus terrible, vint l'assaillir et le réveiller : Sténio avec ses blasphèmes, ses doutes impies, Sténio qu'il avait laissé seul au sein de la nuit lugubre. Il lui semblait le voir errer autour de sa couche et l'entendre recommencer ses questions injurieuses et cruelles pour tourmenter l'âme du pauvre prêtre. Magnus se souleva, et, s'asseyant sur sa couche, la face appuyée sur ses genoux tremblants, il s'interrogea, comme pour la première fois, sur les desseins de Sténio. Pourquoi le poëte lui avait-il crié cet adieu d'une voix si solennelle ? Est-ce qu'il allait rejoindre Trenmor ? Mais Sténio avait raillé la veille les desseins et les espérances de son ami. Était-ce Lélia qu'il poursuivait ? A cette pensée le prêtre bondit sur sa couche ; un instant il souhaita la mort de Sténio.

Mais bientôt ce désir impie fit place à des inquiétudes plus généreuses. Il craignit que, las de lutter contre un Dieu inexorable, Sténio n'eût accompli quelque projet sinistre. Il se rappelait avec effroi certaines paroles affreuses que le jeune homme avait dites la veille sur le néant qui absolvait le suicide, sur l'éternité qui ne le défendait pas, sur la colère divine qui ne pouvait le prévenir, sur l'indulgence miséricordieuse qui devait le permettre. Magnus n'avait pas oublié que la vie présente était pour Sténio un châtiment qui défiait toutes les peines à venir dont l'Église le menaçait.

Le prêtre consterné parcourut sa cellule à pas précipités. Il ne pouvait s'assurer de ce qu'était devenu Sténio avant le retour de la lumière. Il tomba dans une douloureuse rêverie.

Il repassa dans sa mémoire toutes les années de sa jeunesse; il compara ses douleurs aux douleurs de Sténio; il se glorifia dans sa résignation; il essaya de mépriser la colère du malheureux qu'il venait de repousser. Il balbutia quelques paroles hautaines et dédaigneuses; il murmura entre ses dents, ébranlées par le jeûne et l'insomnie, quelques syllabes confuses, comme s'il voulait se féliciter d'une victoire décisive sur ses passions; puis il récita à la hâte quelques versets mutilés qui consolèrent son orgueil, sans adoucir l'amertume de son cœur.

Chaque fois que l'horloge du monastère sonnait au loin les heures, Magnus tressaillait; il accusait la marche du temps; il regardait le ciel; il comptait les étoiles obstinées; puis, quand le son s'évanouissait, quand tout rentrait dans le silence, quand il se retrouvait seul avec Dieu et ses pensées, il recommençait machinalement sa prière monotone et plaintive.

Enfin, le jour parut comme une ligne blanche à l'horizon, et Magnus retourna au bord du lac. Le vent n'avait pas encore soulevé ses voiles de brume, et le moine ne distinguait que les objets voisins de sa vue. Il s'assit sur la pierre où Sténio avait coutume de s'asseoir. Le jour grandissait lentement à son gré, son inquiétude croissait. A mesure que la lumière augmenta, il crut distinguer à ses pieds des caractères tracés sur le sable. Il se baissa, et lut :

« Magnus, tu feras savoir à Lélia qu'elle peut dormir tranquille. Celui qui ne pouvait pas vivre a su mourir. »

Après cette inscription, la trace d'un pied, un léger éboulement de sable, puis plus rien que la pente rapide où la poussière du sol incliné ne gardait plus d'empreinte, et le lac avec ses nénuphars et quelques sarcelles noires dans la fumée blanche.

Agité d'une terreur plus vive, Magnus essaya de descendre dans le ravin. Il alla chercher une bêche dans sa cellule, et, s'ouvrant avec précaution l'escalier dans le sable à mesure qu'il y enfonçait son pied incertain, il parvint, après mille dangers, au bord de l'eau tranquille. Sur un tapis de lotus d'un vert tendre et velouté, dormait, pâle et paisible, le jeune homme aux yeux bleus. Son regard était attaché au ciel, dont il reflétait encore l'azur dans son cristal immobile, comme l'eau dont la source est tarie, mais dont le bassin est encore plein et limpide. Les pieds de Sténio étaient enterrés dans le sable de la rive; sa tête reposait parmi les fleurs au froid calice qu'un faible vent courbait sur elle. Les longs insectes qui voltigent sur les roseaux étaient venus par centaines se poser autour de lui. Les uns s'abreuvaient d'un reste de parfum imprégné à ses cheveux mouillés; d'autres agitaient leurs robes diaprées sur son visage, comme pour en admirer curieusement la beauté, ou pour l'effleurer du vent frais de leurs ailes. C'était un si beau spectacle que cette nature tendre et coquette autour d'un cadavre, que Magnus, ne pouvant croire à la témoignage de sa raison, appela Sténio d'une voix stridente, et saisit sa main glacée comme s'il eût espéré l'éveiller. Mais, voyant qu'il ne respirait plus, une peur superstitieuse s'empara de son âme timorée; il se crut coupable de ce suicide, et, prêt à tomber auprès de Sténio, il laissa échapper des cris sourds et inarticulés.

Des pâtres de la vallée qui passèrent sur l'autre rive du lac virent ce moine désolé qui faisait de vains efforts pour retirer de l'eau le cadavre de Sténio. Ils descendirent par une pente plus douce, et avec des branches et des cordes ils emportèrent l'homme mort et l'homme vivant sur l'escarpement de l'autre bord.

Les pâtres ne savaient pas le secret de la mort de Sténio; ils portaient religieusement sur leurs épaules le moine et le poète; ils s'interrogeaient entre eux d'un regard avide et inquiet, interrompant quelquefois le silence de leur marche pour essayer quelque timide conjecture; mais pas d'un d'entre eux ne soupçonnait la vérité.

L'évanouissement de Magnus semblait à ces intelligences rudes et grossières un spectacle de pitié, plutôt qu'un objet de sympathie. Ils se demandaient comment un prêtre, voué par son devoir à consoler les vivants et à bénir les trépassés, perdait courage comme une femme, au lieu de prier sur celui que Dieu venait de rappeler à lui. Ils ne comprenaient pas comment l'ermite, qui avait suivi tant de funérailles, qui avait recueilli les derniers soupirs de tant d'agonisants, se conduisait si lâchement en présence d'un cadavre, pareil pourtant à tous ceux qu'il avait vus.

Au réveil de la nature succéda bientôt le réveil de la vie active. Les travaux interrompus recommençaient avec le jour naissant. Quand les habitants de la plaine aperçurent de loin les pâtres qui s'avançaient, ils s'empressèrent autour d'eux; mais, à la vue des branches entrelacées où reposaient Magnus et Sténio, la question qu'ils allaient faire expira sur leurs lèvres; leur curiosité naïve fit place à une tristesse morne et muette : car la mort ne passe inaperçue qu'au milieu des villes populeuses et bruyantes. Dans le silence des champs, au milieu de la vie austère des campagnes, elle est toujours saluée comme la voix de Dieu. Il n'y a que ceux qui passent leurs jours à oublier de vivre qui se détournent de la mort comme d'un spectacle importun. Ceux qui s'agenouillent soir et matin pour demander au ciel et à la terre la possibilité de vivre, ne passent pas indifférents devant un cercueil.

Non loin des bords du lac où ils avaient trouvé Sténio, les pâtres firent halte et déposèrent leur pieux fardeau sur l'herbe humide. Le soleil levant colorait l'horizon d'un ton de pourpre et d'orange. On voyait flotter sur le versant des collines une vapeur abondante et chaude; descendue du ciel, la fécondante rosée y remontait comme l'ardeur sainte d'une âme reconnaissante retourne à Dieu, qui l'a embrasée de son amour. Chaque narcisse de la montagne était un diamant. Les cimes nuageuses se couronnaient d'un diadème d'or. Tout était joie, amour et beauté autour du catafalque rustique.

Un groupe de jeunes filles traversait le val pour mener aux doux lacs les génisses aux flancs rayés, et pour confier aux échos ces rudes ballades, plus simples que prudentes, dont quelquefois le refrain arrivait jusqu'aux oreilles des Camaldules en prières. Les bruns enfants de la montagne s'arrêtèrent sans terreur devant le spectacle funèbre; mais sous leurs larges poitrines d'homme, la simple nature avait laissé vivre le cœur droit et compatissant de la femme. Elles s'attendrirent, sans pleurer, sur la destinée de ces deux infortunés, et se chargèrent de l'expliquer aux pâtres. — Celui-ci, dirent-elles en montrant le moine, est le frère de celui qui est noyé. Ils auront voulu pêcher les truites du lac; le plus hardi des deux se sera risqué trop avant; il aura crié au secours, mais l'autre aura eu peur et la force lui aura manqué. Il faut cueillir des herbes pour le guérir. Nous lui mettrons des feuilles de sauge rouge sur la langue et de la tanaisie sur les tempes. Nous brûlerons de la résine autour de lui, et nous l'éventerons avec des feuilles de fougère.

Tandis que les plus grandes de ces filles cherchaient dans l'herbe mouillée les aromates qu'elles destinaient à secourir Magnus, quelques matrones récitèrent à demi-voix la prière pour les morts, et les plus jeunes montagnardes s'agenouillèrent autour de Sténio demi-recueillies et demi-curieuses. Elles touchaient ses vêtements avec un mélange de crainte et d'admiration. — C'était un riche, disaient les vieilles; c'est bien malheureux pour lui d'être mort.

Une petite fille passait ses doigts dans les cheveux blonds de Sténio, et les essuyait dans son tablier avec un soin qui tenait le milieu entre la vénération et le plaisir sérieux de jouer avec un objet inusité.

Au bruit de leurs voix confuses, le prêtre s'éveilla et promena autour de lui des yeux égarés. Les matrones vinrent baiser sa main décharnée et lui demandèrent dévotement sa bénédiction. Il frissonna en sentant leurs lèvres se coller à ses doigts.

« Laissez, laissez, leur dit-il en les repoussant, je

suis un pêcheur ; Dieu s'est retiré de moi. Priez pour moi, c'est moi qui suis en danger de périr... »

Il se leva et regarda le cadavre. Assuré alors qu'il ne faisait pas un rêve, il tressaillit d'une muette et intérieure convulsion, et se rassit par terre, accablé sous le poids de son épouvante.

Les pâtres, voyant qu'il ne songeait pas à leur donner des ordres, lui offrirent de porter le cadavre au seuil de l'église des Camaldules. Cette proposition réveilla toutes les angoisses du moine.

« Non, non, dit-il, cela ne se peut. Aidez-moi seulement à me traîner jusqu'à la porte du monastère. »

Magnus avait vu de loin la voiture du cardinal approcher du couvent. Il l'attendit à la porte ; et, quand il le vit descendu, il l'emmena à l'écart et s'agenouilla devant lui.

« Bénissez-moi, monseigneur, lui dit-il, car je viens à vous souillé d'un grand crime. Sténio, le voyageur, l'ami du sage Trenmor, le jeune Sténio, cet enfant du siècle que vous m'aviez permis d'entretenir souvent pour tâcher de le ramener à la vérité, je l'ai mal conseillé, j'ai manqué de force et d'onction pour le convertir ; mes prières n'ont pas été assez ferventes ; mon intercession n'a pas été agréable au Seigneur, j'ai échoué... O mon père ! serai-je pardonné ? Ne serai-je pas maudit pour ma faiblesse et mon impuissance ?

— Mon fils, dit le cardinal, les desseins de Dieu sont impénétrables, et sa miséricorde est immense. Que savez-vous de l'avenir ? Le pêcheur peut devenir un grand saint. Il nous a repoussés, mais Dieu ne l'a pas abandonné, Dieu le sauvera. La grâce peut l'atteindre partout et le retirer des plus profonds abîmes.

— Dieu ne l'a pas voulu, dit Magnus dont l'œil fixe était attaché sur la terre avec égarement, Dieu l'a laissé tomber dans le lac...

— Que dites-vous ? s'écria le prélat en se levant. Votre raison est-elle troublée ? Le pêcheur est-il mort ?

— Mort, répondit Magnus, noyé, perdu, damné !...

— Et comment ce malheur est-il arrivé ? dit le cardinal. En avez-vous été témoin ? N'avez-vous pas essayé de le prévenir ?

— J'aurais dû le prévoir, j'aurais dû l'empêcher ; j'ai manqué de persévérance, j'ai eu peur. Il venait presque tous les soirs à mon ermitage, et là il parlait des heures entières d'une voix haute et lamentable. Il accusait le sort, les hommes et Dieu ; il invoquait une autre justice que celle en qui nous nous confions ; il foulait aux pieds nos croyances les plus saintes ; il appelait le néant ; il raillait nos prières, nos sacrifices et nos espérances. En l'entendant blasphémer ainsi, ô monseigneur, pardonnez-moi ! au lieu d'être enflammé d'une sainte indignation, je pleurais. Debout à quelques pas de lui, j'entendais à demi ses paroles funestes. Quelquefois le vent les saisissait au passage et les emportait vers le ciel, qui seul était assez puissant pour les absoudre. Quand le vent se taisait, cette voix lugubre, mais maudiction épouvantable revenait frapper mon oreille et glacer mon sang. J'étais lâche, j'étais abattu, j'essayais d'élever un rempart entre les traits empoisonnés de sa parole et mon âme tremblante. C'était en vain. Le découragement, le désespoir s'insinuaient en moi comme un venin. Je voulais l'interrompre, l'idée de son affreux sourire enchaînait ma langue. Je voulais le réprimander, l'audace de son regard contempteur me paralysait à ma place. Je n'avais plus qu'une pensée, qu'un besoin, qu'une tentation insurmontable : c'était de le fuir, c'était d'échapper à ce danger que je ne pouvais détourner de lui et qui m'envahissait moi-même. Alors il me priait de le quitter, et je le quittais machinalement, heureux de me soustraire à ma souffrance et d'aller me réfugier aux pieds du Christ. Je m'occupais trop de moi-même, j'oubliais trop la garde du pêcheur que Dieu m'avait confié. Au lieu de prendre la brebis égarée sur mes épaules, j'avais peur de la solitude, de la nuit et des loups dévorants. Je revenais seul au bercail ; mauvais pasteur, j'abandonnais la brebis égarée... et quand je revins, je ne la trouvai plus. Satan

avait enlevé sa proie. L'esprit du mal avait entraîné cette victime dans le gouffre de l'éternelle perdition.

— Mais quoi ! où est Sténio ? s'écria le cardinal en voyant que Magnus parlait dans l'égarement de la fièvre. Que savez-vous de sa mort ?

— J'ai trouvé ce matin dans les herbes du lac ce corps où l'âme ne réside plus ; je n'ai plus rien à faire, rien à espérer pour Sténio. Ordonnez-moi une rude pénitence, monseigneur, afin que j'aille l'accomplir et laver mon âme.

— Parlez-moi de Sténio ! s'écria le cardinal d'un ton sévère. Oubliez-vous un peu vous-même. Votre âme est-elle plus précieuse que la sienne pour que nous l'abandonnions ainsi ? Commençons par prier pour le pêcheur que Dieu a châtié, nous verrons ensuite à vous purifier. Où est le corps du jeune homme ? Avez-vous récité les psaumes sur sa dépouille mortelle ? L'avez-vous aspergée de l'eau qui purifie ? l'avez-vous fait porter au seuil de la chapelle ? Avez-vous dit au chapitre de se rassembler ? le soleil est déjà haut dans le ciel, qu'avez-vous fait depuis son lever ?

— Rien, dit le moine consterné ; j'ai perdu le sentiment de l'existence ; et quand je suis revenu à moi-même, je me suis dit que j'étais perdu.

— Et Sténio ? dit Annibal impatienté.

— Sténio ! reprit le moine, n'est-il pas perdu sans retour ? Avons-nous le droit de prier pour lui ? Dieu révoquera-t-il pour lui ses immuables arrêts ? N'est-il pas mort de la mort de Judas Iscariote ?

— De quelle mort ? dit le prélat épouvanté. Le suicide ?

— Le suicide, répondit Magnus d'une voix creuse. »

Le cardinal joignit les mains dans un sentiment d'horreur et de consternation inexprimables. Puis, se tournant vers Magnus, il le réprimanda.

« Une telle catastrophe s'est passée presque sous vos yeux, un tel scandale s'est accompli, et vous ne l'avez pas empêché ! Et vous êtes allé prier comme Marie quand il fallait agir comme Marthe ! Vous avez été lever le front devant le Seigneur comme le Pharisien ! Vous avez dit : « Regardez-moi et bénissez-moi, mon Dieu, car je suis un saint prêtre ; et cet impie qui meurt là-bas peut se passer de vous et de moi ! » Vous avez été rêver et dormir quand il fallait vous attacher aux pas de ce malheureux, vous jeter à ses pieds, vous traîner dans la poussière, employer les larmes, les menaces, les prières et la force même pour l'empêcher de consommer son affreux sacrifice ! Au lieu de fuir le pêcheur comme un objet d'horreur et de scandale, ne fallait-il pas baiser ses genoux et l'appeler mon fils et mon frère pour attendrir son cœur et lui faire prendre courage, ne fût-ce qu'un jour, un jour qui eût suffi peut-être pour le sauver : le médecin déserte-t-il le chevet du malade dans la crainte de la contagion ? Le Samaritain se détourna-t-il de dégoût en voyant la plaie hideuse du Juif ? Non, il s'en approcha sans crainte, il y versa le baume, il le prit sur sa monture et le sauva. Et vous, pour sauver votre âme, vous avez perdu l'occasion de ramener l'enfant prodigue aux bras du père : c'est vous, c'est vous, âme étroite et dure, qui frémirez d'épouvante quand Dieu criera au milieu de vos nuits sans sommeil : « Caïn, qu'as-tu fait de ton frère ? »

— Assez, assez ! monseigneur, dit le moine en tombant sur le visage et en traînant sa barbe dans la poussière ; épargnez mon cerveau qui se brise, épargnez ma raison qui s'égare... Venez, s'écria-t-il en s'attachant à la robe du prélat, venez avec moi prier sur sa dépouille, venez prononcer les mots qui délient, venez toucher l'hysope qui lave et qui blanchit, venez dire les exorcismes qui brisent l'orgueil de Satan, venez verser l'huile sainte qui enlève toutes les souillures de la vie... »

Le cardinal, touché de sa douleur, se leva triste et irrésolu.

« Êtes-vous bien sûr qu'il se soit donné la mort lui-même ? dit-il avec hésitation. Ne serait-ce pas l'effet du hasard, ou (disons mieux) d'une sévérité céleste qu'il ne nous est pas permis d'interpréter, et au bout de laquelle son âme aura trouvé le pardon ? Que savons-nous ? Il peut s'être trompé... Dans les ténèbres... Un accident peut arriver. Parlez donc, mon fils, avez-vous des preuves certaines du suicide? »

Magnus hésita; il eut envie de dire que non; il espéra tromper la clairvoyance de Dieu, et, au moyen des sacrements de l'Église, envoyer au ciel cette âme condamnée par l'Église; mais il ne l'osa pas. Il avoua en frémissant toute la vérité : il rapporta les paroles écrites sur le sable : « Magnus, va dire à Lélia qu'elle peut dormir tranquille. »

« Il est donc vrai! dit le prélat en laissant couler ses larmes; il n'y a pas moyen d'échapper à cette funeste lumière. Pauvre enfant! Mon Dieu! votre justice est sévère et votre colère est terrible!... — Allez, Magnus, ajouta-t-il après un instant de silence, faites fermer les portes de cette chapelle, et priez quelque bûcheron ou quelque berger de donner la sépulture à ce cadavre. L'Église nous défend de lui ouvrir les portes du temple et de l'ensevelir en terre sainte... »

Cet arrêt effraya Magnus plus que tout le reste. Il frappa sa tête avec violence sur le pavé, et son sang coula sur sa joue livide sans qu'il s'en aperçût.

« Allez, mon fils, dit le prélat en le relevant; prenez courage. Obéissons à la sainte Église, mais espérons. Dieu est grand, Dieu est bon; nul n'a sondé jusqu'au fond les trésors de sa miséricorde. D'ailleurs nous sommes des hommes faibles et des esprits bornés. Aucun homme, fût-il le chef de l'Église, n'a le droit de condamner un autre homme irrévocablement. L'agonie du pécheur a pu être longue. En se débattant contre les approches de la mort, il a pu être éclairé d'une soudaine lumière. Il a pu se repentir et faire entendre une prière si fervente et si pure qu'elle l'ait réconcilié avec le Seigneur. Ce n'est pas le sacrement qui absout, c'est la contrition, vous le savez; et un instant de cette contrition sincère et profonde peut valoir toute une vie de pénitence. Prions et soyons humbles de cœur. Dans la jeunesse de Sténio, les vertus ont été assez sublimes peut-être pour laver toutes les iniquités de l'avenir, et dans notre vie passée il y a peut-être de telles souillures que toutes les abstinences du présent et de l'avenir auront peine à les absoudre. Allez, mon fils; si la règle me défend d'admettre ce cadavre dans le temple et de l'accompagner au cimetière avec les cérémonies du culte, au moins l'Église m'autorise à vous donner une licence particulière : c'est d'aller veiller auprès du corps et de l'accompagner jusqu'à sa dernière demeure en faisant telle prière que votre charité vous dictera. Allez, c'est votre devoir, c'est la seule manière de réparer autant qu'il est en vous le mal que vous n'avez pas su empêcher. C'est à vous d'obtenir grâce pour lui et pour vous. Je prierai de mon côté, nous prierons tous, non pas en chœur et dans le sanctuaire, mais chacun dans notre oratoire et dans la ferveur de nos âmes. »

Le moine infortuné retourna près de Sténio. Les bergers l'avaient placé à l'abri du soleil, à l'entrée d'une grotte où les femmes brûlaient de la résine de cèdre et des branches de genièvre. Ces pieux montagnards attendaient que Magnus revînt leur donner l'ordre de le porter au couvent, et ils l'avaient déposé sur un brancard fait avec plus d'art et de soin que le premier. Ils avaient entrelacé des branches de sapin et de cyprès avec leurs rameaux vivaces, qui formaient au cadavre un lit de sombre verdure. Les enfants l'avaient parsemé d'herbes aromatiques, et les femmes lui avaient mis au front une couronne de ces blanches fleurs étoilées qui croissent dans les prés humides. Les liserons blancs et les clématites, qui grimpaient le long des flancs du rocher, se suspendaient à la voûte en festons gracieux et sauvages. Ce lit funèbre, si frais, si agreste, surmonté d'un dais de fleurs et baigné des plus suaves parfums, était digne de protéger le dernier sommeil d'un jeune et beau poëte endormi dans le Seigneur.

Les montagnards s'agenouillèrent en voyant le prêtre s'agenouiller; les femmes, dont le nombre avait grossi considérablement depuis le matin, commencèrent à égrener leur rosaire; tous s'apprêtaient à suivre le moine et le cadavre jusqu'à la grille des Camaldules. Mais, lorsque

après une longue attente ils virent le soleil descendre vers l'horizon sans que Magnus leur dît d'enlever le corps, ils s'étonnèrent et se hasardèrent à l'interroger. Magnus les regarda d'un air égaré, essaya de leur répondre, et balbutia des paroles incertaines. Alors, voyant à quel point la douleur l'avait troublé et craignant de l'affliger davantage en le pressant de questions, un des plus vieux bûcherons de la vallée se décida à se rendre au couvent avec ses fils, et à demander des ordres à l'abbesse.

Au bout d'une heure, le bûcheron revint; il était silencieux, triste et recueilli. Il n'osait parler devant Magnus, et, comme tous les regards l'interrogeaient, il fit signe à ses compagnons de le suivre à l'écart. Tous ceux qui entouraient le cadavre, entraînés par la curiosité, s'éloignèrent sans bruit et le joignirent à quelque distance. Là ils apprirent avec surprise, avec terreur, le suicide de Sténio et le refus du cardinal de le faire ensevelir en terre sainte.

S'il avait fallu au cardinal toute la fermeté d'un esprit généreux, toute la chaleur d'une âme indulgente, pour ne pas désespérer du salut de Sténio, à plus forte raison ces hommes simples et bornés furent-ils épouvantés d'un crime condamné si sévèrement dans les croyances catholiques. Les vieilles femmes furent les premières à le maudire. — Il s'est tué! l'impie! s'écrièrent-elles; quel crime avait-il donc commis? Il ne mérite pas nos prières; l'Église lui refuse un tombeau dans la terre consacrée. Il faut qu'il ait fait quelque chose d'abominable, car monseigneur est si indulgent et si saint! Il avait une plaie honteuse au cœur, cet homme qui a désespéré du pardon et qui s'est fait justice lui-même; ne le plaignons pas; d'ailleurs, il est défendu de prier pour les damnés. Allons-nous-en; que l'ermite fasse son métier; c'est à lui de le garder durant la nuit. Il a le pouvoir de prononcer les exorcismes; si le démon vient réclamer sa proie, il le conjurera. Partons.

Les jeunes filles épouvantées ne se firent pas prier pour suivre leurs mères, et plus d'une, en retournant vers sa demeure, crut voir passer une figure blanche dans les profondeurs du taillis, et entendre sur l'herbe humide de la rosée du soir glisser une ombre qui murmurait tristement : — Détournez-vous, jeune fille, et voyez ma face livide. Je suis l'âme d'un pécheur et je vais au jugement. Priez pour moi. Elles pressaient le pas et arrivaient palpitantes et pâles à la porte de leurs chalets; mais le soir, lorsqu'elles s'endormirent, je ne sais quelle voix faible et mystérieuse répétait à leur chevet : — Priez pour moi.

Les bergers, habitués aux veilles de la nuit et à la solitude des bois, furent moins accessibles à ces terreurs superstitieuses. Quelques-uns allèrent rejoindre Magnus, et résolurent de garder le mort avec lui. Ils plantèrent aux quatre coins du catafalque rustique de grandes torches de sapin résineux, et déplièrent leurs casaques de peau de chèvre, pour se préserver du froid de la nuit. Mais quand les torches furent allumées, elles commencèrent à projeter sur le cadavre des lueurs d'un rouge livide. Le vent, qui les agitait, faisait passer des clartés sinistres sur le visage près de tomber en dissolution, et par instants le mouvement de la flamme semblait se communiquer aux traits et aux membres de Sténio. Il leur sembla qu'il ouvrait les yeux, qu'il agitait une main convulsive, qu'il allait se lever. La frayeur s'empara d'eux, et, sans oser s'avouer mutuellement leur puérilité, ils adoptèrent tacitement l'avis unanime de se retirer. L'ermite, dont la présence les avait un instant rassurés, commençait à les épouvanter plus que le mort lui-même. Son immobilité, son silence, sa pâleur, et je ne sais quoi de sombre et de terrible dans son front chauve et luisant, lui donnaient l'aspect d'un esprit de ténèbres. Ils pensèrent que le démon avait pu prendre cette forme pour damner le jeune homme, pour le précipiter dans le lac, et qu'il était là maintenant, veillant sur sa proie, en attendant l'heure de minuit, où les horribles mystères du sabbat s'accomplissent.

Le plus courageux d'entre eux offrit de revenir le lendemain dès l'aube, pour creuser la fosse et y descendre le cadavre. — C'est bien inutile, répondit un des plus consternés ; et cette réponse fut comprise. Ils se regardèrent en silence ; leur pâleur les effraya mutuellement. Ils descendirent vers la vallée, et se séparèrent d'un pas flageolant, prêts à se prendre les uns les autres pour des spectres.

LXV.

Magnus, resté seul auprès du cadavre, ne s'était pas aperçu de la désertion des bergers. Il était toujours à genoux, mais il ne priait pas, il ne pensait pas, sa force était brisée. Il ne sentait son existence que par la souffrance aiguë de son front qu'il avait ébranlé et presque fracassé sur le pavé. Cette commotion physique, jointe aux émotions affreuses de son âme, avait achevé de le plonger dans un affaissement qui ressemblait à l'imbécilité.

Mais en voyant devant lui cette figure pâle de Sténio, qui dormait du sommeil des anges, il s'arrêta, sourit affreusement à son blanc linceul et à sa couronne de fleurs, et murmura d'une voix émue : — O femme ! ô beauté !...

Puis il prit la main du cadavre, et le froid de la mort apaisa son délire et chassa les trompeuses illusions de la fièvre. Il reconnut que ce n'était pas là une femme endormie, mais un homme couché sur le cercueil, un homme dont il se reprochait la perte.

Il regarda autour de lui, et, ne voyant rien que les flancs noirs du rocher où vacillait la flamme des torches, n'entendant rien que le vent qui mugissait dans les mélèzes, il sentit tout l'effroi de la solitude, toutes les terreurs de la nuit tomber sur son crâne comme une montagne de glace.

Il crut voir quelque chose se mouvoir et ramper sur le rocher auprès de lui. Il ferma les yeux pour ne plus voir ; il les rouvrit et regarda involontairement. Il vit une figure effrayante qui se tenait immobile et noire à son côté. Il la regarda pendant près d'une heure, sans oser faire un mouvement, retenant son haleine de peur d'éveiller l'attention de ce fantôme, qu'il croyait prêt à se lever et à marcher vers lui. Le flambeau de résine, qui jetait le profil de Magnus au mur de la grotte, s'éteignit, et le fantôme disparut sans que le moine eût compris que c'était son ombre.

Des pas légers effleurèrent les buissons de la colline. C'était peut-être un chamois qui s'approchait curieusement des flambeaux. Magnus se signa et jeta un regard tremblant sur le sentier qui menait à la vallée. Il crut voir une forme blanche, une femme errante et seule dans la nuit. Le désir inquiet fit bondir son cœur avec violence ; il se leva prêt à courir vers elle, la peur le retint. C'était un spectre qui venait appeler Sténio, une ombre sortie du sépulcre pour hurler dans les ténèbres. Il enfonça son visage dans ses mains, s'enveloppa la tête de son capuchon, et se roula dans un coin, décidé à ne rien voir, à ne rien entendre.

Aucun bruit n'arrivant plus à son oreille, il se rassura un peu et leva la tête. Il vit l'abbesse des Camaldules agenouillée près de Sténio.

Il voulut crier, sa langue s'attacha à son palais. Il voulut fuir, ses jambes devinrent plus froides et plus immobiles que le granit du rocher. Il resta l'œil hagard, la main ouverte, le visage ombragé de son capuchon.

Lélia était penchée sur le lit funèbre. Son voile blanc cachait à demi son visage ; elle semblait aussi morte que Sténio. C'était la digne fiancée d'un cadavre.

Elle avait écouté les discours des bergers ; elle avait voulu contempler la poussière de Sténio. Guidée par le phare sinistre allumé dans la grotte, elle était venue seule, sans effroi, sans remords, sans douleur peut-être !

Cependant, à l'aspect de ce beau front couvert des ombres de la mort, elle sentit son âme s'amollir ; la tendre pitié adoucit la rudesse de cette âme sombre et calme dans le désespoir.

« Oui, Sténio, dit-elle sans s'inquiéter ou sans s'apercevoir de la présence du moine, je te plains, parce que tu m'as maudite. Je te plains, parce que tu n'as pas compris que Dieu, en nous créant, n'avait pas résolu l'union de nos destinées. Tu as cru, je le sais, que je prenais plaisir à multiplier tes tortures. Tu as cru que je voulais venger sur toi les douleurs et les déceptions de mes premières années. Tu te trompais, Sténio, et je te pardonne l'anathème que tu as prononcé contre moi. Celui qui juge nos pensées avant même que nous puissions les prévoir, celui qui feuillette à toute heure le livre de nos consciences et qui lit sans ambiguïté les desseins mystérieux qui n'y sont pas encore inscrits, celui-là, Sténio, n'a pas accueilli tes menaces et ne les réalisera pas. Il ne te punira pas, parce que tu as été aveugle. Il ne châtiera pas ta faiblesse, parce que tu as refusé de te confier dans une sagesse qui n'était pas la tienne. Tu as payé trop cher la lumière qui est venue éclairer tes derniers jours pour qu'il te reproche d'avoir longtemps erré dans les ténèbres. Le savoir douloureux et terrible que tu emportes avec toi n'a pas besoin d'expiation, car ta lèvre s'est desséchée en goûtant le fruit que tu avais cueilli !

« Mais Dieu, j'en ai la ferme confiance, Dieu nous réunira dans l'éternité. Assis ensemble à ses pieds, nous assisterons à ses conseils, et nous saurons alors pourquoi il nous a séparés sur la terre. En lisant sur ton front radieux le secret de ses volontés impénétrables aux yeux mortels, ta colère et ton étonnement seront comme s'ils n'avaient jamais été.

« Alors, Sténio, tu n'essaieras plus de me haïr ; tu n'accuseras plus mon injustice et ma cruauté. Quand Dieu, faisant à chacun de nous la part qu'il mérite, distribuera nos travaux selon nos forces, tu comprendras, ô infortuné ! que nous ne pouvions pas ici suivre la même route, ni marcher au même but. Les douleurs qu'il nous a envoyées n'ont pas été pareilles. Le maître sévère que nous avons servi tous deux nous expliquera le mystère de nos souffrances. En ouvrant devant nous l'éclatante perspective d'une éternelle effusion, il nous dira pourquoi il lui a plu de préparer la réunion de nos deux âmes par les voies obscures que notre œil ne soupçonnait pas.

« Il te montrera, Sténio, dans sa nudité saignante, mon cœur à qui tu imputais le dédain et la dureté. La terreur que tu as ressentie en écoutant mes paroles, l'humiliation qui obscurcissait ton regard quand je t'avouais que je ne pouvais t'aimer, la confusion tremblante de tes pensées se changera en une compassion sérieuse. Lélia, que tu croyais si fort au-dessus de toi, que tu désespérais d'atteindre, Lélia s'abaissera devant toi ; tu oublieras, comme elle, l'admiration et le respect dont les hommes environnaient ses pas, tu sauras pourquoi elle allait seule et sans jamais demander secours.

« Confondus sous l'œil de Dieu, dans une félicité progressive, chacun de nous accomplira courageusement la tâche qu'il aura reçue. Nos regards, en se rencontrant, doubleront notre confiance et nos forces : le souvenir de nos misères passées s'évanouira comme un songe, et il nous arrivera de nous demander si vraiment nous avons vécu. »

Elle se pencha sur Sténio, détacha de sa couronne une fleur flétrie qu'elle mit sur son cœur, et reprit le sentier de la vallée sans avoir fait attention au moine, qui, debout dans l'ombre, adossé au mur de la grotte, dardait sur elle ses yeux étincelants.

La raison de Magnus l'avait abandonné ; il ne comprenait rien aux discours de Lélia. Il la voyait seulement, et il la trouva belle ; sa passion se réveillait avec violence, il ne se souvenait plus que des désirs qu'il avait si longtemps comprimés et qui le dévoraient plus que jamais.

Quand il vit parler Sténio, une affreuse jalousie, qu'il n'avait jamais connue parce qu'il n'avait pas eu occasion de la ressentir, éclata en lui. Il aurait frappé Sténio, s'il l'eût osé ; mais ce cadavre lui faisait peur, et le désir s'allumait en lui encore plus intense que la vengeance.

Il s'élança sur les traces de Lélia; et, comme elle tournait le sentier, il la saisit par le bras.

Lélia se retourna sans crier, sans tressaillir, et regarda cette figure hâve, cet œil sanglant, cette bouche tremblante, sans peur et presque sans surprise.

« Femme, lui dit le moine, tu m'as assez fait souffrir, console-moi, aime-moi. »

Lélia, ne reconnaissant pas dans ce moine chauve et voûté le prêtre qu'elle avait vu jeune et fier peu d'années auparavant, s'arrêta étonnée.

« Mon père, lui dit-elle, adressez-vous à Dieu; son amour est le seul qui puisse consoler.

— Ne te souvient-il plus, Lélia, répondit le moine sans l'écouter, que c'est moi qui t'ai sauvé la vie! Sans moi tu périssais dans les ruines du monastère où tu passas deux ans. Tu t'en souviens, femme? je me jetai au milieu des décombres près de m'écraser, je t'emportai, je te mis sur mon cheval, et je voyageai tout le jour en te tenant dans mes bras, et je n'osai pas seulement baiser ton vêtement. Mais dès ce jour un feu dévorant s'alluma dans ma poitrine. En vain j'ai jeûné et prié, Dieu ne veut pas me guérir. Il faut que tu m'aimes : quand je serai aimé, je serai guéri; je ferai pénitence, et je serai sauvé. Autrement je redeviendrai fou, et je serai damné.

— Je te reconnais bien, Magnus, répondit-elle. Hélas! voilà donc le fruit de tes expiations et de tes combats!

— Ne me raille pas, femme, répondit-il avec un regard sombre; car je suis aussi près de la haine que de l'amour; et, si tu me repousses... je ne sais pas ce que la colère peut me conseiller...

— Laisse mon bras, Magnus, dit Lélia avec le calme du dédain. Assieds-toi sur cette roche, et je vais te parler.»

Il y avait tant d'autorité dans sa voix que le moine, habitué à la soumission passive, obéit comme par instinct et s'assit à deux pas d'elle. Son cœur battait si fort qu'il ne pouvait parler. Il prit dans ses deux mains sa tête saignante et douloureuse, et rassembla tout ce qui lui restait de force et de mémoire pour écouter et comprendre.

«Magnus, lui dit Lélia, si, lorsque vous étiez jeune encore et capable de réaliser une existence sociale, vous m'eussiez consultée sur votre avenir, je ne vous aurais pas conseillé d'être prêtre. Vos passions devaient vous rendre impossibles ces devoirs rigides que vous n'accomplissez que de fait. Vous avez été un mauvais prêtre; mais Dieu vous pardonnera, parce que vous avez beaucoup souffert. Maintenant il est trop tard pour que vous rentriez dans la vie ordinaire; vous avez perdu la force d'atteindre à aucune vertu. Il faut vous en tenir à l'abstinence. Vous devez attendre dans la retraite la fin de vos souffrances; elle ne saurait tarder : regardez vos mains, regardez vos cheveux gris. Tant mieux pour vous, Magnus! Que ne suis-je aussi près de la tombe! Va, malheureux, nous ne pouvons rien les uns pour les autres. Tu t'es trompé; tu t'es retranché de la vie, et tu as senti le besoin de vivre; maintenant tu t'en effraies, et tu crois qu'il te serait possible encore d'être heureux. Insensé! il n'est plus temps d'y songer. Tu aurais pu trouver le bonheur dans la liberté, il y a quelques années; ta raison aurait pu s'éclairer, ton âme s'endurcir contre de vains remords. Mais aujourd'hui, l'horreur, le dégoût et l'effroi te poursuivraient partout. Tu ne pourrais pas connaître l'amour, tu le prendrais toujours pour le crime, et l'habitude de flétrir du nom de péché les joies légitimes te rendrait criminel et vicieux, aux yeux de ta conscience, dans les bras de la femme la plus pure. Résigne-toi, pauvre ermite, abaisse ton orgueil. Tu t'es cru assez grand pour cette terrible vertu du célibat; tu t'es trompé, te dis-je. Mais qu'importe? Tu arrives au terme de tes maux; songe à ne pas en perdre le fruit. Tu n'as pas été assez grand pour que Dieu te pardonnât le désespoir. Soumets-toi. »

Magnus avait écouté vainement; son cerveau se refusait à tout emploi de facultés. Il souffrait, il croyait comprendre que Lélia le raillait; la figure tranquille et fière de cette femme l'humiliait profondément. Il la détestait par instants et voulait la fuir; mais il se croyait saisi et fasciné par l'œil du démon.

Lélia ne faisait plus attention à lui. Elle rêvait et semblait projeter quelque chose.

« Écoute, lui dit-elle après un instant de silence et d'incertitude : tu vas m'obéir, et, au lieu de te livrer à des pensées indignes de ta vocation, tu vas m'aider à rendre à ce cadavre les derniers honneurs. Il a été assez errant, assez tourmenté, assez vagabond dans cette vie; il faut que sa dépouille repose en paix et qu'elle ne soit pas foulée par le pied des passants. Je sais une place où elle dormira ignorée, privée des cérémonies de l'Église, puisque telle est la volonté de monseigneur; mais non privée du respect que l'on doit aux sépultures, et des prières collectives qu'on récite dans l'enceinte des cimetières. Prends ce cadavre sur tes épaules, et suis-moi. »

Magnus hésita.

« Où voulez-vous que je porte ce mort? dit-il avec effroi. Monseigneur lui refuse la sépulture bénite, et vous parlez de le déposer dans un cimetière?

— Fais ce que je te dis, reprit Lélia. Je sais mieux que toi la pensée de monseigneur. Forcé d'obéir aux règlements de l'Église, et ne voulant point, en cette circonstance, encourager par une infraction l'indulgence qu'on pourrait accorder au suicide, il a dû te commander des choses qu'il m'autorisera à enfreindre. Obéis, Magnus, je te l'ordonne. »

Lélia savait bien que sa volonté fascinait Magnus. Il obéit machinalement et sans savoir ce qu'il faisait. Il porta le corps de Sténio jusqu'au cimetière des Camaldules. Dans un angle obscur de ce jardin, on avait déraciné le matin même un if brisé par la foudre. Cette fosse, ouverte par le hasard, n'était pas encore comblée. L'ermite, aidé de l'abbesse des Camaldules, y déposa le cadavre, et le recouvrit de terre et de gazon; puis il reprit, tremblant et consterné, le chemin de son ermitage, tandis que Lélia, agenouillée sur la tombe du poëte, implorait pour lui cette mansuétude et cette sagesse infinie qui n'infligent pas de châtiments sans retour, et qui remettent dans le creuset de l'éternité le métal brisé par les épreuves de cette vie.

LXVI.

La mort de Sténio fut le signal d'autres événements tragiques. Le cardinal mourut, peu de temps après, d'un mal si rapide et si violent qu'on l'attribua au poison. Magnus avait abandonné son ermitage. Il avait erré plusieurs jours dans les montagnes, en proie à un affreux délire. Les montagnards consternés entendirent ses cris lamentables retentir dans l'horreur de la nuit; ses pas inégaux et précipités ébranlèrent le seuil de leurs chalets et les y retinrent jusqu'au jour éveillés et tremblants. Enfin, il disparut et alla s'ensevelir dans un couvent de chartreux. Mais bientôt d'étranges révélations sortirent de cet asile, et allèrent bouleverser les existences les plus sereines et les plus brillantes. Annibal succomba sans être appelé à aucune explication. Plusieurs évêques qui l'avaient secondé dans ses vues généreuses, grand nombre de prêtres les plus distingués du clergé par leurs lumières et la noblesse de leur conduite, furent disgraciés ou interdits. Quant à Lélia, on pensa que de tels châtiments seraient trop doux pour l'expiation de ses crimes, et qu'il fallait lui infliger l'humiliation et la honte. L'inquisition instruisit son procès. Le prélat puissant qui l'avait soutenue dans sa carrière était abattu. Les animosités profondes, résultat de cette nouvelle direction donnée par eux et par leurs adhérents aux idées religieuses, et qui avaient grondé sourdement sous leurs pieds, éclatèrent tout à coup et prirent leur revanche. On versa le venin de la calomnie sur la tombe à peine fermée du cardinal, libation impure offerte aux passions infernales. On recherche les actions secrètes de sa vie, et, au lieu de blâmer celles qui auraient pu être répréhensibles, on les passa sous silence pour ne s'occuper que des dernières années de sa vie; années qui,

Il la saisit par le bras... Page 135.)

sous l'influence de Lélia, étaient devenues aussi pures que l'âme de Lélia le souhaitait pour sympathiser entièrement avec celle du prélat. On prit plaisir à répandre la fange du scandale et de l'imposture sur cette amitié sacrée qui eût pu produire de si grandes choses dans l'intérêt de l'Église, si l'Église, comme toutes les puissances qui finissent, n'eût pris à tâche de se précipiter elle-même dans l'abîme où elle dort aujourd'hui sans espoir du réveil.

L'abbesse des Camaldules fut donc accusée d'avoir été l'épouse adultère du Christ et d'avoir entraîné dans des voies de perdition un prince de l'Église qui, avant sa liaison funeste avec elle, avait été, disait-on, une des colonnes de la foi. En outre, elle fut accusée d'avoir professé des doctrines étranges, nouvelles, pleines de passions mondaines, et toutes imprégnées d'hérésie; puis d'avoir entretenu des relations criminelles avec un impie qui s'introduisait la nuit dans sa cellule; enfin, d'avoir mis le comble au délire de l'apostasie et à l'audace du sacrilège en faisant inhumer le cadavre de cet impie dans la terre consacrée aux sépultures des Camaldules : infraction aux lois de l'Église, qui refusent la sépulture en terre sainte aux athées décédés de mort volontaire; infraction aux règles monastiques qui n'admettent pas la sépulture des hommes dans l'enceinte réservée aux tombes des vierges.

A ce dernier chef d'accusation, Lélia connut d'où partait le coup dont elle était frappée. Elle n'en douta plus lorsque, appelée à rendre compte de sa conduite devant ses sombres juges, elle se vit confrontée avec Magnus. Toutes ces turpitudes lui causèrent un tel dégoût qu'elle se refusa à toute interrogation, et n'essaya pas de se justifier. Magnus était si tremblant devant elle, qu'en face de juges intègres le trouble de l'accusateur et le calme de l'accusée eussent suffi pour éclairer les consciences. Mais la sentence était portée d'avance, et les débats n'avaient lieu que pour la forme. Lélia sentit dans son cœur trop de mépris pour accuser Magnus à son tour. Elle se contenta de lui dire, en le voyant chanceler et s'appuyer sur les bras du familier du saint-office : « Rassure-toi, la terre ne s'entr'ouvrira pas sous tes pieds. Ton supplice sera dans ton cœur. Ne crains pas que je te rende blessure pour blessure, outrage pour outrage. Va, misérable, je te plains, je sais à quelles lâches ter

M. SAND   H. DELAVILLE

Elle avait cessé de vivre. (Page 139.)

reurs tu obéis en me calomniant. Va te cacher à tous les yeux, toi qui espères gagner le ciel en commettant l'iniquité; que Dieu t'éclaire et te pardonne comme je te pardonne moi-même!

Lélia fut accusée aussi par deux de ses religieuses qui l'avaient toujours haïe à cause de son amour pour la justice, et qui espéraient prendre sa place. Elles l'accusèrent d'avoir eu des relations avec les carbonari, et d'avoir aidé, conjointement avec le cardinal, à l'évasion du féroce et impie Valmarina. Enfin elles lui firent un crime d'avoir disposé avec une prodigalité insensée des richesses du couvent, et d'avoir, dans une année de disette, fait vendre des vases d'or et des effets précieux dépendants du trésor de leur église pour soulager la misère des habitants de la contrée. Interrogée sur ce fait, Lélia répondit en souriant qu'elle se déclarait coupable.

Elle fut condamnée à être dégradée de sa dignité en présence de toute sa communauté. On attira autant de monde qu'on put à ce spectacle; mais peu de personnes s'y rendirent, et celles que la curiosité y poussa s'en retournèrent émues profondément de la dignité calme avec laquelle l'abbesse, soumise à ces affronts, les reçut d'un air à faire pâlir ceux qui les lui infligeaient.

Elle fut ensuite reléguée dans une chartreuse ruinée que la communauté des Camaldules possédait dans le nord des montagnes, et dont elle faisait entretenir une partie pour servir d'asile pénitentiaire à ses délinquantes. C'était un lieu froid et humide, où de grands sapins toujours baignés par les nuages bornaient l'horizon de toutes parts. C'est là que, l'année suivante, Trenmor trouva Lélia mourante, et l'engagea de tout son pouvoir à rompre son vœu et à fuir avec lui sous un autre ciel. Mais Lélia fut inébranlable dans sa résolution.

« Que m'importe, quant à moi, lui dit-elle, de mourir ici ou ailleurs, et de vivre quelques semaines de plus ou de moins? N'ai-je pas assez souffert, et le ciel ne m'a-t-il pas concédé enfin le droit d'entrer dans le repos! D'ailleurs je dois rester ici pour confondre la haine de mes ennemis et pour donner un démenti à leurs prédictions. Ils ont espéré que je me soustrairais au martyre; ils seront déçus de leur attente. Il n'est pas inutile que le monde aperçoive quelque différence entre eux et moi. Les idées auxquelles je me suis vouée exigent de ma part une conduite exemplaire, pure de toute faiblesse, exempte de tout reproche. Croyez bien qu'au point où j'en suis une telle force me coûte peu. »

Trenmor la vit s'éteindre rapidement, toujours belle et toujours calme. Elle eut cependant, vers sa dernière heure, quelques instants de trouble et de désespoir. L'idée de voir l'ancien monde finir sans faire surgir un monde nouveau lui était amère et insupportable.

« Eh quoi! disait-elle, tout ce qui est est-il donc comme moi frappé à mort et destiné à périr sans laisser de descendant pour recueillir son héritage? J'ai cru, pendant quelques années, qu'à la faveur d'un entier renoncement à toute satisfaction personnelle j'arriverais à vivre par la charité et à me réjouir dans l'avenir de la race humaine. Mais comment puis-je aimer une race aveugle, stupide et méchante? Que puis-je espérer d'une génération sans conscience, sans foi, sans intelligence et sans cœur? »

Trenmor s'efforçait en vain de lui faire comprendre qu'elle s'était abusée en cherchant l'avenir dans le passé. Il ne pouvait être là, disait-il, qu'un germe mystérieux dont l'éclosion serait longue, parce qu'il lui fallait, pour s'ouvrir à la vie, que le vieux tronc fût abattu et desséché. Tant qu'il y aura un catholicisme et une Église catholique, lui disait-il, il n'y aura ni foi, ni culte, ni progrès chez les hommes. Il faut que cette ruine s'écroule, et qu'on en balaie les débris pour que le sol puisse produire des fruits là où il n'y a maintenant que des pierres. Votre grande âme, celle d'Annibal et de plusieurs autres se sont rattachées au dernier lambeau de la foi, sans songer qu'il valait mieux arracher ce lambeau, puisqu'il ne servait qu'à voiler encore la vérité. Une philosophie nouvelle, une foi plus pure et plus éclairée, va se lever à l'horizon. Nous n'en saluons que l'aube incertaine et pâle; mais les lumières et les inspirations qui font la vie de l'humanité ne manqueront pas plus à l'avenir des générations que le soleil ne manque chaque matin à la terre endormie et plongée dans les ténèbres.

L'âme ardente de Lélia ne pouvait s'ouvrir à ces espérances lointaines. Elle n'avait jamais su s'accommoder des promesses de l'avenir, à moins qu'elle ne sentît l'action qui doit produire ces choses agir sur elle et émaner d'elle. Son cœur avait d'infinis besoins, et il allait s'éteindre sans en avoir satisfait aucun. Il eût fallu à cette immense douleur l'immense consolation de la certitude. Elle eût pardonné au ciel de l'avoir frustrée de tout bonheur si elle eût pu lire clairement dans les destins de l'humanité future quelque chose de mieux que ce qu'elle avait eu elle-même en partage.

Une nuit Trenmor la rencontra sur le sommet de la montagne. Il faisait un temps affreux, la pluie coulait par torrents, le vent mugissait dans la forêt, et les arbres craquaient de toutes parts. De pâles éclairs sillonnaient les nuages; Trenmor l'avait laissée dans sa cellule si épuisée et si faible qu'il avait craint de ne pas la retrouver vivante le lendemain. En la rencontrant ainsi errante sur les rochers glissants, et toute baignée de l'écume des torrents qui se formaient et grossissaient autour d'elle, Trenmor crut voir son spectre, et il l'invoqua comme un pur esprit; mais elle lui prit la main, et, l'attirant vers elle, elle lui parla ainsi d'une voix forte et l'œil enflammé d'un feu sombre.

LXVII.

DÉLIRE.

« Il est des heures dans la nuit où je me sens accablée d'une épouvantable douleur. D'abord c'est une tristesse vague, un malaise inexprimable. La nature tout entière pèse sur moi, et je me traîne brisée, fléchissant sous le fardeau de la vie comme un nain qui serait forcé de porter un géant. Dans ces moments-là, j'ai besoin d'expansion, j'ai besoin de soulagement, je voudrais embrasser l'univers dans une effusion filiale et fraternelle; mais il semble que l'univers me repousse tout à coup, et qu'il se tourne vers moi pour m'écraser, comme si moi, atome, j'insultais l'univers en l'appelant à moi. Alors l'élan poétique et tendre tourne en moi à l'effroi et au reproche. Je hais l'éternelle beauté des étoiles, et la splendeur des choses qui nourrissent mes contemplations ordinaires ne me paraît plus que l'implacable indifférence de la puissance pour la faiblesse. Je suis en désaccord avec tout, et mon âme crie au sein de la création comme une corde qui se brise au milieu des mélodies triomphantes d'un instrument sacré. Si le ciel est calme, il me semble revêtir un Dieu inflexible, étranger à mes désirs et à mes besoins. Si l'orage bouleverse les éléments, je vois en eux comme en moi la souffrance inutile, les cris inexaucés!

« Oh! oui! oui, hélas! le désespoir règne et la souffrance et la plainte émanent de tous les pores de la création. Cette vague se tord sur la grève en gémissant, ce vent pleure lamentablement dans la forêt. Tous ces arbres qui se plient et qui se relèvent pour retomber encore sous le fouet de la tempête, subissent une torture effroyable. Il y a un être malheureux, maudit, un être immense, terrible, et tel que ce monde où nous vivons ne peut le contenir. Cet être invisible est dans tout, et sa voix remplit l'espace d'un éternel sanglot. Prisonnier dans l'immensité, il s'agite, il se débat, il frappe sa tête et ses épaules aux confins du ciel et de la terre. Il ne peut les franchir; tout le serre, tout l'écrase, tout le maudit, tout le brise, tout le hait. Quel est-il d'où vient-il? Est-ce l'ange rebelle qui fut chassé de l'empyrée, et ce monde est-il l'enfer qui lui sert de cachot? Est-ce toi, force que nous sentons et que nous voyons? Est-ce vous, colère et désespoir qui vous révélez à nos sens, et que nos sens reçoivent de vous? Est-ce toi, rage éternelle qui bruis sur nos têtes et roules dans nos cieux? Est-ce toi, esprit inconnu mais sensible, qui es le maître ou le ministre, ou l'esclave ou le tyran, ou le geôlier ou le martyr? Combien de fois j'ai senti ton vol ardent sur ma tête! Combien de fois ta voix est venue arracher mes larmes sympathiques du fond de mes entrailles et les faire couler comme le torrent des montagnes ou la pluie du ciel! Quand tu es en moi, j'entends ta voix qui me crie: « Tu souffres, tu souffres... » et moi, je voudrais t'embrasser et pleurer sur ton sein puissant; il me semble que ma douleur est infinie comme la tienne, et qu'il te faut ma souffrance pour compléter ta plainte éloquente. Et moi aussi, je m'écrie: « Tu souffres, tu souffres... », mais tu passes, tu fuis tu t'apaises ou tu t'endors. Un rayon de la lune dissipe tes nuages, la moindre étoile qui brille derrière ton linceul semble rire de ta misère et te réduire au silence. Il me semble parfois voir ton spectre tomber dans une rafale, comme une aigle immense dont les ailes couvriraient toute la mer et dont le dernier cri s'éteindrait au sein des flots, et je vois que tu es vaincu: vaincu comme moi, faible comme moi, terrassé comme moi. Le ciel s'éclaire et s'illumine des feux de la joie, et une sorte de terreur stupide s'empare de moi aussi. Prométhée, Prométhée, est-ce toi, toi qui voulais affranchir l'homme des liens de la fatalité? Est-ce toi qui, brisé par un Dieu jaloux, et dévoré par ta bile incurable, retombes épuisé sur ton rocher, sans avoir pu délivrer ni l'homme, ni toi son seul ami, son père, son vrai Dieu peut-être? Les hommes t'ont donné mille noms symboliques: audace, désespoir, délire, rébellion, malédiction. Ceux-ci t'ont appelé Satan, ceux-là crime: moi je t'appelle désir.

« Moi, sibylle, sibylle désolée; moi, esprit des temps anciens, enfermé dans un cerveau rebelle à l'inspiration divine, lyre brisée, instrument muet dont les vivants d'aujourd'hui ne comprendraient plus les sons, mais au sein duquel murmure comprimée l'harmonie éternelle! moi, prêtresse de la mort, qui sens bien avoir été déjà pythie, avoir déjà pleuré, déjà parlé; mais qui ne me souviens pas, qui ne sais pas, hélas! ce qu'il faudrait dire pour guérir! Oui, oui, je me souviens des antres de la vérité et des délires de la révélation; mais le mot de la destinée humaine, je l'ai oublié; mais le talisman de la délivrance, je l'ai perdu. Et pourtant, j'ai vu beaucoup de choses; et quand la souffrance me presse, quand l'indignation me dévore, quand je sens Prométhée s'agiter dans mon sein et battre de ses grandes ailes la pierre où il est scellé, quand l'enfer gronde sous moi comme un volcan prêt à m'engloutir, quand les esprits de la mer viennent pleurer à mes pieds, et ceux de l'air frémir sur mon front... oh! alors, en proie à un délire sans nom, à un désespoir sans borne, j'appelle le maître et l'ami inconnu qui pourrait éclairer mon esprit et délier ma langue,... mais je flotte dans les ténèbres, et mes bras fatigués n'embrassent que des ombres trompeuses. O vérité, vérité! pour te trouver je suis descendue dans des abîmes dont la seule vue donnait le vertige de la peur aux hommes les plus braves. J'ai suivi Dante et Virgile dans les sept cercles du rêve magique. J'ai suivi Curtius dans le gouffre qui s'est refermé sur lui; j'ai suivi Régulus dans son hideux supplice; j'ai laissé partout ma chair et mon sang; j'ai suivi Madeleine au pied de la croix, et mon front a été inondé du sang du Christ et des larmes de Marie. J'ai tout cherché, tout souffert, tout cru, tout accepté. Je me suis agenouillée devant tous les gibets, consumée sur tous les bûchers, prosternée devant tous les autels. J'ai demandé à l'amour ses joies, à la foi ses mystères, à la douleur ses mérites. Je me suis offerte à Dieu sous toutes les formes; j'ai sondé mon propre cœur avec férocité, je l'ai arraché de ma poitrine pour l'examiner, je l'ai déchiré en mille pièces, je l'ai traversé de mille poignards pour le connaître. J'en ai offert les lambeaux à tous les dieux supérieurs et inférieurs. J'ai évoqué tous les spectres, j'ai lutté avec tous les démons, j'ai supplié tous les saints et tous les anges, j'ai sacrifié à toutes les passions. Vérité! vérité! tu ne t'es pas révélée, depuis dix mille ans je te cherche et je ne t'ai pas trouvée!

« Et depuis dix mille ans, pour toute réponse à mes cris, pour tout soulagement à mon agonie, j'entends planer sur cette terre maudite le sanglot désespéré du désir impuissant! Depuis dix mille ans je t'ai sentie dans mon cœur sans pouvoir te traduire à mon intelligence, sans pouvoir trouver la formule terrible qui te révélerait au monde et qui te ferait régner sur la terre et dans les cieux. Depuis dix mille ans j'ai crié dans l'infini : *Vérité, vérité!* Depuis dix mille ans, l'infini me répond : *Désir, désir!* Ó Sibylle désolée, ô muette pythie, brise donc ta tête aux rochers de ton antre, et mêle ton sang fumant de rage à l'écume de la mer; car tu crois avoir possédé le Verbe tout-puissant, et depuis dix mille ans tu le cherches en vain. »

. . . . Comme elle parlait encore, Trenmor sentit la main brûlante de Lélia se glacer tout à coup dans la sienne. Puis elle se leva comme si elle allait se précipiter. Trenmor, épouvanté, la retint dans ses bras. Elle retomba raide sur le rocher : elle avait cessé de vivre.

Lélia avait toujours vécu sous un beau ciel, elle haïssait les contrées que le soleil n'éclaire pas largement. Le froid l'avait tuée avec promptitude, comme s'il eût voulu seconder les desseins de ses ennemis. La coterie qui l'avait perdue était déjà tombée; une autre coterie remplaça celle-là, et voulut humilier sa rivale en réhabilitant la mémoire de ceux qu'elle avait abattus. On fit des obsèques magnifiques au cardinal, et l'on rapporta au monastère des Camaldules les cendres de l'abbesse, qu'on honora comme une sainte et comme une martyre. Lélia fut ensevelie dans le cimetière, et l'on permit à Trenmor d'élever une tombe à Sténio sur la rive opposée, près de la cellule délaissée de l'ermite, là où l'on avait fait transporter les restes du poète après les avoir expulsés du monastère.

Un soir Trenmor, ayant terminé les funérailles de ses deux amis, descendit lentement sur les rives du lac. La lune, en se levant, jetait un rayon oblique sur ces deux tombes blanches que le lac séparait. Des météores s'élevèrent comme de coutume sur la surface brumeuse de l'eau. Trenmor contempla tristement leur pâle éclat et leur danse mélancolique. Il en remarqua deux qui, venus des deux rives opposées, se joignirent, se poursuivirent mutuellement, et restèrent ensemble toute la nuit, soit qu'ils vinssent se jouer dans les roseaux, soit qu'ils se laissassent glisser sur les flots tranquilles, soit qu'ils se tinssent tremblants dans la brume comme deux lampes près de finir. Trenmor se laissa dominer par une idée superstitieuse et douce. Il passa la nuit entière à suivre de l'œil ces inséparables lumières qui se cherchaient et se suivaient comme deux âmes amoureuses. Deux ou trois fois elles vinrent près de lui, et il les nomma de deux noms chéris en versant des larmes comme un père.

Quand le jour parut, tous les météores s'éteignirent. Les deux flammes mystérieuses se tinrent quelque temps sur le milieu du lac, comme si elles eussent eu de la peine à se séparer; puis elles furent chassées toutes deux en sens contraire, comme si elles allaient rejoindre chacune la tombe qu'elle habitait. Quand elles se furent effacées, Trenmor passa sa main sur son front comme pour en chasser le rêve affaiblissant d'une nuit de douleur et de tendresse. Il remonta vers la tombe de Sténio, et un instant il s'arrêta incertain.

« Que ferai-je sans vous dans la vie? s'écria-t-il; à qui serai-je utile? à qui m'intéresserai-je? A quoi me serviront ma sagesse et ma force si je n'ai plus d'amis à consoler et à soutenir? Ne vaudrait-il pas mieux avoir une tombe au bord de cette eau si belle, auprès de ces deux tombes silencieuses? Mais non, l'expiation n'est pas finie : Magnus vit peut-être encore, peut-être puis-je le guérir. D'ailleurs il y a partout des hommes qui luttent et qui souffrent, il y a partout des devoirs à remplir, une force à employer, une destinée à réaliser. »

Il salua de loin le marbre qui renfermait Lélia; il baisa celui où dormait Sténio : puis il regarda le soleil, ce flambeau qui devait éclairer ses journées de travail, ce phare éternel qui lui montrait la terre d'exil où il faut agir et marcher, l'immensité des cieux toujours accessibles à l'espoir des forts.

Il ramassa son bâton blanc et se remit en route.

FIN DE LÉLIA.

SUR LA DERNIÈRE PUBLICATION

DE M. F. LA MENNAIS

(Article sur les *Amschaspands et Darvands*, tiré de la *Revue indépendante*.)

Au moment où le ministère allait subir à la chambre le grand assaut dont il est sorti sain et sauf, à ce qu'on assure, un écrivain anonyme du gouvernement, tout rempli de son sujet, et livré apparemment à de paniques terreurs, s'est élancé à la tribune du *Journal des Débats* pour nous apprendre que, si les *passions ameutées* se préparaient à ébranler ce pouvoir *qui représente aujourd'hui en France l'ordre et la paix*, c'était, après la *faute de Voltaire* et la *faute de Rousseau* (le vieux refrain est sous-entendu), la faute du livre de M. La Mennais. Par conséquent, s'écrie l'anonyme avec une emphase fort plaisante : « Il n'est pas inutile d'ap- « peler l'attention du public sur son livre *étrange* qui, « vient d'être *sournoisement jeté*, avec un titre em- « prunté à une langue morte depuis deux mille ans, au « milieu de la polémique des partis. »

Voilà certes un admirable début, ou bien l'anonyme ne s'y connaît pas ! Voyez-vous bien, lecteur ingénu, la sournoiserie de l'auteur des *Paroles d'un Croyant ! emprunter son titre à une langue morte depuis deux mille ans !* Quelle perfidie ! *Jeter sournoisement* son livre dans les mains d'un éditeur, qui le jette dans celles du public plus sournoisement encore, lequel public le lit avec une sournoise avidité, tout cela au moment où les écrivains du gouvernement tressaillent, palpitent, perdent le sommeil et l'appétit dans l'attente du triomphe ou de la défaite du ministère ! Appelons donc bien vite l'*attention du public* sur cette ruse abominable. Apparemment le public ne s'apercevrait pas tout seul de l'apparition du livre et du coup qu'il va porter à la position des écrivains anonymes du gouvernement. Certainement M. La Mennais ne l'a pas fait dans un autre dessein. Il n'a pas eu autre chose en tête depuis qu'il a appelé, lui aussi, l'*attention* du monde entier sur les maux du peuple et l'esprit de l'Évangile, que de faire passer une mauvaise nuit, à 2 au 3 mars, aux partisans de M. Guizot ! Est-ce qu'il s'intéresse véritablement au peuple ? Qu'est-ce qu'il s'intéresse à cela, je vous le demande ? Est-ce qu'il se soucie le moins du monde de la justice et de la vérité ? Qui diable se soucie de pareilles balivernes par le temps qui court ? Non, tout cela n'est qu'un masque emprunté par M. La Mennais, l'écrivain le plus sournois du monde, comme chacun sait, pour *ameuter les passions* contre nous et les nôtres, pour *donner l'assaut au seul pouvoir qui représente aujourd'hui en France l'ordre et la paix*, pour nous désobliger, puisqu'il faut le dire.

« Ce livre a pour auteur (c'est toujours l'anonyme qui parle) M. La Mennais. Premier grief : M. La Mennais. car, remarquez-le bien, Messieurs, si le livre n'était pas de M. La mennais, le livre ne serait pas coupable ; et si M. La Mennais ne faisait pas de livres, on pourrait ne pas trop s'inquiéter de lui. Il ne sollicite pas d'emploi, il ne fait pas valoir le plus léger droit aux fonds appliqués à secourir les gens de lettres indigents ou endettés. Il ne brigue pas l'honneur d'enseigner le rudiment au plus petit prince de l'univers. Il ne marche sur les brisées de personne. Enfin, il n'est pas gênant de son naturel. Que ne se tient-il tranquille ? Quelle mouche le pique d'écrire des livres ? Pure sournoiserie de sa part !

Deuxième grief, j'allais presque dire deuxième chef d'accusation ; car cette belle période à la concision, la netteté, et surtout la sincérité d'un réquisitoire : « Ce livre a pour titre : *Amschaspands et Darvands.* » C'est ici, Messieurs, que les méchantes intentions de l'auteur se dévoilent. Les bons et les mauvais génies ! Qu'est-ce que cela signifie ? N'est-ce pas une insulte directe contre nous, qui ne voulons pas de génies, et de bons génies encore moins ? Si M. La Mennais, supprimant cette antithèse impertinente, avait intitulé son livre tout simplement en bon français, *Chenapans et Pédants*, cela eût été bien plus clair, et nous aurions compris ce qu'il voulait dire.

Troisième grief : « *Ce livre a pour prétexte la réforme sociale.* » Beau prétexte, en vérité ! Est-ce que nous nous payons d'une pareille monnaie, nous autres qui avons le monopole de ce prétexte-là ? Il ferait beau voir qu'on vînt nous le disputer, lorsque nous nous en servons si bien ! Allez, monsieur La Mennais (nous sommes forcés de vous appeler ainsi, puisque, perdant toute mesure et toute convenance, vous ne voulez point vous parer de l'anonyme) ! nous ne croirons jamais que votre réforme sociale soit un prétexte bon et sincère pour écrire. Nous avons nos raisons pour cela, et ce n'est pas à nous, anonymes brevetés de la réforme sociale, qu'il faut venir conter de pareilles sornettes !

Quatrième chef d'accusation : « Ce livre *a pour sujet véritable...* » Ici l'anonyme s'embarrasse, et avoue avec une surprenante bonhomie « qu'*il a besoin de plus d'un détour* pour dire quel est le sujet véritable du livre de M. La Mennais. » Mais nous-même nous suspendrons un instant cette curieuse analyse pour dire *sans aucun détour* à monsieur l'anonyme qu'il s'est mépris au début de son acte d'accusation, qu'il a fait un *lapsus calami* en écrivant qu'il allait *appeler l'attention du public* sur ce livre révolutionnaire, incendiaire et sournois. En effet, dans quelle contradiction n'êtes-vous pas tombé, si vous avez voulu appeler l'attention du public sur un livre dont tout le crime est d'être publié ! Vouliez-vous donc employer les chastes et pieuses colonnes du *Journal des Débats* à servir d'annonce au livre en question ? On le dirait presque, à voir la complaisance que vous avez mise à le couvrir de citations, dont plusieurs semblent être traduites de quelques fragments inédits de la *Divine Comédie* du Dante. Quant à nous, qui n'avions pas encore lu les *Amschaspands et Darvands*, s'il eût été possible que nous fussions dans la même ignorance des ouvrages précédents de l'auteur, votre long article, votre généreux appel à notre attention, et les heureuses citations que vous avez choisies, nous l'auraient fait lire avec empressement. Serait-ce que, malgré vous, et en dépit de la consigne, vous auriez cédé à l'entraînement, à l'instinct du beau, au souvenir douloureux d'avoir été ou d'avoir pu être homme de goût et de talent ? Oui, vraiment, vos extraits, ces spécimens que vous avez transcrits obligeamment, révèlent en vous un certain enthousiasme mal étouffé, et vous vous connaissez en beau style, car à cet égard, vous ne vous refusez rien.

Mais enfin il vous était défendu d'admirer, et vous avez blâmé. Il ne vous était pas ordonné sans doute d'offrir la prose de M. La Mennais à l'attention, c'est-à-dire à l'admiration du public : donc la plume vous a tourné dans les doigts en écrivant *public* ; c'était *parquet* que vous vouliez dire. Le mot commence par la même lettre. Ou bien peut-être que votre écriture n'est pas très-lisible, et que le prote des *Débats* s'y sera trompé. Mettons que c'est une faute d'impression, et n'en parlons plus.

Hélas ! de cette façon, votre exposition devient très-claire, votre procédé de citations très-logique. Ce sont les passages incriminés que vous signalez à l'attention des juges. Le *Journal des Débats* n'est pas novice en ces sortes d'affaires, et votre fonction dans celle-ci n'est pas si plaisante qu'elle le semblait au premier coup d'œil. Vous nous ôtez l'envie de rire ; car ce n'est pas un bout d'oreille que vous laissez voir : c'est un bout de griffe, et le bruit sec de vos paroles creuses ressemble à un bruit de verrous et de chaînes.

Eh bien, que voulez-vous donc faire, écrivain moral et consciencieux, ami anonyme de la paix et de la vérité, qui appelez, sans vous compromettre, à votre aide le procureur du roi et le geôlier en gardant l'anonyme? Vous vous êtes chargé là d'un office dont je ne vous ferai pas mon compliment. Comment appelle-t-on le métier que vous faites? ce n'est pas celui d'Accusateur public; ceux-là n'agissent pas dans l'ombre ; ils se montrent à nous revêtus de fonctions qu'ils peuvent faire respecter quand ils les comprennent, avec un front sur lequel chacun de nous peut lire la fourbe ou la probité, avec un nom que nous pouvons traduire à la barre de l'opinion publique outragée, ou invoquer pour apaiser les murmures des sympathies blessées. Mais vous, vous qu'on ne voit pas; qu'on ne connaît pas ; vous qui n'avez pas de nom, vous qui êtes peut-être deux, peut-être trois pour écrire en secret ces pages dont le prétexte est l'ordre public et dont le but est d'alarmer le pouvoir, d'aigrir et de réveiller les vieilles rancunes personnelles, comment s'appelle votre métier, répondez? Monsieur l'anonyme n'est pas un titre auprès de cette société dont vous vous faites l'appui et le conservateur : monsieur l'accusateur secret vous convient-il mieux? M'est avis qu'il vous convient en effet. Prenez-le donc, monsieur ! Hélas ! je comprends que vous ayez *besoin de plus d'un détour* pour exercer votre charge, et je crains qu'il n'y ait rien au monde de plus sournois que cette charge-là.

Je reprends l'examen de votre acte *secret* d'accusation. A propos des *nombreux revirements d'opinion* de M. La Mennais, vous répétez en style pompeux, et sans vous faire faute de l'allusion obligée à M. de Lamartine, les gémissements de la *Revue des Deux Mondes* sur l'inconstance des hommes de lettres. Vous avez grand tort, et je ne sais pas de quoi vous vous plaignez si amèrement. Si vous étiez aussi fins et aussi bons politiques que vous en avez la prétention, vous ne laisseriez pas voir que ces gens-là sont dignes de votre colère et de vos regrets. Vous garderiez un silence diplomatique. Mais vous ne le pouvez pas, et votre dépit, même à propos des moindres transfuges ou des plus faibles opposants, s'échappe malgré vous. Comment pourriez-vous vous abstenir de crier au feu et de sonner le tocsin quand des hommes comme ceux que je viens de nommer vous somment de faire votre devoir? Cependant, si vous avez sujet de vous plaindre quant à la qualité, je ne vois pas que vous soyez fondé à verser des larmes hypocrites sur la quantité de ceux qui vous abandonnent. Vos chefs ont assez bien manœuvré depuis douze ans pour que les désertions n'aient pas été fréquentes dans votre régiment. Nous voyons bien, nous autres, qu'au contraire vous recrutez tous les jours, grâce à des arguments irrésistibles que vous possédez. Vraiment, vous avez tort d'accuser la *popularité* de vous ravir l'adhésion de tant d'intelligences. La popularité n'est pas riche, Messieurs, et, le fût-elle, elle n'achèterait pas. De sa nature, elle n'aime que ceux qui se donnent; et le métier n'étant pas lucratif, il est rare qu'on vous quitte pour elle. Ainsi, quand je regarde votre demeure (le poète a dit *antre*, mais comme vous n'êtes pas des lions je n'appliquerai pas ce mot à votre presse conservatrice) :

Je vois fort bien comme l'on entre,
Et ne vois pas comme on en sort.

Allons ! vous êtes des ingrats ! Si vous avez vu *tourner bien des têtes, et changer la couleur de bien des drapeaux fièrement plantés dans un sable mouvant,* c'est vers vous que le *vent de la politique* a poussé tous ces oiseaux de nos rivages, et vous dites cela pour faire une belle phrase. Hélas ! non, notre pays n'est pas *tout plein*

d'illustres métamorphoses dans le sens où vous l'entendez. Ce serait à nous de les constater en sens contraire, et, quant à moi, je ne les citerai pas :

Je m'en tais, et ne veux leur causer nul ennui,
Ce ne sont pas là mes affaires.

Quant à la popularité (finissez-en avec tous vos *détours* qui ne servent de rien ici; c'est le peuple que vous voulez dire), le peuple compte les âmes indépendantes, véraces et fortes, que le sentiment de la charité humaine a fait tressaillir, que la révélation de la fraternité a jetées dans ses bras. Il y en a peu, fort peu malheureusement, dans vos classes éclairées; mais on s'en contente. M. La Mennais en vaut bien quelques-uns comme ceux qui vous restent. Le peuple le sait, et ne traduit pas ses déserteurs devant le jury.

Mais dans quelle contradiction tombez-vous ! j'en demande bien pardon à votre logique *secrète*. Vous nous peignez d'abord M. La Mennais enivré de sa popularité, recevant les acclamations du peuple, harangué par la jeunesse, porté en triomphe par les prolétaires; et puis, un instant après, vous nous le montrez comme un cerveau bizarre, excentrique, désespéré, qui n'éveille apparemment aucune sympathie, puisque, *dans son orgueilleuse démence, il se venge de son isolement sur la société tout entière.* Il faut pourtant choisir : ou M. La Mennais vit modestement retiré de tout contact extérieur avec cette popularité qui le cherche (et c'est là la vérité), et dans ce cas il n'est ni chagrin ni colère ; ou bien il vit dans les triomphes de cette popularité, et il n'a ni envie ni sujet de s'en prendre à vos personnes de son isolement et de son abandon. Encore une fois, vous faites des phrases, vous les faites fort bien ; mais c'est de l'éloquence *secrète* que personne ne comprend.

Puis, vous vous attaquez à son style, à son énergie, à la grandeur de sa forme, à la brûlante indignation de sa parole. Vous les qualifiez de rage concentrée, de sombre vengeance, de haine démagogique. Vraiment, vous avez trop de douceur et de charité pour souffrir cela, et vous dites dans votre style, à vous, qui est bénin et apostolique au dernier point : « Aussi rusé que violent, il attire « sa victime dans un cercle de métaphores, l'enlace dans « un réseau de poésie, la saisit doucement et l'égorge « avec fureur. » Tout doux ! vous vous échauffez trop, ami de la paix ! Vous n'avez pas suffit pas d'être beau diseur, il faut encore savoir ce qu'on dit. Quelle victime M. La Mennais a-t-il donc égorgée ainsi ? Je n'en avais ouï parler de ma vie. Mangerait-il des enfants à son déjeuner, comme feu Byron et feu Napoléon ? Allons, vous vous trompez. Il n'a jamais coupé la langue ni les oreilles à personne ; et si vous lui demandiez de tailler votre plume, elle serait mieux taillée qu'elle ne l'a jamais été. Vous en seriez satisfait, et vous donnerait encore l'encre et le papier pour écrire contre lui aussi secrètement que vous voudriez. C'est donc le lecteur, un lecteur quelconque, que vous voulez désigner par cette victime prise en sa phrase comme en une toile d'araignée, et puis égorgée si doucettement ? Vraiment, si quelque lecteur se plaint d'avoir été traité ainsi, il faut que ce soit un lecteur visionnaire, tourmenté de quelque affreux remords et assailli d'un bien sombre cauchemar. La beauté du style lui aura semblé un nœud coulant, l'indignation de l'écrivain un gril de fer rouge, et la vérité une strangulation finale. Je ne pensais pas qu'on gagnât des maladies anginales à tire une belle prédication, et je n'aurais pas conseillé à des gens si délicats d'aller entendre Massillon, Bourdaloue, et encore moins saint Matthieu nous racontant la sainte colère du Christ. Mon avis est, puisque ces gens sont si pernicieux et que, par la parole, les personnes mal contentes d'elles-mêmes (vu qu'il y a beaucoup de ces personnes-là), d'envoyer M. La Mennais en prison, les prédicateurs et les prophètes, les poètes et les saints, depuis le divin maître, qui se permettait de chasser du temple, sans aucun procédé, d'honnêtes spéculateurs et d'honorables industriels, jusqu'au Dante, qui a fait parler le diable trop crûment, enfin toute cette séquelle de discurs de vérités dures, au feu, pêle-mêle et sans retard. Le ministère ne peut pas triompher sans cela dans les chambres. Vous l'avez dit et prouvé, je me rends.

Il y a cependant une exception que vous daignerez faire. Vous aimez Montesquieu, à ce qu'il paraît, et vous goûtez assez les *Lettres persanes*. On leur fera grâce, puisqu'elles vous amusent. Elles ont paru dans leur temps, d'ailleurs, et nous n'étions pas là. Il est assez probable qu'il n'a pas eu l'intention de nous désobliger. Les mœurs étaient si corrompues dans son temps! et aujourd'hui elles sont si pures! il faut bien pardonner quelque chose aux réformateurs qui sont morts, surtout quand ils ont eu la précaution d'envelopper leurs allusions sous un voile épais, et de ne pas appeler un chat un chat.

• Il reste un compliment à vous faire sur l'admirable bonne foi avec laquelle vous avez fait parler des démons dans vos citations, sans jamais laisser intervenir les anges, sans daigner faire mention de leur rôle et de leurs conclusions dans le poëme de M. La Mennais. Si vous eussiez vécu au temps de Michel-Ange, et que, parmi les affreuses figures qui occupent le bas de son tableau du *Jugement dernier*, vous eussiez cru saisir quelque allusion de votre connaissance, vous auriez fait mutiler la partie du chef-d'œuvre où les saints et les anges apparaissent dans leur splendeur; et, appelant l'*attention du public* sur cette œuvre infernale, vous eussiez conclu, de cette représentation allégorique du crime et du vice, à l'immoralité et à la férocité du peintre. C'est une nouvelle manière de juger et de critiquer, qui est tout à fait de mode en ce temps-ci. Dans un roman de Walter Scott, un vieux seigneur, contemporain de Shakspeare, mais amateur encroûté des classiques de sa jeunesse, s'élève avec indignation contre l'auteur d'*Hamlet* et d'*Othello*. « Vous voyez bien, dit-il aux jeunes gens, pour les dégoûter de cette pernicieuse lecture, que votre Shakspeare est un scélérat, un homme capable de toutes les trahisons et imbu des plus abominables principes. Voyez seulement comment il fait parler Yago! Il n'est qu'un fourbe et un menteur qui puisse créer de pareils types, et leur mettre dans la bouche des discours d'une telle force et d'une telle vraisemblance. » Ce bon seigneur aurait voulu que l'*honest Yago* parlât comme un saint en agissant comme un diable; et il faut convenir que Racine, peignant les coupables ardeurs de Phèdre, osant nommer l'infâme Pasiphaé et tracer ce vers immoral :

C'est Vénus tout entière à sa proie attachée,

se montrait bien ennemi des convenances et bien entaché d'inceste et d'adultère dans ses secrets instincts. On n'y prit pas garde d'abord. Le siècle était si corrompu! Mais on doit s'en offenser et condamner Racine, aujourd'hui qu'on est pieux et austère jusqu'à ne pas permettre à l'art et à la poésie de peindre le vice et le crime sous des couleurs sombres et avec l'énergie que comporte le sujet. J'avoue cependant, pour ma part, que c'est une méthode de critique à laquelle je ne comprends rien du tout.

Ainsi donc, le Génie de l'impureté, celui de la cruauté, celui de la profanation et celui du mensonge ne devaient pas être mis en scène, selon vous; parce que le mensonge, l'impiété, la férocité et le libertinage sont choses respectables, auxquelles l'art ne doit pas s'attaquer. Tant pis pour les esprits fâcheux qui ne s'en accommodent pas. Ces petites imperfections de la société sont inviolables, et les flétrir est la conséquence d'un caractère chagrin et intolérant. Soit! vous ne voulez entendre que les concerts des anges; les hymnes de la miséricorde, de la bénédiction et de l'espérance sont seuls dignes de vos oreilles pudiques, de vos âmes béates. Il paraîtrait cependant que vous avez l'oreille dure et l'âme fermée à cette musique-là. Car les *amschaspands* (les bons Génies) parlent et chantent tout aussi souvent que les darvands et les dews dans le poëme incriminé. Il y a là toute une contre-partie, toute une antithèse, savamment soutenue et délicatement développée, ainsi que l'annonce le titre

de l'ouvrage. Vous n'y avez pas fait la moindre attention, et vous en avez détourné *l'attention du public* avec une rare sincérité. C'est beau! c'est bien de votre part! Quelle charité pour nous, quelle impartialité envers l'auteur! Ah! vraiment, vous faites noblement les choses!

Eh bien, nous qui ne nous piquons pas de si savants *détours* pour dire l'impression que ce livre a faite sur nous, nous citerons un peu de la contre-partie qui a échappé à votre talent d'examen ou à la fidélité de votre mémoire. C'est le Génie de la pureté qui parle au Génie de la terre :

« Rien ne périt, tout se transforme. Vous me demandez, ô Sapandomad, ce que l'avenir cache sous son voile, si c'est un berceau, ou un cercueil? Fille d'Ormuzd, ignorez-vous donc que le cercueil et le berceau ne sont qu'une même chose? Les langes du nouveau-né enveloppent la mort future; le suaire du trépassé enferme dans ses plis la vie renaissante.

« Le pouvoir des Daroudjs n'est pas ce qu'ils le croient être. Lorsqu'ils renversent et brisent les sociétés humaines, lorsqu'ils y versent leur venin pour en hâter la dissolution, ils concourent encore au dessein de la Puissance même qu'ils combattent. Ce qu'ils détruisent, ce n'est pas le bien, mais la sèche écorce du bien, qui opposait à son expansion un obstacle invincible. Pour que la plante divine refleurisse, il faut qu'auparavant ce qu'a usé le travail interne se décompose.

« Considérez, ô Sapandomad, et les vieilles opinions des hommes, inconciliables entre elles, et le droit sous lequel ils ont jusqu'ici vécu. Ces opinions, est-ce donc le vrai? Ce droit, est-ce donc le juste? Et pourtant c'est là tout ce qu'ils appellent l'ordre social. Que cet informe édifice croule, y a-t-il lieu de s'alarmer?

« Craindrait-on que ces ruines n'entraînassent celle des principes salutaires qui ne laissent pas de subsister au milieu des désordres nés des fausses croyances et des institutions vicieuses? Illusion. Qu'ils soient obscurcis momentanément, cela peut, cela doit être, à cause du lien factice qui les unissait à l'erreur destinée à disparaître tôt ou tard. Mais, vous l'avez remarqué vous-même, inaltérables au fond de la conscience du peuple, ils s'y conservent immuablement. Quand tout le reste passe, ils demeurent; ils sont comme l'or qu'on retrouve, séparé de ce qui le souillait, sur le lit du torrent qui emporte l'impur limon.

« Quand donc, attentifs au cours des choses, les Izeds annoncent d'inévitables catastrophes, de grandes et prochaines révolutions, ils annoncent par cela même un renouvellement certain, une magnifique évolution de l'Humanité en travail pour produire au dehors le fruit qui a germé dans ses entrailles fécondes. Si elle n'enfante point sans douleur, c'est que rien ne se fait sans effort; c'est qu'enfermé dans le corps qui se dissout, l'esprit qui aspire à le quitter, à prendre possession de celui qui bientôt va naître, souffre à la fois et du présent et de son état futur, de son dégoût de ce qui est et de son désir de ce qui sera; car le désir même est une souffrance, et l'espérance aussi, tant qu'elle n'a pas atteint son terme.

« Plaignez, Sapandomad, les générations sans patrie que des souffles opposés poussent et repoussent dans le vide, entre le monde du passé et le monde de l'avenir. Elles ressemblent à la poussière roulée par Vato [1]. Mais, nuage ténébreux, ou trombe qui dévaste, cette poussière retombe sur le sol, où, pénétrée des feux du ciel, humectée de ses pluies, elle se couvre de verdure. »

Ailleurs, le Génie de l'équité dit à celui *qui bénit le peuple* :

« Un germe tombe sur la terre; il se développe et croît, et produit ses fleurs et ses fruits, après quoi la plante épuisée se dessèche et meurt. Ce germe, c'est une portion de la vérité infinie, qu'Ormuzd dépose dans l'esprit de l'homme; cette plante c'est ce qu'il nomme religion : mais la mort n'en est qu'apparente, elle renaît toujours, se transformant chaque fois selon les besoins

[1] Esprit de l'ouragan.

de l'Humanité, dont elle suit le progrès et dont elle caractérise l'état.

« Combien de civilisations différentes n'as-tu pas déjà vues périr ! Qu'en est-il advenu ? Le genre humain a-t-il cessé de vivre ? Non, après une époque de langueur maladive, de vertige et d'assoupissement, revenu à lui-même, plein de vigueur et de sève, il est, poursuivant sa route éternelle, entré dans les voies d'une civilisation plus parfaite. Ces révolutions périodiques, assujetties à des lois identiques au fond avec les lois universelles du monde, offrent, en particulier, ceci de remarquable, que, s'accomplissant dans une sphère toujours plus étendue, elles ont une relation visible à l'unité vers laquelle tout tend, à laquelle tout aspire.

« Elles suscitent d'abord de vives alarmes et une tristesse profonde, parce que, de toutes parts, elles présentent des images de mort. Lorsqu'une ère, fille de celles qui l'ont précédée, naît ; chose étrange ! les hommes prennent le deuil et croient assister à des funérailles.

« C'est qu'en effet ce qui naît, on ne le voit pas encore ; et qu'on voit ce qui s'en va, ce qui s'évanouit pour jamais. »

Si nous voulions, par curiosité, appliquer à chacune des malédictions que vous avez citées une théorie de l'espérance et de la foi, extraite de ce même livre, nous le pourrions aisément ; et il se trouverait qu'à force de vouloir trop prouver contre l'amertume de l'écrivain, vous n'avez rien prouvé du tout. Mais laissons cet aride débat. Le public saura bien faire de cet ouvrage l'usage qui lui conviendra ; et comme il n'aura pas les mêmes raisons que vous pour ne lire que d'un œil et n'entendre que d'une oreille, il jugera sans se soucier de vos arrêts. La *popularité*, que vous haïssez tant, et pour cause, est souverainement équitable. Si, à des esprits douloureux, fatigués de souffrir en vain, les promesses d'Ormuzd semblent un peu lointaines ; si, à de jeunes cœurs avides d'espoir et d'encouragement, la voix d'Ahriman, « celui qui dit *non*, » paraît lugubre et terrible, les esprits sérieux et sincères leur répondront : Forces émoussées, ardeurs inquiètes, écoutez avec respect la voix austère de cet apôtre. Ce n'est ni pour endormir complaisamment vos souffrances ni pour flatter vos rêves dorés que l'esprit de Dieu l'agite, le trouble et le force à parler. Lui aussi a souffert, lui aussi a subi le martyre de la foi. Il a lutté contre l'envie, la calomnie, la haine aveugle, l'hypocrite intolérance. Il a cru à la sincérité des hommes, à la puissance de la vérité sur les consciences. Il a rencontré des hommes qui ne l'ont pas compris, et d'autres hommes qui ne voulaient pas le comprendre, qui taxaient son mâle courage d'ambition, sa candeur de dépit, sa généreuse indignation de basse animosité. Il a parlé, il a flétri les turpitudes du siècle, et on l'a jeté en prison. Il était vieux, débile, maladif : ils se sont réjouis, pensant qu'ils allaient le tuer, et que de la geôle, où ils l'enfermaient, ils ne verraient bientôt sortir qu'une ombre, un esprit déchu, une voix éteinte, une puissance anéantie. Et cependant il parle encore, il parle plus haut que jamais. Ils ont cru avoir affaire à un enfant timide qu'on brise avec les châtiments, qu'on abrutit avec la peur. Les pédants ! ils se regardent maintenant confus, épouvantés, et se demandent quelle étincelle divine anime ce corps si frêle, cette âme si tenace. Et ceux qui, par leurs déclamations ampoulées, par leurs anathèmes de mauvaise foi, ont alarmé la conscience de quelques hommes incertains et abusés, jusqu'à leur arracher la condamnation de la victime ; ces généreux anonymes, qui voudraient sans doute arracher un arrêt de mort contre lui pour en finir plus vite, se disent les uns aux autres : Nous ne l'avons pas bien tué ! cette fois tâchons de mieux faire.

Eh bien ! vous pour qui il a souffert, pour qui il est prêt, vous le voyez, à souffrir encore, souvenez-vous que sa tête est sacrée. Si sa voix est douloureuse, si sa prédication est rude et menaçante, s'il met parfois des reproches amers et des plaintes effrayantes sur les lèvres des anges que sa fiction invoque, songez qu'un divin

transport a ému ses entrailles, et que sa mission en ce siècle malheureux n'était pas une mission de complaisance, *de convenance et de politesse*, comme ses ennemis voudraient le lui imposer. C'est à lui de gourmander votre paresse, votre incertitude et vos langueurs. C'est là le spectacle qui le frappe, et, s'abusât-il quelquefois sur l'excès et la cause de vos misères, il a bien assez chèrement acquis, en souffrant pour vous tous les genres de persécution, le droit d'être sévère et de se faire religieusement écouter. Quand les enfants de l'Italie voyaient passer le Dante, ils disaient en le suivant des yeux avec respect : *Voilà celui qui revient de l'enfer !* Eh bien ! dans votre siècle de scepticisme et de moquerie, vous avez parmi vous un homme dont l'ardente imagination s'est abîmée dans ces mystères de la poésie, dont l'âme religieuse et apostolique s'est envolée dans l'empirée où s'éleva le Dante, dont la plume toujours énergique vient de vous tracer un enfer et un ciel mystiques d'où s'échappent des cris et des remontrances dont nul autre après lui n'aura l'antique vigueur d'expression et le ravissement extatique. Il est le dernier prêtre, le dernier apôtre du Christianisme de nos pères, le dernier réformateur de l'Église qui viendra faire entendre à vos oreilles étonnées cette voix de la prédication, cette parole accentuée et magnifique des Augustin et des Bossuet, qui ne retentit plus, qui ne pourra plus jamais retentir sous les voûtes affaissées de l'Église ; car l'Église a chassé de son sein ce serviteur trop sincère, trop fort et trop logicien pour être contenu en elle. Il ne vous explique point encore la religion nouvelle, mais il vous l'annonce. Sa mission était de détruire tout ce qui était mauvais dans l'ancienne : il l'a fait selon ses forces et ses lumières ; — d'en conserver, d'en ranimer tout ce qui était vraiment pur, vraiment évangélique : il l'a fait de toute son âme. Le peuple était voltairien comme les hautes classes. Depuis les *Paroles d'un Croyant*, une grande partie du peuple est redevenue évangélique. Il a travaillé dans l'Église et hors de l'Église, dans ce même but et avec ce même sentiment d'évangéliser le peuple et de combattre le matérialisme par une philosophie religieuse, par une prédication philosophiquement spiritualiste. Son œuvre est grande. Il y a donné toutes ses forces, tout son amour, toute sa colère, toute sa persévérance, tout son génie. Il y a tout sacrifié, repos, aisance, sécurité, réputation (puisque quelques-uns lui ont fait un crime de son courage et de sa foi), amitiés heureuses, amitiés sincères même. Il a tout brisé, amis et ennemis, tout ce qui devait ou lui semblait devoir entraver son élan. Il y a tout perdu, jusqu'à la santé et la liberté, ces conditions inappréciables, et indispensables en apparence, de la fraîcheur des idées et de la puissance de l'esprit. Dieu, par une admirable compensation, lui a conservé pourtant son génie, sa foi et la jeunesse de son courage. Et après tant de sacrifices, de luttes, de souffrances et de désastres, l'admiration et la vénération des âmes sincères ne lui resteraient pas fidèles ? Voulût-il les repousser, non, cent fois non, elles ne déserteraient pas sa cause ! Non, messieurs les journalistes du gouvernement, la république, aucun type, aucun idéal de la république *ne commence à s'ennuyer des jérémiades démocratiques de son illustre adepte.* On ne s'en lassera pas plus que la poésie ne se lasse de Jérémie lui-même, ce prophète *impoli* et *inconvenant*, qui parlait comme M. La Mennais de la corruption des vivants et des vers du sépulcre. Des âmes faibles, ombrageuses et froissées dans leur vanité (il en est peut-être parmi vous) lui feront un vice de cœur du cette facilité miraculeuse avec laquelle il s'est détaché des personnes, quand, les personnes représentant des idées qui n'étaient pas les siennes, il a su les arracher de son sein. Mais il en est d'autres qui, ayant aimé en lui avant tout la sincérité et la foi, ses divins mobiles, se laisseraient froisser et brûler par sa course enflammée (dût-il prendre, en passant, une ronce pour un appui, un fruit pour une épine), plutôt que de l'arrêter par de mesquines susceptibilités et de l'étourdir par de puérils reproches. Déjà ce *trop célèbre abbé*, comme vous l'appelez naïvement, appartient à l'histoire. Il a assez fait pour y prendre place de son vivant; et la postérité le contemple déjà par les yeux de nos enfants, *ces petits enfants qui*, suivant sa belle parole, *sourient dans leurs berceaux; car ils ont aperçu le règne de Dieu dans leurs songes prophétiques.* Ceux-là lui marqueront, dans l'histoire des religions et des philosophies, une place que l'anonyme ne vous procurera jamais. Ceux-là comprendront qu'il a dû peu s'alarmer du bruit que vous faites autour de son œuvre, car ce bruit n'aura pas laissé d'échos. Ceux-là ne s'inquiéteront guère de savoir si, dans le secret de sa pensée, il a deviné juste la forme que doit prendre leur société et leur religion. Ils verront seulement les effets de sa prédication dans les âmes, et ils en cueilleront les fruits sous la forme de vertus et de forces régénératrices que le souffle glacé de vos discours académiques et la froide étreinte de vos murailles pénitentiaires n'auront pu détruire dans leur germe.

En attendant, vous lui ferez un grand crime de sa tristesse; et vous, qui avez des pensées noires, vous lui reprocherez aigrement d'avoir des idées sombres. Quant à nous, quoique son espérance de rénovation sociale nous paraisse trop vague; quoique nous concevions des réformes plus hardies; quoique nous trouvions qu'il a gardé, dans ses vues et ses instincts d'avenir, quelque chose de trop ecclésiastique; quoiqu'il ne nous semble pas avoir assez compris la mission de la femme et le sort futur de la famille; quoique, enfin, sur d'autres points encore, nous ne soyons pas ses disciples, nous serons à jamais ses amis et ses admirateurs jusqu'au dévouement, jusqu'au martyre, s'il le fallait, plutôt que d'insulter à la souffrance d'une si noble destinée. Nous savons qu'il croit ce qu'il professe; et, dans ce qu'il professe, nous trouvons bien assez de grandes vérités et de grands sentiments pour l'absoudre de ce qui, à certains égards, ne nous semble pas complet et concluant. Mais vous autres, qui cherchez à l'outrager dans ce que sa vie a de plus touchant et de plus respectable, vous qui l'appelez *monsieur l'abbé* (avec une pauvre ironie, il faut le dire); vous qui lui reprochez d'être prêtre et de ne pas savoir mentir; vous qui, cependant, raillez le clergé, et qui vous vantez de l'*embaumer* comme une vieille momie, avec force génuflexions et sarcasmes; vous qui traitez le Catholicisme et le christianisme comme on traite, en Chine, les mandarins condamnés à mort : un coussin sous le patient, un argousin prosterné devant lui, et un bourreau, le sabre levé, derrière; vous qui flattez les prélats pour que leurs curés ne fassent point de propagande contre vos élections; vous qui, ne croyant à rien, voulez que le peuple croie, de par le Catholicisme, à la sainteté de vos pouvoirs et à la légitimité de vos droits; vous, enfin, qui reprochez à un prêtre réformateur d'avoir quitté cette Église où vous n'entrez qu'en riant sous votre masque, et qui feignez d'être scandalisés de son langage rude et affligé : ne voyez-vous donc pas que s'il est trop effrayé du spectacle qu'offre le monde, s'il est irrité de tout le mal qu'il y voit et défiant de tout le bien qu'on n'y voit pas, c'est parce qu'il est prêtre, et plus prêtre que tous vos prêtres? c'est parce qu'il a été nourri dans la cage, qu'il y a pris des habitudes de mortification et de renoncement, parce que, de lui, encore, il est plus que jamais, au milieu des audaces de sa révolte, un auguste fanatique? Oui, c'est parce qu'il a vieilli sans famille, sans postérité, sans lien personnel avec la famille humaine, qu'il est triste souvent et injuste quelquefois. Quelques-uns parmi nous peut-être trouvent qu'il respecte encore trop, selon eux, les formes du passé; et nous, nous le trouvons aussi. Car ce n'est pas de l'hypocrisie de parti et de l'intérêt de coterie que nous faisons ici : c'est de la justice dans toute la volonté de notre âme, dans toute la force de nos instincts; et nous sentons que, malgré l'infériorité de nos lumières et de nos mérites, nous avons, devant Dieu et devant les hommes, le droit de dire toute notre pensée sur cet homme illustre. Eh bien! nous lui faisons un malheur d'être prêtre; à d'autres la honte de lui en faire un reproche!

Nous blâmons profondément les athées qui outragent, en feignant de la respecter ailleurs, la cause de sa sûreté apparente. Nous blâmerions aussi ceux qui, au nom d'une croyance opposée à la sienne, lui reprocheraient de n'avoir pas assez dépouillé le prêtre en quittant l'Église. *Que vouliez-vous qu'il fît?* Ce n'est pas le cas de répondre : *Qu'il mourût!* car il était mort déjà à la vie de l'humanité; il s'était suicidé en ce sens, en prononçant des vœux. Et il est resté dans cette tombe avec un héroïsme qui ne donne pas prise à la moindre des calomnies de l'ennemi. Que dis-je? il s'est suicidé une seconde fois. Car il était redevenu libre; il pouvait secouer le joug; et si l'anathème des dévots l'eût accablé encore plus pour cela, des masses entières auraient applaudi ou pardonné à tous ses actes personnels d'indépendance. Ce n'est donc pas la crainte de l'opinion qui l'a retenu, et il n'eût pas été plus abominable à la postérité pour s'être affranchi de l'inaction, que ne l'est Luther, accepté comme le premier après Jésus par la moitié de l'Europe civilisée. Mais le caractère de cet homme-ci est grand dans un autre sens. Il est moins grand réformateur, il est plus grand saint. Plus prudent pour les autres, il ne pousserait pas le monde dans des voies aussi hardies. Plus courageux envers lui-même, il ne fuirait pas devant ses bourreaux. Il s'offrirait à la torture, dans la crainte de s'être abusé sur les droits généraux en vue de son droit individuel. Vous appellerez cela de l'orgueil, vous qui ne croyez pas aux mâles vertus, et pour cause. Ne l'appelez pas timidité, vous qui avez l'amour du vrai. Croyez-vous donc qu'il n'eût pas pu faire un schisme et bouleverser, peut-être, renverser l'Église? Oh! que l'Église sait bien le contraire! Et que ne l'a-t-il fait! disent tous ces jeunes lévites qui dévorent les écrits de La Mennais dans le trouble des séminaires et dans le silence des campagnes. Il ne l'a pas fait, je crois pouvoir le proclamer ici sans me tromper, parce qu'il manquait des passions qui font les grands schismatiques. Il avait la charité, le courage, la conviction : il n'avait pas l'orgueil de soi, l'ambition de la renommée, la soif de la vengeance, des richesses, des plaisirs et des enivrements de la vie. Il était façonné aux vertus chrétiennes; il ne pouvait pas les perdre. Voilà tout son crime : amis et ennemis, condamnez-le si vous l'osez. Il aimait le sacrifice; c'est dans l'habitude du sacrifice qu'il avait puisé son enthousiasme, sa force, son ardeur de sincérité, son génie. Eût-il perdu tout cela en renonçant au sacrifice? Je ne sais. Mais il y a une volonté divine qui l'a poussé dans sa voie, et cette volonté a seule le droit de le juger.

Pour moi, artiste (je ne prétends pas être autre chose, et cela me suffit pour croire, aimer et comprendre ce dont mon âme a besoin pour vivre sans défaillir), je l'aime ainsi. J'aime cette figure qui conserve la poésie des saints du moyen âge, et qui à la jeunesse rénovatrice de notre époque unit la sévérité persévérante des antiques vertus. Nous ne sommes pas assez loin du Christianisme pour ne pas aimer encore nos saints et nos martyrs. Nous les cherchons en vain parmi ces prêtres du siècle qui font de leurs églises des salons pour les dames, de leur ministère un marchepied pour l'ambition, de leurs principes religieux un compromis avec les puissances temporelles. Et La Mennais nous paraît si magnanime, si généreux, si naïf dans son œuvre, que, n'en déplaise à monsieur l'anonyme du *Journal des Débats*, nous irions volontiers *le tirer par sa soutane* (la seule soutane qui nous inspire encore du respect), pour lui dire : « Père, grondez-nous tant que vous voudrez, nous aimons mieux vos reproches que votre silence; et puissiez-vous nous gronder encore bien fort et bien longtemps! Le peuple ne raisonne ni mieux ni plus mal que nous à cet égard. Il vous aime; donc vous ne pouvez pas avoir tort avec lui. Moquez-vous, tonnez, menacez : tout cela est beau venant de vous, et vous ne blesserez jamais une âme sincère. Que qui se sent coupable se fâche! »

GEORGE SAND.

Clichy. — Impr. de Maurice Loignon et Cie, rue du Bac-d'Asnières, 42

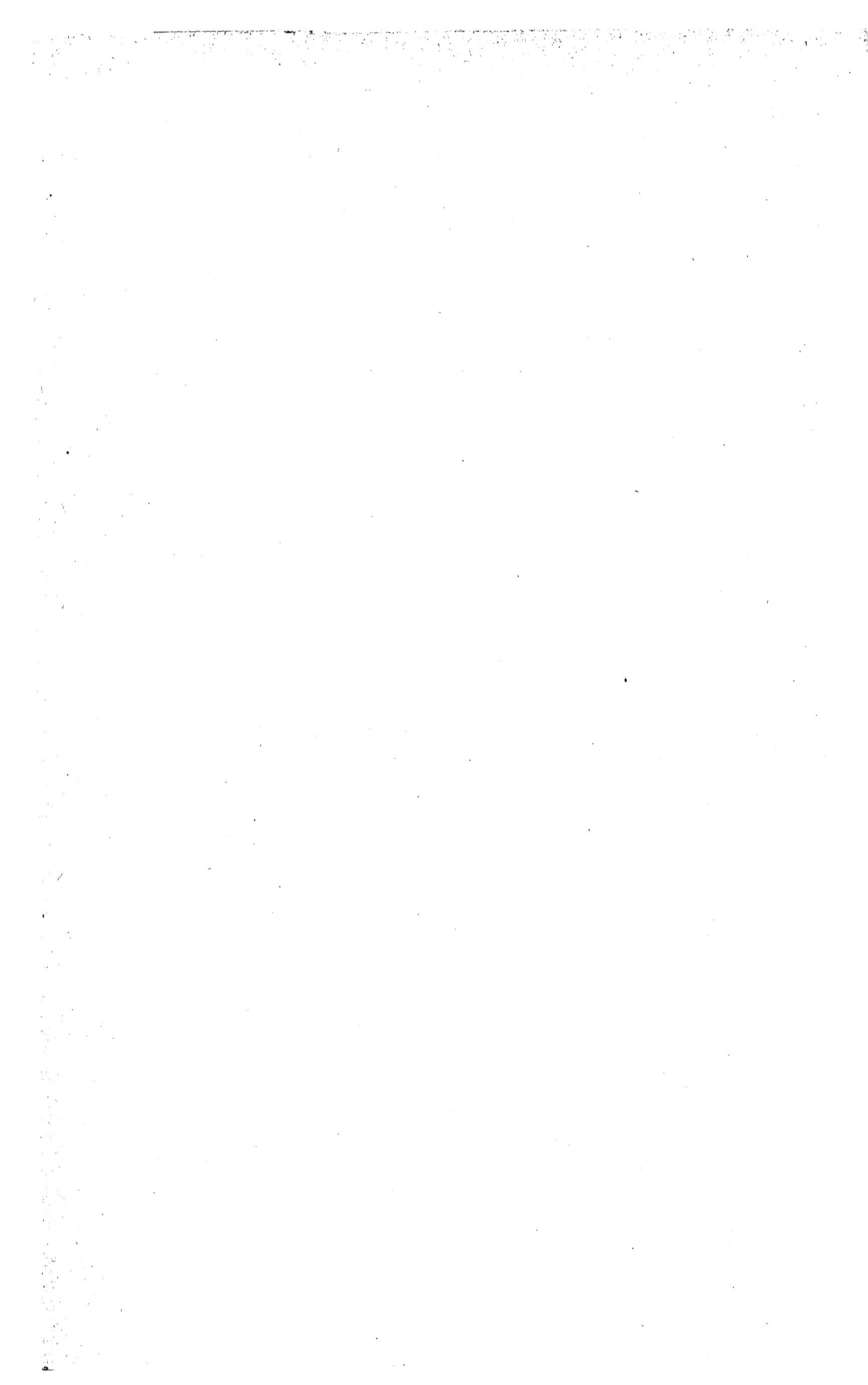

www.ingramcontent.com/pod-product-compliance
Lightning Source LLC
Chambersburg PA
CBHW072100090426
42739CB00012B/2821